Nikolaus Janzik, Katharina Kubek-Weber, Markus Lehmkuhl, Katrin Scheen

Betriebswirtschaft erleben

für die Fachhochschulreife Nordrhein-Westfalen

Band 2

2. Auflage

Bestellnummer 3447

Zusatzmaterialien zu Betriebswirtschaft erleben für die Fachhochschulreife Nordrhein-Westfalen - Band 2

Für Lehrerinnen und Lehrer

Material inkl. Lösungen zum Schulbuch: 978-3-8045-3448-3
Material inkl. Lösungen zum Schulbuch Download: 978-3-8045-0536-0
Lösungen zum Arbeitsheft: 978-3-8045-3450-6
Lösungen zum Arbeitsheft Download: 978-3-8045-0174-4

BiBox Einzellizenz für Lehrer/-innen (Dauerlizenz)
BiBox Klassenlizenz Premium für Lehrer/-innen und
bis zu 35 Schüler/-innen (1 Schuljahr)
BiBox Kollegiumslizenz für Lehrer/-innen (Dauerlizenz)
BiBox Kollegiumslizenz für Lehrer/-innen (1 Schuljahr)

Für Schülerinnen und Schüler

Arbeitsheft: 978-3-8045-3449-0

BiBox Einzellizenz für Schüler/-innen (1 Schuljahr)
BiBox Klassensatz PrintPlus (1 Schuljahr)

Buch +Web
mit Webcode im Buch

Zu diesem Produkt sind digitale Zusatzmaterialien kostenlos online für Sie erhältlich. Sie können diese ganz einfach über die Eingabe des nachfolgenden Codes im Suchfeld unter www.westermann.de abrufen.

BVE-3447-001

Sollten Sie zu diesem Produkt bereits eine BiBox mit Material erworben haben, so sind die Zusatzmaterialien selbstverständlich dort bereits integriert.

Vorwort

Die vorliegende Buchreihe „Betriebswirtschaft erleben" für die zweijährigen Bildungsgänge „Wirtschaft und Verwaltung" nach Anlage C APO-BK (Höhere Handelsschule) in NRW besteht aus zwei Schulbüchern und zwei dazugehörigen Arbeitsheften. Die Reihe richtet sich nach dem aktuellen Bildungsplan „Betriebswirtschaftslehre mit Rechnungswesen" und wird durch entsprechende Bände zu den Fächern Informationswirtschaft und Volkswirtschaftslehre ergänzt.

Die sieben Handlungsfelder des Faches „Betriebswirtschaftslehre mit Rechnungswesen" sind auf zwei Jahrgangsbände aufgeteilt:
Betriebswirtschaft erleben – Band 1: Handlungsfeld 1 bis Handlungsfeld 4 (Anforderungssituation 4.1)
Betriebswirtschaft erleben – Band 2: Handlungsfeld 4 (Anforderungssituation 4.2) bis Handlungsfeld 7

Die Schulbücher

Der strukturelle Zusammenhang der Themen eines Handlungsfeldes ist jeweils am Anfang in einer **Mindmap** dargestellt. Jedes Kapitel beginnt mit einer überschaubaren, **einführenden Lernsituation**, die auf einer privaten oder betrieblichen Handlungssituation basiert. Grundlage ist das **Modellunternehmen PEPP GmbH**, ein Hersteller von Fest- und Werbeartikeln aus Papier. Die Konzentration auf ein Unternehmen, das einfache Produkte herstellt, die aus der Lebenswelt der Schülerinnen und Schüler stammen, führt zu nachvollziehbaren Lernsituationen. Diese werden mithilfe der anschaulich erläuterten **Fachinhalte** bearbeitet. Am Kapitelende finden sich jeweils Aufgaben zur Wiederholung und Vertiefung. In einigen Abschnitten des Schulbuches sind zusätzliche **Lernaktionen** platziert, die Inhalte aus den Kapiteln sinnvoll zusammenfassen und die Themen der Handlungsfelder in größeren Zusammenhängen vernetzen. Mithilfe von **Kompetenzchecks** („Kann-Listen") haben die Schülerinnen und Schüler im Rahmen des selbst organisierten Lernens die Möglichkeit, ihr Wissen und ihre Kompetenzen nachzuhalten. Diese Vorlagen stehen unter **Buch-PlusWeb** zur Verfügung und können jeweils an den aktuellen Unterricht angepasst werden. Die **Methodenseiten** am Ende des Buches geben weitere Anregungen zum selbst organisierten Lernen.

Die Arbeitshefte

Die Arbeitshefte dienen der Unterstützung der selbstständigen Erarbeitung der Inhalte der Schulbücher. Dazu finden sich hier zahlreiche Übungen, Aufgaben, Zusammenfassungen und Übersichten, die selbstständig erstellt und bearbeitet werden können. Vorlagen zur Bearbeitung der Aufgaben und Lernsituationen des jeweiligen Schulbuches ergänzen die Materialien. Zu jedem Handlungsfeld sind in den Arbeitsheften Übungsklausuren zu finden, die das themenübergreifende Arbeiten trainieren und eine gute Vorbereitung auf die Abschlussprüfung sind.

Zu den Schulbüchern und Arbeitsheften gibt es passende **Lösungen** bzw. **Materialien inkl. Lösungen**. Diese sind mit zahlreichen **Planungshilfen** ergänzt, die die unterrichtliche Arbeit und die Erstellung der didaktischen Jahresplanung unterstützen. Wir bedanken uns herzlich bei der Geschäftsführung der Suthor Papierverarbeitung GmbH & Co. KG, Nettetal für die vertrauensvolle und hilfreiche Unterstützung.

Die Autorinnen und Autoren

Inhaltsverzeichnis

Handlungsfeld 5 — Personal 121

Die PEPP GmbH

Das Modellunternehmen

Die PEPP GmbH – das Modellunternehmen

Unternehmensbeschreibung PEPP GmbH

Die PEPP GmbH ist ein seit vielen Jahrzehnten bestehendes Unternehmen, das sich auf die Produktion von Fest- und Werbeartikeln aus Papier spezialisiert hat.

Firmengründer Heinrich Pape legte in den 1950er-Jahren mit einem Handel für Karnevalsartikel den Grundstein. Im Laufe der Jahre wurde der Handel auf andere Brauchtumsfeste ausgeweitet – bis in den 1980er-Jahren bei der Geschäftsführung der Gedanke reifte, das Angebot auszudehnen und einen Teil der Produkte selbst herzustellen.

Nach und nach wuchs der Produktionsbereich des Unternehmens. Währenddessen ging die Geschäftsleitung auf die nächste Generation über. Walter Pape holte sich mit dem Werbefachmann Jürgen Ehrlich das notwendige Know-how ins Haus, um mit dem Produktprogramm des Unternehmens auch im Bereich der Werbeartikel Fuß zu fassen. Man firmierte um zur PEPP GmbH – die Pape Ehrlich Papier-Produkte GmbH entstand.

Heute sieht sich das Unternehmen breit aufgestellt: Man produziert die verschiedensten Artikel aus Papier und Pappe, von Papierfahnen über Bierdeckel bis hin zu lebensgroßen Aufstellern. Das Besondere: Die Artikel kosten wenig Geld, machen Spaß und sehen gut aus. Sie werden als Spielzeug für die Kleinen genutzt, als Give-aways oder Werbeträger und zur Dekoration.

Der breit gefächerte Kundennutzen, den das Sortiment der PEPP GmbH hergibt, spiegelt sich auch im Abnehmerkreis wider:

- Privatleute, die kleine Mengen über das Internet oder im Fabrikverkauf erstehen
- große Einzelhandelsketten, die Mengen in Millionenhöhe zum Weiterverkauf abnehmen
- die Gastronomie oder Eventveranstalter, die Festhallen oder auch ganze Festivals dekorieren wollen

Exklusive Werbeartikel genau nach Kundenwunsch sind die Spezialität des Unternehmens. Und bei den lebensgroßen Aufstellern bringen auch die ungewöhnlichsten Formen und Farben die Fachkräfte in der Produktion nicht ins Schwitzen.

Das Thema Umweltschutz wird dabei großgeschrieben: Die Eingangsstoffe bestehen zu 98 % aus Recycling-Materialien, das Papier wird chlorfrei gebleicht und das verwendete Holz wird nachhaltig aus einheimischen, schnell nachwachsenden Hölzern gewonnen.

Eckdaten PEPP GmbH

Firma	PEPP GmbH
	Pape Ehrlich Papier-Produkte Gesellschaft mit beschränkter Haftung
Hauptsitz	Heesstraße 95
	41751 Viersen
Gesellschafter und Anteile am Gesellschaftsvermögen	Gesellschafter:
	Walter Pape (Anteil: 2,5 Mio. €)
	Jürgen Ehrlich (Anteil: 1 Mio. €)
Geschäftsführung	Walter Pape, Jürgen Ehrlich
Mitarbeiterzahl	52 zuzüglich 5 Auszubildende
Hauptlieferanten	Niederrheinische Papierfabrik OHG, Holz Dierkes KG
Hauptkunden	HAKATA Warenvertrieb OHG (Großhandel für Non-Food-Artikel),
	Igel AG (Discounter)
Umsatz	35 Mio. € im Jahr
Geschäftsjahr	Entspricht dem Kalenderjahr (01.01.–31.12.)
Produktionsprogramm	Werbeartikel und Dekorationsartikel aus Papier
Handelswaren	Luftballons
Fremdbauteile	Metallprodukte (z. B. Metallstützen und -stangen),
	Holzprodukte (z. B. Holzstäbe)
Fertigung	Werkstättenfertigung für Sonderlösungen,
	Reihen- und Fließfertigung für Standard-/Serienprodukte
Kontaktdaten	Tel. 02162/333-0
	Fax: 02162/333-99
	E-Mail: info@pepp-gmbh.de
	Homepage: www.pepp-gmbh.de
Bankverbindung	Sparkasse Krefeld
	IBAN: DE87 3205 0000 0086 7565 43
	BIC: SPKRDE33XXX
Umsatzsteuer ID Finanzamt Viersen	DE 333 287 222
Handelsregister	Amtsgericht Viersen HRB 2567

Absatzprogramm der PEPP GmbH

Produktgruppe 1: Fest- und Dekoartikel

Papierfahnen (12 × 24 cm oder 3 × 4 cm)	Fahnen- und Wimpelketten	Papiergirlanden	Luftschlangen	Laternen
■ Material: Recycling-papier 100g/m² ■ Format: ca. 200 × 300 mm ■ Verarbeitung: doppelt gegeneinander verklebt, 50 cm langer Plastikstab (recycelte Granulate) ■ Verpackung: Bündel zu je 25 St., Karton mit 1 000 St. ■ LVP: 1 000 St. zu 350,00 €	■ Material: Recycling-papier ab 135g/m² ■ Format: ab 15 × 20 cm ■ Verarbeitung: in ca. 6 cm an Kunstseiden-schnur geklebt, ca. 5 m lang ■ Verpackung: stückweise gebün-delt, Beutel zu je 10 St. ■ LVP: 100 St. ab 48,00 €	■ Material: Recycling-papier, schwer entflammbar ■ Format: ca. 4 m lang, Durchmesser ca. 15 cm ■ Verpackung: 10 St. im Beutel, je Karton 100 St. ■ LVP: ab 2,80 €/St.	■ Material: Recycling-papier, schwer entflammbar ■ Format: ca. 4 m lang, 7 mm breit ■ Verpackung: 16 Röllchen in einer Rolle, je Einheit 4 Rollen ■ LVP: 4 Rollen ab 1,00 €	■ Material: Cellulose-papier, schwer entflammbar ■ Format: ca. 24 cm ■ Verpackung: Karton je 20 St. oder Karton je 200 St. ■ LVP: ab 2,50 €/St.

Produktgruppe 2: Geschirr und Zubehör

Papierteller	Kartonbecher (Kaltgetränke)	Doppelwandbecher (Heißgetränke)	Servietten	Bierdeckel
■ ca. 23 cm Durchmes-ser ■ alle Motive, Beispiele: Halloween, Oktober-fest, Karneval, Fah-nenfarben, Firmenlogo, Hochzeit … ■ eigene Gestaltung ab 1 000 St. Auflage ■ LVP: 5,00 € je 100 St. zuzüglich Aufdruck (auf Anfrage)	■ 0,2 oder 0,3 Liter ■ einseitig außen bedruckt, 1- bis 4-farbig ■ alle Motive, Beispiele: Hallo-ween, Oktoberfest, Karneval, Fahnen-farben, Firmenlogo, Hochzeit … ■ eigene Gestaltung ab 1 000 St. Auflage ■ LVP: 1 000 St. zu 75,00 € zuzüglich Aufdruck (auf Anfrage)	■ 0,2 oder 0,3 Liter ■ einseitig außen bedruckt, 1- bis 4-farbig ■ alle Motive, Beispiele: Halloween, Oktober-fest, Karneval, Fah-nenfarben, Firmenlogo, Hochzeit … ■ eigene Gestaltung ab 1 000 St. Auflage ■ LVP: 1 000 St. zu 95,00 € zuzüglich Aufdruck (auf Anfrage)	■ Format: 33 × 33 cm ■ vollflächig bedruckt ■ alle Motive, Beispiele: Halloween, Oktober-fest, Karneval, Fah-nenfarben, Firmenlogo, Hochzeit … ■ eigene Gestaltung ab 1 000 St. Auflage ■ LVP: 1 000 St. ab 45,00 €	■ rund oder quadra-tisch ■ vollflächig, beidseitig bedruckt ■ alle Motive, Beispiele: ■ Halloween, Oktoberfest, Karneval, Fahnenfarben, Firmenlogo, Hochzeit … ■ eigene Gestaltung ab 1 000 St. Auflage ■ LVP: 1 000 St. ab 65,00 €

Produktgruppe 3: Sonderartikel

Identcontroller/ VIP-Bändchen		Pappaufsteller (jede Größe)		Luftballons (Handelsware, Vorprodukt)	
	■ reißfestes Papier oder Vinyl ■ 25 cm × 2 cm ■ Klebeverschluss oder Druckknopf ■ alle Farben und Muster ■ 100 St. ab 30,00 €		■ von 0,80 m bis 2,50 m hoch und breit ■ alle Personen und Figuren möglich ■ 4-farbiger Druck ■ stabiler Metallaufsteller ■ Preis auf Anfrage		■ Herzform, rund, ellipsoid ■ alle Farben ■ auf Wunsch beliebig bedruckbar ■ in 20 cm, 50 cm oder 100 cm Durchmesser ■ Preisbeispiele: Herzform, 50 cm, einfarbig = 2,50 € je 5 St.

Kunden:

Großhandel

Einzelhandel

Gastronomie

Vereine

Konzertveranstalter

Privatkundinnen und -kunden

(Katalog/Internet/

Fabrikverkauf)

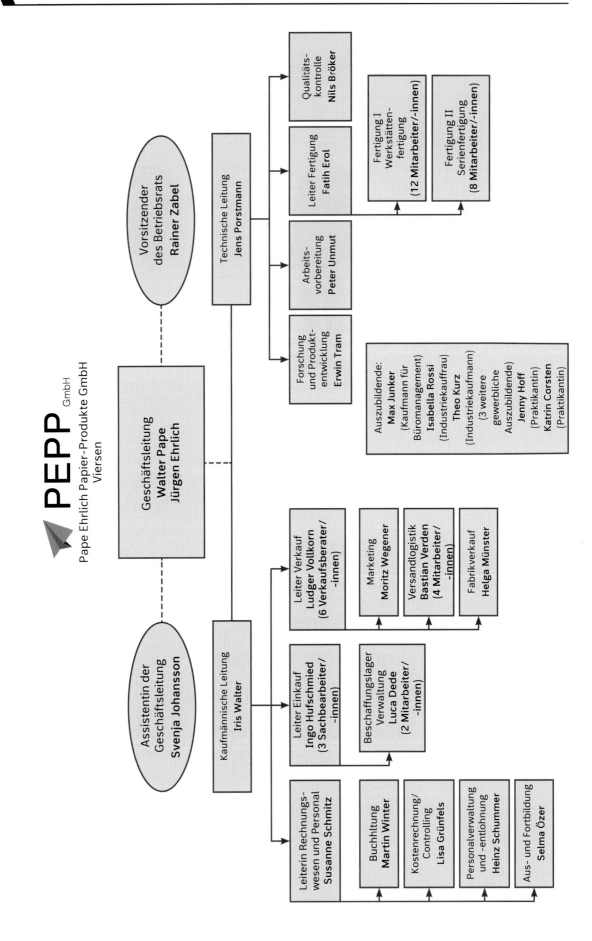

Auszug aus der Kundendatei der PEPP GmbH

Kunden-Nr.	Firma Anschrift	Bankverbindung	Ansprechpartner/-innen	Zahlungsbedingungen
2101	HAKATA Warenvertrieb OHG Großhandel für Non-Food-Artikel Eisenbahnstraße 127 59929 Brilon Tel.: 02961 171717–0 E-Mail: service@hakata.de	Sparkasse Hochsauerland IBAN: DE70 4165 1770 0002 8786 54 BIC: WELADED1HSL	Frau Klarissa Schmidt Herr Klaus Brennschnee	2 % Skonto, Skontofrist: 10 Tage Zahlungsziel: 30 Tage
2102	Igel AG Discounter Walter-Moers-Straße 76–80 10111 Berlin Tel.: 030 991991–0 E-Mail: info@igel-discout.de	Berliner Volksbank IBAN: DE74 1009 0000 0004 5129 87 BIC: BEVODEBBXXX	Frau Ayse Özdemir Frau Selma Luis	3 % Skonto, Skontofrist: 10 Tage Zahlungsziel: 40 Tage
2103	Higher Concerts Konzert-, Event- und Festival-veranstalter Wolkenweg 7 50667 Köln Tel.: 0221 101010–0 E-Mail: info@higher-concerts.com	Commerzbank Köln IBAN: DE31 3708 0040 0093 9281 75 BIC: COBADEFFXXX	Herr Jan Steinweg Herr Götz Stratmann	2 % Skonto, Skontofrist: 20 Tage Zahlungsziel: 40 Tage
2104	Hüttenwirt GmbH & Co. KG Deutsche Fast-Food-Kette Friedhofstraße 23 44787 Bochum Tel.: 0234 5652–0 E-Mail: service@huettenwirt.biz	Deutsche Bank Bochum IBAN: DE08 4307 0061 0056 4738 92 BIC: DEUTDEDE430	Herr Holger Wind Frau Stefanie Seilbach	3 % Skonto, Skontofrist: 10 Tage Zahlungsziel: 30 Tage
2105	World Fit GmbH Fitness-Kette Friedrich-Boerne-Straße 77 33605 Bielefeld Tel.: 0521 312345 E-Mail: info@world-fit-gmbh.de	Sparkasse Bielefeld IBAN: DE49 4805 0161 0650 1829 34 BIC: SPBIDE3BXXX	Herr Alexander Priel Herr Kai Menge	2 % Skonto, Skontofrist: 15 Tage Zahlungsziel: 60 Tage
2106	Schützenverein Neuss 1877 e. V. Heldengasse 32 41460 Neuss Tel.: 02131 12901290 E-Mail: info@svn-1877.de	Volksbank Düsseldorf-Neuss IBAN: DE98 3016 0213 0001 2343 23 BIC: GENODED1DNE	Herr Gottfried Klarheit Herr Otto Winzer	kein Skonto Zahlungsziel: 60 Tage
2107	Werbeagentur Wundersam GmbH Kreuzweg 82 40211 Düsseldorf Tel.: 0211 333333–0 E-Mail: wie@wundersam.de	Stadtsparkasse Düsseldorf IBAN: DE02 3005 0110 0032 4254 35 BIC: DUSSDEDDXXX	Frau Wiebke Wundersam Frau Silke Erich	3 % Skonto, Skontofrist: 10 Tage Zahlungsziel: 30 Tage

Auszug aus der Lieferantendatei der PEPP GmbH

Lieferer-Nr.	Firma Anschrift	Bankverbindung	Ansprechpartner/-innen	Produkte
1101	Niederrheinische Papierfabrik OHG Grünweg 17-20 47608 Geldern Tel.: 02831 477887 E-Mail: info@nrpf.de	Deutsche Bank Geldern IBAN: DE32 3207 0080 0004 8678 53 BIC: DEUTDEDD320	Herr Werner Bär	Papier
1102	Papierherstellung Krieg GmbH Martin-Luther-Straße 229 42103 Wuppertal Tel.: 02053 989898-0 E-Mail: service@papierkrieg.biz	Sparkasse Wuppertal IBAN: DE95 3305 0000 0003 4562 29 BIC: WUPSDE33XXX	Frau Elke Izenlo	Papier
1103	Hermann Knopfherstellung Dortmund AG Westfalendamm 305-307 44143 Dortmund Tel.: 0231 0909123-0 E-Mail: info@hermann-dortmund.de	Sparkasse Dortmund IBAN: DE67 4405 0199 0008 7566 62 BIC: DORTDE33XXX	Frau Karla Goethe	Druckknöpfe (für Identcontroller)
1104	Holz Dierkes KG Großhandel für Holzprodukte Krokusweg 2 48151 Münster Tel.: 0251 238-0 E-Mail: info@h-d-kg.de	Volksbank Münster IBAN: DE75 4016 0050 0002 2341 23 BIC: GENODEM1MSC	Herr Stefan Winter	Holzstäbe (für Papierfahnen)
1105	Import-Export Schneider e. K. Hafenstraße 98 47226 Duisburg Tel.: 0203 2030009	Commerzbank Duisburg IBAN: DE02 3504 0038 0043 7689 76 BIC: COBADEFFXXX	Herr Volker Schneider	Faden auf Rolle (10000–50000 m, für Wimpel- und Fahnenketten und für Girlanden)
1106	Stehlen-Gummi OHG Ballonhersteller Erkesweg 9 52477 Alsdorf Tel.: 02404 7788-0	Sparkasse Aachen IBAN: DE73 3905 0000 0001 5546 65 BIC: AACSDE33XXX	Frau Sabine Wölk	Luftballons (Handelsware (unbearbeiteter Weiterverkauf) und als Vorprodukt (zum Bedrucken nach Kundenwunsch))
1107	Fiesta y más OHG Pappteller Düsseldorfer Str. 20 41464 Viersen	Volksbank Viersen IBAN: DE36 3146 0290 0059 4985 67 BIC: GENODED1VSN	Herr Pablo Ruiz Gonzalez	Pappteller (Handelsware)
1108	Maschinenfabrik Meyer OHG Heckstr. 50-58 52068 Aachen	Sparkasse Aachen IBAN:DE66 3905 0000 0047 2538 41 BIC: AACSDE33XXX	Herr Michael Taasoli	Maschinen, z. B. zur Herstellung von Papptellern (Maschinen zur Herstellung von Papierprodukten)

Absatz

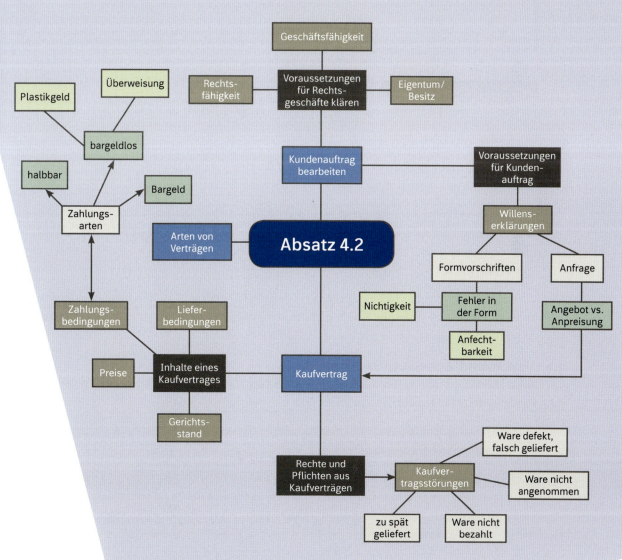

Geschäftsfähigkeit

Rechts-fähigkeit — Voraussetzungen für Rechts-geschäfte klären — Eigentum/Besitz

Plastikgeld

Überweisung

bargeldlos

halbbar

Bargeld

Zahlungs-arten

Arten von Verträgen

Absatz 4.2

Kundenauftrag bearbeiten — Voraussetzungen für Kunden-auftrag

Willens-erklärungen

Formvorschriften

Anfrage

Nichtigkeit — Fehler in der Form

Anfecht-barkeit

Angebot vs. Anpreisung

Zahlungs-bedingungen

Liefer-bedingungen

Preise — Inhalte eines Kaufvertrages — Kaufvertrag

Gerichts-stand

Rechte und Pflichten aus Kaufverträgen — Kaufver-tragsstörungen

Ware defekt, falsch geliefert

Ware nicht angenommen

zu spät geliefert

Ware nicht bezahlt

1 Prozess der Auftragsabwicklung

DAS IST GESCHEHEN

Jürgen Ehrlich möchte die Abläufe im Unternehmen besser dokumentieren.

Jürgen Ehrlich: Hallo, Max, da Sie gerade im Verkauf eingesetzt sind, möchte ich Sie bitten, mir eine Übersicht über den Ablauf der Auftragsabwicklung in unserem Unternehmen zu erstellen.

Max Junker: Natürlich, aber ich habe noch nie einen kompletten Kundenauftrag bis zum Versand begleitet.

DAS IST ZU TUN

1. Bevor Sie den Informationstext lesen: Erstellen Sie eine Mindmap mit Ihren Vorstellungen zum Thema „Auftragsabwicklung einer Kundenbestellung".

2. Nachdem Sie den Informationstext gelesen haben: Skizzieren Sie den Ablauf von der Kundenanfrage bis zur Zahlung.

DAS SOLLTEN SIE WISSEN

Bei der Abwicklung eines Kundenauftrags sind verschiedene Abteilungen in einem Unternehmen beteiligt.

Von der Kundenanfrage bei einem Unternehmen bis zum Versand einer Bestellung laufen mehrere Arbeitsschritte ab, die in den nächsten Kapiteln genauer betrachtet werden.

Geht im Vertrieb eine Kundenanfrage zu Produkten ein, so wird zunächst überprüft, ob der Kunde schon in der Kundendatei angelegt ist. Denn für die Preiskalkulation im anschließenden Schritt kann es von Bedeutung sein, ob es sich um Stammkkundschaft oder einen Neukunden handelt. Treuen Kunden werden öfter bessere Konditionen gewährt.

Als Reaktion auf die Kundenanfrage wird ein Angebot erstellt und an den Kunden versendet. Die Antwort des Kunden kann der Kundenauftrag sein. Weicht die Antwort in einzelnen Punkten vom Angebot ab, so müssen zunächst Details geklärt werden.

Stimmen der Kundenauftrag und das Angebot inhaltlich überein, so wird der eigene Lagervorrat an Rohstoffen überprüft, gegebenenfalls neu bestellt und anschließend werden die Produkte für den Kundenauftrag hergestellt.

Die Buchhaltung schreibt, nachdem die Produkte fertig sind, eine dazugehörige Rechnung, die den Produkten ausgedruckt beigelegt wird.

Die Produkte werden mit einem dazugehörigen Lieferschein an den Kunden versendet und die Zahlung der Rechnung wird fällig. Die Buchhaltung überwacht den fristgerechten Zahlungseingang. Ist die Zahlung nicht fristgerecht eingetroffen, so beginnt die Buchhaltung mit dem kaufmännischen und gerichtlichen Mahnverfahren.

Ist die Zahlung durch den Kunden eingetroffen, wird der Zahlungseingang auf den entsprechenden T-Konten in der Buchhaltung verbucht und der Geschäftsprozess ist abgeschlossen.

2 Grundlagen von Rechtsgeschäften

2.1 Rechtssubjekte und Rechtsfähigkeit

DAS IST GESCHEHEN

Svenja Johansson ist die langjährige Assistentin der Geschäftsleitung der PEPP GmbH. Sie sitzt mit Isabella Rossi in der Mittagspause zusammen.

Frau Johansson: Ach, Isabella weißt du, ich bin nach einer langen Ehe geschieden und habe keine Kinder. Ich bin ja mittlerweile 62 Jahre alt und so langsam sollte ich mir Gedanken machen, wem ich im Fall der Fälle alles vererben kann. Mein Ex-Mann ist keine Option für mich, mein einziger treuer Begleiter ist mein Dackel Ernie. Der soll alles bekommen, damit er es dann noch gut hat.

Isabella Rossi: Ich bin gar nicht so sicher, ob das in Deutschland möglich ist.

DAS IST ZU TUN

1. Prüfen Sie, ob Frau Johanssons Wunsch, ihr Vermögen an ihren Hund zu vererben, umsetzbar ist.

2. Svenja Johansson ist Mitglied im Verein „Hundefreunde am Niederrhein". Sie überlegt, ob sie ihr Geld nicht lieber dem Verein spenden soll, damit ihr Dackel in der angrenzenden Tierpension umsorgt leben kann. Prüfen Sie, ob dies möglich ist.

DAS SOLLTEN SIE WISSEN

Rechtssubjekte und **Rechtsfähigkeit** sind Begriffe, die verwendet werden, wenn man davon spricht, welche „Rechte man hat". Zu diesen Rechten zählt beispielsweise, dass man einkaufen kann, dass man wählen darf, das Recht hat, etwas zu vererben oder etwas als Erbe zu erhalten.

Nicht nur Menschen, sondern auch Vereine, Parteien usw. haben in Deutschland Rechte und Pflichten, sind daher rechtsfähig, sodass man zwischen zwei Rechtssubjekten unterscheidet: natürliche und juristische Personen.

Menschen zählen zu den offensichtlichen Rechtssubjekten und werden im Gesetz als **natürliche Personen** bezeichnet. Die Dauer der Rechtsfähigkeit einer natürlichen Person ist gesetzlich festgelegt.

> **§ 1 BGB**
> Die Rechtsfähigkeit des Menschen beginnt mit der Vollendung der Geburt.

Die Rechtsfähigkeit eines Menschen endet mit seinem Tod. Sie wird im Bürgerlichen Gesetzbuch zunächst nicht auf Menschen ab einem gewissen Alter, einer gewissen Intelligenz oder mit anderen Eigenschaften beschränkt. Außerdem spricht das Bürgerliche Gesetzbuch bei der Rechtsfähigkeit nur von Menschen, also ist ausgeschlossen, dass Tiere oder Gegenstände Träger von Rechten und Pflichten werden können.

Neben natürlichen Personen zählen auch **juristische Personen** zu den Rechtssubjekten. Sie sind künstliche Vereinigungen von Personen, die gebildet werden, um den Umgang mit ihnen zu erleichtern. Man unterscheidet zwischen juristischen Personen des öffentlichen Rechts und juristischen Personen des privaten Rechts.

Juristische Personen des privaten Rechts sind Vereinigungen, die privaten Zwecken dienen. Dazu zählen unter anderem Unternehmensformen, Vereine oder Stiftungen:

- AG
- GmbH
- Borussia Mönchengladbach
- THW Kiel
- Kunststiftung NRW
- ...

Juristische Personen des öffentlichen Rechts dienen staatlichen Aufgaben und öffentlichen Zwecken. Der Staat, Körperschaften, Anstalten und öffentlich-rechtliche Stiftungen sind juristische Personen des öffentlichen Rechts:

- Deutsche Rentenversicherung
- Konrad-Adenauer-Stiftung
- Industrie- und Handelskammer

Juristische Personen haben immer vertretungsberechtigte natürliche Personen, die Geschäfte im Namen dieser juristischen Person abschließen.

Juristische Personen werden wie Menschen behandelt und besitzen ebenfalls Rechte und Pflichten; sie dürfen ein Erbe annehmen, sie können verklagt werden und müssen wie natürliche Personen Steuern zahlen.

Juristische Personen erlangen ihre Rechtsfähigkeit durch Gründung oder Eintragung in das entsprechende öffentliche Handelsregister, Vereinsregister oder Genossenschaftsregister. Die juristische Person verliert ihre Rechtsfähigkeit durch Löschung aus dem jeweiligen Register.

Aufgaben

→ AH

1. Erstellen Sie eine Übersicht über Rechtsfähigkeit und Rechtssubjekte. Nutzen Sie hierzu die Vorlage im Arbeitsheft.

2. Entscheiden Sie begründet, ob es sich bei den Personen um

   - natürliche Personen
   - juristische Personen des öffentlichen Rechts
   - juristische Personen des privaten Rechts handelt:

   a) Max Junker, Auszubildender der PEPP GmbH
   b) die Stadt Viersen

c) Notar Peter Schultz

d) F. Porsche AG

e) Handballverein SG Unterrath e. V.

f) Stiftung Warentest

g) Rechtsanwältin Vanessa Winter

h) neugeborenes Kind

i) World Fit GmbH

3. Entscheiden Sie in den Fällen, wie die Rechtslage ist.

a) Lisa Ehrlich, der 3-jährigen Tochter von Geschäftsführer Jürgen Ehrlich der PEPP GmbH, wurde von ihrer Großtante ein Haus und eine große Geldsumme vererbt. Herr Ehrlich ist mit dem Erbe nicht einverstanden und behauptet, Lisa sei viel zu jung, um etwas zu erben.

b) Jürgen Ehrlich ist Vorsitzender in einem Kegelclub. In der letzten Woche erhielt er einen Brief von einer Notarin. Das langjährige Ehrenmitglied Hansi bestimmte in seinem Testament, dass sein Familienhaus als neues Clubhaus genutzt wird. Jürgen Ehrlich ist nicht begeistert.

2.2 Geschäftsfähigkeit

DAS IST GESCHEHEN

Zu Isabella Rossi und Svenja Johansson setzen sich noch zwei weitere Kolleginnen aus dem Verkauf, Susanne Beyer und Leilah Hemun.

Susanne Beyer: Ach wisst ihr, gestern war einfach so ein Tag. Ich ärgere mich immer noch, wenn ich daran denke.

Leilah Hemun: Was ist denn los? Das ist doch sonst nicht deine Art.

Susanne Beyer: Freddy, unser Jüngster, hat zum Geburtstag von seinem Patenonkel Geld geschenkt bekommen. Er sollte sich davon ein Geschenk kaufen. Dann ist er los und kauft sich wieder ein Spiel für die PlayStation. Mein Mann und ich haben ihm genau das Spiel verboten. Dann sind wir direkt mit ihm wieder zurück ins Geschäft, damit er es zurückbringt. Immerhin sind wir nicht damit einverstanden gewesen. Die Verkäuferin sagte mir dann, dass ich Pech hätte, immerhin ist das Spiel ab 16 und Freddy ist siebzehn.

Leilah Hemun: Das kann doch nicht sein? Wo kommen wir denn dahin, wenn sich unsere Kinder alles kaufen könnten, obwohl wir dagegen sind.

DAS IST ZU TUN

1. Entscheiden Sie – aus dem Bauch heraus –, ob die Verkäuferin des Spiels oder die Kollegin Leilah recht hat: „Dürfen sich Kinder und Jugendliche Dinge selbst kaufen?"

2. Lösen Sie in Kleingruppen, ob Freddy das Spiel behalten darf oder ob das Geschäft das noch verpackte Spiel doch zurücknehmen muss.

3. Beurteilen Sie kritisch den Einwurf von Leilah, dass sich Kinder nicht alles kaufen dürften.

DAS SOLLTEN SIE WISSEN

Neben der Rechtsfähigkeit spielt auch die **Geschäftsfähigkeit** eine zentrale Rolle. Nur jemand, der geschäftsfähig ist, kann rechtsgültige Rechtsgeschäfte tätigen:

- etwas kaufen (einen Kaufvertrag abschließen)
- etwas ver- oder anmieten (z. B. Mietvertrag über eine Wohnung abschließen)
- einen Vertrag kündigen (z. B. Mobilfunkvertrag beenden)

Die Geschäftsfähigkeit richtet sich nach dem Alter der Person, sodass grundsätzlich drei verschiedene Stufen der Geschäftsfähigkeit unterschieden werden:

	Erklärung	Wirkung
Geschäfts-unfähigkeit	von der Geburt bis zur Vollendung des 7. Lebens-jahres (§ 104 BGB)	Das Rechtsgeschäft mit einem Geschäftsunfähigen ist unwirksam (nichtig).
beschränkte Geschäfts-fähigkeit	zwischen dem 7. und dem 18. Lebensjahr (§ 106 BGB)	Das Rechtsgeschäft ist schwebend unwirksam. Die Geschäfte sind erst nach Zustimmung der gesetzlichen Vertreter/-innen gültig.
Geschäfts-fähigkeit	ab dem 18. Geburtstag	Das abgeschlossene Rechtsgeschäft ist voll gültig.

Stufen der Geschäftsfähigkeit

Geschäftsunfähigkeit

Beispiel: Die geschäftsunfähige 5-jährige Tine geht sonntags für die Familie beim Bäcker um die Ecke Brötchen zum Frühstück kaufen. Sie zahlt mit Geld ihrer Eltern.

Tine ist wegen ihres Alters geschäftsunfähig, jedoch tätigt sie das Rechtsgeschäft „Brötchenkauf" im Namen ihrer Eltern. Sie tritt lediglich als Botin für ihre Eltern auf, sodass dieses abgeschlossene Rechtsgeschäft möglich ist.

Beschränkte Geschäftsfähigkeit

Der **Taschengeldparagraf** erlaubt, Geschäfte in geringem Umfang abzuschließen.

> **§ 110 BGB (Bewirkung von Leistung mit eigenen Mitteln)**
>
> (1) Ein von dem Minderjährigen ohne Zustimmung des gesetzlichen Vertreters geschlossener Vertrag gilt als von Anfang an wirksam, wenn der Minderjährige die vertragsgemäße Leistung mit Mitteln bewirkt, die ihm zu diesem Zweck oder zu freier Verfügung von dem Vertreter oder mit dessen Zustimmung von einem Dritten überlassen worden sind.

Geschäfte, die mit dem Taschengeld getätigt werden, sind gültig.

Beispiel: Tina kauft sich neu erschienene Modemagazine. Ihre Eltern sind damit nicht einverstanden, da sie sich lieber ein gutes Buch kaufen soll.

> **§ 112 BGB (Selbstständiger Betrieb eines Erwerbsgeschäfts)**
>
> (1) Ermächtigt der gesetzliche Vertreter mit Genehmigung des Vormundschaftsgerichts den Minderjährigen zum selbstständigen Betrieb eines Erwerbgeschäfts, so ist der Minderjährige für solche Rechtsgeschäfte unbeschränkt geschäftsfähig, welche der Geschäftsbetrieb mit sich bringt. (...)

Beispiel: Peter (17 Jahre) besitzt einen erfolgreichen Onlineshop für diverse Fußball-Fanartikel. Unter anderem gehören Wimpelketten der PEPP GmbH zu seinem Sortiment. Seine Eltern sind von seinem Erfolg überrascht, stimmen ebenso wie das Vormundschaftsgericht dem Shop zu. Peter kann im Rahmen seiner Tätigkeit für den Internetshop alle Rechtsgeschäfte ohne Zustimmung seiner Eltern tätigen.

> **§ 113 BGB (Dienst- oder Arbeitsverhältnis)**
>
> (1) Ermächtigt der gesetzliche Vertreter den Minderjährigen, in Dienst oder in Arbeit zu treten, so ist der Minderjährige für solche Rechtsgeschäfte unbeschränkt geschäftsfähig, welche (...) die Erfüllung der sich aus einem solchen Verhältnis ergebenden Verpflichtungen ergeben (...).

Beispiel: Die minderjährigen Auszubildenden der PEPP GmbH können rechtsgültige Geschäfte für das Unternehmen abwickeln.

> **§ 107 BGB (Einwilligung des gesetzlichen Vertreters)**
>
> Der Minderjährige bedarf zu einer Willenserklärung, durch die er nicht lediglich einen rechtlichen Vorteil erlangt, der Einwilligung seines gesetzlichen Vertreters.

Beispiel: Peter bekommt von seinem Onkel einen Motorroller geschenkt, den er sich lange gewünscht hat. Dieses Geschenk darf er erst nach Einwilligung seiner Eltern behalten, da nicht nur ein rechtlicher Vorteil durch das Geschenk entsteht, sondern auch Kosten (Steuer, Versicherung, Benzin usw.). Würde er von seinem Onkel 150,00 € geschenkt bekommen, dann müssten seine Eltern nicht zustimmen, da nur ein rechtlicher Vorteil entstanden ist.

Geschäftsfähigkeit

Erwachsene, die dem Alter nach voll geschäftsfähig wären, jedoch eine vom Familiengericht zugewiesene Betreuungsperson haben, sind nicht voll geschäftsfähig. Eine Betreuungsperson erhält man, wenn eine psychische oder geistige Erkrankung vorliegt und man dadurch nicht fähig ist, die eigenen Angelegenheit selbstständig zu besorgen. Die Betreuungsperson übernimmt auch die gesetzliche Vertretung der betreuten Person

Aufgaben

→ AH

1. Erstellen Sie eine Übersicht zur Geschäftsfähigkeit mit den Informationen des Textes. Nutzen Sie hierzu die Übersicht in Ihrem Arbeitsheft.

2. Die PEPP GmbH hat immer wieder mit Beschwerden zu tun. Die Rechtsabteilung bittet Sie bei den vorliegenden Fällen um Mithilfe. Beurteilen Sie diese Ereignisse im Hinblick auf die Geschäftsfähigkeit.

   a) Der 17-jährige Auszubildende der PEPP GmbH hat beim Stammlieferanten eine Bestellung über Papier getätigt. Die Lieferung ist bisher nicht eingetroffen. Ingo Hufschmied, der Leiter des Einkaufs, schrieb daraufhin eine Mahnung. Die Antwort lautet: „Die Bestellung ist bei uns bisher nicht bearbeitet worden, da der Besteller noch nicht volljährig ist und ohne Bestätigung kein rechtswirksames Geschäft entsteht."

   b) Eine Mutter gab ihrer Tochter die Zusage: „Such dir für deine Party zum 18. Geburtstag nächste Woche die Deko alleine aus. Aber gib nicht mehr als 50,00 € aus." In der darauffolgenden Woche kommt die Mutter in den Werksverkauf der PEPP GmbH und bringt alle ausgepackten Produkte zurück: „Sie können ihr doch nicht Totenkopfwimpel für eine Geburtstagsparty verkaufen. Ich habe mir was Farbenfrohes vorgestellt. Ich bin damit nicht einverstanden und möchte mein Geld zurück."

3. Entscheiden Sie bei den vorliegenden Fällen und begründen Sie Ihre Entscheidung.

   a) Der 17-jährige Mark hat von seinem Opa einen alten Roller geschenkt bekommen, damit er leichter und schneller zur Schule fahren kann. Die Eltern sind damit nicht einverstanden.

   b) Der 5-jährige Lukas kauft mit dem Geld aus seiner Spardose Süßigkeiten im Kiosk. Die Hälfte hat er schon aufgegessen, bevor seine Mutter dies merkt.

   c) Paula Schiemert, 28 Jahre alt, dauerhaft psychisch krank, bestellt bei einem Vertreter ein Jahres-Abo einer Kochzeitschrift.

   d) Hülya, 19 Jahre alt, macht gerade ihr Fachabitur und wohnt noch zu Hause. Sie kauft sich von ihrem Ersparten einen neuen Fernseher. Ihre Eltern sind gegen diesen Kauf.

   e) Eva, 16 Jahre alt, hat eine Ausbildung als Bäckerin begonnen. Sie hat in den ersten Wochen gemerkt, dass ihr das frühe Aufstehen im Herbst überhaupt keinen Spaß macht. Sie kündigt den Ausbildungsvertrag, ohne ihren Eltern Bescheid zu sagen.

   f) Gegen den Willen der Eltern bekommt der 15-jährige Ahmed von seinem Onkel das Schlagzeug geschenkt, das er sich schon so lange gewünscht hat. Seine Eltern sind damit nicht einverstanden.

2.3 Arten von Rechtsgeschäften

DAS IST GESCHEHEN

Neue E-Mail

Von:	pape@pepp-gmbh.de
An:	junker@pepp-gmbh.de CC: pape@pepp-gmbh.de
Anhänge:	technische Anforderungen
Betreff:	Neue Kopierer Büros

Guten Tag Herr Junker,

wir benötigen für die Büroräume neue Kopierer. Recherchieren Sie bitte nach Angeboten. Die technischen Anforderungen finden Sie im Anhang.

Der Kauf dieser Geräte wäre hierbei für uns eine mögliche Option.

Vielen Dank!

Mit freundlichen Grüßen

W. Pape

✈ PEPP GmbH

PEPP GmbH
Heesstr. 95
41751 Viersen

DAS IST ZU TUN

1. Entscheiden Sie aus dem Bauch heraus, welche Alternativen es für die PEPP GmbH gibt, um die neuen Kopierer anzuschaffen.

2. Klären Sie zunächst, um welche Art von Rechtsgeschäft es sich handelt.

3. Schreiben Sie Herrn Pape eine Antwort, in der Sie ihm die Alternativen zu einem Kaufvertrag kurz erläutern.

DAS SOLLTEN SIE WISSEN

Unter **Rechtsgeschäften** versteht man eine Handlung oder Äußerung einer Person, um daraus Rechte zu erhalten. Die Handlung oder Äußerung einer Person, die auf ein Rechtsgeschäft abzielt, wird Willenserklärung genannt und zu einem späteren Zeitpunkt in diesem Kapitel genauer behandelt.

Bei Rechtsgeschäften wird zwischen einseitigen und zweiseitigen Rechtsgeschäften unterschieden.

Einseitige Rechtsgeschäfte benötigen nur eine Äußerung einer Person, um hieraus Rechtsfolgen abzuleiten. Typische Beispiele für einseitige Rechtsgeschäfte sind das Testament und eine Kündigung. In beiden Situationen wird nicht vorausgesetzt, dass eine gegenüberliegende Partei auf den mitgeteilten Willen reagieren muss.

Zu **zweiseitigen Rechtsgeschäften** zählen alle Arten von Verträgen. Hierbei gibt es zwei Parteien, die ihren übereinstimmenden Willen kundtun, etwas zu leisten. Daraus ergeben sich für beide Seiten Rechte und Pflichten. Es sollen nun einige gängige **Vertragsarten** sowie verschiedene Kaufvertragsarten aufgeführt werden. Die inhaltliche Ausarbeitung, wann ein Kaufvertrag zustande kommt, wird in Kapitel 3.1 behandelt.

Im Privatrecht gibt es eine **Vielzahl von Verträgen**, die Wichtigsten werden hier kurz tabellarisch aufgeführt. Bei allen diesen Verträgen handelt es sich um zweiseitige Rechtsgeschäfte.

Vertragsart	Beispiel
Kaufvertrag	Die PEPP GmbH kauft Papierrollen bei ihrem Lieferanten.
Mietvertrag	Die PEPP GmbH mietet zusätzliche Lagerräume beim Nachbarunternehmen im Gewerbegebiet.
Leihvertrag	Die PEPP GmbH leiht dem Großkunden kostenlos drei Paletten.
Pachtvertrag	Die PEPP GmbH pachtet von einem landwirtschaftlichen Betrieb zusätzlich ein Stück Land, um den Fuhrpark dort zu parken. Die Kirschbäume am Ende des Landes dürfen von der PEPP GmbH geerntet werden.
Darlehensvertrag	Die PEPP GmbH leiht sich für den Bau einer neuen Lagerhalle Geld bei der Bank und zahlt dieses mit einer Verzinsung in zehn Jahren zurück.

Kaufverträge werden nach der Art der im Vertrag getroffenen Vereinbarungen unterschieden und führen zu verschiedenen Rechten und Pflichten.

- **Kauf auf Probe:** Der Käufer bekommt die Ware zum Ausprobieren. Für das Testen der Ware muss ein Zeitraum festgelegt werden. Nach dieser Frist gilt die Ware als gekauft, wenn der Käufer sich nicht mehr meldet.

   Beispiel: Ein Beamer wird für den Konferenzraum für eine Woche auf Probe gekauft. Die Geschäftsleitung meldet sich nicht mehr beim Verkäufer, daher gilt der Beamer als gekauft.

- **Kauf nach Probe (Muster):** Der Käufer erhält ein Muster und kann dieses dann begutachten. Muster sind grundsätzlich kostenlos. Bei einer möglichen Bestellung muss die Ware genauso wie das vorherige Muster sein.

   Beispiel: Beispiel: Die PEPP GmbH hat Muster neuer Verpackungstüten erhalten, um zu prüfen, ob sie ihnen optisch zusagen.

- **Kauf zur Probe:** Der Käufer kauft eine kleine Menge einer Ware, um diese auszuprobieren. Die kleine Menge muss bezahlt werden. Entspricht diese den Vorstellungen, dann wird er eine größere Menge bestellen.

   Beispiel: Die PEPP GmbH hat ein Musterpaket neuer Papiere für die Papiergirlanden gekauft. Diese werden nun probeweise bedruckt, um die Qualität zu überprüfen.

- **Gattungskauf:** Der Kaufgegenstand wird nur nach allgemeinen Kriterien festgelegt.

   Beispiel: Es wird beim Kauf von 100 Flaschen Rotwein keine genaue Angabe über die Sorte, den Jahrgang oder den Preis gemacht.

- **Spezifikationskauf:** Der Käufer und der Verkäufer einigen sich bei Vertragsabschluss zunächst nur auf die Warenart und die Menge, die geliefert werden soll. Zu einem vereinbarten späteren Zeitpunkt wird die auszuliefernde Ware näher bestimmt (spezifiziert).

  Beispiel: Es müssen zwei neue Computer angeschafft werden. Mit dem Händler wird ein Kaufvertrag über zwei Geräte abgeschlossen. Die genauen Details wie Prozessortakt, Festplattengröße, Anzahl und Art der Anschlüsse werden zwei Wochen später festgelegt, wenn die Abstimmung über die Einführung einer neuen Software gelaufen ist.

- **Sofortkauf:** Die bestellte Ware muss sofort an den Kunden ausgeliefert werden. Abweichende Liefertermine sind nicht zulässig.

- **Terminkauf:** Die bestellte Ware wird an einem bestimmten Tag oder in einem bestimmten Zeitraum ausgeliefert, der bei Abschluss des Kaufvertrages vereinbart wurde.

- **Fixkauf:** Der Kaufvertrag wird mit einem konkreten Liefertermin abgeschlossen. Der Kaufvertrag steht und fällt mit der Einhaltung dieses Liefertermins.

Aufgaben

1. Entscheiden Sie bei den vorliegenden Situationen, um welche Kaufvertragsart es sich handelt.

   a) Ein neuer Kunde der PEPP GmbH bestellt ein Paket mit diversen Mustergirlanden. Er bezahlt das Paket und möchte, wenn ihm die Qualität zusagt, einen größeren Auftrag an die PEPP GmbH vergeben.

   b) Eine Handelsvertreterin bringt einem Kunden kostenlose Muster von Papierzuschnitten mit. Darauf bestellt der Kunde Pappaufsteller in einer bestimmten Dicke.

   c) Svenja Johansson bestellt ein Blumengesteck beim Floristen für die Jubiläumsfeier in vier Wochen. Erst wenn kurz vor Lieferung klar ist, wie das Wetter ist und wie die Dekoration der Geschäftsräume aussieht, möchte sie die Blumen für das Gesteck bestimmen.

   d) Die PEPP GmbH bestellt für die Feier beim Catering Platten mit Fingerfood, als Liefertermin ist das Datum der Jubiläumsfeier vereinbart.

   e) Für die Feier muss eine Getränkeanlage im Getränkefachhandel gemietet werden.

   f) Zum Anstoßen auf der Feier hat die Geschäftsleitung zusätzlich beim Getränkelieferanten Sekt für maximal 10,00 € die Flasche bestellt. Die Sorte und Marke ist den Geschäftsführern nicht wichtig.

   g) Für die Feier wird ein Luftballonkünstler eingeladen. Dieser verkauft vor Ort seine Luftballon-Tierfiguren für einen Euro.

2.4 Eigentum und Besitz

DAS IST GESCHEHEN

1. Aus den Büroräumen der PEPP GmbH sind drei Monitore gestohlen worden.	3. Walter Pape hat seiner Schwester einen Transporter der PEPP GmbH für den Umzug geliehen.
2. Jürgen Ehrlich hat neue Computer gekauft und diese direkt bar bezahlt.	4. Die PEPP GmbH hat einem Kunden 20 Pappaufsteller ausgeliefert. Diese sind noch nicht bezahlt worden.

DAS IST ZU TUN

Prüfen Sie mit den gegebenen Informationen die Situation und entscheiden Sie, wer Besitzer bzw. Besitzerin und wer Eigentümer bzw. Eigentümerin ist.

DAS SOLLTEN SIE WISSEN

Unterscheidung von Besitz und Eigentum

Die Begriffe **Besitz** und **Eigentum** einer Sache werden im Alltag sehr häufig gleich verwendet. Rechtlich macht es jedoch einen Unterschied, ob eine Person Besitzerin bzw. Besitzer oder Eigentümerin bzw. Eigentümer eines Gegenstandes ist.

Drei Beispiele sollen helfen, den Unterschied zwischen beiden Begriffen zu verdeutlichen:

1. Isabella hat sich in der Berufsschule einen Kugelschreiber von Max geliehen. Diesen nutzt sie bis zum Ende des Schultages.
2. Max schenkt Isabella zum Wichteln ein Mäppchen mit Stiften, Radierer und Spitzer.
3. Isabella hat von Max ein Lineal gekauft, da er im Schreibwarengeschäft ein Vorteilspack mit drei Stück besorgt hatte.

In allen drei Fällen sind Isabella und Max mal Besitzerin bzw. Besitzer, mal Eigentümerin bzw. Eigentümer und mal beides zugleich.

Wer eine Sache besitzt, kann diesen Gegenstand nutzen, jedoch nicht damit machen, was er oder sie will, beispielsweise ihn verkaufen. Man hat die **Verfügungsgewalt** oder **tatsächliche Herrschaft** über die Sache (§ 854 BGB).

Eigentümerinnen und Eigentümer können ihren Gegenstand beispielsweise weiterverleihen oder verkaufen. Sie haben die **rechtliche Herrschaft** an einer Sache und können daher auch an andere das **Eigentumsrecht weitergeben** (§ 903 BGB).

Im ersten Beispiel ist Isabella die Besitzerin des Kugelschreibers, der Eigentümer bleibt Max.

Im zweiten und dritten Beispiel ist Isabella gleichzeitig Besitzerin und Eigentümerin der Gegenstände geworden, weil Max das Eigentum an Isabella übertrug. Sie könnte die Schreibutensilien nun rechtmäßig verkaufen oder verleihen.

Übertragung

Die **Übertragung von Eigentum** an einer Sache ist nicht an eine Zahlung gebunden, wie wir im zweiten Beispiel gesehen haben. Die Eigentumsrechte werden auf eine andere Person übertragen, wenn sich beide Parteien darüber einig sind und die Sache übergeben wird.

Beispiel: Isabella wird beim Bummeln in der Stadt das Smartphone geklaut. Kurze Zeit später wird dieses Smartphone im Internet zum Verkauf angeboten. Sie erkennt es an den kaputten Ecken des Displays.

Der Dieb ist Besitzer des Handys. Aber Isabella bleibt Eigentümerin. Es gab keine Einigung zwischen den beiden, dass das Handy in andere Hände übergeht. Auch wenn das Handy nun weiterverkauft wird, kann der neue Käufer nicht Eigentümer werden, da der Dieb nie Eigentümer war und dieses Recht nicht weitergeben kann.

Merke: Von geklauten Gegenständen kann man nur Besitzerin oder Besitzer, nie Eigentümerin oder Eigentümer werden. Man muss sogar damit rechnen, dass die Eigentümerinnen bzw. Eigentümer ihre Sache zurückfordern. Etwas anders verhält es sich, wenn man nicht wusste, dass der erworbene Gegenstand gar nicht beim rechtmäßigen Eigentümer oder bei der rechtmäßigen Eigentümerin war. Die kaufende Person hat das Produkt im guten Glauben gekauft.

Beispiel: Isabella hat den ausgeliehenen Kugelschreiber nun seit mehreren Wochen in ihrem Besitz, da Max schon länger krank fehlt. Isabella verkauft den Kugelschreiber an eine Mitschülerin.

Die Mitschülerin wird in diesem Fall Eigentümerin des Kugelschreibers, da sie im guten Glauben den Kugelschreiber erworben hat. Sie ist davon ausgegangen, dass der Stift Isabella gehört und konnte nicht wissen, dass der Stift nur entliehen war.

Eigentumsvorbehalt

Da Eigentum bei der Übergabe der Sache übertragen wird und nicht abhängig von einer Zahlung ist, existiert der **Eigentumsvorbehalt**. Dieser dient zur Absicherung des Verkäufers, wenn die Zahlung des Käufers noch nicht stattgefunden hat, die Sache aber schon übergeben wurde. Der Eigentumsvorbehalt besagt, dass man erst Eigentümer der Sache wird, wenn der Verkaufspreis komplett bezahlt wurde.

Beispiel: Beim Kauf des neuen Transporters für die PEPP GmbH wurde eine Ratenzahlung mit dem Händler vereinbart. Der Wagen wird schon eifrig für Auslieferungen genutzt, jedoch wird die PEPP GmbH erst Eigentümerin des Wagens und erhält den Fahrzeugbrief, wenn die Abschlussrate für den Wagen bezahlt ist. Bis zur Komplettzahlung ist der Autohändler Eigentümer des Transporters.

Der Eigentumsvorbehalt wird bei den Kreditsicherheiten im Handlungsfeld 6 ausführlicher thematisiert.

Aufgaben

1. Erläutern Sie den Unterschied zwischen Eigentum und Besitz mit jeweils einem Beispiel.

2. Helga Münster kauft auf dem Trödelmarkt ein Fahrrad. Nach drei Wochen wird Helga bei einer Kontrolle darauf aufmerksam gemacht, dass dieses Fahrrad gestohlen wurde. Sie erläutert der Polizei, dass sie dies nicht gewusst und das Rad in gutem Glauben gekauft habe und daher die rechtmäßige Eigentümerin sei.

   a) Erläutern Sie, was man unter „gutgläubigem Erwerb" versteht.
   b) Prüfen Sie, ob Helga recht hat.

3. Entscheiden Sie in den Fällen jeweils, wer Eigentümerin bzw. Eigentümer und wer Besitzerin bzw. Besitzer ist.

   a) Hülya kaufte einen Fernseher, zahlte diesen sofort. Der Fernseher wird erst in einer Woche zu ihr nach Haus geliefert.
   b) Die PEPP GmbH mietet für die nächsten zwei Jahre neue Kopierer für die Geschäftsräume.
   c) Ein Kunde kauft einen BluRay-Player im Geschäft, den der Händler leihweise vom Hersteller erhalten hat.
   d) Mit 25 Jahren ist Luca Dede in eine Mietwohnung der MöBau GmbH gezogen.
   e) Der Geschäftsführer Jürgen Ehrlich hat seinen neuen Firmenwagen abgeholt, der in drei Wochen bar bezahlt wird.

3 Rechtlich verbindliche Kaufverträge abschließen

3.1 Zustandekommen von Kaufverträgen

3.1.1 Willenserklärungen und Formvorschriften

DAS IST GESCHEHEN

Walter Pape und der Nachbar der PEPP GmbH haben auf dem letzten Sommerfest zusammengesessen. Walter Pape: „Wenn du mal in den Ruhestand gehst, gib mir Bescheid. Ich kaufe dann sofort dein Gelände." Der Nachbar nickt und hält Herrn Pape die Hand für einen Handschlag hin. Ein Jahr später erhält Herr Pape eine Zahlungsaufforderung über den Kauf des Nachbargrundstücks.

DAS IST ZU TUN

1. Prüfen Sie, ob zwischen den beiden auf dem Sommerfest zwei übereinstimmende Willenserklärungen zu Stande gekommen sind.

2. In welcher Art und Weise können Willenserklärungen abgegeben werden? Ordnen Sie das Verhalten von Walter Pape und dessen Nachbarn Ihren Antworten zu.

3. Begründen Sie, ob auf dem Sommerfest ein rechtsgültiger Kaufvertrag über das Grundstück entstanden ist.

DAS SOLLTEN SIE WISSEN

Wenn wir Rechtsgeschäfte wie den Kauf eines Gegenstandes abschließen möchten, müssen wir grundsätzliche unsere Bereitschaft oder unseren Willen darüber mitteilen oder zeigen. Es wurden schon einseitige und zweiseitige Rechtsgeschäfte unterschieden, beide Formen von Rechtsgeschäften entstehen mit allen ihren Rechten und Pflichten, weil eine oder zwei Vertragsparteien ihren Willen äußern, etwas bestimmtes zu tun.

Die Äußerung des Willens für ein Rechtsgeschäft nennt man rechtlich korrekt **Willenserklärung**.

Willenserklärungen

Rechtsgeschäfte können aus einer oder mehreren Willenserklärungen entstehen.

Eine Willenserklärung ist eine Äußerung oder Handlung einer Person oder einer Vertragspartei, die mit der Absicht stattfindet, ein Rechtsgeschäft oder eine rechtliche Wirkung hervorzurufen. Es ist der Wille eines Rechtssubjektes.

Rechtsgeschäfte, die nur eine Willenserklärung benötigen, werden als einseitige Rechtsgeschäfte bezeichnet. Hierbei wird noch unterschieden, ob die einseitige Äußerung des Willens, die Willenserklärung, empfangsbedürftig ist oder nicht.

Art der Willenserklärung	Wirkung
empfangsbedürftige Willenserklärung	Die Willenserklärung wird erst dann wirksam, wenn sie dem Gegenüber zugeht. **Beispiel:** Eine Kündigung ist erst dann wirksam, wenn die gekündigte Person diese erhalten hat.
nicht-empfangsbedürftige Willenserklärung	Die Willenserklärung ist gültig, sobald sie abgegeben wurde. **Beispiel:** Das aufgesetzte Testament ist gültig, unabhängig davon, ob es schon jemand gelesen hat.

Zu zweiseitigen Rechtsgeschäften zählen alle Arten von Verträgen, die geschlossen werden. Verträge kommen grundsätzlich zustande, wenn zwei inhaltlich übereinstimmende Willenserklärungen vorliegen.

Die erste Willenserklärung nennt man **Antrag** und die reagierende, dazu passende Willenserklärung **Annahme**.

Es ist gleich, welcher der Vertragspartner einen Antrag zuerst abgibt. Ebenso muss beim Zustandekommen von Verträgen nicht immer auf den formulierten Antrag die direkte Annahme folgen. Es kann auch ein neuer Antrag formuliert werden. Dieses Spiel von Antrag und Gegenantrag kann so lange wiederholt werden, bis die Reaktion des Gegenübers inhaltlich mit einem Antrag übereinstimmt.

Beispiel: Isabella ist am Wochenende gerne auf Trödelmärkten unterwegs, so wie diesen Sonntag in Krefeld.

Verkäufer: Für den Bilderrahmen möchte ich 9,00 €. (Antrag)

Isabella Rossi: Ich biete dafür nur 5,00 €. (Antrag)

Verkäufer: 7,00 €. (Antrag)

Isabella Rossi: (nickt zur Annahme)

Willenserklärungen können mündlich, schriftlich oder durch konkludentes Verhalten abgegeben werden. Konkludentes Verhalten bedeutet, dass die Handlung schlüssig ist und einen Willen ausdrückt, beispielsweise zustimmendes Nicken, den Gegenstand nehmen und kassieren. Zur Beweissicherheit sollten wichtige Verträge schriftlich fixiert werden.

Formvorschriften

Für die meisten Willenserklärungen gibt es keine Vorgabe, wie diese abzugeben sind. Dies nennt man **Formfreiheit**. Für einige Verträge oder abgegebene Willenserklärungen werden jedoch bestimmte Formen vom Gesetzgeber vorgeschrieben, dies bezeichnet man als **Formzwang**. Dadurch soll unter anderem verhindert werden, dass Geschäfte unüberlegt und voreilig geschlossen werden. Gesetzliche Formvorschriften schützen die Parteien, die eine Willenserklärung abgeben. Die bei Einhaltung der Formvorschriften getroffenen Abmachungen sind gültig und auch später noch beweisbar.

Das Bürgerliche Gesetzbuch nennt unterschiedliche **Formvorschriften***:

- **Schriftform (§ 125 BGB):** Ein Vertrag muss schriftlich verfasst und eigenhändig unterschrieben werden.

  Beispiel: Ausbildungsvertrag (muss vor Ausbildungsbeginn schriftlich vorliegen), Testament (vollständig eigenhändig verfasst), Mietverträge, bei einer Mietdauer über einem Jahr, Arbeitsverträge und ihre Kündigungen

- **öffentliche Beglaubigung (§ 129 BGB):** Die Willenserklärung wird niedergeschrieben und die Echtheit der Unterschrift wird öffentlich von einem Notar oder einer Notarin bestätigt. Diese Beglaubigung bestätigt nur die Echtheit der Unterschrift.

  Beispiel: Eintragung ins Handelsregister, am PC geschriebene Testamente mit beglaubigter Unterschrift

- **notarielle Beurkundung (§ 128 BGB):** Der Notar oder die Notarin schreibt den Inhalt eines Vertrages auf und bestätigt zusätzlich die Echtheit der Unterschriften der Vertragspartner. Der Vertrag wird gesiegelt und im Notariat hinterlegt. Die beiden Vertragspartner erhalten Kopien des Vertrages. Der Notar oder die Notarin hat den Inhalt und die Unterschriften bestätigt.

  Beispiel: Grundstücks- und Hauskauf, Testament (ein Notar oder eine Notarin stellt auf Wunsch den Inhalt zusammen, damit es keine Schlupflöcher für Klagen der Erben gibt), Eheverträge

Wird die gesetzliche Formvorschrift nicht eingehalten, so ist das Rechtsgeschäft nichtig.

Aufgaben

→ AH

1. Erstellen Sie eine Übersicht zu Willenserklärungen. Nutzen Sie hierzu die Vorlage im Arbeitsheft.

2. Unterscheiden Sie bei den Rechtsgeschäften, ob es sich um einseitige oder zweiseitige Rechtsgeschäfte handelt.

   a) Mietvertrag
   b) Testament
   c) Kündigung

* elektronische Formvorschriften, § 126a BGB, siehe Kapitel 3.5, Seite 52

3. Entscheiden Sie bei den Rechtsgeschäften, welche Formvorschriften gelten.

   a) Frau Parlo kauft beim Autohändler einen neuen Pkw und zahlt bar.

   b) Landwirt Merziger verkauft seinen Acker an die Stadt Viersen, damit dort neue Grundstücke entstehen.

   c) Martin Kowalski schließt einen Ausbildungsvertrag ab.

   d) Der „Verein zur Förderung bedrohter Tierarten" beantragt seine Eintragung ins Vereinsregister.

   e) Oma Lieselotte schreibt ihr Testament eigenhändig und unterschreibt dieses auch.

4. Erläutern Sie den Unterschied zwischen einer empfangsbedürftigen und einer nicht empfangsbedürftigen Willenserklärung.

3.1.2 Anfrage, Angebot und der Kaufvertrag

DAS IST GESCHEHEN

Isabella Rossi wundert sich. Sie hat vor ein paar Minuten mit einem Lieferanten telefoniert, der ihr ein gutes Angebot für Druckerfarben gemacht hat. Sie ist kurz zu Luca Dede gegangen, um von dem Angebot zu berichten. Er war total begeistert: „Super, Isabella, bestell das auf jeden Fall zu den Konditionen." Also bestellte sie per Fax. Statt der erhofften Bestellbestätigung bekam sie eine ablehnende Antwort.

> Sehr geehrte Frau Rossi,
>
> vielen Dank für Ihre Bestellung. Leider können wir Ihnen das gewünschte Angebot nicht mehr gewähren. Dies war ein Angebot für schnellentschlossene Kunden.
>
> Mit freundlichen Grüßen

Das kann doch nicht sein, denkt sich Isabella nur.

DAS IST ZU TUN

1. Entscheiden und begründen Sie, ob es sich um ein Angebot oder eine Anpreisung handelt.

2. Entscheiden Sie, ob Isabella auf das am Telefon erhaltene Angebot später bestehen kann.

3. Wie lange hätte Isabella Rossi Zeit gehabt, wenn das Angebot in Schriftform bei ihr eingegangen wäre?

DAS SOLLTEN SIE WISSEN

Anfrage

Bevor ein Unternehmen ein Produkt bestellt und es zu einem Kaufvertrag kommt, holt es nach gängiger Praxis verschiedene Angebote ein und vergleicht sie miteinander. Unverzichtbar ist diese Praxis, wenn ein neues Produkt gekauft werden soll oder noch keine Geschäftsbeziehungen existieren. Um die einzelnen Unternehmen miteinander vergleichen zu können, wird an alle in Frage kommenden Lieferanten jeweils eine **Anfrage** verschickt.

Durch die Anfrage möchte man beispielsweise Informationen zum Preis, den Lieferbedingungen, möglichen Rabatten und Zahlungsbedingungen in Erfahrung bringen. Eine Anfrage stellt noch keine Willenserklärung zum Kauf der Ware dar, also ist eine Anfrage unverbindlich und besitzt keine rechtliche Wirkung. Anfragen sind formfrei, sie können daher mündlich, schriftlich, telefonisch oder elektronisch erfolgen.

Bei einer allgemeinen oder **unbestimmten Anfrage** bittet man um allgemeine Preislisten, Kataloge, allgemeine Informationen zur Produktpalette des Unternehmens oder Besuche durch Handelsvertreter/ -innen.

Bei **bestimmten Anfragen** erwartet man konkrete Angaben zum Preis, der Qualität, speziellen Konditionen wie Mengenrabatte, Treuerabatte für langjährige Geschäftsbeziehungen, Lieferbedingungen, einen genauen Liefertermin und Zahlungsbedingungen.

Anfragen können an potenzielle neue Geschäftspartner gerichtet werden oder bisherige Lieferanten zu aktuellen Angeboten auffordern.

Beispiel: Die PEPP GmbH fragt bei anderen Lieferanten nach Konditionen zu den verwendeten Verpackungskartons. Ihr bisheriger Lieferant dieses Produktes befindet sich ebenfalls unter den Empfängern.

Neue E-Mail

Von: rossi@pepp-gmbh.de

An: info@nrpf.de, service@papierkrieg.biz, info@paperout.de, info@kartonagen-meier.com

Anhänge:

Betreff: Anfrage zu Papierkartonagen

Sehr geehrte Damen und Herren,

wir sind ein produzierendes Unternehmen für Fest- und Werbeartikel aus Papier.

Wir verwenden für den Versand unserer Artikel diverse Pappkartons bis 10 l. Könnten Sie mir bitte eine Preisliste schicken.

Über ein Angebot von Kartonagen 30 cm x 20 cm x 10 cm würden wir uns freuen.

Mit freundlichen Grüßen

Isabella Rossi

PEPP GmbH
Heesstr. 95
41751 Viersen

Angebot und Anpreisung

Die Reaktion auf eine Anfrage bezeichnet man als **Angebot**. Anders als bei der unverbindlichen Anfrage ist ein Angebot eine bindende Willenserklärung, dass man zu den Konditionen des Angebots seine Ware verkaufen wird. Ein Angebot ist immer an eine bestimmte Person gerichtet. Je detaillierter ein Angebot formuliert ist, desto leichter kann daraus ein Kauf entstehen. Die Inhalte des zugehörigen Kaufvertrages können aus den Angaben des Angebots übernommen werden.

Angebote können ebenfalls formfrei abgegeben werden, jedoch ist für eine Beweissicherung und zur Vermeidung von Irrtümern ein schriftliches Angebot ratsam. Der Kunde kann sich bei einem Angebot grundsätzlich darauf verlassen, die Ware zu den festgeschriebenen Konditionen zu erhalten.

Beispiel: Die Niederrheinische Papierfabrik OHG sendet der PEPP GmbH ein Angebot über die angefragten Kartonagen zu.

Niederrheinische Papierfabrik OHG

Niederrheinische Papierfabrik OHG,
Grünweg 17–20, 47608 Geldern

Ihr Zeichen: PP/IR
Unser Zeichen: NP/NN
Ihre Nachricht vom: 30.04.20..

PEPP GmbH
Heesstr. 95
41751 Viersen

Angebot über Kartonagen 30 cm x 20 cm x 10 cm

Sehr geehrte Frau Rossi,

gerne unterbreiten wir Ihnen ein Stammkunden-Angebot über Kartonagen mit den Abmessungen 30 cm x 20 cm x 10 cm.

Nicht zu verwechseln sind Angebote mit Anpreisungen, die im normalen Sprachgebrauch beispielsweise in Lebensmittelgeschäften sehr oft als Angebote bezeichnet werden.

Beschreibungen und Preise von Waren in Prospekten, Katalogen, im Internet oder in Anzeigen in Zeitschriften sind immer an die Allgemeinheit gerichtet und werden als **Anpreisung** bezeichnet. Der große Unterschied zum Angebot ist, dass Angebote immer an bestimmte Personen gerichtet sind, während Anpreisungen in Schaufenstern, Prospekten oder auf Plakaten für jede Person gleich zugänglich sind. Anpreisungen haben keinen rechtlich bindenden Charakter und werden auch nicht als Willenserklärung bei der Anbahnung eines Kaufvertrages angesehen. Anpreisungen fordern lediglich den Kunden auf, dem Verkäufer einen Antrag zu unterbreiten.

Bindung und Freizeichnung

Da man sich bei einem Angebot bindet, die Waren zu den festgeschriebenen Konditionen zu verkaufen, kann man diese Bindung etwas einschränken. Dies ist sinnvoll, wenn beispielsweise nur bestimmte Lagerbestände zu dem Preis vorhanden sind oder wenn Liefertermine bei größeren Mengen neu ermittelt werden müssen.

Formulierungen, die eine Bindung des Angebots einschränken, werden als **Freizeichnungsklauseln** bezeichnet. Diese Wörter oder Sätze weisen in einem Angebot darauf hin, dass bei einem Vertragsabschluss einzelne Änderungen eintreten können.

Typische Freizeichnungsklauseln	Bedeutung
Angebot freibleibend	Das gesamte Angebot ist unverbindlich, alles kann sich noch bis zum Vertragsabschluss ändern.
Angebot unverbindlich	
ohne Gewähr, ohne Obligo	
solange der Vorrat reicht	Es kann sein, dass die bestellte Menge, nicht mehr lieferbar ist; insbesondere, wenn man nicht sofort auf das Angebot reagiert und bestellt.
Lieferungen vorbehalten	
Lieferzeit freibleibend	Die Lieferzeit ist eine unverbindliche Angabe.
Preisänderungen vorbehalten	Die Preise können sich bis zum Vertragsabschluss noch ändern.
Preise unverbindlich	
Preise freibleibend	

Annahme eines Angebots

Nach Eingang eines Angebots hat man nicht unendlich viel Zeit, um zu reagieren und die bestimmten, rechtlich verbindlichen Konditionen zu erhalten. Je nach der Form des Angebots gelten verschiedene **Bindungsfristen** für das jeweilige Angebot. Durch diese Fristen wird sichergestellt, dass der Lieferant nicht ewig an sein Angebot gebunden ist, und der interessierte Kunde weiß ebenfalls, wie lange er Zeit hat, Waren zu den angebotenen Bedingungen zu kaufen.

Bei einem schriftlichen Angebot ohne Freizeichnungsklauseln ist der Anbietende so lange gebunden, wie man unter normalen Umständen mit einer Antwort rechnen kann.

Bei Briefen kann man von etwa sieben Tagen ausgehen: zwei Tage Postweg, bis das Angebot beim Kunden eintrifft, drei Tage über das Angebot nachzudenken und zu reagieren, anschließend zwei Tage für eine schriftliche Antwort oder Bestellung auf dem Postweg.

Angebote, die am Telefon oder während eines Gespräches unterbreitet werden, sind auch nur für die Dauer des Gespräches gültig.

Mittlerweile nutzen viele Unternehmen die Möglichkeit, ihre Angebote per E-Mail zu versenden, da diese dann zügiger beim Kunden sind. Dadurch beträgt die Bindung für Angebote per E-Mail oder Fax auch nur einen Tag.

Natürlich kann jeder Anbieter diese gesetzlichen Bindungsfristen durch eigene Angaben erweitern und dem Kunden mehr Zeit einräumen.

Beispiel: „Dieses Angebot gilt den kompletten Monat September." „Dieses Angebot ist zwei Wochen gültig."

Eine Verkürzung dieser Fristen ist nicht zulässig.

3.1.3 Der Kaufvertrag mit Rechten und Pflichten

Ein **Kaufvertrag** ist ein Rechtsgeschäft, das zwischen beiden Vertragsparteien zustande kommt, wenn beide Willenserklärungen übereinstimmen.

Eine Bestellung eines Kunden ist eine Willenserklärung, in der zum Ausdruck gebracht wird, dass man etwas kaufen möchte. Der Käufer signalisiert in der Bestellung, welche(-n) Artikel in welcher Menge zu welchem Preis er kaufen möchte. Diese Willenserklärung, der Antrag, ist an keine Formvorschrift gebunden. Wird der Antrag durch eine weitere Willenserklärung angenommen, so entsteht durch die Annahme ein verbindlicher Kaufvertrag.

Verträge werden durch zwei übereinstimmende Willenserklärungen geschlossen. Bei Kaufverträgen existieren verschiedene Konstellationen, wann zwei Willenserklärungen als übereinstimmend gelten:

1. **Situation: Angebot ↔ Bestellung**
   oder direkt ohne Angebot bestellt: Bestellung ↔ Auftragsbestätigung

2. **Situation: Ware geliefert ↔ Kunde bezahlt**

Sind zwei Willenserklärungen nicht übereinstimmend, kommt es zunächst nicht zum Kaufvertrag.

Beispiel: Ein Vertragspartner widerruft seine Willenserklärung. Ein Vertragspartner lehnt die Willenserklärung des anderen ab. Ein Vertragspartner ändert die Willenserklärung des anderen ab. Die Bindung einer Willenserklärung ist abgelaufen.

Rechte und Pflichten aus einem Kaufvertrag

Kommt ein Kaufvertrag zwischen zwei Parteien zustande, so entstehen für beide Seiten Rechte und Pflichten. Mit dem Vertragsabschluss (**Verpflichtungsgeschäft**) verpflichten sich die beiden Seiten, den Vertrag ordnungsgemäß zu erfüllen (**Erfüllungsgeschäft**).

Verpflichtungsgeschäft: Übernahme von Rechten und Pflichten	
Pflichten des Verkäufers **(Rechte des Käufers)**	**Pflichten des Käufers** **(Rechte des Verkäufers)**
▪ Die Ware muss zur vereinbarten Zeit und am vereinbarten Ort an den Käufer übergeben werden. ▪ Die Ware muss einwandfrei übergeben werden. ▪ Der Verkäufer muss den Kaufpreis annehmen.	▪ Die Ware muss rechtzeitig bezahlt werden. ▪ Die Ware muss angenommen werden.

Sind alle Pflichten aus dem Kaufvertrag erfüllt worden, so erlischt das Verpflichtungsgeschäft und es kommt zu einem Erfüllungsgeschäft.

Dies ist der Fall, wenn eine einwandfreie Ware pünktlich durch den Verkäufer an den Käufer über-geben wurde, weil der Käufer die Sache bezahlt und angenommen hat.

Werden Pflichten dieses Vertrages verletzt, so spricht man von Störungen in einem Kaufvertrag. Die einzelnen Kaufvertragsstörungen werden in Kapitel 5 genauer untersucht.

Aufgaben

→ AH

1. Grenzen Sie die Begriffe Anpreisung, Angebot und Anfrage voneinander ab.

2. Entscheiden Sie in den beschriebenen Fällen, ob es ich um eine Anfrage, ein Angebot oder eine Anpreisung handelt.

   a) Die PEPP GmbH versendet zu Beginn jeden Jahres einen Katalog mit ihrem kompletten Produktsortiment.
   b) Max Junker erhält von einem Sportverein eine E-Mail: „Wir würden gerne neue Papier-fahnen mit unserem Logo bestellen. Was kosten 1 000 Papierhandfahnen bei Ihnen?"
   c) Max antwortet dem Sportverein sofort: „1 000 Stück Papierfahnen 20 cm × 10 cm kosten 250,00 €. Zusätzlich nehmen wir für das Entwerfen des Designs eine Pauschale von 50,00 €. Hierbei handelt es sich um einen Neukundenpreis."
   d) Helga Münster geht in der Stadt am Schaufenster eines Sportgeschäftes vorbei und liest: „Super Frühjahrsangebote für Sportmuffel"
   e) Max Junker schreibt potenzielle neue Lieferanten an und bittet um Preislisten.
   f) Max Junker erhält eine schriftliche Antwort über Verpackungskartons für das Party-geschirr-Set: „pro Karton 2,10 €, ab 100 Stück 5 % Mengenrabatt, Skonto 3 %, zwei Wochen zu den Konditionen bestellbar"
   g) Auf der Internetseite eines Farblieferanten findet er eine Anzeige: „Sommerangebot: Kauf 3 – zahl 2!"

3. Beurteilen Sie begründet, wie lange die Anbieter an ihr Angebot gebunden sind.

   a) Während eines Messebesuches bietet Walter Pape einer neuen Kundin in einem Bera-tungsgespräch die Pappaufsteller mit einem Sofortrabatt von 10 % an.
   b) Per E-Mail versendet Max Junker am Montag ein Angebot an einen Kindergarten. Dieser benötigt 200 Pappbecher individuell bedruckt für ein Sommerfest.
   c) Die PEPP GmbH erhält ein lang ersehntes schriftliches Angebot von einem neuen Papierlieferanten.
   d) Per Fax wird ein Angebot an die kaufmännische Abteilung eines Drogeriemarktes versen-det. Es enthält die Formulierung: „Das Angebot ist zu den obigen Konditionen zwei Wo-chen bindend."

4. Die PEPP GmbH ist ein sicherheitsbedachtes Unternehmen. Erläutern Sie der Geschäfts-leitung kurz, warum es sinnvoll sein könnte, in ihre Angebote „Freizeichnungsklauseln" einzufügen.

5. Welche Klauseln sollte ein Großhändler einfügen?

   a) Der Großhändler bietet seinem Kundenstamm seine Restbestände aus dem Lager an.
   b) Der Großhändler kann Preisänderungen nicht ausschließen.
   c) Der Großhändler unterbreitet seinem Kunden ein Angebot, bei dem er sich nicht sicher ist, ob er die Ware wirklich beschaffen kann.

6. Verträge kommen zustande, wenn zwei übereinstimmende Willenserklärung, Antrag und Annahme (siehe Kapitel 3.1.2) existieren. Entscheiden Sie die Fälle.

   a) Wer macht den Antrag zum Kaufvertrag: Käufer oder Verkäufer?
   b) Wer nimmt den Kaufvertrag an: Käufer oder Verkäufer?
   c) Begründen Sie, ob und wann in den Situationen ein Kaufvertrag entstanden ist.

   - Die PEPP GmbH erhält eine Anfrage über 20 Pappaufsteller. Isabella Rossi formuliert zu der Anfrage ein Angebot und versendet dieses Angebot per E-Mail an den Kunden. Am nächsten Tag bestellt der Kunde die Pappaufsteller zu den Konditionen des Angebots.
   - Max Junker hat diverse Lieferanten angeschrieben und um Angebote für Holzstäbe zur Fertigung der Papierhandfahnen gebeten. Eine Woche später erhält er kommentarlos eine Sendung mit 20 verschiedenen Holzstäben von einem potenziellen Lieferanten.
   - Ein Kunde bestellt per Post bei der PEPP GmbH buntes Partygeschirr für ein Firmenfest, ohne vorher ein Angebot erhalten zu haben. Die PEPP GmbH sendet dem Kunden ebenfalls per Post eine Auftragsbestätigung ohne Änderungen der Bedingungen in der Bestellung. Am nächsten Morgen ruft der Kunde an und widerruft seine versendete Bestellung, da er das Geschirr woanders günstiger beschaffen kann.

3.2 Inhalte des Angebots oder des Kaufvertrages

DAS IST GESCHEHEN

Max Junker ist aktuell als Auszubildender in der Abteilung Einkauf eingesetzt. Er soll die Kaufverträge prüfen und bearbeiten. Bei einer Bestellung der PEPP GmbH bei ihrem Stammlieferanten Niederrheinische Papierfabrik OHG ist Max unsicher.

PEPP GmbH

PEPP GmbH · Heesstr. 95 · 41751 Viersen

Ihr Zeichen: NP
Ihre Nachricht vom: 20.09.20..
Unser Zeichen: PP
Unsere Nachricht vom:

Niederrheinische Papierfabrik OHG
Grünweg 17–20
47608 Geldern

Name:
Tel.: 02162/333-0
Fax: 02162/333-99
E-Mail: einkauf@pepp-gmbh.de
Internet: www.pepp-gmbh.de

Bestellung über 10 Rollen Papier 120 g   **22.04.20..**

Sehr geehrter Her Meier,

anbei unsere Bestellung über 10 Rollen Papier zu 120 g, 1 000,00 €/Rolle abzgl. 10 % Stammkundenrabatt.

Max weiß, dass ein Kaufvertrag zustande kommt, wenn zwei übereinstimmende Willenserklärungen existieren und die Auftragsbestätigung über die Bestellung findet sich angeheftet an die Kopie der Bestellung. Aber sicher ist er über den Inhalt des entstandenen Kaufvertrages nicht.

DAS IST ZU TUN

1. Informieren Sie sich auf den nächsten Seiten zu den Inhalten eines Kaufvertrages. Notieren Sie, welcher Inhalt zwischen der PEPP GmbH und dem Lieferanten durch die Bestellung vereinbart wurde.

2. Einige Vertragsinhalte sind nicht explizit bestimmt worden. Klären Sie, welche Inhalte nicht bestimmt worden sind und welche gesetzlichen Regelungen daher gelten.

DAS SOLLTEN SIE WISSEN

Kaufverträge zählen zu den zweiseitigen Rechtsgeschäften, sodass ein Kaufvertrag erst zustande kommt, wenn die Willenserklärungen Antrag und Annahme übereinstimmen. Was inhaltlich der Wille ist, findet sich mindestens in einer Willenserklärung wieder, dem Angebot, der Bestellung des Kunden oder einer Auftragsbestätigung, falls der Kunde ohne Angebot bestellte. Durch die zweite übereinstimmende Willenserklärung wird den verhandelten Details zugestimmt und sie werden die **Inhalte des Kaufvertrages**. Ist ein Angebot sehr detailliert verfasst worden, so bilden diese Inhalte ohne Widerspruch die Inhalte des Kaufvertrages.

Die Details, die in einem Angebot enthalten sein können und in einen Kaufvertrag eingehen sollen, lassen sich in fünf Gruppen zusammenfassen. Sie sollten bis zum Abschluss des Kaufvertrages geklärt und aufgeschrieben sein.

Ware	Preis	Lieferung	Zahlung	Vertragserfüllung
▪ Warenart ▪ Qualität und Beschaffenheit ▪ Menge der Ware	▪ Preis ▪ Rabatte	▪ Termin ▪ Kostenteilung ▪ Risikoübergang	▪ Zahlungsziel ▪ Zahlungsweise	▪ Erfüllungsort ▪ Gerichtsstand

Grundsätzlich gelten bei einem Kaufvertrag die **gesetzlichen Regelungen**, sofern nichts anderes festgeschrieben wurde. Von diesen Regelungen im BGB und HGB können die Vertragsparteien abweichen, solange die Bedingungen im Kaufvertrag nicht die gesetzlichen Regelungen aufheben oder einschränken.

Ware

Im Kaufvertrag wird festgelegt, welche Ware in welcher Menge verkauft wird. Es werden oftmals die Bezeichnungen des Verkäufers aus dem Angebot oder seinem Katalog übernommen. Die Angaben zur Qualität und Beschaffenheit der Ware beziehen sich auf die Haltbarkeit des Produktes, die Leistungsfähigkeit des Produktes, die Nutzungsdauer, die Herstellungsqualität, auf die Belastbarkeit und die Umweltverträglichkeit. Um Angaben über die Qualität eines Produktes zu verkürzen, werden Güte- und Sicherheitszeichen angebracht. Diese Gütezeichen garantieren, dass ein Produkt einen gewissen Standard einhält.

Beispiel: Gütesiegel   Umweltzeichen

Werden im Kaufvertrag keine Angaben zur Qualität der Ware gemacht, so gilt die gesetzliche Regelung, nach der Ware in mittlerer Güte zu liefern ist.

Die Menge wird in gesetzlichen oder handelsüblichen Maßeinheiten angegeben: Stück, Kilogramm, Quadratmeter, Liter usw. Sind zur Menge der Ware keine Angaben gemacht, so gelten die Angaben für handelsübliche Mengen.

Preis

Der **Preis der Ware** im Kaufvertrag bezieht sich auf eine Mengeneinheit und die Mengenangabe oder auf die vereinbarte Gesamtmenge.

Die Entscheidung für ein Angebot und den daraus resultierenden Kauf wird maßgeblich durch die Gewährung von Rabatten beeinflusst. **Rabatte** sind zwischen Verkäufer und Käufer frei verhandelbare Preisnachlässe. Handelsüblich werden Rabatte unterschieden:

- **Mengenrabatt:** Die Abnahme einer bestimmten Menge führt zu einer Reduzierung des Verkaufspreises pro Stück.

- **Naturalrabatt:** Eine besondere Form des Mengenrabatts, der Kunde erhält Waren statt eines niedrigeren Preises.

   Beispiel: „Bei Kauf von 10 erhält man 1 gratis." „Kauf 10 und zahl 9."

- **Einführungsrabatt:** ein reduzierter Preis, da das Produkt neu auf dem Markt eingeführt wird

- **Treuerabatt:** ein Preisnachlass, der langjährigen Kunden gewährt wird

- **Bonus:** Am Ende einer Zeitperiode wird nachträglich ein Rabatt auf den Gesamtbetrag gewährt, wenn ein Kunde in diesem Zeitraum einen bestimmten Umsatz erreicht. Dieser Bonus kann auch bei der nächsten Bestellung, beispielsweise im neuen Geschäftsjahr mit dem Kaufpreis der Bestellung verrechnet oder angerechnet werden. Bonusprogramme binden Kunden an ein Unternehmen.

Lieferung

In einem Kaufvertrag sollten die **Lieferbedingungen** vorab geklärt werden, damit es im Nachhinein nicht zu Unstimmigkeiten kommt.

Der **Liefertermin** kann zwischen Käufer und Verkäufer individuell vereinbart werden. Ist hierzu nichts vereinbart worden, gilt die gesetzliche Regelung, dass die Ware unverzüglich nach Eintreffen der Bestellung geliefert werden muss.

Bei den Lieferbedingungen sollten auch **Verpackungs- und Lieferkosten** berücksichtigt werden. Die Kosten für die Verpackung zahlt, wenn es zwischen Käufer und Verkäufer nicht anders vereinbart ist, der Käufer. Warenschulden sind gesetzlich Holschulden, also muss grundsätzlich der Käufer seine Ware beim Verkäufer abholen. Falls er eine Anlieferung wünscht, so muss er dafür zahlen.

Bei den Kosten der Lieferung einer Ware werden jedoch schon im Angebot meist bestimmte Formulierungen verwendet, die Aufschluss über die Verteilung der Kosten zwischen Käufer und Verkäufer geben und von der gesetzlichen Regelung abweichen.

Verkäufer	Transport zur Versandstation (Rollgeld)	Versandstation	Fracht	Empfangsstation	Transport zum Käufer (Rollgeld)	Käufer
ab Werk; ab Lager	Käufer trägt alle Kosten.					
ab hier; unfrei; ab Bahnhof hier		Käufer zahlt die Kosten ab der Versandstation.				
frei Waggon; frei Schiff			Käufer trägt die Kosten ab Versendung der Ware.			
frei; frachtfrei; frei Bahnhof dort					Käufer trägt die Kosten ab der Entladung.	
frei Haus; frei Lager	Verkäufer trägt alle Kosten bis zur Tür des Käufers.					

Zahlung

Bei der Festlegung der **Zahlungsbedingung** ist der Zeitraum wichtig, innerhalb der die Zahlung geleistet werden muss. Gesetzlich gilt, dass die Ware sofort bei der Lieferung gezahlt werden muss. Es gibt jedoch auch weitere Möglichkeiten den Zahlungstermin festzulegen:

- **Zahlung vor der Lieferung (Vorauskasse)**: Die Ware wird im Voraus bezahlt und dann geliefert. Möglich ist auch, eine Teilzahlung vor der Lieferung zu vereinbaren und den restlichen Betrag zu einem späteren Zeitpunkt zu bezahlen.

- **Zahlung bei der Lieferung** ist die gesetzliche Regelung. Im Einzelhandel ist dies die gängigste Praxis: An der Kasse wird bezahlt und man geht mit der Ware nach Hause. Bei Versandhäusern wird Ware manchmal „per Nachnahme" versendet, dann muss bei Anlieferung der Kaufpreis zuzüglich einer Nachnahmegebühr beim Postboten bezahlt werden.

- **Zahlung nach der Lieferung:** Die Ware muss erst bezahlt werden, wenn sie beim Käufer eingetroffen ist. Oft wird ein Zahlungsziel gewährt, sodass der Kaufpreis erst nach einer bestimmten Frist bezahlt wird, z. B. „zahlbar innerhalb von 30 Tagen nach Erhalt der Ware". Bei Kaufverträgen der PEPP GmbH ist dies die häufigste Zahlungsvereinbarung. Um den Kunden einen Anreiz zu geben, zügig nach der Lieferung zu bezahlen, wird oft **Skonto** gewährt. Skonto ist ein Rabatt um wenige Prozent, wenn innerhalb einer kürzeren Frist als dem Zahlungsziel gezahlt wird.

Rechnungen über große Summen werden oft zum **Ratenkauf** angeboten, bei dem der Kaufpreis monatlich nach und nach bezahlt wird. Bei einem Ratenkauf oder bei einer Zahlung nach der Lieferung wird ein **Eigentumsvorbehalt** im Kaufvertrag eingetragen. Das Eigentum an der gekauften Sache geht erst bei vollständiger Zahlung des Kaufpreises an den Käufer über (siehe Eigentum und Besitz). Durch den Eigentumsvorbehalt sichert sich der Verkäufer ab, denn so hat der Verkäufer das Recht, bei Nichtbezahlung vom Kaufvertrag zurückzutreten und die Herausgabe der Ware zu verlangen. Eine typische Formulierung des Eigentumsvorbehalts lautet: „Die Ware bleibt bis zur vollständigen Zahlung des vereinbarten Kaufpreises unser Eigentum."

Vertragserfüllung

Im Kaufvertrag muss festgelegt werden, an welchem Ort die Pflichten der Vertragspartner erfüllt werden. Diesen Ort nennt man **Erfüllungsort**. Grundsätzlich sind Warenschulden Holschulden und Geldschulden sind Schickschulden. Der Erfüllungsort für die Warenschulden ist daher gesetzlich der Geschäftssitz des Verkäufers und der Erfüllungsort für die Zahlung ist der Sitz des Käufers. Der Erfüllungsort bestimmt den Gefahrenübergang.

Unabhängig von den gesetzlichen Regelungen können die Vertragsparteien einen anderen Erfüllungsort für die Waren- und die Geldschuld vereinbaren. Dies kann der Ort des Käufers, der Ort des Verkäufers oder ein ganz anderer Ort sein.

Beispiel: Die PEPP GmbH verkauft ihre Produkte öfter in die nahegelegenen Niederlande. Im Kaufvertrag mit dem Fußballverein Venloer Soccerclub über 1.500 Handfahnen mit dem Vereinslogo sind keine individuellen Absprachen zum Erfüllungsort getroffen worden.

PEPP GmbH	Venloer Soccerclub
Die Ware muss vom Fußballverein abgeholt werden, da es Holschulden sind. Die Warenübergabe findet am Geschäftssitz der PEPP GmbH in Viersen statt. Erfüllungsort ist Viersen.	Das Geld muss an die PEPP GmbH nach Viersen geschickt werden, da es Schickschulden sind. Dies veranlasst der Fußballverein per Banküberweisung in Venlo. Erfüllungsort ist Venlo.

Bei rechtlichen Schwierigkeiten und Streitigkeiten zwischen Verkäufer und Käufer ist der **Gerichtsstand** ein wichtiger Bestandteil eines Kaufvertrages. Bei Unstimmigkeiten ist immer das Gericht zuständig, in dessen Bereich der Erfüllungsort liegt.

Bei Problemen mit der Ware und der Lieferung ist das Gericht des Geschäftssitzes des Verkäufers zuständig. Das Gericht am Geschäftssitz des Käufers ist zuständig, wenn es zu Unstimmigkeiten bei der Zahlung kommt. Sobald ein anderer Erfüllungsort für einige oder alle Vertragsleistungen vereinbart wurde, ist das Gericht dieses Ortes zuständig, falls es zum Streit kommt.

Beispiel: Bei den letzten beiden Kaufverträgen mit dem Venloer Soccerclub ist es zu Schwierigkeiten gekommen, in beiden Fällen könnte es zum Rechtsstreit kommen.

1. Die Warenlieferung der PEPP GmbH ist leider beschädigt und vom Regen durchweicht beim Soccer Club angekommen.
   Erfüllungsort für die Ware ist Viersen, da Warenschulden Holschulden sind. Gerichtsstand ist also auch Viersen.

2. Die Warenlieferung ist ordnungsgemäß eingetroffen, bisher hat der Verein noch nicht bezahlt.
   Erfüllungsort für das Geld ist Venlo, da Geldschulden Schickschulden sind. Gerichtsstand ist dann auch Venlo, also ein niederländisches Gericht.

Die PEPP GmbH vereinbart bei Kaufverträgen mit neuen Kunden aus dem Ausland für Geldschulden immer den Erfüllungsort Viersen. Dadurch kann der Gerichtsstand Viersen und die deutsche Gesetzgebung bei Unstimmigkeiten und einer möglichen Gerichtsverhandlung genutzt werden.

Aufgaben

1. Ein Kaufvertrag enthält die Formulierungen „Zahlungsziel 30 Tage ab Rechnungsdatum", „bei Zahlung innerhalb von 10 Tagen 3 % Skonto" und „bei Abnahme von 100 Stück gewähren wir einen Rabatt von 5 %".

   a) Erläutern Sie an diesem Fall den Unterschied zwischen Rabatt und Skonto.
   b) Unternehmen bieten ihren Kunden auch einen Bonus an. Grenzen Sie Bonus von Rabatt ab.
   c) Erläutern Sie der Geschäftsleitung der PEPP GmbH, warum man Skonto gewährt und ein Bonusprogramm einführen sollte.

2. Entscheiden Sie, wann die Lieferung der Ware erfolgen soll und wer welche Kosten tragen muss.

   a) Die Ware soll zwei Wochen nach der Bestellung am 01.05.20.. frei Haus geliefert werden.
   b) Die bestellte Ware wird vertraglich vereinbart frachtfrei geliefert.
   c) Die Ware ist eine Woche nach Bestellbestätigung ab Lager für Sie bereit.

3. Schlagen Sie der Geschäftsleitung der PEPP GmbH begründet vor, welche Zahlungsbedingungen verwendet werden sollten.

   a) Die eingegangene Bestellung soll zügig an den größten Stammkunden der PEPP GmbH versendet werden. Der Kunde gilt als sehr zuverlässig.
   b) Ein neuer Kunde aus dem Ausland hat eine große Bestellung bei der PEPP GmbH aufgegeben. Mit dem Kunden liegen bisher keine Erfahrungen vor.

c) Im Onlineshop der PEPP GmbH geht die Bestellung eines Schützenvereins ein. Der Kunde ist in letzter Zeit durch verspätete Zahlungen der offenen Rechnungen aufgefallen. Die letzte Rechnung ist seit zwei Monaten nicht beglichen worden.

d) Im Werksverkauf der PEPP GmbH kauft eine Kundin für ihren 40. Geburtstag Servietten, Girlanden und Partygeschirr.

e) Die PEPP GmbH benötigt eine neue Druckmaschine. Weil diese Anschaffung sehr teuer ist, möchte sie den Kaufpreis nicht auf einmal bezahlen.

4. Erläutern Sie der PEPP GmbH, wo der jeweilige Erfüllungsort und der Gerichtsstand ist:
Ein Schokoladenproduzent aus Kroatien hat bei der PEPP GmbH erstmalig eine Bestellung über diverse Werbeartikel aufgegeben. Es sollen Papiergirlanden in jeder lieferbaren Länge, Pappaufsteller mit dem Maskottchen des Unternehmens und Luftschlangen in den Unternehmensfarben gefertigt werden.
Begründen Sie, warum es bei Käufern aus dem Ausland von der PEPP GmbH in den Verträgen heißt: „Der Gerichtsstand für beide Vertragspartner ist Viersen."

3.3 Allgemeine Geschäftsbedingungen

DAS IST GESCHEHEN

Max Junker hat sich vor drei Wochen ein neues Fahrrad gekauft. Nach der ersten Tour, die nicht nur über Fahrradwege führte, ist die Federgabel am Lenker kaputt und quietscht. Max ist verärgert und fährt beim Fahrradhändler vorbei.

Max Junker: Ich habe vor drei Wochen bei Ihnen ein Fahrrad gekauft und jetzt ist vorne schon die Federung kaputt, das kann einfach nicht sein. Ich erwarte, dass das repariert oder ausgetauscht wird.

Fahrradhändler: Oh das tut uns wirklich leid, dass das Fahrrad nicht Ihren Erwartungen entspricht. Aber leider können wir nichts für Sie tun. Haben Sie denn nicht unsere AGB gelesen? In dem Moment, wo das Fahrrad verwendet wird, haben wir nichts mehr damit zu tun. Sie müssen es auf Ihre eigenen Kosten reparieren lassen.

Max Junker: Das ist aber doch nicht Ihr Ernst? Wie soll ich auf die Schnelle das Kleingedruckte lesen können? Ich glaube nicht, dass AGB dafür gedacht sind.

DAS IST ZU TUN

1. Erläutern Sie Max die Bedeutung und den Sinn von **Allgemeinen Geschäftsbedingungen (AGB)** in Verträgen.

2. Prüfen Sie, ob die AGB zwischen dem Fahrradgeschäft und Max Bestandteil des Kaufvertrages geworden sind und ob der Fahrradhändler im Recht ist.

DAS SOLLTEN SIE WISSEN \\\\

Unternehmen schließen täglich viele Verträge ab, häufig Kaufverträge. Zu jedem Kauf werden zwischen dem Käufer und dem Verkäufer viele Inhalte abgesprochen und im Kaufvertrag festgehalten. Insbesondere beim täglichen Einkauf im Supermarkt wären ständige Verhandlungen vor jedem Kauf gar nicht möglich. Um die Inhalte vieler gleichartiger Kaufverträge trotzdem festzulegen, werden sie von jedem Unternehmen in **Allgemeinen Geschäftsbedingungen (AGB)** vorab formuliert. Umgangssprachlich werden die AGB auch Kleingedrucktes genannt, weil sie umfangreich und meist in sehr kleiner Schrift verfasst sind.

In den AGB werden oftmals Vereinbarungen über Lieferfristen, Zahlungsbedingungen, Reklamationen, Schadenersatzansprüche usw. festgelegt. Die AGB werden von einer Vertragspartei, meist dem Verkäufer, festgelegt. Hieraus können für den Käufer Probleme entstehen. Der Käufer war an der Entwicklung der Vertragsinhalte in Form der AGB nicht beteiligt und muss sich vor jedem Vertragsabschluss theoretisch über die Inhalte der AGB informieren, da er diesen mit dem Abschluss zustimmt.

Beispiel: Einkauf von Kleidung in einem bekannten Bekleidungsgeschäft. Die AGB hängen hinter der Kasse aus, können aber von den Kundinnen und Kunden meist nicht vor dem Zahlvorgang gelesen werden.

Daher schützt der Gesetzgeber die Partei, die in der schwächeren Position ist. Er legte fest, wann AGB überhaupt Bestandteil eines Vertrages sein dürfen und wann AGB gültig oder ungültig sind.

Bei der Gesetzgebung zu den AGB wird meist auch unterschieden, um welche Art von Rechtgeschäften es sich handelt.

Einseitige Handelsgeschäfte werden zwischen einem Unternehmen und einer Privatperson geschlossen. Da Privatpersonen überwiegend wenig Kenntnis der Gesetzesgrundlagen haben, ist der Händler in der stärkeren Position, weil er die AGB formulierte. Bei einem einseitigen Handelsgeschäft ist die Privatperson zu schützen, sodass der Gesetzgeber einige Gesetze speziell für einseitige Handelskäufe formulierte.

Bei einem **zweiseitigen Handelskauf** sind beide Vertragsparteien Händler und es kann davon ausgegangen werden, dass beide Parteien gleich gut informiert sind. Daher finden nicht alle Gesetze für einseitige Handelskäufe auch bei einem zweiseitigen Handelskauf Anwendung.

Wann sind AGB Inhalt des Vertrages?

Im BGB ist festgehalten, dass ein Käufer bei einem Vertragsabschluss auf die Inhalte der AGB explizit hingewiesen werden muss.

> **§ 305 BGB (Einbeziehung Allgemeiner Geschäftsbeziehungen in den Vertrag)**
>
> (2) Allgemeine Geschäftsbedingungen werden nur dann Bestandteil eines Vertrags, wenn der Verwender bei Vertragsschluss
>
> 1. die andere Vertragspartei ausdrücklich oder (...) durch deutlich sichtbaren Aushang am Ort des Vertragsschlusses auf sie hinweist und
> 2. der anderen Vertragspartei die Möglichkeit verschafft, in zumutbarer Weise (...) von ihrem Inhalt Kenntnis zu nehmen, und wenn die andere Vertragspartei mit ihrer Geltung einverstanden ist.

Nur wenn der Kunde mit den AGB einverstanden ist, sind die AGB Bestandteil des Vertrages.

Im Beispiel des Kaufs im Bekleidungsgeschäft hängen die AGB für den Kunden sichtbar an der Kasse aus, sodass er sie lesen kann. Beim Abschluss des Kaufvertrages an der Kasse wird der Kunde auf die AGB hingewiesen. Der Kunde muss vor der Bezahlung die Möglichkeit bekommen, die AGB zu lesen und diese zu bestätigen. Möchte der Kunde bei einem Vertragsabschluss, dass die AGB nicht einbezogen werden, so muss er diesen ausdrücklich widersprechen. Bei zweiseitigen Handelsgeschäften, insbesondere bei regelmäßigen Beziehungen, sind die AGB nach einer einmaligen Zustimmung immer Bestandteil des Vertrages.

Der Gesetzgeber schreibt auch vor, dass bestimmte Klauseln in den AGB nicht Vertragsbestandteil werden können.

> **§ 305c BGB (Überraschende [...] Klauseln)**
>
> (1) Bestimmungen in Allgemeinen Geschäftsbedingungen, die nach den Umständen (...) so ungewöhnlich sind, dass der Vertragspartner (...) mit ihnen nicht zu rechnen braucht, werden nicht Vertragsbestandteil.

Allgemeine Geschäftsbedingungen werden vom Verkäufer ausformuliert und auf alle seine Verkäufe angewendet. Haben sich der Käufer und der Verkäufer auf individuelle Absprachen wie die Zahlungsbedingungen geeinigt, so haben diese immer Vorrang vor den AGB (§ 305b BGB Vorrang von persönlichen Absprachen). Diese individuellen Absprachen sollten als Beweis immer schriftlich im Kaufvertrag festgehalten werden.

Bei einem zweiseitigen Handelskauf besitzen meist beide Seiten AGB, die bei einem Vertragsabschluss akzeptiert werden. Da einige Inhalte in den AGB sich gegenseitig ausschließen könnten, gelten nur die übereinstimmenden Klauseln beider AGB. Anstelle der gegensätzlichen Bedingungen werden die gesetzlichen Regelungen angewendet.

Beispiel: Die PEPP GmbH kauft Zwischenprodukte bei einem neuem Lieferanten. In den AGB des Lieferanten ist die Klausel „Lieferkosten trägt der Käufer" enthalten. Die PEPP GmbH bestimmt in ihren AGB: „Transportkosten und Porto übernimmt der Verkäufer." Wegen des Widerspruchs wird die gesetzliche Regelung angewendet: Die Transportkosten trägt der Käufer.

Der Gesetzgeber möchte grundsätzlich den schwächeren Vertragspartner vor Benachteiligung schützen, sodass bestimmte Klauseln in AGB nicht wirksam sind, auch wenn diese verwendet werden. Insbesondere bei einseitigen Handelsgeschäften ist die einheitliche Festsetzung von verbotenen und unwirksamen Klauseln zum Schutz des Verbrauchers als schwächerem Vertragspartner wichtig.

Nicht alles, was der Verkäufer in seine AGB schreibt, ist gültig. In §§ 308, 309 BGB sind unwirksame Klauseln aufgeführt:

- Vorbehalt nachträglicher, kurzfristiger Preiserhöhungen nach dem Vertragsabschluss,
- Freistellung von Mahnungen bei Zahlungsverzug des Kunden,
- Verkürzung der gesetzlichen Fristen bei Sachmängeln,
- Rücktrittsmöglichkeit des Lieferanten vom Vertrag, wenn dieser auf Grund von zu vertretenden Umständen nicht pünktlich liefern konnte,
- Vorbehalt unangemessen langer Lieferfristen,
- Änderung der Beweislast,
- Vereinbarung einer Vertragsstrafe,
- Ausschluss von Reklamationsrechten,
- Ausschluss der Haftung des Verkäufers bei grobem Verschulden

Verwendet ein Verkäufer eine unwirksame Klausel in seinen AGB, dann ist diese Klausel unwirksam, aber der geschlossene Vertrag und die anderen Inhalte bleiben wirksam und gültig. Für den unwirksamen Teil werden die gesetzlichen Regelungen angewendet.

Aufgaben

1. Erklären Sie, warum persönliche Absprachen Vorrang vor den Allgemeinen Geschäftsbedingungen haben. Gehen Sie auf die Bedeutung von AGB bei zweiseitigen Handelsgeschäften ein.

2. Prüfen Sie in den Fällen, ob die formulierten Auszüge in den AGB zulässig sind.

   a) Ein neuer Lieferant der PEPP GmbH hat in seinen AGB stehen: „Aufgrund von saisonal bedingten Schwankungen bei unseren Lieferanten behalten wir es uns vor, den Verkaufspreis nach Vertragsabschluss jederzeit zu erhöhen, jedoch nicht zu senken."

   b) Im Kaufvertrag über 1 200 blaue Luftballons behält sich der Verkäufer vor, statt dessen auch eine andere Farbe zu liefern, die gerade auf Lager ist.

   c) Die Lieferfrist beträgt laut AGB mindestens fünf Wochen, während bei Vertragsabschluss eine Lieferung innerhalb von 10 Tagen vereinbart wurde.

   d) Wenn die Ware nicht zehn Tage vor Lieferung bezahlt wird, dann wird der Kaufvertrag aufgelöst.

   e) In den AGB steht, dass der verkaufte Gegenstand bis zur vollständigen Zahlung Eigentum des Verkäufers ist.

3.4 Nichtigkeit und Anfechtbarkeit von Rechtsgeschäften

DAS IST GESCHEHEN

1. „Ich hab mich so über die mündliche Zusage zur Ausbildung gefreut. Der Chef ist super, daher arbeite ich ohne Vertrag. Wir vertrauen uns da einfach."

2. Die PEPP GmbH hat in einer Bestellung statt den üblichen 100 Papierrollen 1 000 Papierrollen bestellt.

3. Die 6-jährige Paula bestellt zum Muttertag Blumen für ihre Mama, die ihr in die Arbeit geliefert werden sollen.

4. Zu später Stunde auf dem Sommerfest der PEPP GmbH: „Versenkst du viermal hintereinander den Basketball im Korb, dann kriegst du meinen Sportwagen geschenkt."

5. Geballte Fäuste zeigend: „Du verkaufst mir den Wagen jetzt für 1.500,00 €, die ich dir geben will, ansonsten werde ich andere Wege finden."

DAS IST ZU TUN

Finden Sie anhand der Gesetzestexte heraus, welches Rechtsgeschäft nichtig und welches anfechtbar ist. Begründen Sie jeweils Ihre Entscheidung.

DAS SOLLTEN SIE WISSEN

Rechtsgeschäfte können wegen Fehlern in der Form oder wegen nicht geschäftsfähigen Personen nichtig oder anfechtbar sein.

Nichtig bedeutet, dass das Rechtsgeschäft ungültig ist und keine Rechtsbeziehung entstanden ist. Wurde ein Vertrag abgeschlossen, der sich als nichtig erweist, so haben beide Vertragsparteien keine Rechte und auch keine Pflichten aus diesem Vertrag. Neben der fehlenden Geschäftsfähigkeit einer Person (§ 108 BGB) gibt es noch andere Gründe für nichtige Rechtsgeschäfte, die sich im BGB finden.

---

§ 105 BGB (Nichtigkeit der Willenserklärung)

(1) Die Willenserklärung eines Geschäftsunfähigen ist nichtig.

(2) Nichtig ist auch eine Willenserklärung, die im Zustand der Bewusstlosigkeit oder vorübergehender Störung der Geistestätigkeit abgegeben wird.

§ 117 BGB (Scheingeschäft)

(1) Wird eine Willenserklärung, die einem anderen abzugeben ist, mit dessen Einverständnis nur zum Schein abgegeben, so ist sie nichtig.

§ 118 BGB (Mangel der Ernstlichkeit)

Eine nicht ernstlich gemeinte Willenserklärung, die in der Erwartung abgegeben wird, der Mangel der Ernstlichkeit werde nicht verkannt werden, ist nichtig.

§ 125 BGB (Nichtigkeit wegen Formmangels)

Ein Rechtsgeschäft, welches der durch Gesetz vorgeschriebenen Form ermangelt, ist nichtig. (...)

§ 134 BGB (Gesetzliches Verbot)

Ein Rechtsgeschäft, das gegen ein gesetzliches Verbot verstößt, ist nichtig (...)

§ 138 BGB (Sittenwidriges Rechtsgeschäft; Wucher)

(1) Ein Rechtsgeschäft, welches gegen die guten Sitten verstößt, ist nichtig.

(2) Nichtig ist (...) ein Rechtsgeschäft, durch das jemand unter Ausbeutung der Zwangslage, der Unerfahrenheit, des Mangels an Urteilsvermögen oder der erheblichen Willensschwäche (...) Vermögensvorteile (verspricht), die in einem auffälligen Missverhältnis zu der Leistung stehen.

Beim Abschluss von Rechtsgeschäften kann es vorkommen, dass man eine Willenserklärung abgegeben hat, die man so nicht abgeben wollte. Der Inhalt der Willenserklärung passt dann nicht zum eigentlichen Willen. **Anfechtbarkeit** bedeutet dann, gültige Rechtsgeschäfte im Nachhinein als ungültig anzuerkennen. Bis das Geschäft angefochten wird, ist dieses gültig, was es von nichtigen Geschäften unterscheidet.

Damit diese Möglichkeit nicht willkürlich genutzt wird, sind im Gesetz die Gründe für anfechtbare Rechtgeschäfte eindeutig festgehalten.

---

§ 119 BGB Anfechtbarkeit wegen Irrtums

(1) Wer bei Abgabe einer Willenserklärung über deren Inhalt im Irrtum war oder eine Erklärung dieses Inhalts überhaupt nicht abgeben wollte, kann die Erklärung anfechten, wenn anzunehmen ist, dass er sie bei Kenntnis der Sachlage und verständiger Würdigung des Falles nicht abgegeben haben würde.

(2) Als Irrtum über den Inhalt der Erklärung gilt auch der Irrtum über solche Eigenschaften der Person oder der Sache, die (...) als wesentlich angesehen werden.

§ 120 BGB Anfechtbarkeit wegen falscher Übermittlung

Eine Willenserklärung, welche durch die zur Übermittlung verwendete Person oder Einrichtung unrichtig übermittelt worden ist, kann unter der gleichen Voraussetzung angefochten werden, wie nach § 119 BGB eine irrtümliche abgegebene Willenserklärung.

§ 123 BGB Anfechtbarkeit wegen Täuschung oder Drohung

(1) Wer zur Abgabe einer Willenserklärung durch arglistige Täuschung oder widerrechtlich durch Drohung bestimmt worden ist, kann die Erklärung anfechten.

Die Anfechtung eines Irrtums und einer falscher Übermittlung muss sofort erfolgen, nachdem der Irrtum bemerkt wurde. Anfechtungen wegen Täuschung können bis zu einem Jahr und bei widerrechtlicher Drohung bis zu einem Jahr nach Wegfall der Drohung erfolgen.

Wird eine Willenserklärung nicht innerhalb der Frist angefochten, bleibt diese und das anschließende Rechtsgeschäft gültig.

\\\\\ Aufgaben

→ AH

1. Fertigen Sie ein Schaubild zur Nichtigkeit und Anfechtbarkeit von Rechtsgeschäften an. Nutzen Sie die Vorlage im Arbeitsheft.

2. Begründen Sie, ob die Rechtsgeschäfte nichtig sind.

   a) Ein stark angetrunkener Kunde geht in den Supermarkt: „Die teuerste Flasche Wein, bitte!"

   b) Lisa Grünfels ist von ihrem Laptop sichtlich genervt und sagt zur Praktikantin: „Das Ding ist einfach nur Schrott. Den kannst du geschenkt haben."

   c) Der 6-jährige Karl verkauft sein Piratenschiff für ein Spaghettieis an seine Freundin aus dem Kindergarten.

   d) Eine Studentin muss sich für die benötigte Waschmaschine Geld von der Bank leihen. Der Bankberater wittert seine Chance und gibt ihr einen Kredit mit einem Zinssatz von 20 %.

   e) Heinz Schummer, der Leiter der Personalverwaltung in der PEPP GmbH, kauft ein Ferienhaus in Spanien per Handschlag mit dem bisherigen Eigentümer.

3. Entscheiden Sie, ob die Geschäfte anfechtbar sind.

a) Die PEPP GmbH hat einen neuen Lkw-Fahrer eingestellt, da sie neben Kleintransportern auch einen großen Lkw angeschafft haben. Der Fahrer behauptete bei der Einstellung, dass er den erforderlichen Führerschein CE besitzt. Bei einer Polizeikontrolle stellte sich heraus, dass dies nicht stimmt.

b) Isabella Rossi hat im Onlineshop die Fahnen für 0,19 € statt für 1,99 € eingestellt. Sie hatte Ludger Vollkorn am Telefon nicht richtig verstanden. Es sind schon 100 Bestellungen eingegangen.

c) Dem Sportverein werden für sein jährliches Sommerfest 3 000 Servietten statt der gewünschten 300 Stück bereitgestellt. Bei der Bestellung per Fax ist die Zahl nicht eindeutig zu lesen gewesen.

d) Der Chef sagt seinem Mitarbeiter, er werde ihn entlassen, wenn dieser nicht für den privaten Kredit bürge.

3.5 Internethandel und Verbrauchsgüterkauf

DAS IST GESCHEHEN

Isabella hat ein gebrauchtes Handy gekauft. Nach zwei Monaten funktioniert das Display nicht mehr. Der Verkäufer behauptet, Isabella habe das Display kaputt gemacht.

Versehentlich hat Max einen Rucksack in der falschen Größe online bestellt. Für seine Körpergröße ist der Rucksack zu klein, dies war ihm bei der Bestellung aber nicht klar.

DAS IST ZU TUN

1. Fassen Sie kurz in eigene Worte, welches Problem aufgetreten ist.

2. Klären Sie die rechtlichen Regelungen zu den geschilderten Situationen und wie durch sie Verbraucher geschützt werden.

DAS SOLLTEN SIE WISSEN

Bei den AGB wird durch den Gesetzgeber zwischen einseitigen (B2C- Business to Consumer) und zweiseitigen Handelsgeschäften (B2B- Business to Business) unterschieden. Bisher sind wir immer davon ausgegangen, dass der Kauf zwischen einem Endverbraucher bzw. einer Endverbraucherin und einem Unternehmen stattgefunden hat. Eine Form des einseitigen Handelsgeschäftes ist der Verbrauchsgüterkauf, bei dem ein Verbraucher bzw. eine Verbraucherin (Consumer) eine bewegliche Sache bei einem Unternehmen (Business) kauft.

Für diese Art von Kauf gelten zusätzliche Sonderregelungen, die auch Anwendung finden, wenn ein gebrauchter Gegenstand gekauft wird. Der Gesetzgeber schützt die Verbrauchenden, da sie sich in der schwächeren Position gegenüber dem Verkäufer befinden.

Beispiel: Isabella Rossi möchte sich von ihren Ersparnissen ihr erstes eigenes Auto kaufen, einen kleinen Gebrauchtwagen, und geht daher in ein Autohaus in der Nähe.

Bei den Sonderregelungen des Verbrauchsgüterkaufs sind die gesetzlichen Bestimmungen zugunsten der Verbraucherinnen und Verbraucher angepasst worden:

- Die kaufende Person hat das Recht auf Nachbesserungen (Reparaturen, Neulieferung), wenn der erworbene Gegenstand mangelhaft ist.
- Wenn der Mangel nicht beseitigt werden kann, hat die kaufenden Person das Recht, den Kaufpreis zu mindern, vom Kaufvertrag zurückzutreten oder Schadenersatz zu fordern.
- Die Gewährleistungsfrist beträgt zwei Jahre. Bei gebrauchten Gegenständen kann sie auf ein Jahr verkürzt werden. Eine weitere Verkürzung ist nicht erlaubt. Auch ist ein totaler Ausschluss der Gewährleistung nicht zulässig.
- Im ersten Jahr nach dem Kauf muss der Verkäufer beweisen, dass er die Sache nicht mangelhaft übergeben hat (Beweislastumkehr). Nach einem Jahr bis zum Ende der Gewährleistung liegt die Beweislast bei der Käuferin/dem Käufer.
- Neben der Gewährleistung kann eine Garantie vereinbart werden. Diese muss verständlich formuliert sein, in Textform an die kaufende Person übergeben werden und darf die Gewährleistungsrechte nicht einschränken.

Die Bedeutung des **Internethandels** nimmt für Verbrauchende weite zu. Also hat der Gesetzgeber besondere Regelungen getroffen, die die Endverbrauchenden schützen sollen.

Vorschriften für Verträge im Internethandel

Elektronische Form (§ 126a BGB): Verträge, die im Rahmen des Internethandels geschlossen werden und sonst einer Schriftform unterliegen, können auch per E-Mail geschlossen werden. Hierzu muss die E-Mail mit einer elektronischen Signatur versehen werden. Bei einem Vertrag müssen beide Parteien diesen elektronisch signieren. Die elektronische Erklärung muss auf einem Datenträger so gespeichert werden, dass die-

se der empfangenden Person dauerhaft zur Verfügung steht und geöffnet werden kann.

Die elektronische Form kann nicht alle Verträge in Schriftform ersetzen: Kündigungen, Ausbildungsverträge usw. sind elektronisch nicht zulässig.

Beispiel: Kaufverträge, die online bzw. durch E-Mail-Schriftverkehr zwischen zwei Kaufleuten geschlossen werden

Der **Kauf im Internet (E-Commerce)** gehört zum Fernabsatzrecht wie Haustürgeschäfte. Die kaufende Person ist in einer besonders schwachen Position, denn sie erhält keine umfassende Beratung wie im Geschäft. Zusätzlich kann sie den Gegenstand nicht vor dem Vertragsschluss begutachten und vollständig ausprobieren oder prüfen.

Unter Haustürgeschäften versteht man nicht nur den Verkauf an der Haustür, sondern auch Geschäfte, die getätigt werden, wenn man in der Stadt angesprochen wird.

Beispiel: Ein Auszubildender wird im Supermarkt angesprochen und schließt ohne weitere Überlegung ein ein halbes Jahr dauerndes Zeitungsabonnement ab.

Das Fernabsatzrecht wird in § 312 ff. BGB geregelt und gilt nur für Verträge, die zwischen Unternehmen und Endverbraucher innen und - verbrauchern geschlossen werden. Es gilt nicht bei Fernunterricht oder regelmäßigen Lieferungen von Lebensmitteln oder Gütern des täglichen Gebrauchs.

- Verbraucher innen und Verbraucher haben ein Widerrufsrecht.
- Ein Widerruf muss innerhalb von zwei Wochen erklärt werden. Es reicht dabei der pünktliche Versand des Widerrufs.
- Der Widerruf muss schriftlich erfolgen oder durch Zurücksenden der Ware. Er muss keine Begründung enthalten.
- Grundsätzlich trägt das Unternehmen die Kosten und das Risiko des Rückversandes, dies kann aber auch vertraglich anders gestaltet werden.
- Bei kundenspezifischen Waren, gekauften Zeitungen und Zeitschriften, bei entsiegelten Datenträgern und bei Versteigerungen ist ein Widerruf nicht möglich.

Aufgaben

1. a) Erläutern Sie, was man unter einem Verbrauchsgüterkauf versteht.
   b) Erklären Sie, was man unter Beweislastumkehr versteht und wie Verbraucherinnen und Verbraucher durch die geschützt werden.

2. Beurteilen Sie die Situation: Max Junker hat sich einen neuen Laptop gekauft, nach zwei Monaten ist die Tastatur defekt, die Tasten A und E funktionieren nicht mehr. Der Verkäufer behauptet, dass Max die Tastatur kaputt gemacht haben müsse, da ja nur die beiden Buchstaben nicht mehr gehen.

   a) Begründen Sie, ob es sich um einen Verbrauchsgüterkauf handelt.
   b) Entscheiden Sie, ob die Beweislastumkehr gilt.
   c) Überlegen Sie, welche Rechte Max zustehen.

Lernaktionen

1. Die Auszubildende Isabella Rossi absolviert einen Teil ihrer Ausbildung in der Abteilung Verkauf.

   a) Als Isabella morgens zur Arbeit erscheint, findet sie eine E-Mail in ihrem Postfach. Überprüfen Sie die einzelnen Fälle und erläutern Sie, ob und warum diese rechtswirksam sind oder nicht.

Neue E-Mail

Von:	vollkorn@pepp-gmbh.de
An:	rossi@pepp-gmbh.de
Anhänge:	sieben Beschwerden
Betreff:	Beschwerden zu verschiedenen Einkäufen junger Kundinnen und Kunden

Hallo Isabella,

in den letzten Wochen sind einige Beschwerden zu verschiedenen Einkäufen junger Kundinnen und Kunden eingegangen. Bitte setze dich mit den einzelnen Fällen und den rechtlichen Grundlagen auseinander und gib mir noch heute eine Rückmeldung, ob die Rechtsgeschäfte wirksam sind.

Die Fälle hänge ich dir an.

Vielen Dank und viele Grüße

L. Vollkorn

◢ PEPP GmbH

PEPP GmbH
Heesstr. 95
41751 Viersen

Anhänge

Beschwerde einer Mutter: Die 16-jährige Saskia Ludwigs bekam 130,00 € für den Kauf von Papiertellern, Kartonbechern, Servietten und Bierdeckeln für die nächste Gartenparty. Stattdessen kaufte sie Buchstabenluftballons für die anstehende Abschlussfeier der Realschule.

Beschwerde von Eltern: Der 17-jährige Adam Lewandowski kaufte von seinem Taschengeld Kartonbecher im Wert von 15,00 €. Mit seinem Freundeskreis trank er aus den Bechern Alkohol.

Beschwerde eines Vaters: Tom Mertens (16) kaufte von seinem Ausbildungsgehalt eine Schreibtischunterlage und weitere Artikel, die er für die Ausbildung braucht, im Wert von 60,00 € und Wimpelketten von seinem Lieblingsfußballverein im Wert von 50,00 €.

Beschwerde von den Eltern: Elisa Ruiz (18) kaufte von ihrem angesparten Taschengeld Pappaufsteller und Laternen für den Abiball.

Beschwerde der Großeltern: Sarah Klaren (5) kaufte zwei Luftballons im Wert von 0,90 €.

noch keine Beschwerde: Heute kaufte Patrick Grüner (14) Luftschlangen, Papiergirlanden und weitere Dekoartikel im Wert von 80,00 €.

noch keine Beschwerde liegt vor: Nermina Abaza (5) wurde von ihrer Mutter geschickt, um Servietten im Wert von 2,39 € zu kaufen.

b) Nehmen Sie auch zu diesen Situationen begründet Stellung:

- Der Auszubildende Max Junker ist erst 17 Jahre alt. Max ist derzeit im Einkauf eingesetzt und soll verschiedene Roh-, Hilfs- und Betriebsstoffe bestellen. Ein Einverständnis der Erziehungsberechtigten für jede Bestellung wurde nicht eingeholt.

- Die Praktikantin Jenny Hoff (15) klagt in der Mittagspause ihr Leid. Zu ihrem Geburtstag wurde ihr von ihrem Onkel ein Hamster geschenkt. Sie möchte diesen unbedingt behalten, doch ihre Eltern sind dagegen.

2. Nachdem Isabella alle Fälle zur Geschäftsfähigkeit geprüft hat, stürmt Herr Vollkorn erbost ins Büro.

Ludger Vollkorn: Nichts kann man in andere Hände geben. Jetzt liegt mir ein Haufen nichtiger Rechtsgeschäfte vor. Das kann doch nicht sein.

Isabella Rossi: Was ist denn passiert?

Ludger Vollkorn: Da soll unser Azubi Theo 100 Druckknöpfe in gelb bestellen und was macht er? Er bestellt 100 Druckköpfe in orange.

Isabella Rossi: Aber Herr Vollkorn, sind Sie denn sicher, dass das Rechtsgeschäft nichtig ist?

a) Nehmen Sie begründet Stellung, indem Sie die Begriffe Nichtigkeit und Anfechtbarkeit voneinander abgrenzen.

b) Die PEPP GmbH hat noch weitere Verträge abgeschlossen. Herr Vollkorn bittet Sie auch hier, diese auf Nichtigkeit oder Anfechtbarkeit zu prüfen. Begründen Sie Ihre Antwort kurz.

- Die Müller OHG verkaufte absichtlich der PEPP GmbH eine gebrauchte Pressmaschine als neu.

- Der Einkäufer Luca Dede vertippt sich bei einer Bestellung im Internet. Statt 17 Packungen Papier bestellt er versehentlich 71 Packungen.

- Die PEPP GmbH kauft ein neues Lagergebäude. Den Kaufvertrag schließt sie mit dem Verkäufer per Handschlag ab.

- Im Rechnungswesen wurde eine neue Buchhalterin eingestellt. Gestern erfuhr Frau Schmitz, dass die neue Buchhalterin wegen Urkundenfälschung vorbestraft ist.

- Ein Kunde kauft Deko für die nächste Betriebsfeier im Wert von 135,00 €. Er fragt, ob ihm Frau Münster eine Rechnung über 190,00 € ausstellen könne.

- Die Praktikantin Katrin (16) kauft von ihrem Taschengeld Laternen für 15,00 €.

3. In den letzten Wochen hat die PEPP GmbH sehr viele Kaufverträge abgeschlossen. Ein paar Fälle sind aber noch offen. Isabella wird gebeten, sich mit diesen auseinanderzusetzen. Herr Vollkorn legt ihr die dazu notwendigen Belege auf den Schreibtisch.

a) Entscheiden Sie mithilfe dieser Belege, ob ein Kaufvertrag zustande gekommen ist, und begründen Sie Ihre Antwort.

b) Sollte bisher kein Kaufvertrag zustande gekommen sein, entscheiden Sie, was geschehen muss, damit ein Kaufvertrag zustande kommt.

PEPP GmbH

PEPP GmbH • Heesstr. 95 • 41751 Viersen

	Ihr Zeichen:
	Ihre Nachricht vom: 02.10.20..
	Unser Zeichen: PP
	Unsere Nachricht vom:

Werbeagentur Wundersam GmbH
Kreuzweg 82
40211 Düsseldorf

Name: Isabella Rossi
Tel.: 02162/333-5
Fax: 02162/333-88
E-Mail: rosi@pepp-gmbh.de
Internet: www.pepp-gmbh.de

Bestellung-Nr.: 250242015
Kundennummer: 208364

Auftragsbestätigung, Bestellung-Nr. 32043   **04.10.20..**

Sehr geehrte Frau Wundersam,

vielen Dank für Ihre Bestellung am 02.10… Über das Interesse an unseren Produkten freuen wir uns.

Ihre Bestellung beinhaltet

10 Pakete Bierdeckel	rund und weiß	Artikel-Nr.: 25001	je Paket 65,00 €
15 Pakete Luftballons	rund und bunt	Artikel-Nr.: 55010	je Paket 2,00 €

Die Lieferung erfolgt frei Haus, Verpackungs- und Transportkosten betragen pauschal 13,99 €, Liefertermin: innerhalb von 14 Tagen nach Auftragseingang, 2 % Skonto bei Zahlung innerhalb von 14 Tagen ab Rechnungsdatum, 30 Tage Ziel.

Bei weiteren Fragen stehen wir gerne zur Verfügung.

Mit freundlichem Gruß

I. Rossi

Isabella Rossi
PEPP GmbH
Heesstr. 95
41751 Viersen

Schützenverein Neuss e.V.

Schützenverein Neuss e.V., Heidengasse 3, 41460 Neuss

PEPP GmbH

Heesstraße 95

41751 Viersen

Ihr Zeichen: PP
Unser Zeichen: SN
Ihre Nachricht vom: 30.09.20..

Ansprechpartner: G. Klarheit
Tel.: 02131/12901290

Bestellung

Sehr geehrter Herr Vollkorn,

vielen Dank für die Zusendung Ihres aktuellen Katalogs.

Hiermit bestellen wir

20 Papiergirlanden,	rot,	Artikelnr.: 14001,	je Stk. 2,80 €
20 Papiergirlanden,	weiß,	Artikelnr.: 14005,	je Stk. 2,80 €
40 Laternen,	gelb,	Artikelnr.: 16002,	je Stk. 2,50 €

Mit freundlichen Grüßen
G. Klarheit

Neue E-Mail

Von:	stratmann@higher-concerts.de
An:	vollkorn@pepp-gmbh.de
Anhänge:	
Betreff:	Offene Lieferung vom 20.09.20..

Guten Tag Herr Vollkorn,

am 20.09.20.. bestellte ich telefonisch:

20 Wimpelketten, blau/weiß kariert
100 Papierfahnen, blau/weiß kariert
40 Luftschlangen, bunt gemischte Packungen

Bis heute hat uns die Bestellung immer noch nicht erreicht. Unser Betriebsfest naht jedoch und die bestellten Artikel werden dringend benötigt.

Ich bitte um zügige Rückmeldung bezüglich eines Liefertermins.

Mit freundlichen Grüßen
Götz Stratmann
Higher Concerts

4. Info: Diese Aufgabe knüpft an Aufgabe 3 an.

a) Nachdem Isabella die Belege bearbeitet hat, kommt Herr Vollkorn ins Büro.

Ludger Vollkorn: Isabella, seit der letzten Woche sind die Laserdrucker defekt. Wir brauchen dringend drei neue Maschinen. Ein Kaufvertrag liegt schon vor. Kannst du überprüfen, ob dieser fehlerfrei ist?

Isabella Rossi: Ja klar, kein Problem.

Ludger Vollkorn: Vielen Dank, Isabella. Ich lasse dir eine Kopie zukommen.

Kaufvertrag

Zwischen

der Maschinenfabrik Meyer OHG, Heckstr. 50-58, 52080 Aachen,
nachfolgend Käufer genannt,

und

der PEPP GmbH mit Sitz in der Heesstr. 95, 41751 Viersen,
nachfolgend Verkäufer genannt,

wird ein Kaufvertrag mit nachstehendem Inhalt geschlossen:

Die Parteien sind sich einig, dass dieser Vertrag zum Zwecke des Erwerbs von Maschinen im gewerblichen Bereich abgeschlossen wird.

Als Grundlage des Kaufvertrages erkennen sowohl Verkäufer als auch Käufer die Bedingungen, die in dem vorliegenden Vertrag niedergelegt sind, an. Weiterer Bestandteil dieses Vertrages sind die anhängenden Allgemeinen Geschäftsbedingungen Nr. 5 des Verkäufers.

§ 1 Gegenstand des Kaufvertrages
Vertragsgegenstand ist die Lieferung von drei Multifunktionsdruckern X2403 des Herstellers Epzon.

§ 2 Liefertermin
Der Lieferzeitraum ist vom 15.10.20.. bis zum 21.10.20.. .
Der Verkäufer verpflichtet sich, den unter § 1 genannten Vertragsgegenstand in dem genannten Zeitraum zu liefern. Der Käufer verpflichtet sich, die Ware zu dem vereinbarten Termin anzunehmen.

§ 3 Lieferbedingungen
Die Lieferung erfolgt innerhalb Deutschlands frei Haus. Dies bedeutet, dass der Käufer für die Lieferkosten aufkommt.

§ 4 Zahlungsbedingungen
Die Zahlung des vollständigen Kaufpreises erfolgt bis zum 20.11.20.. . Leistet der Käufer die Zahlung innerhalb von 10 Tagen nach Rechnungserhalt, ist er zu einem Skontoabzug von 2 Prozent berechtigt.

§ 5 Gewährleistung
Der Verkäufer garantiert die Funktionsfähigkeit des Vertragsgegenstandes nach den vereinbarten technischen Daten. Sollten bei der Warenüberprüfung Mängel auffallen, gehen diese zu Lasten des Käufers.

§ 6 Eigentumsvorbehalt
Der Vertragsgegenstand bleibt auch nach der vollständigen Zahlung des Kaufpreises Eigentum des Verkäufers.

§ 7 Erfüllungsort
Vertraglicher Erfüllungsort ist für beide Vertragspartner Viersen.

§ 8 Gerichtstand
Vertraglicher Gerichtsstand ist für beide Parteien Viersen.

_____

(Ort, Datum)

_____   _____

(Unterschrift Käufer)   (Unterschrift Verkäufer)

b) Zuletzt setzt sich Isabella mit den AGB des Kaufes der Druckerpresse auseinander. Prüfen Sie die AGB auf unzulässige Klauseln.

Allgemeine Geschäftsbedingungen Nr. 5 der Maschinenfabrik Meyer OHG

1. Gültigkeit der Bedingungen
Die folgenden Geschäftsbedingungen werden Bestandteil sämtlicher Kaufverträge mit der PEPP GmbH.

2. Lieferfristen
Lieferfristen betragen in der Regel bis zu 14 Tagen, falls im Kaufvertrag nicht anders vereinbart. Sollte es zu Verzögerungen bis zu sieben Monaten kommen, kann das kaufende Unternehmen nicht vom Kaufvertrag zurücktreten.

3. Zahlungsbedingungen
Die Zahlung erfolgt sofort nach Erhalt der Ware, falls nicht anders im Kaufvertrag vereinbart. Die Zahlung erfolgt in Euro.

4. Preise
Die Preise sind freibleibend. Falls notwendig, behalten wir uns Preiserhöhungen für bereits bestellte Ware vor.

5. Rückgaberecht
Wir garantieren kein Rückgaberecht.

6. Haftung
Bei Mängeln, die schon vor oder bei der Lieferung entstehen, haftet das kaufende Unternehmen. Eine Gewährleistungspflicht seitens des Verkäufers wird nicht vereinbart.

5. In der PEPP GmbH wurden einige Rechtsgeschäfte abgeschlossen. Isabella und die Praktikantinnen werden gebeten, zu überprüfen, ob die vorgegebenen Formvorschriften eingehalten wurden.

Rechtsgeschäft	richtig/falsch	Formvorschrift
Die PEPP GmbH schließt einen Pachtvertrag ab. Dieser wird notariell beurkundet.		
Eine Kundin kauft im Lagerverkauf der PEPP GmbH zwei Packungen Servietten. Der Kaufvertrag wird schriftlich festgehalten.		
Die PEPP GmbH kauft ein neues Grundstück, um dort eine Lagerhalle zu erbauen. Dafür wird eine öffentliche Beglaubigung vom Notar/von der Notarin benötigt.		
Für die Eintragung in das Handelsregister legte die PEPP GmbH eine öffentliche Beglaubigung vor.		

Kompetenzen überprüfen

Überprüfen Sie nun, welche Kompetenzen Sie bereits in welchem Umfang erlangt haben. Nutzen Sie die Vorlage, die Ihnen unter BuchPlusWeb zur Verfügung steht. Wagen Sie eine Selbsteinschätzung und suchen Sie das Gespräch mit Ihrer Lehrkraft, wenn Sie unsicher sind, ob Sie noch Übungsbedarf haben.

Kompetenz	ja	Ich habe noch Übungsbedarf bei …	nein	Wo kann ich nachschlagen?
Ich kann Anfrage, Anpreisung und Angebot voneinander abgrenzen.				S. 33, 34
Ich kann in vorliegenden Fällen entscheiden, ob es sich um Anfragen, Angebote oder Anpreisungen handelt.				S. 33, 34

4 Kaufvertragsstörungen

4.1 Mangelhafte Lieferung

Ingo Hufschmied ist der Leiter Einkauf und unterhält sich in der Mittagspause mit seinem Kollegen Ludger Vollkorn, der für den Verkauf zuständig ist.

Ingo Hufschmied: Ich hoffe, dass wir bei unseren Bestellungen und Lieferungen besser sind als unsere Lieferanten. Unsere Mängelliste wächst immer weiter.

Ludger Vollkorn: Ach, wir haben nur vereinzelte Beschwerden, aber meist können wir gar nichts dafür, wenn beispielsweise die Verpackung bei der Post beschädigt wird. Was bemängelst Du denn so alles?

Ingo Hufschmied: Ich kann euch die Vorfälle der letzten Woche aufzählen:

a) *Statt der bestellten Holzstäbe mit 0,5 cm Durchmesser für die Handfahnen hat der Lieferant uns Holzstäbe mit 1 cm Durchmesser geschickt.*

b) *Statt 10 Papierrollen mit 120 g-Papier, haben wir 12 Rollen mit 120 g-Papier erhalten.*

c) *Wir können gerade kein Papiergeschirr herstellen, da die gelieferte Papiersorte, anders als beworben, nicht beschichtet ist und sich daher vollsaugt.*

d) *Die neue Stanzmaschine kann nicht aufgebaut werden, da die Montageanleitung auf Chinesisch ist.*

e) *Bei der Wareneingangskontrolle hat irgendwer den Karton zu weit aufgeschnitten, jetzt sind die Papierhandtücher für die Toiletten nicht mehr zu gebrauchen.*

f) *Bei der Verarbeitung des Garns für die Papiergirlanden ist aufgefallen, dass das Garn vorgeschnitten ist und gar nicht auf Maß zugeschnitten werden kann, wie wir es benötigen. Auf dem Lieferschein steht das sogar drauf.*

Ludger Vollkorn: Ach, das hört sich ja chaotisch an, aber das sind doch nicht alles Mängel, an denen der Lieferant schuld ist.

Ingo Hufschmied: Wie? Was meinst du?

1. Prüfen Sie bei den aufgeführten Vorfällen, ob es sich jeweils um einen Mangel handelt.

2. Ordnen Sie den gefundenen Mängeln die jeweilige Mängelart zu.

Durch einen Kauf entsteht dem Verkäufer eine Pflicht, die Ware mangelfrei an den Kunden zu übergeben. Trotz dieser Pflicht kann es in der Praxis vorkommen, dass eine Lieferung nicht frei von Mängeln ist.

Mangelarten

Nicht alle Mängel sind offensichtlich und sofort feststellbar, einige zeigen sich erst bei der Verwendung des Kaufgegenstandes. Daher werden Mängel unterschieden:

- Ein **offener Mangel** ist sofort bei der Prüfung der Ware zu erkennen.
- Ein **versteckter Mangel** ist trotz Überprüfung zunächst nicht erkennbar. Erst während der Verwendung oder der Verarbeitung fällt dieser Mangel auf.
- Ein **arglistig verschwiegener Mangel** ist dem Verkäufer bekannt, er hat ihn versteckt und dem Käufer absichtlich nicht mitgeteilt.

Die Art der Mängel kann sich auf die erworbene Sache oder einen Rechtsmangel beziehen.

Für Kaufverträge ab dem 1.1.2022 gilt, dass Waren frei von Sachmängeln sind, wenn sie bei Gefahrenübergang den „subjektiven" und den „objektiven" Anforderungen entsprechen. Soweit eine Montage des Gegenstandes erforderlich ist, ist dieser frei von Sachmängeln, wenn er zusätzlich den Montageanforderungen entspricht und mit dem vereinbarten Zubehör und den vereinbarten Anleitungen übergeben wird.

Der erworbene Gegenstand erfüllt die subjektiven Anforderungen, wenn er die vereinbarte Beschaffenheit aufweist und für die vorausgesetzte Verwendung geeignet ist. Zur Beschaffenheit zählen die richtige Art des Produktes, die richtige Menge, die vereinbarte Qualität, die uneingeschränkte Funktionalität sowie weitere Merkmale, die vertraglich vereinbart worden sind.

Der erworbene Gegenstand erfüllt die objektiven Anforderungen, wenn dieser für die gewöhnliche Verwendung geeignet ist und eine Beschaffenheit aufweist, die bei Sachen derselben Art üblich ist und den öffentlichen Äußerungen in der Werbung oder auf dem Etikett entsprechen.

Unter einer Montageanforderung versteht man, dass die Montage korrekt durchgeführt worden ist, oder der Verkäufer für die fehlerhafte Montage nicht verantwortlich ist.

Tritt beim Verbrauchsgüterkauf ein Sachmangel auf, so wird im ersten Jahr ab Kauf davon ausgegangen, dass der Mangel schon beim Kauf existierte. Es wird vom Verkäufer verlangt, das Gegenteil, die Mangelfreiheit, zu beweisen (Beweislastumkehr). Nach dieser Zeit muss der Endverbraucher beweisen, dass der Mangel schon beim Kauf existierte.

Zusätzlich ist seit kurzem auch der Mangelbegriff mit digitalen Medien näher bestimmt worden. Angepasst an die Digitalisierung existiert ein Sachmangelbegriff für Sachen mit digitalen Inhalt, d. h. für Produkte, die ohne digitalen Inhalt ihre Funktion nicht erfüllen können. Diese Gegenstände sind frei von Sachmängeln, wenn zusätzlich zu den o. g. Anforderungen für die digitalen Elemente Aktualisierungen vom Verkäufer bereitgestellt werden. Die Montageanleitungen müssen dann auch Installationsanleitungen für Updates umfassen.

Eine gekaufte Sache kann neben einem Sachmangel einen **Rechtsmangel** haben. Beispielsweise ist es der Fall, wenn der Verkäufer nicht Eigentümer des Gegenstandes ist. Durch den Kauf kann kein Eigentum, sondern nur der Besitz an der Sache erworben werden, sodass es sich um einen Mangel am Eigentumsrecht handelt (siehe Besitz und Eigentum).

Fristen für Mängelrügen

Sind die Kaufenden Kaufleute bzw. Unternehmen, müssen sie die erhaltene Ware unverzüglich auf Mängel untersuchen und diese dem Verkäufer anschließend mitteilen. Unverzüglich bedeutet soviel wie sofort, ohne schuldhaftes Verzögern.

Die Meldung entdeckter Mängel wird **Mängelrüge** genannt. Sie kann mündlich, meist telefonisch, erfolgen, zur Beweissicherung sollte jedoch zusätzlich die Schriftform gewählt werden. Bei einer Mängelrüge müssen alle entdeckten Mängel benannt werden, um anschließend Rechte geltend machen zu können. Bei einem versteckten Mangel muss der Käufer den Mangel rügen, sobald er ihm bekannt wurde.

Ist Ware an eine Privatperson (Endverbraucher/-in) verkauft worden, so haftet der Verkäufer innerhalb der gesetzlichen Frist der Sachmängelhaftung, die zwei Jahre beträgt. Regelungen zum Nachteil der Endverbraucherinnen und -verbraucher wie Fristverkürzungen sind nicht zulässig und unwirksam.

Rechte der Käuferinnen und Käufer bei mangelhafter Lieferung

Zunächst steht den kaufenden Personen oder Unternehmen das Recht zu, den Mangel vom Verkäufer beheben zu lassen. Dies bezeichnet man als Nacherfüllung.

Rechte der Käuferinnen und Käufer bei mangelhafter Lieferung	
vorrangiges Recht	**Nacherfüllung** Je nach Schwere des Mangels kann es sich um eine Nachbesserung der mangelhaften Ware (Reparatur) oder um eine Neulieferung des Produktes handeln.

Dem Verkäufer muss eine angemessene Zeit zur Nachbesserung gewährt werden. Diese Frist beginnt ab dem Zeitpunkt, zu dem der Verbraucher den Verkäufer über den Mangel informiert hat. Die Frist zur Nacherfüllung entfällt, wenn der Verkäufer ernsthaft und endgültig die Leistung verweigert; beispielsweise wenn eine Nachbesserung oder Neulieferung mit unverhältnismäßigen Kosten verbunden ist.

In einigen Fällen fordert der Kunde oder die Kundin neben der Nacherfüllung noch Schadenersatz; beispielsweise wenn eine Maschine wegen einer Reparatur stillsteht und dadurch Verluste entstehen. Diese Verluste könnte er dem Verkäufer in Rechnung stellen, aber der Verkäufer muss den Mangel verschuldet haben. Dieses vorrangige Recht wird „Schadenersatz neben der Leistung" genannt.

Wenn die Nachbesserung zweimal fehlgeschlagen ist und der Käufer bzw. die Käuferin keine mangelfreie Ware besitzt, gilt die Nacherfüllung als gescheitert und der Käufer oder die Käuferin kann weitere, **nachrangige Rechte** geltend machen.

Recht (Einschränkung)	Folge	Voraussetzung
Minderung des Kaufpreises (auch bei geringfügigen Mängeln)	Der Kaufpreis wird im Nachhinein verringert; meist wenn das Produkt mit kleinen Einschränkungen nutzbar ist. Der Kaufvertrag bleibt bestehen.	■ Mangel nicht durch Verkäufer verschuldet ■ angemessene Frist zur Nacherfüllung gesetzt oder keine Frist, wenn der Verkäufer Nacherfüllung verweigert ■ Nacherfüllung ist zweimal gescheitert.
Rücktritt vom Kaufvertrag (nicht bei geringfügigen Mängeln)	Der Kaufvertrag wird rückgängig gemacht: Die Ware wird an den Verkäufer zurückgeschickt und dem Kunden/der Kundin wird der Kaufpreis erstattet.[1]	
Schadenersatz statt der Leistung (nicht bei geringfügigen Mängeln)	Der Kaufgegenstand wird zurückgegeben, der Kaufpreis erstattet und ein entstandener Schaden, der dem Käufer/der Käuferin durch die mangelhafte Sache entstanden ist, wird bezahlt.[1]	■ Verkäufer hat den Mangel zu verschulden. ■ Frist zur Nacherfüllung muss gesetzt worden sein. ■ Nacherfüllung ist gescheitert oder der Verkäufer hat diese verweigert (Fristsetzung entfällt dann).
Ersatz vergeblicher Aufwendungen (nicht bei geringfügigen Mängeln)	Kosten, die dem Käufer/der Käuferin entstanden sind, weil er sich auf die Lieferung einer mangelfreien Sache verlassen hat, die nun unnütz ist.	

Die Beseitigung von Mängeln kann nur innerhalb bestimmter Fristen gefordert werden.

Anspruch	Frist	Fristbeginn
Nacherfüllung, Schadenersatz, Ersatz vergeblicher Aufwendungen bei offenen und versteckten Mängeln	2 Jahre	beginnend ab Lieferung des Gegenstandes
alle Ansprüche bei arglistig verschwiegenen Mängeln	3 Jahre	beginnend mit Jahresende, in dem der Mangel bekannt wurde

◤◤◤ Aufgaben

1. In der Wareneingangskontrolle der PEPP GmbH sind in den letzten Wochen mehrere Abweichungen aufgefallen. Entscheiden Sie bei jedem Fall, um welche Mangelart es sich handelt.

   a) Statt der bestellten Verpackungskartons der Maße 15 cm × 5 cm × 10 cm sind Kartons der Maße 25 cm × 20 cm × 10 cm geliefert worden.

   b) Beim Zusammenfalten der Verpackungskartons zeigte sich zusätzlich, dass diese falsch gestanzt sind und nicht zusammenpassen.

   c) Für die Büroräume sind neue PCs geliefert worden. Statt 12 neuer Rechner sind 10 Rechner geliefert worden.

---

[1] *B2C: Die Kosten der Rückgabe der Ware trägt der Verkäufer und der Kaufpreis ist schon zu erstatten, wenn ein Nachweis über die Rücksendung vorliegt.*

d) Die Rechner sind erneuert worden, da sie alle eine 4k-Grafikkarte besitzen sollen. Die Geschäftsleitung verspricht sich davon, die neusten Gestaltungssoftwares nutzen zu können. Bei der Anlieferung probiert die Auszubildende Isabella Rossi einen PC aus und stellt fest, dass die Bilddateien nicht hochauflösend in 4k angezeigt werden.

e) Für die Geschäftsräume wurden neue Kopierer angeschafft. Die Wahl fiel auf ein teures Modell, da es laut Informationsbroschüre 150 Kopien pro Minute schaffen soll. Max Junker stellt innerhalb der ersten Tage fest: „150 Kopien haben geschlagene 3 Minuten gedauert."

f) Eine neue Stanzmaschine für die Fertigung der Papierfahnen ist angeschafft worden. Ein Mitarbeiter baute die Maschine auf und bei Inbetriebnahme der Maschine sind im Unternehmen die Sicherungen durchgebrannt, sodass die Produktion einen Tag stillstand. Bei der mitgelieferten Montageanleitung fehlte eine Doppelseite.

g) Bei der Verarbeitung von gelieferten Zuschnitten für Pappaufsteller stellt sich heraus, dass diese teilweise beschichtet sind und daher die aufgedruckte Farbe nicht gleichmäßig aufnehmen.

h) Der Geschäftsführer Jürgen Ehrlich hat vor fünf Wochen seinen neuen Geschäftswagen abgeholt. Beim Einschalten der Klimaanlage stellt Herr Ehrlich fest, dass die Temperaturregelung nicht funktioniert. Zusätzlich zeigt die Rückfahrkamera ein verzerrtes Bild, sodass Herr Ehrlich beim Einparken einen anderen Wagen beschädigte. Der Fehler der Kamera bei diesem Automodell ist dem Autohändler schon länger bekannt.

2. Die Geschäftsleitung möchte über mögliche Auswirkungen der aufgetretenen Mängel informiert werden. Überlegen Sie in den Fällen 1 f) bis h), welche Rechte Sie als Käufer oder Käuferin geltend machen würden.

3. Marc, ein Mitschüler in der Berufsschule, fragt Max Junker kurz um Rat bei einigen Fällen, da er sich in dem Themengebiet der Rügefristen unsicher ist. Entscheiden Sie begründet, welche Rügefristen in den Fällen gelten und wie lange ein Anspruch geltend gemacht werden kann.

a) Marc hat am 1. Oktober einen neuen Fernseher gekauft. Zuhause baut er den Fernseher auf und bemerkt kleine Kratzer auf der Bildfläche. Die Verpackung des Kartons ist von außen tadellos.

b) Marc hat sich vor einem halben Jahr im April einen Roller gekauft. Jetzt stellt er fest, dass der Sitz des Rollers nicht ordnungsgemäß befestigt ist. Dies scheint ihm eher notdürftig geflickt, weil mehrere Schrauben fehlen und geschweißt wurde. Die Schweißnähte sind nachträglich lackiert worden.

c) Marc hat diverse Zubehörteile für seinen Roller gekauft, unter anderem Klebefolien zur Verschönerung seines Rollers. Die Folien sind vor zwei Wochen angekommen und sollen laut Verpackung „Rallye-Streifen in Weiß" enthalten. Beim Öffnen der Verpackung stellte er fest, dass die Klebefolien in Pink geliefert worden sind.

4.2 Lieferungsverzug

DAS IST GESCHEHEN

Die PEPP GmbH hat am 2. März bei ihrem Lieferanten Papierherstellung Krieg GmbH neues Papier für die Produktion von verschiedenen Papierfahnen bestellt. Die Lieferung sollte zwei Wochen später, am 16. März, erfolgen. Am 18. März ist immer noch kein Wareneingang zu verzeichnen. Fatih Erol, Leiter der Fertigung, muss die Produktion der Papierfahnen stoppen, da kein Papier mehr vorhanden ist.

DAS IST ZU TUN

1. Prüfen Sie, ob sich die Papierherstellung Krieg GmbH in Lieferungsverzug befindet. Gehen Sie hierbei auf die Voraussetzungen für einen Lieferungsverzug ein.

2. Welche Rechte kann die PEPP GmbH vorrangig geltend machen?

3. Die Ware ist trotz einer Mahnung und einem neu gesetzten Liefertermin nicht eingetroffen. Bei einem anderen Lieferanten wäre das benötigte Papier kurzfristig, jedoch wesentlich teurer zu beschaffen. Beraten Sie die PEPP GmbH in ihrem weiteren Vorgehen.

DAS SOLLTEN SIE WISSEN

Eine weitere Pflicht des Verkäufers aus einem Kaufvertrag ist die rechtzeitige Übergabe der Ware an den Käufer. Der **Lieferungsverzug** oder die Nicht-rechtzeitig-Lieferung ist ein Verkäufer- oder Schuldnerverzug.

Kommt die Ware nicht zum vertraglich vereinbarten Zeitpunkt beim Käufer an, handelt es sich um grundsätzlich um Lieferungsverzug.

Es gibt drei **Voraussetzungen** für eine Nicht-Rechtzeitig-Lieferung.

1. **Fälligkeit** der Lieferung
   Der Liefertermin muss kalendarisch bestimmt sein oder dem Kunden einen Aufschluss geben, wann mit der Ware zu rechnen ist. Ist kein Liefertermin vereinbart, kann der Käufer die Lieferung sofort verlangen.

   Beispiel: „Lieferung am 15.12."; „Lieferung der Ware Mitte Juli"; „Lieferung innerhalb der nächsten 10 Tage"

2. **Mahnung** der ausstehenden Lieferung
   Der Käufer muss den Verkäufer darauf hinweisen, dass die Lieferung fällig ist. Auf eine Mahnung kann jedoch verzichtet werden, wenn

   - der Liefertermin so festgelegt wurde, dass dieser anhand des Kalenders bestimmt werden kann;

- der Verkäufer die Lieferung endgültig verweigert (Selbstinverzugsetzung);
- eine spätere Lieferung für den Käufer sinnlos ist (Fixkauf oder Zweckkauf).

Beispiel: Schokoladen-Nikoläuse nach dem 24.12.

3. **Verschulden** des Verkäufers, dass die Lieferung nicht pünktlich beim Kunden ankommt, weil der Verkäufer vorsätzlich und fahrlässig gehandelt hat

Beispiel: Die PEPP GmbH hat das Garn für Papiergirlanden nicht rechtzeitig nachbestellt, daher können die bestellten Papiergirlanden nicht gefertigt werden und rechtzeitig an den Kunden geliefert werden.

Hat der Verkäufer die Lieferungsverzögerungen beispielsweise wegen höherer Gewalt nicht zu vertreten, dann liegt keine Schuld beim Verkäufer.

Beispiel: Ein Feuer im Lager zerstörte die auslieferbare Ware. Eine neue Herstellung dauert eine Woche.

Die **Rechte des Käufers** bei Lieferungsverzug unterscheiden sich in Rechte, die der Käufer sofort einfordern kann, und solche, die nach einer erfolglosen Frist zur Lieferung eingefordert werden können. Für alle Rechte muss der Verkäufer im Lieferungsverzug sein.

Der Verkäufer ist in Lieferungsverzug.	
vorrangiges Recht	**Lieferung verlangen und eventuell Schadenersatz fordern** Der Käufer kann weiterhin die Lieferung der Ware fordern. Ist ihm durch den Lieferungsverzug ein Schaden entstanden (Verzugsschaden), kann er Schadenersatz fordern. **Beispiel:** Durch die Nicht-Anlieferung einer Maschine muss die PEPP GmbH eine Maschine anmieten.
Nachdem der Käufer eine angemessene Nachfrist gesetzt und trotzdem keine Lieferung erhalten hat:	
nachrangige Rechte	**Schadenersatz statt der Leistung** Der Lieferer muss nicht mehr leisten, allerdings muss dem Käufer ein entstandener Schaden ersetzt werden.
	Ersatz vergeblicher Aufwendungen Statt eines Schadenersatzes kann der Käufer auch den Ersatz vergeblicher Aufwendungen verlangen.
Bei diesem Recht muss der Verkäufer nicht zwingend an der Lieferungsverzögerung Schuld sein:	
nachrangiges Recht	**Rücktritt vom Kaufvertrag (eventuell zusätzlich Schadenersatz)** Der Vertrag wird rückgängig gemacht, der Verkäufer muss daher nicht mehr liefern und der Käufer erhält sein Geld wieder. Ist dem Kunden zusätzlich noch ein Schaden entstanden, so kann dieser geltend gemacht werden, dann muss der Verkäufer die Lieferungsverzögerung jedoch zu verschulden haben.

Die Nachfristsetzung des Käufers entfällt bei der Durchsetzung der Rechte, wenn

- der Verkäufer sich selbst in Verzug gesetzt hat (Selbstinverzugsetzung);
- es sich um einen Fixkauf oder Zweckkauf handelt.

Bei einem Fixkauf ist ein fester Termin vereinbart worden, mit dem das Geschäft steht oder fällt. Beim Zweckkauf dient die Lieferung einem bestimmten Zweck, den ein anderer Liefertermin nicht mehr erfüllt.

Aufgaben

1. Entscheiden und begründen Sie bei den Vereinbarungen im Kaufvertrag, ob der Käufer den Verkäufer durch eine Mahnung in Lieferungsverzug setzen muss, wenn die Lieferung zum vereinbarten Zeitpunkt nicht erfolgt ist.

   a) heute in 2 Monaten
   b) 14 Tage nach Erhalt der Auftragsbestätigung
   c) Lieferung nicht vor Ende August
   d) im Laufe des Juni
   e) Lieferung noch im September
   f) Lieferung in der 12. Kalenderwoche (12. KW)
   g) Lieferung frühestens in 10 Tagen

2. Ein Großkunde hat bei der PEPP GmbH für seine fünf Verkaufsgeschäfte Wimpelketten und Papierfahnen in verschiedenen Größen und Farben bestellt. Die PEPP GmbH schätzt diesen Kunden sehr und hat als Liefertermin die dritte Mai-Woche in der Bestellbestätigung angegeben. Durch ein Versehen bei der Lieferadresse ist die Lieferung beim Kunden nicht angekommen. Am 1. Juni meldet sich der Großkunde bei der PEPP GmbH, denn er benötige die Lieferung am 10. Juni. Die PEPP GmbH hat wegen der Betriebsferien nicht genügend Mitarbeiter innen und Mitarbeiter, um die Bestellung zügig neu zu fertigen.

   a) Prüfen und begründen Sie, ob die PEPP GmbH sich in Lieferungsverzug befindet.
   b) Welches Recht wird der Großkunde bei einem Lieferungsverzug geltend machen, wenn die Dekorationsartikel

   - dringend für eine Werbeaktion benötigt werden und dem Kunden nachweisbar dadurch Einnahmen entgehen;
   - bei einem anderen Lieferanten teurer beschafft werden müssen;
   - bei einem anderen Lieferanten vorrätig und günstiger sind.

   Gehen Sie auf die Voraussetzungen ein, die beachtet werden müssen.

3. Ein Lieferant hat der PEPP GmbH am 5. Januar neue Papierzuschnitte für die Fertigung zu liefern. Der Lieferant scheint aufgrund der Weihnachtsfeiertage die Lieferung vergessen zu haben und liefert nicht vereinbarungsgemäß am 5. Januar. Aufgrund starker andauernder Schneefälle bricht zu allem Unglück am 7. Januar beim Lieferanten das Dach der Lagerhalle ein und vernichtet alle Rohstoffe und fertigen Erzeugnisse.
   Prüfen Sie, ob und welche Rechte die PEPP GmbH aus Lieferungsverzug geltend machen kann. Begründen Sie Ihre Entscheidung rechtlich nachvollziehbar.

4.3 Annahmeverzug

Die PEPP GmbH will zum vereinbarten Termin am 12. Juni an einen neuen Kunden, der Kosmetik herstellt, die gewünschte Bestellung über 50 000 kundenindividuell bedruckte Wimpelketten für Drogeriemärkte liefern. Der ausliefernde Mitarbeiter Tobias Plogs ruft um 13:30 Uhr im Büro von Isabella Rossi an.

Tobias Plogs: Hallo Isabella! Gut, dass ich dich noch erreiche. Ich habe ein Problem mit der Auslieferung.

Isabella Rossi: Hey, Tobias. Was ist denn passiert? Habe ich die falsche Adresse auf den Lieferschein gedruckt?

Tobias Plogs: Nein, nein, Isabella. Mit der Adresse ist alles gut, aber ich musste ja heute morgen durch den Berufsverkehr und stand natürlich im Stau. Gerade kam ich am Geschäftssitz an, da sagt mir die Dame an der Warenannahme: ‚Ja das tut mir leid, aber wir nehmen nur Warenlieferungen in der Zeit von 8 bis 12 Uhr an.' Ich war erst um 13 Uhr da.

Isabella Rossi: Das kann doch nicht sein. Die wissen doch aus unserer Bestellbestätigung, dass die Ware heute bei ihnen ankommen soll. In der Bestellung stand nichts von Uhrzeiten.

Tobias Plogs: Na super, und was soll ich jetzt machen? Ich hatte die Paletten schon im Hof entladen.

Isabella Rossi: Lad die Paletten lieber wieder ein und mach dich auf den Rückweg. Ich versuche einen neuen Liefertermin zu vereinbaren.

Auf dem Rückweg zur PEPP GmbH fährt jemand Tobias Plogs auf den Lkw. Dadurch ist ein Teil der Kundenbestellung so in Mitleidenschaft gezogen worden, dass sie nicht mehr verwendet werden kann.

1. Klären Sie mithilfe des Informationsmaterials, ob sich der Kosmetikhersteller in Annahmeverzug befindet. Gehen Sie auf die Voraussetzungen des Annahmeverzuges ein.

2. Kann der Kosmetikhersteller auf eine kostenlose Herstellung oder den Ersatz der zerstörten Teillieferung bestehen?

3. Prüfen Sie, welche Rechte die PEPP GmbH gegenüber dem Kosmetikhersteller geltend machen kann.

DAS SOLLTEN SIE WISSEN

Neben dem Verkäufer entstehen auch dem Käufer Pflichten aus einem Kaufvertrag. Eine Pflicht des Käufers ist die **Annahme der Ware**. Nimmt der Käufer die Ware nicht an, ist er in **Annahmeverzug**, und daraus entstehen dem Verkäufer Rechte, die er geltend machen kann.

Voraussetzungen für den **Annahmeverzug** sind,

1. dass die Lieferung der Ware tatsächlich fällig ist;
   dabei ist die Lieferzeit im Kaufvertrag festgelegt worden oder dem Kunden rechtzeitig vor der Lieferung mitgeteilt worden.

2. dass die Ware dem Käufer zur vereinbarten Zeit am vereinbarten Ort angeboten wurde;

3. dass der Käufer die angebotene Leistung schuldhaft oder unverschuldet nicht annimmt.

Durch die Nicht-Annahme der Leistung geht die Gefahr auf den Käufer über (Gefahrenübergang). Bei Schäden an der Ware durch höhere Gewalt oder leichte Fahrlässigkeit haftet der Verkäufer nicht mehr; nur bei grober Fahrlässigkeit und Vorsatz muss der Verkäufer noch haften. Für den Verkäufer verringern sich die Haftungsrisiken durch den Annahmeverzug des Käufers.

Es ist für den Verkäufer nicht notwendig, den Käufer zur Abnahme der Ware zu mahnen oder ihm ein Verschulden nachzuweisen. Der Grund der Nicht-Annahme einer Lieferung ist unwichtig.

Ein Käufer gerät jedoch nicht in Annahmeverzug, wenn er die Lieferung nicht annimmt, weil sie offensichtlich beschädigt ist.

Durch Nicht-Annahme der Leistung stehen dem Verkäufer weitere Rechte zu:

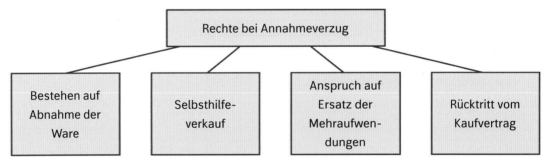

Bestehen auf Abnahme der Ware

Der Verkäufer kann weiter auf Annahme der Ware durch den Käufer bestehen und ihn sogar darauf verklagen.

Selbsthilfeverkauf

Bei verderblichen Waren und Saisonwaren hat der Verkäufer das Recht auf einen Selbsthilfeverkauf.

Der Selbsthilfeverkauf muss dem Käufer angedroht werden, um ihm eine Chance zur Abnahme seiner Ware zu geben. Bei schnell verderblichen Waren kann auf die gesetzte Nachfrist zur Abnahme der Ware verzichtet werden und direkt ein Selbsthilfeverkauf durchgeführt werden. Der Käufer muss über den Ort und den Zeitpunkt dieses Verkaufs informiert werden. Die Ware kann bei einer öffentlichen Versteigerung oder durch einen Verkauf angeboten werden. Wird beim Verkauf die Ware zu einem geringerem Preis verkauft als im Kaufvertrag vereinbart, so muss der ursprüngliche Käufer die Differenz an den Verkäufer zahlen. Dem Verkäufer darf durch den Selbsthilfeverkauf kein Nachteil entstehen. Nimmt der Verkäufer durch den Selbsthilfeverkauf mehr für die Ware ein, so muss er diese Differenz an den ursprünglichen Käufer zahlen. Die Kosten des Selbsthilfeverkaufs muss der Käufer tragen, da er seine gekaufte Ware nicht angenommen hat.

Anspruch auf Ersatz der Mehraufwendungen

Wird bestellte Ware nicht angenommen, muss der Verkäufer sie bis zur Abnahme durch den Käufer einlagern. Das führt regelmäßig zu weiteren Kosten, beispielsweise Miete für zusätzliche Lagerfläche, Energie, Umschlag, Transport. Diese zusätzlichen Ausgaben durch einen Annahmeverzug kann der Verkäufer dem Käufer in Rechnung stellen.

Rücktritt vom Kaufvertrag

Dem Verkäufer steht es frei, vom Kaufvertrag zurückzutreten, wenn eine vereinbarte Nachfrist für die Abnahme der Ware erfolglos ist. Die erhaltene Bezahlung muss dem Käufer erstattet werden. Dies ist eine Möglichkeit, wenn man die Geschäftsbeziehungen mit dem Kunden nicht mehr weiterführen möchte, oder wenn es sich um Waren handelt, die ohne weitere Schwierigkeiten anderen verkauft werden können. Bei Sonderanfertigungen für einen Kunden ist ein Rücktritt vom Kaufvertrag nicht sinnvoll.

 Aufgaben

1. Die PEPP GmbH hat immer wieder mit Kunden zu tun, die ihre Lieferung nicht annehmen. Prüfen Sie in den geschilderten Fällen, ob die Voraussetzungen des Annahmeverzuges erfüllt sind.

   a) Die PEPP GmbH hat vereinbarungsgemäß am 21. Mai geliefert. Die Bestellung ist am zweiten Standort des Kunden angeliefert worden und dort wurde die Annahme verweigert, weil der Hauptsitz als Lieferanschrift bestimmt worden sei, wo sich die Lagerräume befinden.

   b) Die PEPP GmbH hatte von 20 bestellten blauen Wimpelketten noch 15 Stück im Lager. Es mussten für die Bestellung nur 5 Stück produziert werden. Dadurch konnte die PEPP GmbH die Lieferzeit von zwei Wochen auf fünf Tage verkürzen. Die Lieferung ist nicht angenommen worden, da der Kunde noch eine Woche wegen Urlaubs geschlossen hat.

   c) Die Anlieferung neuer Pappaufsteller für 100 Drogeriemärkte in der Region soll auf Paletten zu je 10 Stück erfolgen. Bei der Anlieferung sah der Kunde, dass die Folie der Aufsteller teilweise beschädigt war und die Verpackung nicht auf Paletten stattgefunden hat. Der Kunde weigerte sich, die angelieferte Bestellung anzunehmen.

   d) Der PEPP GmbH sollte eine neue Stanzmaschine angeliefert werden. Die Anlieferung erfolgte um 11 Uhr am Samstag, den 12. Mai. Auf der Homepage der PEPP GmbH sind die Geschäftszeiten Mo – Fr, 8:00 Uhr – 17:30 Uhr angegeben. Als Lieferdatum im Kaufvertrag war das Datum 12. Mai angegeben. Der Einkauf ist davon ausgegangen, dass es sich nur um ein Missverständnis handeln kann.

4.4 Zahlungsverzug

Am 29. Mai prüfen Martin Winter, der Leiter der Buchhaltung, und Isabella Rossi die Zahlungseingänge der letzten Woche. Dabei stellen Sie fest, dass die Zahlung der Hüttenwirt GmbH & Co. KG über die letzte Lieferung vom 01.05. immer noch nicht eingetroffen ist. Isabella prüft noch einmal die Ausgangsrechnung vom 01.05. und liest das vereinbarte Zahlungsziel „20 Tage nach Erhalt der Rechnung".

Martin Winter bittet: „Isabella, kannst du dich bitte um die Angelegenheit kümmern."

1. Prüfen Sie, ob der Kunde sich in Zahlungsverzug befindet. Nennen Sie die Voraussetzungen des Zahlungsverzuges.

2. Was sollte die PEPP GmbH nun tun? Welche Rechte kann die PEPP GmbH geltend machen, insbesondere wenn weiterhin keine Zahlung eintrifft?

Aus dem Kaufvertrag entsteht für den Käufer die Pflicht, den vereinbarten Kaufpreis rechtzeitig zu bezahlen. Wenn im Kaufvertrag nichts anderes vereinbart wurde, muss der Kauf sofort bezahlt werden. Ein Käufer befindet sich in **Zahlungsverzug**, wenn er nicht oder verspätet aus diversen Gründen zahlt: Vergesslichkeit, keine Geldmittel vorhanden, Überweisungsfehler bei der Bank usw.

Die Voraussetzungen und die Rechte beim Zahlungsverzug sind denen beim Lieferungsverzug sehr ähnlich, weil rechtzeitige Zahlung und rechtzeitige Lieferung die Grundschulden der Vertragspartner eines Kaufvertrages darstellen.

Die **Voraussetzung** für den Zahlungsverzug ist, dass die Zahlung fällig ist. Ist die Zahlung nach dem Kalender genau festgelegt, so ist man in Zahlungsverzug, wenn das Datum verstrichen ist.

Beispiel: „Zahlung bis zum 16.10", „zahlbar innerhalb von 10 Kalendertagen nach Rechnungsdatum".

Ist der Zahlungstermin nicht angegeben oder kann nicht durch einen Kalender bestimmt werden, so ist man 30 Tage nach Rechnungszugang auch ohne Erhalt einer Mahnung im Zahlungsverzug. Möchte der Verkäufer seine Zahlung nach Ablauf der Zahlungsfrist zügig erhalten, so setzt er den Käufer durch eine Mahnung von seinem Zahlungsverzug in Kenntnis. Auf eine Mahnung kann grundsätzlich verzichtet werden, wenn der Kunde weiß, bis wann gezahlt werden müsste, oder wenn der Käufer die Zahlung verweigert.

Eine weitere Voraussetzung neben der Fälligkeit der Zahlung ist die Schuld des Käufers an der nichtrechtzeitigen Zahlung. Dass der Käufer eventuell kein Geld besitzt, um die Rechnung zu bezahlen, gilt auch als Verschulden, denn man kann davon ausgehen, dass das Geld bei einem Geldinstitut durch ein Darlehen geliehen werden kann.

Sind die Voraussetzungen des Zahlungsverzuges erfüllt, so stehen dem Verkäufer, ähnlich wie dem Käufer beim Lieferungsverzug, sofortige Rechte zu sowie Rechte, die erst nach einer abgelaufenen Frist möglich sind, wenn nicht der Schuldner direkt die Zahlung verweigert.

Der Kunde ist in Zahlungsverzug.		
vorrangiges Recht	**auf Zahlung bestehen und eventuell Schadenersatz fordern** Der Verkäufer kann weiterhin auf die Zahlung der Ware bestehen. Ist ihm durch die verspätete Zahlung ein Schaden entstanden, kann er Schadenersatz fordern. **Beispiel:** Durch die Nicht-Zahlung musste eine Anwältin beauftragt werden und es musste zur Überbrückung ein Kredit mit Zinsen aufgenommen werden.	**Voraussetzungen** ■ Fälligkeit der Zahlung ■ Mahnung durch Verkäufer, falls nötig ■ Der Käufer hat die Verzögerung zu verschulden.
Nach Mahnung und nach Ablauf einer angemessenen Frist:		
nachrangige Rechte	**Rücktritt vom Kaufvertrag** Der Vertrag wird rückgängig gemacht, der Käufer muss daher nicht mehr zahlen und die bereits gelieferte Ware muss zurückgegeben werden.	**Voraussetzungen** ■ Fälligkeit der Zahlung ■ Verschulden des Käufers ■ Eine angemessene Nachfrist wird gesetzt, außer der Käufer verweigert die Zahlung.
	Schadenersatz statt der Leistung Zusätzlich zum Rücktritt vom Kaufvertrag kann der Verkäufer die Erstattung entstandener Schäden verlangen. **Beispiel:** Der Verkäufer nimmt die Ware zurück und verkauft sie an einen anderen Kunden zu einem niedrigeren Preis. Die Differenz und die Lieferkosten bei der Rücknahme muss der Käufer zahlen.	**Voraussetzungen** ■ Fälligkeit der Zahlung ■ Verschulden des Käufers ■ Eine angemessene Nachfrist wird gesetzt, außer der Käufer verweigert die Zahlung.
	Ersatz vergeblicher Aufwendungen Statt eines Schadenersatzes kann der Verkäufer auch den Ersatz vergeblicher Aufwendungen verlangen.	möglich anstelle von „Schadenersatz statt der Leistung"

Besonderheiten beim Zahlungsverzug

- Grundsätzlich befindet sich der Käufer 30 Tage nach Erhalt der Rechnung in Zahlungsverzug. Ist die Rechnung an einen Nichtkaufmann (Endverbraucher/-in) adressiert, handelt es sich also um einen Verbrauchsgüterkauf, kann die 30-Tage-Regel nicht ohne Weiteres angewendet werden. In der Rechnung muss darauf hingewiesen werden, dass man sich nach 30 Tagen automatisch in Verzug befindet. Ist dies nicht der Fall, so muss der Verkäufer die Rechnung doch anmahnen, wenn die Zahlung nicht stattfindet.

- Eine Geldschuld muss, wenn sie nicht rechtzeitig beglichen wird, mit Verzugszinsen belegt werden (§ 288 BGB).

- Ist die kaufende Person Endverbraucher/-in, so betragen die Verzugszinsen 5 % über dem Basiszinssatz.

- Ist die Rechnung von einem Kaufmann zu bezahlen, so liegen die Verzugszinsen bei 9 % über dem Basiszinssatz (§ 288 Abs. 2 BGB). Die Verzugszinsen sind für den Zeitraum des Zahlungsverzuges zu bezahlen. Vertraglich können jedoch auch höhere Zinssätze vereinbart werden. Die Verzugszinsen sind oft der Schadenersatz wegen Verzögerung der Zahlung.

Aufgaben

1. In einem Kaufvertrag der PEPP GmbH ist kein Termin für die Bezahlung einer Lieferung mit der World Fit GmbH vereinbart worden.

   a) Entscheiden Sie, wann sich die World Fit GmbH in Zahlungsverzug befindet.
   b) Unter welchen Voraussetzungen befindet sich die World Fit GmbH in Zahlungsverzug?
   c) Geben Sie eine Entscheidungshilfe, welche Rechte die PEPP GmbH einfordern sollte, wenn die World Fit GmbH ein treuer Kunde ist.

2. Entscheiden und begründen Sie, ob in den Fällen Zahlungsverzug vorliegt.

   a) Die PEPP GmbH erhält von einem Lieferanten am 31.05. eine Mahnung über eine offene Forderung mit Rechnungsdatum 20.02. Isabella hat feststellen können, dass eine Überweisung in Auftrag gegeben wurde, die Bank sie jedoch nicht ausgeführt hat.

   b) Die PEPP GmbH vereinbart mit einem öfter zahlungsunwilligen Kunden als Zahlungsziel „10 Tage nach Rechnungsdatum". Der Kunde zahlt eine Rechnung über 1.200,00 € erst 29 Tage nach Rechnungsdatum, da er die Ansicht vertritt, dass unter Kaufleuten 30 Tage als Zahlungsziel gelten.

   c) Die PEPP GmbH verschickt am 03.05. eine Rechnung in Höhe von 10.800,00 € an die Igel AG mit dem spätesten Zahlungstermin 20.05. Am 22.05. stellt Isabella fest, dass noch keine Zahlung eingegangen und keine Mahnung versendet worden ist.

3. Unterstützen Sie Isabella bei der Berechnung der anfallenden Verzugszinsen. Der Zinssatz der PEPP GmbH liegt bei 11 %. Die Formel lautet:

$$\text{Zinsen} = \frac{\text{Kapital} \cdot \text{Zinssatz} \cdot \text{Tage}}{360}$$

	April 2019								**Mai 2019**								**Juni 2019**						
KW	Mo	Di	Mi	Do	Fr	Sa	So	KW	Mo	Di	Mi	Do	Fr	Sa	So	KW	Mo	Di	Mi	Do	Fr	Sa	So
14	1	2	3	4	5	6	7	18		1	2	3	4	5		22						1	2
15	8	9	10	11	12	13	14	19	6	7	8	9	10	11	12	23	3	4	5	6	7	8	9
16	15	16	17	18	19	20	21	20	13	14	15	16	17	18	19	24	10	11	12	13	14	15	16
17	22	23	24	25	26	27	28	21	20	21	22	23	24	25	26	25	17	18	19	20	21	22	23
18	29	30						22	27	28	29	30	31			26	24	25	26	27	28	29	30

a) Die World Fit GmbH hat die Rechnung über 9.800,00 € vom 23.04., zahlbar innerhalb von 5 Tagen, erst nach zweifacher Mahnung am 25.06. bezahlt.

b) Der Schützenverein Neuss 1877 e. V. hat die Rechnung vom 01.04. erst am 07.05. überwiesen. Das Zahlungsziel waren 10 Tage für die Rechnungssumme von 280,00 €. Die PEPP GmbH will bei diesem Kunden Verzugszinsen verlangen, weil er die Rechnung selten pünktlich bezahlt.

4.5 Kaufmännisches und gerichtliches Mahnverfahren

DAS IST GESCHEHEN

Die Hüttenwirt GmbH & Co KG hat trotz einer Zahlungserinnerung der PEPP GmbH die ausstehende Rechnung vom 01.05. noch immer nicht bezahlt.

Herr Winter: „Isabella, trotz der Zahlungserinnerung mit neuem Zahlungsdatum ist immer noch kein Geld gekommen. Mir ist das Ganze jetzt zu bunt. Bitte kümmere dich um die weiteren Schritte."

DAS IST ZU TUN

Klären Sie für Isabella, wie nach der ersten Zahlungserinnerung nun in der PEPP GmbH weiter vorzugehen ist und welche Schritte Isabella wann geltend machen kann.

DAS SOLLTEN SIE WISSEN

Kaufmännisches Mahnverfahren

Bei einer ausstehenden, verspäteten Zahlung eines Kunden ist unter bestimmten Umständen Voraussetzung, dass dieser eine Mahnung erhalten muss. Dies kann zunächst durch das Unternehmen selbst vorgenommen werden. Dann spricht man von einem **kaufmännische Mahnverfahren**. Das Unternehmen versucht ohne Einschaltung des Gerichts sein Geld zu erhalten; daher wird dieses Mahnvorgehen auch **außergerichtliches Mahnverfahren** genannt. Oftmals führt dieses Mahnverfahren schon dazu, dass die ausstehende Forderung bezahlt wird.

Eine Mahnung sollte aus Beweisgründen immer schriftlich verfasst sein. Die Formulierungen einer Mahnung sollten vorsichtig und umsichtig gewählt werden, da harte Formulierungen den Kunden verärgern könnten und eventuell möchte man mit dem Kunden noch weitere Geschäftsbeziehungen pflegen.

Zunächst wird man daher den Kunden durch eine Mahnung an die Zahlung erinnern. Zusätzlich kann man eine Kopie der Rechnung mitversenden, wenn davon ausgegangen wird, dass diese nur verlegt wurde. Mit andauernder Zahlungsunwilligkeit des Käufers wird der Tonfall fordernder.

Das kaufmännische Mahnverfahren wird daher in verschiedenen Stufen durchgeführt; diese können von jedem Unternehmen individuell festgelegt werden.

Die Geschäftsleitung der PEPP GmbH hat vier Stufen für das außergerichtliche Mahnverfahren festgelegt.

Interne Mitteilung

An alle Mitarbeiterinnen und Mitarbeiter

In letzter Zeit kommt es immer wieder vor, dass Kunden die ausstehenden Rechnungen nicht rechtzeitig begleichen. Für diesen Fall wurde ein abgestuftes Mahnverfahren festgelegt, um nachlässige Kunden an ihre Zahlungspflicht zu erinnern.

2 bis 14 Tage nach Fälligkeit:	Zahlungserinnerung mit Kopie der Rechnung
15 bis 30 Tage Fälligkeit:	1. Mahnung mit Mahngebühren und der Androhung von Verzugszinsen
30 bis 40 Tage nach Fälligkeit:	2. Mahnung mit weiteren Mahngebühren und Verzugszinsen
40 bis 47 Tage nach Fälligkeit:	3. Mahnung mit weiteren Mahngebühren, Verzugszinsen und Androhung eines gerichtlichen Mahnverfahrens

Ein Unternehmen kann auch ein Inkassobüro mit dem außergerichtlichen Mahnverfahren beauftragen. Erhält jedoch der Verkäufer sein Geld durch das kaufmännische Mahnverfahren nicht, wird ein gerichtliches Mahnverfahren begonnen.

Gerichtliches Mahnverfahren

Ein **gerichtliches Mahnverfahren** kann in letzter Konsequenz dazu führen, dass ein Gerichtsvollzieher bzw. eine Gerichtsvollzieherin durch eine Zwangsvollstreckung beim Käufer die ausstehende Zahlung eintreibt. Bis es soweit kommt, hat der Schuldner jedoch noch Gelegenheit, die offene Rechnungssumme zu begleichen.

Das gerichtliche Mahnverfahren läuft in mehreren Schritten ab:

1. Der Verkäufer muss bei Gericht einen Mahnbescheid beantragen. Dieser Antrag muss auf einem Standardvordruck erfolgen, manchmal bei einem bestimmten Gericht, z. B. sind in Nordrhein-Westfalen die zentralen Mahngerichte bei den Amtsgerichten Euskirchen oder Hagen angesiedelt.

2. Der Käufer erhält den Mahnbescheid vom Gericht, in dem er aufgefordert wird, innerhalb von zwei Wochen die Rechnung zu bezahlen.

3. Der Käufer kann dem Mahnbescheid widersprechen, bezahlen oder schweigen. Auf Schweigen wird das Gericht einen Vollstreckungsbescheid ausstellen, der die Wirkung eines Gerichtsurteils hat und das Recht enthält, die Zwangsvollstreckung einzuleiten.

4. Falls der Schuldner Widerspruch erhebt, kommt es zu einer Gerichtsverhandlung. In dieser Verhandlung kann der Gläubiger seinen Anspruch vortragen und bestärken, der Schuldner seinen Widerspruch begründen. Bekommt der Schuldner Recht, so ist das Verfahren beendet und der Gläubiger erhält keine Zahlung. Erhält der Gläubiger durch das Urteil Recht, erhält der Gläubiger einen Vollstreckungsbescheid.

5. Der Schuldner erhält den Vollstreckungsbescheid und hat folgende Möglichkeiten: Er zahlt, er schweigt oder widerspricht. Schweigt er, kommt es zu einer Zwangsvollstreckung. Widerspricht der Schuldner, kommt es wieder zu einer Gerichtsverhandlung und wenn er nicht Recht bekommt, kommt es zur Zwangsvollstreckung.

6. Bei der Zwangsvollstreckung hat der Schuldner eine weitere Möglichkeit zu bezahlen. Tut er dies nicht, so wird der Gerichtsvollzieher bzw. die Gerichtsvollzieherin verwertbare Sachen mitnehmen oder diese mit einem Pfandsiegel versehen.

7. Findet der Gerichtsvollzieher bzw. die Gerichtsvollzieherin keine verwertbaren Gegenstände, so muss der Schuldner eine eidessttaatliche Versicherung abgeben, in der er sein Vermögen vollständig auflisten muss. Verweigert der Schuldner die Abgabe der eidesstaattlichen Versicherung oder macht falsche Angaben zu seinen Vermögensverhältnissen, so muss er in Haft.

8. Nach einer Schonfrist von sieben Tagen werden die gepfändeten Gegenstände versteigert. Der Gläubiger erhält den Erlös der Versteigerung, abzüglich der Kosten für das Versteigerungsverfahren.

Es kann also sein, dass der Gläubiger trotz gerichtlichen Mahnverfahrens sein Geld nicht bekommt, wenn der Schuldner kein Vermögen mehr besitzt. Ist dies dem Gläubiger bekannt, so kann auf das gerichtliche Mahnverfahren verzichtet werden und beim zuständigen Gericht Klage wegen Vertragsbruch eingereicht werden.

\\\\\ Aufgabe

Isabella ist über die Mahnstufen der PEPP GmbH verwundert: „Warum fangen wir so harmlos an und bestehen nicht direkt auf unser Geld und machen deutlich, was Sache ist?" Erläutern Sie Isabella, warum es sinnvoll ist, die Mahnstufen harmlos zu beginnen und steigend aufzubauen, statt direkt mit einem gerichtlichen Mahnverfahren zu drohen.

4.6 Verjährung und Hemmung

Isabella Rossi sortiert gerade alle Kaufbelege des letzten Jahres und stellt fest, dass auf einer Rechnung an den Neusser Schützenverein das Datum des Zahlungseingangs fehlt. Sie geht der Sache nach und stellt fest, dass die Rechnung vom Mai letzten Jahres nicht beglichen worden ist.

Sie telefoniert mit dem Kassenwart des Schützenvereins.

> *Isabella Rossi: Guten Tag, Isabella Rossi, Auszubildende der PEPP GmbH.*

> *Kassenwart: Guten Tag, was kann ich für Sie tun? Wir haben aktuell nichts bei Ihnen bestellt, daher bin ich verwundert.*

> *Isabella Rossi: Richtig, es geht nicht um eine aktuelle Bestellung. Ich habe bei der Durchsicht unserer Belege festgestellt, dass wir zu einer Rechnung vom letzten Jahr keinen Zahlungseingang finden können. Können Sie dies bitte prüfen und die ausstehende Summe überweisen?*

> *Kassenwart: Na, hören Sie mal, ich zahle gar nichts. Das ist eine Rechnung aus dem letzten Jahr und da haben Sie Pech, wenn Sie den Fehler jetzt erst bemerkt haben.*

1. Entscheiden Sie spontan, wer in der Situation Recht hat.

2. Lösen Sie die Situation mit den Informationsmaterialen und begründen Sie Ihre Entscheidung.

Eine Forderung eines Gläubigers an seinen Schuldner, beispielsweise Zahlung einer Rechnung oder eine Mängelbehebung, muss innerhalb bestimmter vom Gesetz vorgeschriebener Fristen geltend gemacht werden. Werden diese Fristen nicht beachtet oder eingehalten, so können Rechte nicht mehr geltend gemacht werden. Grundsätzlich werden im BGB zwei Fristen zur **Verjährung** von Ansprüchen festgeschrieben.

	3 Jahre (regelmäßige Verjährung)	30 Jahre
Ansprüche	<ul><li>bei Kaufleuten untereinander</li><li>auf regelmäßig wiederkehrende Leistungen</li><li>auf Zinsen</li><li>der gastwirtschaftlichen Betriebe, Anwaltskanzleien, Ärzteschaft</li><li>der Privatleuten untereinander</li><li>von Lohn und Gehalt</li><li>aus Darlehensforderungen</li><li>Forderungen wegen arglistig verschwiegener Mängel ab Entdeckung</li></ul>	<ul><li>auf Herausgabe von Eigentum oder anderen dinglichen Rechten</li><li>aus rechtskräftigen Urteilen</li><li>aus Insolvenzforderungen</li><li>aus Vollstreckungsbescheiden</li></ul>

	3 Jahre (regelmäßige Verjährung)	30 Jahre
Beginn der Laufzeit	mit dem Ende des Jahres, in dem der Anspruch entstand	mit dem Datum des Anspruches
Beispiele:	Fälligkeitsdatum: 02.01.2023 Beginn der Verjährungsfrist: 31.12.2023 Ende der Verjährungsfrist: 31.12.2026	Fälligkeitsdatum: 02.01.2023 Beginn der Verjährungsfrist: 02.01.2023 Ende der Verjährungsfrist: 02.01.2053

Im Kapitel zur mangelhaften Lieferung haben wir schon festgestellt, dass die Ansprüche aus Mängelrügen an Kaufsachen nach zwei Jahren (bei Baumängeln nach fünf Jahren) ab Übergabe verjähren.

Die Verjährung kann gehemmt werden, also die Verjährung um die Dauer der Hemmung verlängert werden. Es gibt nur eine begrenzte Anzahl vom Hemmungsgründen, die eine Unterbrechung der Verjährung um bewirken. Die **Hemmung** endet bei Wegfall der Hemmungsgründe oder ein halbes Jahr nach einer rechtskräftigen Entscheidung, z. B. einem Vollstreckungsbescheid oder Urteil.

Beispiel: Ein Kunde der PEPP GmbH erhält am 03.02.2023 einen Mahnbescheid vom Gericht über eine Forderung der PEPP GmbH. Die Zustellung führt zur Hemmung um sechs Monate. Die Verjährungsfrist läuft ab dem 03.08.2023 weiter.

Ebenso kann die Verjährung von Neuem zu zählen beginnen, wenn eine Teilzahlung der Schuld erfolgt oder eine Zwangsvollstreckung beantragt wird. Die bisherige Verjährungsfrist gilt dann nicht mehr, sondern ab Eintritt des Grundes beginnt die Verjährung neu.

Beispiel: Am 12.10.2023 hat der Kunde eine Teilzahlung an die PEPP GmbH geleistet und um Stundung des Restbetrags gebeten. Der Anspruch auf die Restzahlung verjährt drei Jahre nach der schriftlichen Bitte um Stundung am 12.10.2026.

Die tabellarische Übersicht gibt einen groben Überblick über die Gründe für eine Hemmung oder einen Neubeginn der Verjährung.

Hemmung	Neubeginn
<ul><li>Der Schuldner verweigert die Zahlung, da er ebenfalls Forderungen an den Gläubiger hat.</li><li>Naturkatastrophen machen unmöglich, den Fall vorerst weiter zu verfolgen.</li><li>Der Gläubiger stellt einen Mahnbescheid des Gerichts zu.</li><li>Eine Klage wird bei Gericht eingereicht.</li><li>Zahlungsaufschub der Forderung</li><li>Ein Insolvenzverfahren wird beantragt.</li></ul>	<ul><li>Eine Teilzahlung der Schuld findet statt.</li><li>Zinszahlung der Schuld findet statt.</li><li>schriftliches Schuldeingeständnis</li></ul>

Aufgaben

1. Entscheiden Sie in den vorliegenden Fällen, welche Verjährungsfristen vorliegen.

   a) Die PEPP GmbH hat eine neue Lagerhalle gebaut. Nach zwei Jahren stellt man fest, dass in einer Ecke das Hallendach undicht ist und sich langsam Schimmel bildet.

   b) Selma Özer war bei einem anderem Unternehmen angestellt, bis sie vor einem Jahr zur PEPP GmbH wechselte. Das letzte Unternehmen schuldet ihr noch zwei Monatsgehälter und verweigert die Zahlung.

   c) Die Igel AG hat am 02.05.2023 an einen Spediteur eine offene Forderung des letzten Jahres teilweise bezahlt.

   d) Die PEPP GmbH möchte Ansprüche einer Druckmaschine geltend machen, die vor fünf Jahren angeschafft wurde. Der Mangel ist laut einem zwei Wochen alten Gutachten arglistig verschwiegen worden.

   e) Am 01.01.2023 hat Jürgen Ehrlich einem Mitarbeiter für die Anschaffung eines neuen Pkw 5.000,00 € als Vorschuss ausgezahlt.

   f) Der Mitarbeiter bittet am 12.12.2022 schriftlich um Stundung der Zahlung bis ins nächste Kalenderjahr.

⫘ Lernaktionen

1. a) Nachdem der Kaufvertrag mit der Maschinenfabrik Meyer OHG korrigiert wurde, wartet die PEPP GmbH auf die Lieferung. Der Liefertermin wurde letztendlich auf den 20.10.20.. festgelegt. Eine Woche später ist die Lieferung immer noch nicht eingetroffen. Herr Vollkorn ist sehr verärgert, da durch die fehlenden Drucker die Produktion der Fahnen stockt und mit Umsatzeinbußen zu rechnen ist. Isabella wird gebeten, sich um den Fall zu kümmern, indem sie Fragen klärt:

   - Welche Kaufvertragsstörung liegt vor?
   - Sind alle Voraussetzungen erfüllt?
   - Welche Rechte kann die PEPP GmbH gegen die Maschinenfabrik Meyer OHG geltend machen?
   - Welches Recht sollte die PEPP GmbH geltend machen? Warum?
   - Mittlerweile gibt es die Drucker bei einem anderen Anbieter zu einem günstigeren Preis. Ist die PEPP GmbH noch an den Kaufvertrag mit der Maschinenfabrik Meyer OHG gebunden?

   b) Auch die Bestellung der Papiergirlanden lässt auf sich warten. Isabella gab die Bestellung schon vor sechs Wochen auf und laut der Ansprechpartnerin des liefernden Unternehmens sollte die Bestellung bald erfolgen. Auf Anfrage erfährt Isabella, dass ein Mitarbeiter des Lieferanten die Auftragsbestätigung versehentlich weggeworfen hat. Die PEPP GmbH ist bisher jedoch immer sehr zufrieden mit dem Lieferanten gewesen und möchte ungern auf einen anderen ausweichen. Welche Rechte kann die PEPP GmbH geltend machen und welche Voraussetzungen müssen dabei beachtet werden?

   c) Wie wäre die rechtliche Lage, wenn die Papiergirlanden wegen Hochwassers nicht geliefert werden könnten?

2. Zwei Tage später trifft die Bestellung der Papiergirlanden ein. Isabella nimmt diese entgegen, doch beim ersten Hinsehen fallen ihr zum Teil aufgeplatzte Pakete auf. Empört öffnet sie die Pakete und stellt fest, dass die roten Girlanden, die sich in den aufgeplatzten Paketen befanden, gerissen sind.

   Isabella Rossi: Das darf doch nicht wahr sein. Wir brauchen die Girlanden sehr dringend für einen unserer Kunden. Hoffentlich sind wenigstens die bunten Girlanden in den anderen Paketen nicht defekt.

   Lieferant: Welche bunten Girlanden? In den anderen Paketen befinden sich blaue Girlanden.

   Isabella Rossi: Wie bitte? Wir haben keine blauen Girlanden bestellt.

   Zurück im Büro beruhigt sich Isabella und setzt umgehend eine gut überlegte Mängelrüge auf.

   a) Entscheiden Sie, um welche Mangelart und um welchen Sachmangel es sich hier handelt.

   b) Wurden von der PEPP GmbH die vorgeschriebenen Prüf- und Rügefristen eingehalten?

   c) Isabella möchte wegen der defekten und falsch gelieferten Girlanden am liebsten sofort vom Kaufvertrag zurücktreten. Ist dies möglich?

   d) Dem Lieferanten ist es nicht möglich, eine Ersatzlieferung zu schicken. Der Kunde Lauer der PEPP GmbH, der die Ware dringend braucht, ist erbost und will nun bei der Konkurrenz bestellen. Welche Rechte kann die PEPP GmbH gegen den Lieferanten geltend machen?

3. Nachdem trotz der Komplikationen alle Waren und Maschinen bei der PEPP GmbH eingetroffen sind, kann endlich die Produktion von Papierfahnen wieder auf vollen Touren laufen. Isabella nimmt eine Bestellung über 400 Pakete Papierfahnen von Higher Concerts an. Als Liefertermin wird der 25.10.20.. vereinbart. Als der Lieferwagenfahrer die Papierfahnen übergeben will, kommt ein Auszubildender aus dem Lager: „Es tut mir leid, aber die Ware müssen Sie wieder mitnehmen. Das Lager ist voll, wir können keine Ware mehr annehmen." Der Fahrer diskutiert nicht lange und fährt mit der Ware zurück zur PEPP GmbH und informiert Isabella und Herrn Vollkorn. Isabella prüft den Fall daraufhin.

   a) Beurteilen Sie, ob ein Annahmeverzug vorliegt. Nennen Sie die notwendigen Voraussetzungen und treffen Sie eine Entscheidung.

   b) Nennen Sie die Rechte der PEPP GmbH. Wählen Sie ein Recht aus und begründen Sie Ihre Wahl.

   c) Beim Ausladen fällt wegen eines Windstoßes ein Karton in eine Pfütze. Die Fahnen sind nass und nicht mehr zu gebrauchen. Erläutern Sie, ob die PEPP GmbH oder Higher Concerts für den Schaden aufkommen muss.

   d) Während der Prüfung des Falles fällt Isabella auf, dass Higher Concerts noch eine Rechnung vom 05.05. des Vorjahres offen hat. Ein gerichtliches Mahnverfahren wurde wegen des Stammkundenbonus' bisher noch nicht eingeleitet. Bevor Isabella dieses einleitet, ruft sie an und bittet freundlich um Begleichung der Rechnung. Doch der Auszubildende am Telefon antwortet ihr, dass sie das Geld nicht mehr bekomme. Der Anspruch auf die Zahlung der Rechnung sei längst verjährt. Nehmen Sie zu dieser Aussage Stellung.

4. Der Schützenverein Neuss e. V. hat eine Warensendung über verschiedene Partyartikel mit dem Rechnungsdatum 22.10.20.. und der üblichen Kondition „zahlbar innerhalb von 14 Tagen nach Rechnungserhalt" bekommen. Jedoch ist bis zum 10.11.20.. keine Zahlung eingegangen.

   a) Prüfen und begründen Sie, ob ein Zahlungsverzug vorliegt.

   b) Begründen Sie, ob die PEPP GmbH in diesem Fall die Rechte des Zahlungsverzuges oder des kaufmännischen Mahnverfahrens wahrnehmen sollte.

   c) Isabella entscheidet sich für das kaufmännische Mahnverfahren. Erläutern Sie in einer Übersicht die grundsätzlichen Schritte des Verfahrens.

Kompetenzen überprüfen

Überprüfen Sie nun, welche Kompetenzen Sie bereits in welchem Umfang erlangt haben. Nutzen Sie die Vorlage, die Ihnen unter BuchPlusWeb zur Verfügung steht. Wagen Sie eine Selbsteinschätzung und suchen Sie das Gespräch mit Ihrer Lehrkraft, wenn Sie unsicher sind, ob Sie noch Übungsbedarf haben.

Kompetenz	ja	Ich habe noch Übungsbedarf bei ...	nein	Wo kann ich nachschlagen?
Ich kann Mängelarten unterscheiden.				S. 62
Ich kann den Begriff Mängelrüge erläutern und kann die Fristen nennen.				S. 62, 63
Ich kann die Voraussetzungen bei mangelhafter Lieferung benennen und erläutern.				S. 64

5 Zahlungsmethoden

5.1 Barzahlung

Der kleine Werksverkauf der PEPP GmbH akzeptiert nur Barzahlungen. Isabella hilft kurz vor Ostern aus. Die Umsätze sind gut, aber am Ende des Tages weist die Kasse ein Minus von 52,50 € auf.

Frau Heimers: Isabella, kannst du dich erinnern, wie das sein kann? Ich habe doch die Kasse gemacht.

Isabella Rossi: Ach klar, ich habe damit die Lieferung bezahlt. Der Lieferant wollte bar bezahlt werden und dann habe ich das Geld aus der Kasse genommen. Ich schreibe eben einen Zettel dazu.

Frau Heimers: Hast du denn keine Quittung bekommen?

Isabella Rossi: Eine Quittung?

1. Erläutern Sie, welches Problem am Ende des Geschäftstages aufgetreten ist, und klären Sie, warum ein eigens geschriebener Zettel Schwierigkeiten mit sich bringen kann.

2. Fassen Sie die Bedeutung von Quittungen bei Barzahlungen zusammen.

Bei der **Barzahlung** haben sowohl der Schuldner als auch der Gläubiger das Geld in der Hand. Zu einer Barzahlung zählen die Zahlungsmittel des jeweiligen Landes, Münzen und Geldscheine der eingeführten Währung.

Im Alltag ist bei Kaufverträgen mit kleinen Kaufsummen im Handel und bei Geschäften unter Privatleuten die sofortige Bezahlung üblich. Bei dieser Art des Kaufvertrages erhält der Käufer die Ware sofort bei Übergabe des Geldes.

Beispiel: Einkauf in einem Kiosk. Als Beweis für die Zahlung erhält der Kunde neben der Ware oft auch einen Kassenbon.

Wenn man keinen Beleg über die Zahlung erhält, so kann man als Schuldner vom Gläubiger verlangen, dass er den Erhalt des Geldes quittiert. Hierzu wird ein Quittungsformular verwendet.

Quittung		
PEPP GmbH	Gesamt €	892,50
Nummer 44	inkl. 19 % MwSt./€	142,50
Euro in Worten		Cent
achthundertzweiundneunzig		fünfzig
von PEPP GmbH		
für Hüttenwirt GmbH & Co. KG		
Kauf von fertigen Erzeugnissen: Minifahnen für Lebensmittel		
		dankend erhalten
Ort/Datum Viersen, 06.02.20..		
	Stempel/Unterschrift Zahlungsempfänger	
Buchungsvermerk	S. Seilbach PEPP GmbH	

Die Vorteile der Barzahlung sind

- unkomplizierte Kaufabwicklung;
- sofortiger Erhalt der Ware gegen Geld (Zug-um-Zug-Geschäft);
- keine Probleme wie bei Bankkonten und Banken (falsche oder doppelte Abbuchungen);
- kein Verzug bei Lieferung oder Zahlung.

Die Nachteile sind

- Verlust oder Diebstahl des Geldes;
- Treffen mit dem Verkäufer (Schickschuld bestimmt den Erfüllungsort)
- die Sorge zu tragen, dass ausreichend Geld mitgeführt wird.

Wer seine Bezahlung nicht persönlich übergeben kann, hat auch die Möglichkeit, einen Boten zu schicken.

5.2 Halbbare Zahlung

Neue E-Mail

Von:	paul.rudolf@gmx.net
An:	info@pepp-gmbh.de
Anhänge:	
Betreff:	Zahlungsmethoden bei Bestellung

Sehr geehrte Damen und Herren,

ich habe bezüglich Ihres Warenangebots eine Frage. Ich würde gern meine Frau zur Silberhochzeit mit einer Feier überraschen und habe gesehen, dass Sie ein großes Angebot an Dekorationsartikeln haben, aus dem ich etwas für diese Feier erwerben möchte. Meine Frau und ich haben ein gemeinsames Konto und ich möchte nicht, dass sie etwas von der Feier bemerkt. Kann ich bei Ihnen auch per Nachnahme oder per Zahlschein bezahlen?

Leider ist mir eine Barzahlung vor Ort wegen unseres Wohnortes in Baden-Württemberg nicht möglich.

Danke für Ihre Antwort.

Mit freundlichen Grüßen
Paul Rudolf

Isabella ist sich unsicher, ob diese Zahlungsmethoden überhaupt möglich sind und informiert sich, bevor sie eine Antwort verfasst.

1. Erarbeiten Sie die Voraussetzungen, die für die beiden Zahlungsmethoden vorliegen müssen.

2. Fassen Sie den Ablauf einer Bezahlung per Nachnahme kurz zusammen.

3. Erläutern Sie, wie die Zahlung per Zahlschein funktioniert.

Die **halbbare Zahlung** setzt voraus, dass entweder der Schuldner oder der Gläubiger bei einer Sparkasse oder bei einer Bank ein Konto hat.

5.2.1 Girokonto

Es ist heutzutage üblich, ein Konto zu haben, denn Arbeitnehmern wird Lohn oder Gehalt monatlich überwiesen statt wie früher per wöchentlicher Lohntüte ausgezahlt. Auch in der Ausbildung ist es für Jugendliche notwendig, ein Konto zu führen; oft haben Jugendliche schon ein Sparkonto seit ihrer Kindheit. Viele Banken und Sparkassen bieten Jugendkonten mit speziellen Bedingungen an; beispielsweise darf das Konto nicht überzogen werden oder es wird keine Kreditkarte ausgegeben. Auf beide Punkte wird später noch eingegangen.

Wer noch kein Konto hat, kann in jeder Bank oder Sparkasse ein Konto, genauer ein Girokonto, eröffnen. Es muss hierzu lediglich ein Formular ausgefüllt werden, das einen Vertrag zwischen Kontoinhaber oder -inhaberin und Geldinstitut schließt.

Die Einzahlungen und Auszahlungen auf dem Konto werden vom Kreditinstitut gebucht, das bedeutet die Führung des Kontos. Dafür werden monatliche oder jährliche Kontoführungsgebühren fällig. Für Schüler, Schülerinnen und Auszubildende wird ein Girokonto kostenlos geführt.

Nachdem das Konto eröffnet wurde, bekommt der Kunde oder die Kundin meist eine Bankkarte zum Konto. Mit dieser Karte kann man am Geldautomaten seines Geldinstitutes Geld von seinem Konto abheben, um Bargeld zu bekommen. Zusätzlich kann man mit der Karte am Serviceautomaten in der Bankfiliale einen Kontoauszug ausdrucken, bargeldlos bezahlen (siehe bargeldlose Zahlung) oder andere Bankdienstleistungen beanspruchen.

Seitdem viele Personen Onlinebanking nutzen, sind die Gänge zu einer Bankfiliale seltener geworden. Kontoauszüge können beim Onlinebanking zu Hause selbst ausgedruckt werden. Es gibt auch Banken, die gar keine Bankfilialen haben, sodass man seine Bankgeschäfte nur online erledigen kann. Diese Banken haben meist günstigere Kontoführungsgebühren, sodass man als Kundin oder Kunde für sich abwägen muss, was einem wichtiger ist: günstige Kontoführungsgebühren oder eine Bankfiliale am Wohnort.

Der Kontoauszug ist eine Übersicht über die Kontobewegungen und zeigt, was auf dem Konto passiert ist. Die Einzahlungen und Gutschriften auf das Konto werden im Haben ausgewiesen, Auszahlungen und Abbuchungen im Soll. Am Ende des Kontoauszuges findet sich der Saldo des Kontos, der aktuelle Kontostand.

Der Saldo kann negativ sein, wenn mehr Geld abgehoben oder ausgegeben wurde, als auf dem Konto zu dem Zeitpunkt verfügbar war, dann ist das Konto überzogen. Der Kontoinhaber oder die -inhaberin hat Schulden bei der Bank, was umgangssprachlich mit „im Dispo" bezeichnet wird. Der **Dispositionskredit**, kurz „Dispo", ist ein kurzfristiges Darlehen der Bank mit einem hohen Zinssatz. Dieser liegt höher als der Zinssatz bei einem Bankdarlehen, da dieser Kredit kurzfristig und ohne Sicherheiten gegeben wird. Als Kontoinhaber oder -inhaberin vereinbart man mit der Bank, ob und in welcher Höhe die Möglichkeit zur Kontoüberziehung gegeben sein soll. Wenn man keinen Dispositionskredit vereinbart hat, so werden keine Auszahlungen mehr veranlasst, wenn nicht ausreichend Geld auf dem Konto verfügbar ist. Jugendliche haben meist keine Möglichkeit, eine Überziehung ihres Kontos zu vereinbaren. Kaufleute dagegen haben in der Regel die Möglichkeit ihr Konto kurzfristig zu überziehen, dies wird dann als Kontokorrentkredit bezeichnet. Auf Dauer ein Konto zu überziehen, ist wegen des hohen Zinssatzes sehr kostspielig; daher sollte man eine Überziehung zügig ausgleichen.

5.2.2 Nachnahme und Zahlschein

Die **Nachnahme** ist eine Form der halbbaren Zahlung und ist ein Service der Deutschen Post AG und ihrer Pakettochter DHL. Der Gläubiger muss ein Konto besitzen, der Schuldner nicht. Per Nachnahme bestellte Warensendungen werden bei Übergabe der Ware bezahlt. Der Gläubiger versendet sein Paket mit DHL oder seinen Brief mit der Deutschen Post und beauftragt diese, bei Warenübergabe das Geld in Empfang zu nehmen. Die Deutsche Post übergibt die Ware nur an den Empfänger, wenn er das Geld übergibt. Das Bargeld wird anschließend auf das Konto des Zahlungsempfängers eingezahlt.

Warenversendungen per Nachnahme sind für den Verkäufer sinnvoll, wenn er die Zahlungsbereitschaft des Kunden nicht kennt oder schon negative Erfahrungen gemacht hat. Für den Händler ist die Nachnahme eine bequeme, sichere und kostenlose Möglichkeit einer halbbaren Zahlung. Die Nachnahmegebühr trägt der Empfänger, er bezahlt also Kaufpreis, Versand und Nachnahmegebühr.

Der **Zahlschein** ist eine weitere Zahlungsmöglichkeit, bei der ein Gläubiger ein Konto haben muss, der Schuldner jedoch nicht. Der Schuldner geht mit Bargeld zur Bank und zahlt dort das Geld mit dem Zahlschein (entspricht dem Überweisungsformular) auf das Konto des Gläubigers ein. Dem Gläubiger wird der Betrag auf seinem Konto gutgeschrieben. Die Benutzung des Zahlscheins kostet eine Gebühr, die der Schuldner zahlen muss.

5.3 Bargeldlose Zahlung

5.3.1 Plastikgeld

DAS IST GESCHEHEN

Jürgen Ehrlich und Walter Pape erreichen immer häufiger Beschwerden über den Werksverkauf, denn bisher kann man dort nur bar bezahlen.

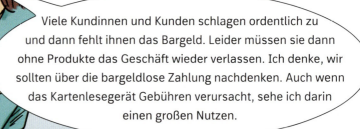

Viele Kundinnen und Kunden schlagen ordentlich zu und dann fehlt ihnen das Bargeld. Leider müssen sie dann ohne Produkte das Geschäft wieder verlassen. Ich denke, wir sollten über die bargeldlose Zahlung nachdenken. Auch wenn das Kartenlesegerät Gebühren verursacht, sehe ich darin einen großen Nutzen.

DAS IST ZU TUN

1. Erstellen Sie für die nächste Geschäftsführersitzung eine kurze Präsentation zur bargeldlosen Zahlung „Plastikgeld als Zahlungsmittel". Grenzen Sie die Bankkarte von der Kreditkarte ab.

2. Stellen Sie die Vorteile und Nachteile der Zahlung mit Plastikgeld für die Kundschaft zusammen.

DAS SOLLTEN SIE WISSEN

Für eine bargeldlose Zahlung benötigen der Zahlende und der Zahlungsempfänger jeweils ein Konto bei einer Bank oder Sparkasse.

Unter Plastikgeld versteht man Karten, die als Zahlungsmittel eingesetzt werden. Endverbraucher innen und -verbraucher nutzen die Möglichkeit der Kartenzahlung häufig im Handel. Es werden Bankkarten, Kreditkarten und Kundenkarten unterschieden.

Bankkarte, Girocard

Die Bankkarte oder Girocard ist die meist verwendete Form des Plastikgeldes. Girocard ist das eigenständige und unabhängige Bezahlsystem deutscher Banken und Sparkassen. In der Regel erhält jeder Kontoinhaber und jede -inhaberin bei der Kontoeröffnung eine Bankkarte. Die Karte ermöglicht das

- Ausdrucken von Kontoauszügen;
- Verwalten von Bankgeschäften am Kundenterminal;
- Abheben von Bargeld am Automaten.

Auf der Bankkarte ist angegeben, wie lange sie gültig ist, wie Kreditinstitut und Kontoinhaber oder -inhaberin heißen und wie Kontonummer und Bank-ID lauten (IBAN, BIC). Bei Ausgabe der Bankkarte durch die Bank erhält man eine PIN (Persönliche Identifikationsnummer). Die PIN ist beim bargeldlosen Zahlen der Nachweis, dass man rechtmäßiger Inhaber bzw. rechtmäßige Inhaberin der Karte ist.

Mit einer Bankkarte kann man auch im Ausland Geld abheben oder bezahlen, aber eventuell sind dafür hohe Gebühren fällig. Für den Einsatz im Ausland sind girocards zusätzlich mit einer Funktion eines Zahlungsdienstleisters ausgestattet. Karten mit einem Maestro-Symbol sind internationale Zahlkarten des Kartendienstes Mastercard. V-Pay-Karten sind europäische Zahlkarten des Anbieters Visa. Wenn eine Zahlung nicht über das girocard-System möglich ist, was u.a. im Ausland vorkommt, kommen andere Zahlungsdienstleister in Frage. Die sind als Zusatz-Marke (Co-Badge) auf der girocard abgebildet.

Mit einer Bankkarte oder Girocard und einem entsprechenden Lesegerät im Geschäft kann im girocard-System bargeldlos bezahlt werden. Die Karte wird in das Lesegerät, das den Betrag anzeigt, gesteckt oder daran gehalten und nach der Eingabe der PIN wird die Zahlung bestätigt. In der Regel entfällt die PIN-Eingabe bei kontaktlosen Zahlungen bis 50 Euro. Das Lesegerät baut eine Verbindung zur kontoführenden Bank auf, prüft die Autorisierung durch die PIN, den Verfügungsrahmen und gibt die Zahlung frei, wenn PIN und Kontostand okay sind. Der Händler bekommt den Betrag sicher (Zahlungsgarantie).

Ablauf EC-Zahlung

Onlineverbindung

BANK

Bank prüft,
- ob Kartensperre vorliegt
- ob Tageslimit noch nicht ausgeschöpft ist

Bezahlung

Bank garantiert Zahlung über die Bankverbindung des Kunden

⇨ Zahlungsgarantie für Händler

Neben dem EC-Verfahren gibt es für Bankkarten und Girocards auch das elektronische Lastschriftverfahren (ELV). Die Kundinnen und Kunden bestätigen die Zahlung der Kaufsumme nicht per PIN-Eingabe, sondern per Unterschrift. An der Händlerkasse müssen sie den Beleg an der Kasse unterschreiben. Durch die Abgabe der Unterschrift berechtigt der Karteninhaber bzw. die -inhaberin den Händler, die Kaufsumme per SEPA-Lastschrift vom Konto einzuziehen.

Der Händler hat bei elektronischer Lastschrift keine Garantie, dass er sein Geld erhält. Die Kundenbank übernimmt keine Zahlungsgarantie, denn alle Kundinnen und Kunden können einer Lastschrift widersprechen und die Bank kann bei fehlender Kontodeckung die Zahlung verweigern. Durch die Abgabe der Unterschrift haben die Kundinnen und Kunden dem Händler eingewilligt, dass die Bank bei Nachfrage den Namen und die Anschrift an den Händler weitergeben darf, damit dieser die Zahlung durch ein Mahnverfahren eintreiben kann.

Der Verlust einer Girocard oder Bankkarte ist der Bank sofort telefonisch mitzuteilen, um Missbrauch der Karte zu verhindern. Eine gefundene Karte ist an die ausgebende Bank einzusenden.

Geldkarten und kontaktloses Bezahlen

Bei einer Girocard mit Chip konnte die Karte auch als elektronische Geldbörse verwendet werden. Der Chip konnte am Geldautomaten nach PIN-Eingabe mit Geld vom Konto aufgeladen werden und dann beim Bezahlen als **Geldkarte** verwendet werden. Hierzu wurde die Karte ebenfalls in ein Lesegerät gesteckt und das Geld vom Chip auf das Lesegerät des Händlers übertragen. Die Daten mussten vom Lesegerät ausgelesen werden, um das Geld auf das Konto des Händlers zu übertragen. Der Vorteil einer Geldkarte war, dass die Zahlung meist kleinerer Beträge zügig, problemlos und ohne Autorisierung erfolgen konnte. Der Nachteil dieser Geldkartenfunktion war, dass das vorhandene Guthaben bei Kartenverlust vom der findenden Person verwendet werden konnte.

Die Banken, allen voran die VR-Banken, haben die Geldkartenfunktion aufgegeben und durch **kontaktloses Zahlen** ersetzt. Die Karte wird nur über das Gerät gehalten und die Daten auf der Karte werden per Funk gelesen. Bei kleinen Beträgen ist wie bei der Geldkarte keine PIN oder Unterschrift erforderlich. Außerdem entfällt das Aufladen der Geldkarte, weil direkt auf das Konto zugegriffen wird.

Beim bargeldlosen Zahlen mit einer Girocard ist die Zahlung mit PIN die sicherste Möglichkeit, während es beim ELV und kontaktlosen Bezahlen ein Betrug wesentlich leichter ist (Unterschrift fälschen, verlorene oder entwendete Karten für kleine Beträge benutzen).

Kreditkarten

Eine Girocard oder Bankkarte erhält man direkt bei der Kontoeröffnung, aber eine Kreditkarte nicht. Eine Kreditkarte wird von Banken nur an jene Personen ausgegeben, die ein regelmäßiges Einkommen haben und bisher nicht durch Zahlungsausfälle auffielen.

Für Kreditkarten existieren verschiedene Organisation wie MasterCard, Visa, American Express und andere.

Mit einer Kreditkarte kann man in Geschäften, Hotels, Tankstellen, Autovermietungen usw. bezahlen, wenn das jeweilige Kreditkartensymbol angezeigt wird.

Beispiel: Kreditkarten

Bei Hotelbuchungen oder beim Autoverleih ist eine Kreditkarte empfehlenswert, weil die Karte mit der Kaution für das Hotelzimmer oder das Auto bis zur ordnungsgemäßen Rückgabe belastet wird. Manche Autovermieter nehmen auch eine Kaution in bar, andere vermieten ohne Kreditkarte nicht.

Der Inhaber oder die Inhaberin einer Kreditkarte hat einen bestimmten Kreditrahmen, über den er oder sie mit der Karte verfügen kann. Bei der Bezahlung mit Kreditkarte wird meist eine Unterschrift und seltener eine PIN benötigt. Die getätigten Zahlungen werden nicht direkt dem Girokonto belastet, sondern auf dem Kreditkartenkonto gesammelt und nach einem monatlichen Zahlungsabschluss vom Girokonto abgebucht. Der Händler erhält bei Zahlung mit Kreditkarte sein Geld sofort von der Kreditkartenorganisation und der Kunde oder die Kundin zahlt erst zu einem späteren Zeitpunkt durch Einzug vom Girokonto an die Kreditkartenorganisation. Die Organisationen gewähren durch diese zeitliche Verschiebung einen kurzfristigen Kredit, daher „Kredit"-Karte.

Vorteil Kreditkarte	Nachteil Kreditkarte
Abbuchung aller Zahlungen eines Monats erfolgen gesammelt an einem Tag (Zahlungsabschluss).	Man kann leicht den Überblick über seine Ausgaben und die finanzielle Situation verlieren.

Kreditkarten sind in Deutschland nicht so weit verbreitet wie Bankkarten oder Girocards, da der Besitz einer Kreditkarte höhere Gebühren verursacht. Außerdem akzeptieren nicht alle Händler Kreditkarten als Zahlungsmittel, da die Zahlung für den Händler teurer als mit einer Bankkarte oder Girocard ist.

Weil Kreditkarten manchmal nötig sind, bieten viele Kreditinstitute auch Kreditkarten für Personen wie Schülerinnen und Schüler oder Studierende an, die kein regelmäßiges Einkommen haben. Diese Kreditkarten funktionieren dann ähnlich wie Geldkarten; der Karteninhaber bzw. die -inhaberin muss Beträge auf das Kreditkartenkonto überweisen und kann beim Einsatz mit der Kreditkarte über dieses Guthaben verfügen.

So können auch Studierende beispielsweise Hotelbuchungen im Ausland durchführen, wenn nur Kreditkarten akzeptiert werden.

Bei Verlust der Kreditkarte muss die Bank sofort telefonisch verständigt werden, um die Karte sperren zu lassen, damit die Karte von Dritten nicht missbräuchlich verwendet wird.

Kundenkarten

Kundenkarten werden von einzelnen Händlern ausgegeben. Diese Kundenkarten können ebenfalls wie Kreditkarten funktionieren, aber werden nicht so verbreitet wie Karten von Kreditkartenorganisationen akzeptiert. Mit diesen Kundenkarten kann man bei entsprechenden Händlern wie mit einer Kreditkarte bezahlen, erhält am Ende des Monats eine Übersicht der Einkäufe und die Summe wird vom Konto abgebucht. Bei der Beantragung einer Kundenkarte mit Zahlfunktion müssen daher Angaben zum Girokonto, dem Einkommen usw. gemacht werden. Es gibt auch Kundenkarten ohne Zahlfunktion, oft Bonuskarten genannt.

Bei Kundenkarten mit oder ohne Zahlfunktion erhält man beim Einsatz dieser Karte oft einen Rabatt in Höhe von 1 % bis 3 % auf den Einkaufswert, manchmal als Punktegutschrift statt als Geldbetrag. Durch diese Kundenkarten wollen Unternehmen die Kunden an sich binden, sodass die Kunden häufiger bei ihnen einkaufen. Durch die Auswertung der Kundenkarten kann sogar ein individuelles Kaufverhalten analysiert werden. Dies ist aus Sicht des Verbraucherschutzes bedenklich.

Beispiel: Kundenkarten mit Zahlungsfunktionen

5.3.2 Überweisung und Dauerauftrag

Eine weitere Möglichkeit, bargeldlos ohne Einsatz des Plastikgeldes zu bezahlen, sind die **Überweisung**, der **Dauerauftrag** und die **SEPA-Lastschrift**. Bei diesen Formen der Bezahlung wird ebenfalls vorausgesetzt, dass beide Seiten ein Konto haben.

Bei einer Überweisung wird Geld vom Konto des Schuldners auf das Konto des Gläubigers übertragen. Der überwiesene Betrag wird auf dem einen Konto abgebucht und auf dem anderen Konto gutgeschrieben.

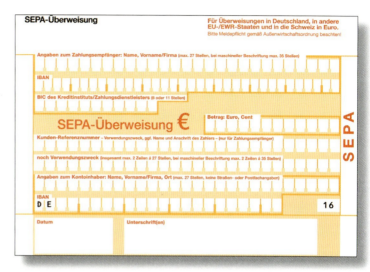

Überweisungen können Gebühren kosten, die Höhe ist von Bank zu Bank verschieden. Eine Überweisung kann online oder durch das Ausfüllen eines Überweisungsträgers in Auftrag gegeben werden. Diese Formulare finden sich in Filialen der Bank oder Sparkasse oder werden direkt von Händlern vorausgefüllt mit der Rechnung zugeschickt.

Bei einem Überweisungsauftrag online oder per Überweisungsträger müssen angegeben werden:

1. Name des Empfängers
2. IBAN des Zahlungsempfängers (und bei Überweisungen ins Ausland die BIC der empfangenden Bank)
3. Betrag
4. Verwendungszweck
5. Name des Kontoinhabers
6. IBAN des Kontoinhabers
7. Datum und Unterschrift auf Überweisungsträgern oder
   bei Online-Aufträgen Einloggen per Benutzerdaten und Autorisierung mit TAN bei jedem Auftrag

Das zu überweisende Geld wird noch am gleichen Geschäftstag der Bank abgebucht. Ist der Empfänger bei derselben Bank, so wird der Geldbetrag an demselben Tag, bei manchen Banken zu derselben Sekunde auf dem Empfängerkonto gutgeschrieben. Ist der Empfänger bei einer anderen Bank, so wird das Geld erst am nächsten oder übernächsten Geschäftstag der Bank beim Empfänger gutgeschrieben. Als Bestätigung, dass beispielsweise ein Schuldner fristgerecht überwiesen hat, dient der Kontoauszug mit der Abbuchung (Datum der Wertstellung).

Es gibt neben der klassischen Überweisung zwei Sonderformen, mit denen Geldsummen überwiesen werden. Beide Formen werden meist für wiederkehrende Zahlungen genutzt.

Beispiel: Miete, Strom, Gas, Wasser, Abonnements, Versicherungsprämien, Telefon, Internet

Dauerauftrag

Ein **Dauerauftrag** wird verwendet, wenn man in gleichen wiederkehrenden Abständen immer gleiche Beträge überweist. Man weist durch den Dauerauftrag seine Bank an, das zu zahlende Geld automatisch an bestimmten Terminen zu überweisen, ohne dass immer wieder eine Überweisung ausgefüllt werden muss. Ein Dauerauftrag wird einmal mit allen relevanten Daten und der Wiederholungsfrist erteilt und dann so lange von der Bank ausgeführt, bis er widerrufen wird. Durch einen Dauerauftrag kann es nicht geschehen, dass eine Zahlung nicht oder zu spät stattfindet.

Beispiel: Die Miete wird per Dauerauftrag überwiesen, da sie jeden Monat in gleicher Höhe anfällt.

SEPA-Lastschriftverfahren

Das SEPA-Lastschriftverfahren wird verwendet, wenn die Höhe der Überweisung immer unterschiedlich hoch sein kann.

Beispiel: Telefonrechnung mit fester Grundgebühr und veränderlichen Gesprächsentgelten

Beim **SEPA-Lastschriftverfahren** wird dem Zahlungsempfänger eine Erlaubnis erteilt, vom Konto des Schuldners fällige Rechnungsbeträge abzubuchen. Die Vollmacht darüber erteilt der Kontoinhaber in Form eines SEPA-Lastschriftmandats an den Zahlungsempfänger.

Sollten Probleme beim Zahlungseinzug wie eine falsche Summe oder eine doppelte Abbuchung entstehen, kann der Kontoinhaber die Bank bitten, das Geld zurückzuholen. Durch diese Möglichkeit gibt der Kontoinhaber nicht die komplette Kontrolle über die Abbuchungen durch das SEPA-Lastschriftverfahren ab. Das Zurückholen des Geldes kann innerhalb von acht Wochen nach Abbuchung erfolgen, sodass eine regelmäßige Kontrolle der Kontobewegungen vorausgesetzt wird.

5.4 Zahlungsverkehr und Internethandel

DAS IST GESCHEHEN

Isabella soll für die Sitzung der Geschäftsleitung weitere Zahlungsmöglichkeiten zusammentragen, die in einem geplanten Onlineshop der PEPP GmbH angeboten werden sollen.

DAS IST ZU TUN

1. Erstellen Sie eine Mindmap mit allen Zahlungsmöglichkeiten, die Sie aus Onlineshops kennen.

2. Ergänzen Sie die Mindmap mit Zahlungsmöglichkeiten aus dem Informationsmaterial.

DAS SOLLTEN SIE WISSEN

Viele Verbraucherinnen und Verbraucher kaufen Waren nicht nur im Handel vor Ort, sondern immer häufiger im Internet. Weil viele Handelsunternehmen neben ihren Einzelhandelsgeschäften auch online in Webshops ihre Waren anbieten, ändert sich das Zahlungsverhalten der Kundinnen und Kunden.

Die gängigsten Zahlungsmethoden beim Internethandel sind:

- Vorauskasse: Nach Eingang des Geldes wird die Ware versendet.
- Kauf auf Rechnung: Die Ware wird mit einer Rechnung geliefert. Die Bezahlung erfolgt nach dem Erhalt der Ware.
- Nachnahme
- Lastschrift: einmalige Erlaubnis, dass der Händler das Geld vom Konto einziehen darf
- Kauf mit Kreditkarte

- Zahlungsdienstleister
- GiroPay: Man wird beim Bezahlen auf die Onlinebankingseite seiner Bank geleitet und tätigt dort eine Onlineüberweisung. Der Händler erhält eine Bestätigung der Bank (Zahlungsgarantie).

Das bargeldlose Zahlen nimmt beim Internethandel eine immer wichtigere Rolle ein.

Viele Onlineshops bieten die Bezahlung per Kreditkarte oder Sofortüberweisung an. Betrügende können diese Bank- oder Kreditkartendaten durch Spyware während der Eingabe, der Übertragung oder beim Onlinehändler durch Hacking ausspionieren. Mit Kenntnis solcher „abgefischten" Kreditkartendaten ist es möglich, Einkäufe auf Kosten fremder Kreditkarteninhaber/-innen zu tätigen. Um diesem Betrug entgegenzuwirken, führen Kreditkartenorganisationen in Kooperation mit den Banken weitere Maßnahmen ein, beispielsweise „MasterCard Secure" oder „Verified by Visa". Für beide Dienste muss man bei dem jeweiligen Dienst der Bank registriert sein und bestätigt eine Onlinezahlung per Kreditkarte zusätzlich durch die Eingabe eines persönlichen Passwortes auf einer weiteren Webseite oder einem anderen Gerät (Zwei-Faktor-Autorisierung). Dies soll Händler zusätzlich vor Betrug schützen.

Eine weitere Gefahr des Internethandels sind Onlinehändler, die Bezahlungen per Vorauskasse einfordern und erhalten, aber dann keine Ware versenden. Um dieser Betrugsmöglichkeit entgegenzuwirken, existieren verschiedene Zahlungsdienstleister wie Klarna, PayPal oder Sofortüberweisung.

Bei einem Zahlungsdienstleister müssen sich Nutzerinnen und Nutzer mit ihren persönlichen Angaben, einer Mailadresse und der bevorzugten Zahlungsart (Kontodaten oder Kreditkarte) registrieren. Beim Einkauf im Internet kann einer dieser Zahlungsdienstleister als Zahlungsmöglichkeit ausgewählt werden und der Käufer wird auf dessen Internetseite geleitet. Hier loggen sich die Käuferinnen und Käufer mit ihren Zugangsdaten ein und bestätigen den Kauf. Der Händler erhält ebenso wie der Käufer bzw. die Käuferin eine Zahlungsbestätigung und der Händler kann die Ware versenden. Der Vorteil von Zahlungsdienstleistern ist der angebotene Käuferschutz, der bei Onlineüberweisungen von Kundinnen und Kunden an den Händler nicht gegeben ist. Sollte die Ware innerhalb einer bestimmten Frist nicht beim Käufer bzw. bei der Käuferin eingehen, kann Beschwerde eingereicht werden und das Geld fließt vom Zahlungsdienstleister wieder an den Käufer bzw. die Käuferin zurück.

◤◤◤ Lernaktionen

Die PEPP GmbH möchte ihre bisherigen Verkaufsmöglichkeiten überdenken. In der Teamsitzung mit Geschäftsführer Walter Pape, Auszubildendem Max Junker und Svenja Johansson steht dieses Thema ganz oben auf der Tagesordnung.

Aktuell bietet das Unternehmen nur einen kleinen Werksverkauf auf dem Betriebsgelände an. Umfragen und Meinungen aus dem Umfeld der PEPP GmbH legen die Einrichtung eines Onlineshops nahe. Auch könnte der kleine Werksverkauf erweitert werden.

Alle Überlegungen führen zu einem Grundproblem der PEPP GmbH: Die bisherigen Zahlungsmethoden müssen überdacht und eventuell erweitert werden.

Walter Pape: Ich sehe ein, dass wir in Zeiten des Plastikgeldes mit dem Trend gehen müssen. Die Rückmeldung aus unserem kleinen Geschäft ist da eindeutig. Aber ich bin unschlüssig, ob wir das Risiko der bargeldlosen Zahlung wagen sollen. Immerhin kann es auch sein, dass wir auf den Kosten sitzen bleiben, wenn die Konten der Kundschaft nicht gedeckt sind. Da ist mir bares Geld einfach lieber.

Max Junker: Ich persönlich habe kaum noch Bargeld im Geldbeutel. Ich zahle alles lieber mit Karte, wenn ich einkaufen gehe. Noch bequemer finde ich das Einkaufen online. Da sollten wir auch Sachen anbieten und mit der Zeit gehen. Einen Kauf auf Rechnung, wie wir es bei unseren Geschäftskunden pflegen, würde ich nur mit einer Gebühr anbieten. Lieber wäre mir da eine Zahlung mit Kreditkarte, ein externer Bezahldienst oder die Kundinnen und Kunden müssen den Kauf direkt online überweisen oder Vorauskasse leisten.

Svenja Johansson: Also, ich bin ja schon etwas älter. Ich bin erstens keine große Freundin von Plastikgeld; da weiß man nie, wie viel man schon ausgegeben hat. Zusätzlich möchte ich im Internet ungerne meine Kontodaten angeben oder ähnliches. Man liest ja immer so einiges über Betrugsfälle. Wenn wir den Onlineshop anbieten, dann würde ich gerne aufnehmen, dass die Kundinnen und Kunden auch per Nachnahme oder Zahlschein bezahlen können.

1. Notieren Sie, welche Art von Bezahlung die drei jeweils präferieren.

2. Walter Pape und Max Junker sind unterschiedlicher Meinung, was die Bezahlung von Einkäufen angeht. Stellen Sie die Vorteile, aber auch die Nachteile einer Barzahlung gegenüber der Zahlung mit Plastikgeld heraus.

3. Erläutern Sie, was Herr Pape damit meinen kann, „dass wir auf den Kosten sitzen bleiben, wenn die Konten der Kundschaft nicht gedeckt sind". Beschreiben Sie hierzu kurz den Ablauf bei einer Zahlung mit dem Electronic-Cash-Verfahren.

4. Erläutern Sie, was man unter einer Kreditkarte versteht und welche Vorteile, aber auch Schwierigkeiten eine Kreditkarte mit sich bringen kann.

5. Frau Johansson bringt die Zahlung per Zahlschein und per Nachnahme ins Gespräch.

   a) Erläutern Sie, welche Voraussetzungen erfüllt sein müssen, damit per Zahlschein bezahlt werden kann.
   b) Beschreiben Sie, wie eine Bezahlung per Nachnahme abläuft.
   c) Frau Johansson präferiert diese beiden Zahlungsmöglichkeiten. Gehen Sie auf die möglichen Vorteile hierzu ein, gehen Sie insbesondere auf ihre Sorge ein, Bankdaten online angeben zu müssen.

6. Welche Erweiterungen an Zahlungsmöglichkeiten würden Sie der PEPP GmbH für einen möglichen Onlineshop raten? Nehmen Sie begründet Stellung.

Kompetenzen überprüfen

Überprüfen Sie nun, welche Kompetenzen Sie bereits in welchem Umfang erlangt haben. Nutzen Sie die Vorlage, die Ihnen unter BuchPlusWeb zur Verfügung steht. Wagen Sie eine Selbsteinschätzung und suchen Sie das Gespräch mit Ihrer Lehrkraft, wenn Sie unsicher sind, ob Sie noch Übungsbedarf haben.

Kompetenz	ja	Ich habe noch Übungsbedarf bei ...	nein	Wo kann ich nachschlagen?
Ich kann die Barzahlung und ihre Voraussetzungen beschreiben.				S. 84
Ich kann die Vorteile und Nachteile der Barzahlung beurteilen.				S. 85
Ich kenne die Voraussetzungen für eine halbbare Zahlung.				S. 85

6 Lagerhaltung

6.1 Aufgaben des Lagers

In der Teamsitzung der PEPP GmbH wird dieses Mal über einen möglichen Neubau einer Lagerhalle auf dem Betriebsgelände diskutiert. Es nehmen Ingo Hufschmied, Leiter des Einkaufs, Ludger Vollkorn, Leiter des Verkaufs, Fatih Erol, Leiter der Fertigung, und Susanne Schmitz, Leiterin des Rechnungswesens, teil. Fatih Erol und Susanne Schmitz tauschen Argumente für und gegen den Bau aus.

Fatih Erol: Wir haben eben darüber gesprochen, dass unsere Absatzzahlen immer besser werden und unsere Produkte gut ankommen. Ich denke, es ist mehr als an der Zeit, dass wir wieder über den Bau einer neuen Lagerhalle sprechen.

Susanne Schmitz: Herr Erol, bloß weil wir jetzt mehr verkaufen, brauchen wir keine Lagerhalle. Wir produzieren doch das meiste auf Kundenwunsch und daher sehe ich keinen Grund für eine teure Investition.

Fatih Erol: Uns fehlt der Lagerraum aktuell. Die ganzen beschafften Rohstoffe sind so sperrig, die nehmen schon viel Platz weg. Auch die fertigen Produkte können nur so notdürftig ins Lager gepackt werden. Ich will auch gar nicht davon reden, dass in der Werkstättenfertigung manchmal nicht benötigte Werkzeuge rumliegen, da man sie nicht woanders lagern kann.

Susanne Schmitz besteht darauf, dass die Anschaffung zu teuer ist und man mehr Rohstoffe just in time beschaffen sollte, da sich somit der benötigte Lagerraum verkleinert.

Ingo Hufschmied: Wir wollten doch nicht alles just in time beschaffen. Was ist denn, wenn wir wieder ein gutes Angebot erhalten und den Mengenrabatt bei der Bestellung nicht nutzen können, weil kein Lagerraum da ist?

Ludger Vollkorn: Wir brauchen den Lagerraum eigentlich auch für unsere Produkte. Eines unserer Ziele ist es doch, dass wir spontane Anfragen für nicht-individuelle Bestellungen schnell bedienen können, da wir eine Vielzahl der Produktpalette auf Lager haben.

Da dieses Thema gut durchdacht werden muss, wird eine Entscheidung auf die nächste Sitzung vertagt. Isabella Rossi soll Svenja Johansson unterstützen und das Protokoll der Teamsitzung vorbereiten.

DAS IST ZU TUN

1. Stellen Sie die eingebrachten Ansichten zu den Aufgaben der Lagerhaltung und den dazugehörigen **Lagerarten** zusammen.

2. Beurteilen Sie den Wunsch von Fatih Erol nach einem neuen Lagerraum, indem Sie die Bedeutung von Lagerraum zusammenstellen.

DAS SOLLTEN SIE WISSEN

Jedes produzierende Unternehmen besitzt ein Lager, in dem Rohstoffe, Zwischenprodukte oder Enderzeugnisse geordnet aufbewahrt werden und auf Bearbeitung oder Transport warten. Groß- oder Einzelhändler haben ein Warenlager, in dem nur Endprodukte auf den Verkauf warten.

Je nach Branche des Unternehmens und nach Art der gelagerten Güter werden einem Lager verschiedene Aufgaben zugeordnet.

Es wurde im Handlungsfeld 2 Beschaffung von verschiedenen Beschaffungsverfahren gesprochen. Eine Funktion des Lagers ist, als **Materiallager** die Roh-, Hilfs- und Betriebsstoffe bereitzustellen, wenn diese nicht im Just-in-time-Verfahren beschafft werden. Die Güter des Materiallagers werden zur richtigen Zeit in ausreichender Menge am richtigen Ort der Fertigung bereitgestellt, um einen reibungslosen Ablauf der Fertigung zu gewährleisten. Manchmal wird vom Materiallager noch das Teilelager unterschieden, in dem nur Fertigteile und Zwischenprodukte von Lieferanten für die Fertigung lagern.

→ Bd.1, HF 2

Durch die Bestellung größerer Mengen an Rohstoffen wird sichergestellt, dass es im Unternehmen nicht zu großen Abhängigkeiten von einem Lieferanten und zu Produktionsengpässen kommt (**Beschaffungslager**). Zusätzlich wird den Lagern eine Sicherungsfunktion (Puffer) zugeschrieben, da sie die kontinuierliche Fertigung im Unternehmen aufrechterhalten.

Neben der Bereitstellung von Gütern und Stoffen in Materiallagern können in einem Unternehmen auch gerade nicht verwendete Werkzeuge und Maschinen untergebracht sein und auf ihren Einsatz warten, diese Lager werden als **Werkzeuglager** bezeichnet. Zwischenprodukte, die auf eine Weiterverarbeitung in der Fertigung warten, können in **Zwischenlagern** ruhen, bis sie weiterverarbeitet werden.

Im Handlungsfeld 3 Leistungserstellung wurde thematisiert, dass Produkte in Massenherstellung gefertigt werden können. Eine weitere Funktion des Lagers ist die eines Puffers zwischen stetiger Produktion und einem nicht stetigen Verkauf.

→ Bd.1, HF 3

Im Versand eines Unternehmens kann ein **Versandlager** eingerichtet sein. Darin werden Produkte entsprechend den Kundenbestellungen zusammengestellt, verpackt und für den Versand vorbereitet (Kommissionierung). Große Industrieunternehmen oder Onlineshops mit vielen verschiedenen Produkten haben regelmäßig ein Versandlager. Viele Unternehmen bündeln den Versand und das Lagern fertiger Absatzprodukte in einem Raum, um kurze Wege für Zusammenstellung und Verpackung zu haben.

Das „Lager" kann in einem Unternehmen viele **Lagerfunktionen** erfüllen: Bereitstellung von Waren, Sicherung von reibungslosen Produktionsprozessen, Aufbewahrung von fertigen oder versandbereiten Gütern, nicht benötigten Werkzeugen oder Maschinen. Je nach Größe eines Unternehmens kann ein Lagerraum alle diese Funktionen vereinen, aber bei anderer Lagerorganisation können auch verschiedene, spezielle Lager existieren.

Bei der Lagerhaltung sind die Kennzahlen der Umschlagshäufigkeit von Waren, die durchschnittliche Lagerdauer sowie der durchschnittliche Lagerbestand von großer Bedeutung. Diese Kennzahlen sind in Band 1, Handlungsfeld 2 Beschaffung schon eingeführt worden. Diese Größen geben einen Aufschluss über die benötigte Größe eines Lagerraums.

Aufgaben

1. Überlegen Sie, welche Lagerarten bei den Unternehmen benötigt werden:
   a) Lagerhaltung in einer kleinen Schreinerei, die nur auf individuellen Kundenwunsch fertigt
   b) Automobilhersteller
   c) Lagerhaltung in einem Weingut

2. Überlegen Sie, welche Lagerarten die PEPP GmbH besitzt.

6.2 Entscheidung der Lagerung im Unternehmen

DAS IST GESCHEHEN

In der nächsten Teamsitzung geht die Diskussion über den Bau einer neuen Lagerhalle weiter.

Frau Schmitz: Ich kann ja verstehen, dass ein Lagerraum mehr nicht verkehrt wäre. Aber gibt es nicht Alternativen zu einem großen Lager? So viel Platz haben wir ja nicht mehr auf dem Firmengelände. Ich sehe das auch schon kommen, dass es zu mehr Zeitverlust kommt, wenn alles an einer Stelle ist: fertige Güter, Rohstoffe, Werkzeug usw. Außerdem nimmt so ein Neubau eines neuen Gebäudes auch noch Zeit in Anspruch. Unser Nachbar hat beispielweise noch eine Lagerhalle frei, die er vermieten würde.

DAS IST ZU TUN

1. Welche Möglichkeiten hat die PEPP GmbH, wenn der Platz auf dem Betriebsgelände für ein großes Lager begrenzt ist und auch die Lage des großen Lagers für einzelne Bereiche nicht optimal ist? Gehen Sie auf die zentrale und dezentrale Lagerung ein und treffen Sie eine begründete Entscheidung für die PEPP GmbH.

2. Grenzen Sie die von Frau Schmitz angesprochene Fremdlagerung von der Eigenlagerung ab und gehen Sie auf die Vorteile der Fremdlagerung ein.

DAS SOLLTEN SIE WISSEN

Das Lagern von Produkten oder Gegenständen muss verschiedene Funktionen und Anforderungen erfüllen. Je nach einzulagernden Produkten und Größe des Lagers muss über die Lage des Lagers auf dem Unternehmensgelände und über die Inneneinrichtung des Lagers entschieden werden.

Lagerorganisation

Die **Lagerorganisation** beschäftigt sich mit der Fragestellung, wie das Lager strukturell aufgebaut sein soll. Es gibt verschiedene Möglichkeiten, einen Lagerraum zu organisieren, wie die Tabelle zeigt.

offene oder geschlossene Lager	Witterungsbeständige Objekte können im Freien aufbewahrt werden (offenes Lager). Sind die Gegenstände vor Nässe oder Kälte zu schützen, so müssen diese überdacht (z. B. Holzlager) oder sogar in geschlossenen Räumen eingelagert werden. **Beispiel:** Holzpaletten kann die PEPP GmbH im Hof stapeln. Fertige Wimpelketten sind im Warenlager des Unternehmens untergebracht, bevor sie für eine Kundenbestellung benötigt werden.
Stapellager oder Regallager	Abhängig von Gewicht und Größe der Gegenstände sowie den räumlichen Gegebenheiten können sie gestapelt werden. **Beispiel:** Kartonagen werden vor dem Zusammenbau flach übereinander liegend aufbewahrt. Regallager (bis zu 12 m hoch) und Hochregallager (bis zu 50 m hoch) nehmen Paletten in mehreren Etagen auf. Güter in den oberen Regalen können dann nur von Gabelstaplern oder in Hochregalen von ortsfesten Regalbediengeräten bewegt werden. Lagerung in Regalen bietet sich an, wenn die Güter nicht übereinander liegen können oder sollen. **Beispiel:** Lager für Fertigerzeugnisse in Transportverpackungen auf Paletten
geordnetes oder chaotisches Lager	Hochregallager werden hochgradig automatisiert mit Regalbediengeräten betrieben, bei denen die Lagerpositionen nur maschinenlesbar markiert sind. Sofern Menschen Gabelstapler bedienen, sind neben Barcodes lesbare Positionen anzubringen. Bei chaotischen Lagern werden die Gegenstände in die einzelnen Regalpositionen ungeordnet gesetzt. Jeder Lagerplatz wird rechnergesteuert ausgewählt und gespeichert, so ist keine Ordnung erforderlich. Bei einem geordneten oder sortierten Lager werden gleiche Güter an einen Lagerplatz verräumt. Das ist für manuell eingeräumte Lager typisch. **Beispiel:** Die PEPP GmbH hat ein geordnetes Lager. Alle fertig produzierten Handfahnen finden sich in Regalreihe 1.
Stückgutlager oder Speziallager	Stückgut auf Paletten kann je nach Eigenschaft beliebig auf ebenen Flächen gelagert oder in Regalen gestapelt werden. Lose Güter wie Schüttgüter oder Flüssigkeiten benötigen Silos, Bunker oder Tanks. Tiefgekühlte Lebensmittel erfordern ein Tiefkühllager (und eine Kühlkette beim Transport). **Beispiel:** Getreidesilo, Kohlenbunker, Öllager, Tankpalette, (Tief-)Kühllager

Die Anordnung der Güter in einem Lager wird auch durch materialgerechte Lagerung bestimmt, beispielsweise ist für einige Güter eine Belüftung, konstante Temperatur (Tiefkühllager) und Luftfeuchtigkeit, Schutz vor Licht usw. nötig. Einige Anforderungen an materialgerechte Lagerung können sich gegenseitig ausschließen und ergeben eine räumliche Trennung.

Zentrale oder dezentrale Lagerung

Neben der Anordnung der Güter innerhalb eines Lagers muss der Standort bestimmt werden. Man unterscheidet zwischen einer zentralen und einer dezentralen Lagerung, wenn die Materialien, Zwischenprodukte und Güter auf dem Betriebsgelände gelagert werden.

Zentrale Lagerung	Dezentrale Lagerung

Alle Gegenstände, ob Rohstoffe oder End-produkte, werden an einem Ort zentral auf dem Betriebsgelände eingelagert. Das ist typisch für die Vorratslagerung bei Klein- und Mittelbetrieben.	Roh-, Hilfs- und Betriebsstoffe, Zwischen-produkte und fertige Erzeugnisse werden in Nähe der Fertigungsstätten auf mehrere Lagerorte verteilt. Meist werden Rohstoffe und Zwischenproduk-te an einem Ort aufbewahrt und fertige Erzeugnisse an einem anderen.
Vorteile	**Vorteile**
■ gute Übersicht über den gesamten Lagerbestand ■ einfachere Lagerverwaltung ■ geringere Raumkosten, da nur ein Lagerraum benötigt wird ■ niedrigere Personalkosten ■ bessere Kontrolle des Lagerraums ■ gut umsetzbar bei geringen Entnahmen oder geringen Entnahmemengen	■ kürzere Transportwege zu den Fertigungs-stellen, besonders sinnvoll bei häufigen Entnahme oder großen Mengen ■ schnelle Ausgabe der Lagergüter, da spezialisiert auf bestimmte Güter ■ Einsatz von besonders ausgebildeten Fachleuten (beispielsweise bei gefähr-lichen Gütern) ■ einzelne Lagerräume können kleiner sein

Die Vorteile der zentralen Lagerung sind meist die Nachteile der dezentralen Lagerung und umge-kehrt. In großen Unternehmen können an einem Standort beide Lagerungsformen existieren. Diese Unternehmen haben dann eine gemischte Lagerung.

Fremdlagerung oder Eigenlagerung

Manchmal reichen die vorhandenen Lagerräume für ein Unternehmen nicht mehr aus oder müssen umgebaut werden. Bei diesen dauerhaften oder vorübergehenden Engpässen stellt sich im Unter-nehmen die Frage, ob man die Lagerung selbst organisieren (Eigenlagerung) oder an einen externen Anbieter (Fremdlagerung) abgeben sollte. Grundsätzlich gehen Unternehmen davon aus, dass eine Lagerung innerhalb des eigenen Unternehmens besser ist, weil beispielsweise die Weisungsbefug-nis der Mitarbeiterinnen und Mitarbeiter bei ihm liegt oder die Lagerung nur nach Vorstellungen des Unternehmens gestaltet wird. Für eine Fremdlagerung sprechen jedoch einige Gründe:

■ Die eigene Grundstücksfläche reicht nicht mehr aus, um die Lagerkapazität zu erweitern.
■ Bei Speziallagern ist das Fachpersonal geschult und durch regelmäßigen Umgang besser geübt.
■ Ein Fremdlager kann einen Standortvorteil bringen, wenn beispielsweise der zu beliefernde Großkunde in der Nähe des Fremdlager ist.

Um diese Frage nach Fremd- oder Eigenlager nachvollziehbar klären zu können, vergleicht man die Kosten für beide Lagerungsmöglichkeiten.

Beispiel: Die Auftragslage der PEPP GmbH entwickelt sich immer besser. Das Unternehmen hat seine Produktion erweitert und benötigt daher nun auch mehr Lagerfläche für Rohstoffe und fertige Erzeugnisse. Die Geschäftsleitung möchte sich über die Kosten bei Eigen- oder Fremdlagerung einen Überblick verschaffen und trug Informationen zusammen.

Wenn ein neues Lager gebaut wird, belaufen sich die Kosten auf 270.000,00 €. Die abhängigen Kosten der Eigenlagerung schließen Verwaltungskosten ein, darunter Personal- und Energiekosten. Je größer die Gütermenge im Lager ist, desto höher sind diese Kosten. Die variablen Kosten betragen etwa 20,00 € je 100 kg Lagergut. Bei der Fremdlagerung fallen nur variable Kosten von 200,00 € pro 100 kg Lagergut an.

Rechnerische Lösung:

$$\text{Kosten der Eigenlagerung} = \text{Kosten der Fremdlagerung}$$
$$20x + 270.000 = 200x$$
$$180x = 270.000$$
$$x = 1.500$$

Zeichnerische Lösung:

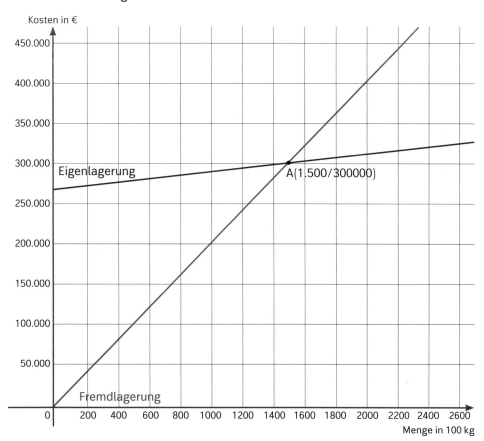

Bei 150.000 kg Lagergut sind die Kosten für Fremd- und Eigenlagerung gleich groß und betragen 300.000 €.

103

→ Bd.1,
HF 2

Bei der Gestaltung der Eigenlagerung müssen neben den Kosten auch andere Faktoren berücksichtigt werden, die bereits im Handlungsfeld 2 Beschaffung genannt wurden. Beschafft ein Unternehmen seine Güter im Just-in-time-Verfahren, so wird der Raumbedarf des Lagers geringer sein, als bei einem Unternehmen, das seine Güter nach anderen Verfahren beschafft. Die ABC-Analyse ermöglicht beispielsweise einem Unternehmen, die Kapitalbindung im Lager gering zu halten. Damit werden zugleich die Risiken Diebstahl und Verderb von Gütern verringert. Strebt ein Unternehmen eine betriebsoptimale Kombination der Lagerung an, fließen viele Einflussgrößen ein; unter anderem geben Kennziffern rechnerische Hinweise für betriebsoptimale Entscheidungen.

In Handlungsfeld 2 Beschaffung sind die Kennziffern zur Lagerhaltung erläutert worden und werden hier kurz wiederholt.

Umschlagshäufigkeit und durchschnittlicher Lagerbestand

Die **Umschlagshäufigkeit** gibt an, wie oft in einem Jahr der **durchschnittliche Lagerbestand** das Lager für Verarbeitung oder Absatz verlässt und durch neue Wareneingänge ersetzt wird. Für eine betriebsoptimale Lagerung ist eine hohe Umschlagshäufigkeit der lagernden Produkte anzustreben. Eine hohe Umschlagshäufigkeit führt zu einer geringen Lagerdauer der Produkte und die wiederum zu geringen Lagerkosten und geringer Kapitalbindung.

$$\text{Umschlaghäufigkeit} = \frac{\text{Jahresverbrauch}}{\text{durchschn. Lagerbestand}}$$

$$\text{durchschn. Lagerbestand} = \frac{\text{Anfangsbestand} + \text{Endbestand}}{2}$$

oder

$$\text{durchschn. Lagerbestand} = \frac{\text{Anfangsbestand} + 12 \text{ Monatsendbestände}}{13}$$

Durchschnittliche Lagerdauer

Die **durchschnittliche Lagerdauer** gibt an, wie lange sich der durchschnittliche Lagerbestand im Lager befindet. Bei einer betriebsoptimalen Lagerhaltung ist eine kurze durchschnittliche Lagerdauer anzustreben. Je niedriger die durchschnittliche Lagerdauer ist, desto weniger Lagerkosten fallen für an und desto kleiner ist die Kapitalbindung.

$$\text{durchschn. Lagerdauer} = \frac{360}{\text{Umschlaghäufigkeit}}$$

Lagerzinssatz und Lagerzinsen

Der Lagerzinssatzes gibt an, wie viel Prozent Zinsen das im durchschnittlichen Lagerbestand gebundene Kapital während der durchschnittlichen Lagerdauer kostet. Erhöht sich die Umschlagshäufigkeit, verringert sich der Lagerzinssatz. Für eine betriebsoptimale Lagerung sollte daher ein niedriger Lagerzinssatz angestrebt werden.

$$\text{Lagerzinssatz} = \frac{\text{durchschn. Lagerdauer} \cdot \text{Jahreszins}}{360} = \frac{\text{Jahreszins}}{\text{Umschlaghäufigkeit}}$$

$$\text{Lagerzinsen} = \frac{\text{Wert des durchschn. Lagerbestands} \cdot \text{Lagerzinssatz}}{100\,\%}$$

Aufgaben

1. Ordnen Sie die Fotos der chaotischen oder geordneten Lagerorganisation zu. Gehen sie auf mögliche Vorteile oder Nachteile der Lagerorganisationen ein.

2. Die Geschäftsleitung eines Großkunden der PEPP GmbH überlegt, ob sie die Lagerräume regional ausbauen soll. Ihr schwebt vor, neben dem vorhandenen Lager in Nordrhein-Westfalen eins im Süden Deutschlands zu bauen oder zu mieten.

   In Bayern kostet Fremdlagerung etwa 60,00 € pro 10m² Lagerfläche. Bei einer Eigenlagerung entstehen Pachtkosten für das Grundstück von 12.000,00 € sowie Verwaltungskosten für Personal, Energie und Versicherungen in Höhe von 25,00 €/m².

   a) Treffen Sie für das Unternehmen eine begründete Entscheidung, ob es sich wegen der Kosten für Fremd- oder Eigenlagerung entscheiden sollte. Stellen Sie eine Übersicht mit allen Kosten auf.

Lagerfläche in m²	Eigenlagerung			Fremdlagerung
	variable Kosten	fixe Kosten	Gesamtkosten	Gesamtkosten
0				
100	2.500,00	12.000,00	14.500,00	6.000,00
...	...	...	...	...

   Bestimmen Sie rechnerisch die kritische Menge mit gleichen Kosten bei Fremd- oder Eigenlagerung.

   b) Welche Gründe können in einem Unternehmen dafür sprechen, sich für das Fremdlager zu entscheiden, obwohl man davon ausgeht, dass eine Lagerung innerhalb des Unternehmens besser ist?

Lernaktionen

Die Möbeldesign GmbH ist ein neu aufstrebendes Unternehmen in der Möbelfertigung. Das Unternehmen benötigt beim Thema Lager Ihre Hilfe, da sie sich mit dem Bereich nicht wirklich auseinandergesetzt haben. Sie wissen von der Möbeldesign GmbH:

- sehr großes Werksgelände
- einfache und übersichtliche Lagerverwaltung sollte möglich sein
- Rohstoffe sind sehr witterungsempfindlich (verschiedene Holzarten)
- nicht verwendete Werkzeuge und Maschinen sollen nicht herumliegen
- keine rechnergestützte Lagerung durch Barcodes möglich
- die Fertigungsstätten liegen nah beieinander

1. Entscheiden Sie anhand dieser Informationen, welche Funktionen das Lager in dem Unternehmen erfüllen muss.
2. Bei der Entscheidung der Lagerorganisation werden Sie gebeten, begründet eine Empfehlung zu formulieren. Gehen Sie hierbei auf die vorhandenen Informationen ein.
3. Die Geschäftsleitung ist sich nicht sicher, ob sie die Lagerung ihrer Rohstoffe wirklich selbst übernehmen soll. Ihnen liegt zusätzlich ein Angebot einer Lagerfirmen aus der Nachbarstadt vor. Dieses bietet an, bei Bedarf sofort die gelagerten Rohstoffe „just in time" zur Fertigung zu fahren. Stellen Sie die Vorteile und Nachteile einer Fremdlagerung zusammen.

Kompetenzen überprüfen

 Überprüfen Sie nun, welche Kompetenzen Sie bereits in welchem Umfang erlangt haben. Nutzen Sie die Vorlage, die Ihnen unter BuchPlusWeb zur Verfügung steht. Wagen Sie eine Selbsteinschätzung und suchen Sie das Gespräch mit Ihrer Lehrkraft, wenn Sie unsicher sind, ob Sie noch Übungsbedarf haben.

Kompetenz	ja	Ich habe noch Übungsbedarf bei ...	nein	Wo kann ich nachschlagen?
Ich kann die Aufgaben des Lagers in Unternehmen beschreiben.				S. 98
Ich kann offene von geschlossenen Lagern abgrenzen.				S. 101
Ich kenne den Unterschied zwischen Hochregal und Stapellager.				S. 101

7 Buchungen im Absatzbereich

7.1 Direkte Nachlässe und Nebenkosten beim Kauf

DAS IST GESCHEHEN

Isabella Rossi hilft in der Buchhaltung aus, da sonst die Arbeit wegen einer Krankheitswelle in der Abteilung liegen bleibt. Buchhaltung und Rechnungswesen ist in der Berufsschule eines ihrer Lieblingsfächer. Sie beginnt mit den ersten Belegen, die noch gebucht werden müssen, ist sich jedoch unsicher.

Isabella Rossi: Herr Winter, ich sollte ja eigentlich helfen, aber ich bin mir bei diesen beiden Belegen nicht sicher. So etwas haben wir in der Berufsschule noch nicht gemacht.

Herr Winter: Kein Problem, Isabella. Gut, dass du fragst. Lass uns zusammen gucken, was für Belege du da hast.

1. Rechnung

PEPP GmbH

PEPP GmbH · Heesstr. 95 · 41751 Viersen

Werbeagentur Wundersam GmbH
Kreuzweg 82
40211 Düsseldorf

PEPP GmbH
Heesstr. 95
41751 Viersen
Tel.: 02162/333-5
Fax: 02162/333-88
E-Mail: info@pepp-gmbh.de
Internet: www.pepp-gmbh.de

Rechnung

		Bei Zahlung bitte stets angeben!		
Ihr Auftrag Nr.	Auftragsdatum	Kunden-Nr.	Rechnungs-Nr.	Rechnungsdatum
3149	21.09.2019	2107	2891	24.09.2019

Artikel-Nr.	Artikelbezeichnung	Menge	Einzelpreis	Rabatt	Gesamtpreis
33001	Luftballons	4000	0,15	15 %	510,00

Versandart	Nettopreis	% USt	USt EUR	Bruttopreis EUR
Post	510,00	19 %	96,90	606,90

Zahlbar netto innerhalb von 30 Tagen oder innerhalb von 10 Tagen mit 3 % Skonto.
Die Ware bleibt bis zur vollständigen Bezahlung unser Eigentum.
Erfüllungsort und Gerichtsstand ist für beide Teile Viersen.

Geschäftsführer: Walter Pape, Jürgen Ehrlich
Amtsgericht Viersen HRB 2567
USt-IdNr.: DE 333 287 222

Sparkasse Krefeld
IBAN: DE 87 3205 0000 0086 7565 43
BIC: SPKRDE33XXX

2. Rechnung

Niederrheinische Papierfabrik OHG

Niederrheinische Papierfabrik OHG,
Grünweg 17–20, 47608 Geldern

Ihr Zeichen: PP/IR
Unser Zeichen: NP/NN
Ihre Nachricht vom: 30.04.2019

PEPP GmbH
Heesstr. 95
41751 Viersen

Rechnung

Sehr geehrte Damen und Herren,

für unsere Lieferung vom 09.12.2019 stellen wir Ihnen in Rechnung:

Art.-Nr. und Bezeichnung	Menge	Stückpreis	Gesamtpreis
12346 Papierzuschnitte	2 000	3,00	6.000,00
Verpackung	1	150,00	150,00
Transport	1	240,00	240,00
Gesamtbetrag netto			**6.390,00**

Zahlungsbedingungen: 30 Tage Zahlungsziel, 3 % Skonto bei Bezahlung innerhalb von 10 Tagen.

Wir bedanken uns für Ihre Bestellung.

DAS IST ZU TUN

1. Entscheiden Sie bei den Belegen, welcher Geschäftsfall in Rechnung gestellt worden ist.

2. Stellen Sie zu beiden Belegen die Buchungssätze auf.

DAS SOLLTEN SIE WISSEN

Sofortrabatte sind jede Form eines Preisnachlasses auf den ursprünglichen Listenverkaufspreis, wie beispielsweise Mengen-, Treue- oder Messerabatte. Diese Rabatte werden dem Kunden direkt beim Kauf gewährt und stellen daher buchhalterisch kein Problem dar. Sie werden nicht gesondert gebucht, sondern mindern direkt die Verkaufserlöse.

Beispiel: Die PEPP GmbH hat einem Großkunden, der mehrmals im Jahr große Stückzahlen von Pappaufstellern bestellt, für die aktuelle Bestellung einen Treuerabatt von 10 % eingeräumt. Der Listenverkaufspreis pro Pappaufsteller beträgt 9,98 €. Der Kunde bestellt 24 000 Stück.

Listenverkaufspreis	9,98 €/Stück · 24 000 Stück =	239.520,00 €
– 10 % Rabatt	0,1 · 239.520,00 € =	– 23.952,00 €
		215.568,00 €
+ 19 % Umsatzsteuer	0,19 · 215.568,00 € =	+ 40.957,92 €
Rechnungsbetrag		**256.525,92 €**

Buchungssatz zum Verkauf mit Sofortrabatt

Konten	Soll	Haben
2400 Forderungen a. LL.	256.525,92	
an 5000 Umsatzerlöse eigene Erzeugnisse		215.568,00
an 4800 Umsatzsteuer		40.957,92

Zu den **Nebenkosten** eines Verkaufs zählen Verpackungs- und Transportkosten.

Verpackungskosten

Da Warenschulden Holschulden sind, muss der Käufer die Kosten für Verpackung und Transport tragen, wenn nichts anderes vereinbart wurde. Verkaufende Unternehmen verpacken sehr oft die Gegenstände schon versandfertig und haben daher die Kosten für diese Verpackungen. Diese Kosten werden dem Kunden zusätzlich zum Kaufpreis in Rechnung gestellt. Die Verpackungskosten stellen für den Verkäufer zusätzlichen Umsatz dar und werden nicht in gesonderten Unterkonten erfasst.

Beispiel: Die PEPP GmbH verpackt eine Großbestellung Partygeschirr in Kartons und lädt diese dann auf Paletten, damit der Großkunde die Paletten durch eine Spedition abholen lassen kann.

Ausgangsrechnung der PEPP GmbH

Listenverkaufspreis		1.200,00 €
+ Verpackung		+ 120,00 €
		1.320,00 €
+ 19 % Umsatzsteuer	$0,19 \cdot 1.320,00 € =$	+ 250,80 €
Rechnungsbetrag		**1.570,80 €**

Buchungssatz zur Ausgangsrechnung

Konten	Soll	Haben
2400 Forderungen a. LL.	1.570,80	
an 5000 UE eigene Erzeugnisse		1.320,00
an 4800 Umsatzsteuer		250,80

Wenn der Verkäufer die Verpackung der Güter übernommen hat, muss er Verpackungsmaterial einkaufen. Dafür erhielt das Unternehmen eine Eingangsrechnung seines Lieferanten. Der Einkauf der Verpackungsmaterialien stellt für das Unternehmen Aufwand dar und wird auf das Aufwandkonto 6040 Verpackungsmaterial gebucht.

Beispiel: Die PEPP GmbH kauft einmal im Quartal Verpackungskartons und zahlt die Eingangsrechnung direkt per Banküberweisung.

Verpackungskartons		22.500,00 €
+ 19 % Umsatzsteuer	$0,19 \cdot 22.500,00 € =$	+ 4.275,00 €
Rechnungsbetrag		**26.775,00 €**

Buchungssatz der Eingangsrechnung

Konten	Soll	Haben
6040 Verpackungsmaterial	22.500,00	
2600 Vorsteuer	4.275,00	
an 2800 Bank		26.775,00

Transportkosten

Die **Transportkosten** hat in der Regel der Käufer zu tragen, wenn im Kaufvertrag nicht anders vereinbart ist. Es kann vorkommen, dass der Verkäufer die Auslieferung durch seinen Werksverkehr durchführt oder eine Spedition beauftragt. Dann wird die Fracht dem Käufer ebenso wie die Kosten für eine nötige Versandverpackung in Rechnung gestellt. Diese Einnahmen stellen für den Verkäufer zusätzliche Umsatzerlöse dar und werden nicht gesondert gebucht.

Weil ein Unternehmen selbst auf dem Markt als Käufer agiert und für den Transport der Güter sorgen muss, werden diese Ausgaben im Unternehmen auf das Aufwandskonto 6140 Frachten und Fremdlager gebucht.

Beispiel: Die PEPP GmbH muss für den Einkauf der Verpackungskartons einen Spediteur beauftragen, da ihr eigener Fahrer, der sonst die Lieferungen abholt und ins Unternehmen bringt, wegen Krankheit ausfällt.

Rechnung des Spediteurs

Transport		400,00 €
+ 19 % Umsatzsteuer	$0{,}19 \cdot 400{,}00 \,€ =$	+ 76,00 €
Rechnungsbetrag		**476,00 €**

Buchungssatz des Speditionstransports

Konten	Soll	Haben
6140 Frachten und Fremdlager	400,00	
2600 Vorsteuer	76,00	
an 4400 Verbindlichkeiten a. LL.		476,00

Aufgaben

1. Bilden Sie zu den Geschäftsfällen die Buchungssätze.

   a) Die PEPP GmbH bezahlt eine offene Rechnung an einen Spediteur per Banküberweisung.

Rechnungsbetrag (netto)	440,00 €
+ 19 % USt.	83,60 €

   b) Die PEPP GmbH hat 1 200 Papierfahnen mit 12 % Messerabatt an einen neuen Kunden verkauft.

Rechnungsbetrag (netto)	2.230,00 €
12 % Messerabatt	− 267,60 €
19 % USt.	372,86 €
Rechnungsbetrag	2.335,26 €

c) Die PEPP GmbH zahlt einem Lieferanten die zusätzlich angefallenen Verpackungskosten für die Lieferung bar.

Rechnungsbetrag (netto)   2.400,00 €

19 % USt.   456,00 €

2. Bilden Sie zu den Geschäftsfällen die Buchungssätze.

a) Der Schützenverein Neuss 1877 e. V. erhält als Treuerabatt 10 % auf seine Bestellung über 1.240,00 € netto.

b) Die PEPP GmbH stellt ihrem Kunden Igel AG das Verpackungsmaterial der Bestellung vereinbarungsgemäß mit 110,00 € zusätzlich zum Rechnungsbetrag über 2.468,16 € netto in Rechnung.

c) Die PEPP GmbH erhält die ausstehende Rechnung des Spediteurs über den Transport einer Großbestellung zum Düsseldorfer Bahnhof über 3.200,00 € brutto.

d) Die PEPP GmbH hat neues Verpackungsmaterial für ihren Onlineshop in Höhe von 422,00 € eingekauft. Das Material ist bar bezahlt worden.

7.2 Nachträgliche Preisnachlässe und Rücksendungen vom Kunden

DAS IST GESCHEHEN

Isabella hat weitere Belege gefunden, die sie nicht sicher buchen kann, weil auch diese Geschäftsfälle in der Berufsschule noch nicht angesprochen worden sind.

1. Beleg

Hausnotiz der Qualitätskontrolle an Buchhaltung

Die Igel AG erhält wegen einer berechtigten Reklamation eine Gutschrift in Höhe von 200,00 € (netto) auf eine noch nicht bezahlte Rechnung. Rechnungsnummer 3205, Rechnungskopie liegt bei.

2. Beleg

Hausnotiz des Lagers an Buchhaltung

Die Kundenbestellung Nr. 3210 ist vom Kunden zum Teil zurückgeschickt worden. Es sind Papierservietten im Wert von 25,00 € (netto) eingegangen.

DAS IST ZU TUN

Bilden Sie für Isabella Rossi zu den beiden Belegen die Buchungssätze.

DAS SOLLTEN SIE WISSEN ◣◣◣

Neben Nachlässen, die sofort bei der Rechnungserstellung gewährt und berücksichtigt werden, kann einem Kunden auch nachträglich ein Nachlass auf den Kaufpreis gewährt werden. Dies ist möglich, wenn wegen einer Mängelrüge der Kaufpreis gemindert, ein Bonus an den Kunden gezahlt oder vom Kunden der Skonto abgezogen wird. Da die Rechnungen mit den ursprünglichen Beträgen schon gebucht wurden, müssen die Abzüge buchhalterisch korrekt erfasst werden, da sich der Umsatz um diese Abzüge verringert hat. Zusätzlich verändern sich auch die Werte der Umsatzsteuer und der Forderungen gegenüber den Kunden.

Gutschrift wegen einer Reklamation, Boni-Auszahlung

Das Unternehmen bucht die Gutschriften an Kunden wegen Minderungen oder Bonus-Auszahlungen auf dem Konto 5001 Erlösberichtigungen. Es ist ein Unterkonto des Kontos 5000 Umsatzerlöse und wird bei den Abschlussbuchungen am Geschäftsjahresende über das Konto Umsatzerlöse abgeschlossen.

Beispiel: Die PEPP GmbH gewährt einem Kunden eine Kaufpreisminderung, da einige Bestandteile des verkauften Partygeschirrs Fehler im Aufdruck aufweisen. Der Kunde behält die Produkte und erhält eine Kaufpreisminderung. Die Ausgangsrechnung wurde bereits gebucht (siehe die schwarzen Einträge in den T-Konten).

Konten	Soll	Haben
2400 Forderungen a. LL.	1.785,00	
an 5000 Umsatzerlöse		1.500,00
an 4800 Umsatzsteuer		285,00

Die gewährte Kaufpreisminderung beträgt 25 % vom Verkaufspreis, also 375,00 € zuzüglich 19 % USt. Daher müssen die Forderungen a. LL., die Umsatzerlöse und die Vorsteuer korrigiert werden.

Umsatzsteuer auf die Gutschrift: $0,19 \cdot 375,00 \, € = 71,25 \, €$

Kundengutschrift gesamt: $375,00 \, € + 71,25 \, € = 446,25 \, €$

Konten	Soll	Haben
5001 Erlösberichtigungen	375,00	
4800 Umsatzsteuer	71,25	
an 2400 Forderungen a. LL.		446,25

Auswirkungen im Hauptbuch

S	2400 Forderungen a. LL.		H
5000/4800	1.785,00	5001/4800	446,25

S	5000 Umsatzerlöse eigene Erzeugnisse		H
		2400	1.500,00

S	5001 Erlösberichtigungen		H
2400	375,00		

S	4800 Umsatzsteuer		H
2400	71,25	2400	285,00

Ähnlich sehen die Buchungssätze aus, wenn beispielsweise ein Kunde am Jahresende eine Gutschrift als Bonus erhält, weil er einen bestimmten Jahresumsatz erreicht hat.

Beispiel: Die PEPP GmbH gewährt ihrem größten Kunden einen Bonus von 2 % auf den gesamten Jahresumsatz: 350.000,00 € · 0,02 = 7.000,00 €

19 % Umsatzsteuer auf den Bonus: 7.000,00 € · 0,19 = 1.330,00 €

Konten	Soll	Haben
5001 Erlösberichtigungen	7.000,00	
4800 Umsatzsteuer	1.330,00	
an 2400 Forderungen a. LL.		8.330,00

In beiden Situationen handelt es sich um reine Wertkorrekturen. Waren werden nicht zurückgesendet, daher entstehen dem Unternehmen keine weiteren Kosten, wie Rücksendung, Inventarisierung, Einordnung ins Lager.

Rücksendung von Ware durch Kunden

Bei **Rücksendungen von Kunden**, die von ihrem Widerrufsrecht Gebrauch machen oder die falsche oder mangelhafte Ware erhalten haben, müssen die ursprünglich gebuchten Umsatzerlöse, die Umsatzsteuer und die Forderungen gegenüber dem Kunden storniert werden. Ob die gesamte Lieferung oder nur ein Teil der Waren zurückgesendet wird, macht in der buchhalterischen Korrektur keinen Unterschied. Da in diesen Fällen ein Teil des Umsatzerlöses storniert werden muss, findet die Buchung direkt über das Konto 5000 Umsatzerlöse statt.

Beispiel: Ein Kunde hat einen Teil der Papiergirlanden mit dem falschen Standardaufdruck gekauft. Da es sich nicht um personalisierte Girlanden handelt, kann der Kunde diese an die PEPP GmbH zurückschicken. Hierbei handelt es sich um einen Warenwert von 500,00 € zuzüglich 19 % USt.

Gutschrift an den Kunden: 500,00 € · 1,19 = 595,00 €

Konten	Soll	Haben
5000 Umsatzerlöse	500,00	
4800 Umsatzsteuer	95,00	
an 2400 Forderungen .a. LL.		595,00

Skonto

Nimmt ein Kunde das Zahlungsziel nicht in Anspruch und bezahlt seine Rechnung vorher, so gewähren die meisten Unternehmen Skonto. Mit der frühen Zahlung vermindern sich der Rechnungsbetrag und die ausgewiesene Umsatzsteuer um den Skontosatz. Da die Ausgangsrechnung beim Verkäufer schon gebucht ist, muss der um den Skontosatz verringerte Rechnungsbetrag korrigiert werden. Die Korrektur des Umsatzes wird ebenfalls über das Konto 5001 Erlösberichtigungen gebucht.

Beispiel: Ein Kunde überweist der PEPP GmbH eine bereits gebuchte Rechnung für Güter über 11.900,00 € inkl. 19 % USt unter Abzug von 3 % Skonto.

	Änderung der Umsatzerlöse	Änderung der Umsatzsteuer	Summe
Rechnungsbetrag	10.000,00 €	1.900,00 €	11.900,00 €
– 3 % Skonto	– 300,00 €	– 57,00 €	– 357,00 €
Überweisungsbetrag	9.700,00 €	1.843,00 €	11.543,00 €

Buchungssatz der Ausgangsrechnung

Konten	Soll	Haben
2400 Forderungen a. LL.	11.900,00	
an 5000 Umsatzerlöse		10.000,00
an 4800 Umsatzsteuer		1.190,00

Buchungssatz der Banküberweisung an den Kunden unter Berücksichtigung von 3 % Skonto

Konten	Soll	Haben
2800 Bank	11.543,00	
5001 Erlösberichtigungen	300,00	
4800 Umsatzsteuer	57,00	
an 2400 Forderungen a. LL.		11.900,00

Aufgaben

1. Geben Sie die Buchungssätze der Geschäftsfälle an.

a) Ein Kunde der PEPP GmbH zahlt eine Ausgangsrechnung per Banküberweisung unter Nutzung von 4 % Skonto.

Rechnungsbetrag (brutto)	21.658,00 €
4 % Skonto	866,32 €

b) Ein Großkunde erhält seine halbjährliche Bonus-Zahlung von der PEPP GmbH.

Umsatz	35.690,00 €
– 2 % Bonus	– 713,80 €
korrigierter Umsatz	34.976,20 €

c) Überweisung einer Rechnung der Werbeagentur Wundersam GmbH mit 3 % Skonto

Rechnungsbetrag (brutto)	10.460,10 €
– 3 % Skonto	– 313,80 €
Überweisung	10.146,30 €

d) Der Schützenverein Neuss 1877 e. V. sendet eine noch nicht bezahlte Bestellung zurück, weil die bestellten Papierfahnen zu klein sind.

Rechnungsbetrag, netto	240,00 €
+ 19 USt.	45,60 €

2. Bilden Sie zu den Situationen die Buchungssätze.

   a) Die PEPP GmbH zahlt der Igel AG ihren halbjährlichen Bonus von 1.200,00 € aus.

   b) Die World Fit GmbH reklamiert einen Teil der bestellten Papierfahnen. Der Kaufpreis über 9.800,00 € wird deshalb um 20 % gemindert.

   c) Die Werbeagentur Wundersam GmbH sendet eine komplette Bestellung über 1 000 Luftballons zurück, da sie die Ballons in der falschen Farbe bestellt haben. Der Rechnung beträgt 150,00 € netto.

   d) Die Igel AG hat eine Rechnung für Pappaufsteller in Höhe von 3.489,00 € unter Abzug von 3 % Skonto überwiesen.

   e) Die PEPP GmbH erhält von ihrem Papierlieferanten 1.000,00 € Bonus.

3. Ein Kontoauszug ist in der Buchung zu bearbeiten.

Sparkasse Krefeld		
Sparkasse Krefeld Kontoauszug Nr. 20 vom 14.02.20.. Blatt 1		
Kontonr.: 0086756543	Soll	Haben
Alter Kontostand in €:		13.481,63
11.02. R.-Nr. 24/02 vom 01.02.20..,		+ 4.234,00
Higher Concerts mit 2% Skonto		
13.02. Rechnung Nr. 20/02 vom 06.02.20..		+ 2.745,12
2% Skonto, HAKATA Warenv. OHG		
Neuer Kontostand in €:		+ 20.460,75
Kontoinhaber: PEPP GmbH, Viersen IBAN: DE87 3205 0000 0086 7565 43		
		BIC SPKRDE33XXX

   a) Ermitteln Sie die Rechnungsbeträge der beiden Rechnungen.

   b) Bilden Sie die Buchungssätze der Ausgangsrechnungen ohne Skonto.

   c) Bestimmen Sie die Korrekturwerte der Erlöse und der Umsatzsteuer nach dem Abzug des Skontos.

   d) Bilden Sie die Buchungssätze zu den Zahlungen des Kontoauszugs.

▟▟▟ Lernaktionen

Sie haben in der Buchhaltung mehrere Belege zur Bearbeitung erhalten und sollen sie buchhalterisch korrekt erfassen.

Beleg 1

PEPP GmbH

PEPP GmbH • Heesstr. 95 • 41751 Viersen

PEPP GmbH
Heesstr. 95
41751 Viersen
Tel.: 02162/333-0
Fax: 02162/333-99
E-Mail: info@pepp-gmbh.de
Internet: www.pepp-gmbh.de

Werbeagentur Wundersam GmbH
Kreuzweg 82
40211 Düsseldorf

Rechnung

		Bei Zahlung bitte stets angeben!		
Ihr Auftrag Nr.	Auftragsdatum	Kunden-Nr.	Rechnungs-Nr.	Rechnungsdatum
28907	05.02.20..	2107	3152	07.02.20..

Artikel-Nr.	Artikelbezeichnung	Menge	Einzelpreis	Rabatt	Gesamtpreis
140013	Girlanden	500	3,00	–	1.500,00
	Transport	1	15,00	–	15,00
	Nettobetrag				1.515,00

Versandart	Nettopreis	% USt	USt EUR	Bruttopreis EUR
Post	1.515,00	19 %	287,85	1.802,85

Zahlbar netto innerhalb von 30 Tagen oder innerhalb von 10 Tagen mit 3 % Skonto.
Die Ware bleibt bis zur vollständigen Bezahlung unser Eigentum.
Erfüllungsort und Gerichtsstand ist für beide Teile Viersen.

Geschäftsführer: Walter Pape, Jürgen Ehrlich
Amtsgericht Viersen HRB 2567
USt-IdNr.: DE 333 287 222

Sparkasse Krefeld
IBAN: DE 87 3205 0000 0086 7565 43
BIC: SPKRDE33XXX

1. Die Rechnung an Wundersam ist noch nicht erfasst worden. Bitte buchen Sie diese Ausgangsrechnung.

2. Am 10.02. werden Sie informiert, dass der Kunde einen Teil der Lieferung reklamiert hat. Da die Girlanden verwendet werden können, jedoch nicht den Qualitätsansprüchen der PEPP GmbH entsprechen, wird der Werbeagentur ein Rabatt von 20 % auf den gesamten Netto-Rechnungsbetrag gewährt.

Beleg 2

PEPP GmbH

PEPP GmbH • Heesstr. 95 • 41751 Viersen

PEPP GmbH
Heesstr. 95
41751 Viersen
Tel.: 02162/333-0
Fax: 02162/333-99
E-Mail: info@pepp-gmbh.de
Internet: www.pepp-gmbh.de

Higher Concerts
Wolkenweg 7
50667 Köln

Rechnung

| | | Bei Zahlung bitte stets angeben! | | |
Ihr Auftrag Nr.	Auftragsdatum	Kunden-Nr.	Rechnungs-Nr.	Rechnungsdatum
3155	06.02.20..	2107	28910	07.02.20..

Artikel-Nr.	Artikelbezeichnung	Menge	Einzelpreis	Rabatt	Gesamtpreis
21001	Kartonbecher f. Kaltgetränke, weiß, 1 000 Stk.	8	75,00	–	600,00
23001		4	95,00	–	380,00
	Verpackung	1	100,00		100,00
	Nettobetrag				1.080,00

Versandart	Nettopreis	% USt	USt EUR	Bruttopreis EUR
Post	1.080,00	19 %	205,20	1.285,20

Zahlbar netto innerhalb von 30 Tagen oder innerhalb von 10 Tagen mit 3 % Skonto.
Die Ware bleibt bis zur vollständigen Bezahlung unser Eigentum.
Erfüllungsort und Gerichtsstand ist für beide Teile Viersen.

Geschäftsführer: Walter Pape, Jürgen Ehrlich
Amtsgericht Viersen HRB 2567
USt-IdNr.: DE 333 287 222

Sparkasse Krefeld
IBAN: DE 87 3205 0000 0086 7565 43
BIC: SPKRDE33XXX

3. Buchen Sie die Ausgangsrechnung an Higher Concerts.

4. Higher Concerts schickt zwei Packungen à 1 000 Stk. des Artikels 21001 Kartonbecher für Kaltgetränke, weiß zurück, da man sich bei der Menge vertan hat. Erfassen Sie diesen Geschäftsfall buchhalterisch korrekt.

Beleg 3

PEPP GmbH

PEPP GmbH • Heesstr. 95 • 41751 Viersen

PEPP GmbH
Heesstr. 95
41751 Viersen
Tel.: 02162/333-0
Fax: 02162/333-99
E-Mail: info@pepp-gmbh.de
Internet: www.pepp-gmbh.de

World Fit GmbH
Friedrich-Boerne-Straße 77
33605 Bielefeld

Rechnung

| Ihr Auftrag Nr. | Auftragsdatum | Bei Zahlung bitte stets angeben! | | |
		Kunden-Nr.	Rechnungs-Nr.	Rechnungsdatum
3154	07.02.20..	2013	28909	10.02.20..

Artikel-Nr.	Artikelbezeichnung	Menge	Einzelpreis	Rabatt	Gesamtpreis
140013	Papiergirlanden	120 000	3,00	–	36.000,00

Versandart	Nettopreis	% USt	USt EUR	Bruttopreis EUR
Spedition	36.000,00	19 %	6.840,00	42.840,00

Zahlbar netto innerhalb von 60 Tagen oder innerhalb von 15 Tagen mit 2 % Skonto.
Die Ware bleibt bis zur vollständigen Bezahlung unser Eigentum.
Erfüllungsort und Gerichtsstand ist für beide Teile Viersen.

Geschäftsführer: Walter Pape, Jürgen Ehrlich
Amtsgericht Viersen HRB 2567
USt-IdNr.: DE 333 287 222

Sparkasse Krefeld
IBAN: DE 87 3205 0000 0086 7565 43
BIC: SPKRDE33XXX

5. Erfassen Sie die Rechnung an World Fit buchhalterisch korrekt.

6. Bei der Prüfung der Kontoauszüge stellen Sie fest, dass die Rechnung unter Berücksichtigung des Skontos am 13.02. bezahlt wurde. Nehmen Sie notwendige Korrekturen vor.

Beleg 4

Holz Dierkes KG
Großhandel für Holzprodukte

Holz Dierkes KG, Krokusweg 2, 48151 Münster

PEPP GmbH
Heesstr. 95
41751 Viersen

Ihr Zeichen: PP/IR
Unser Zeichen: NP/NN
Ihre Nachricht vom: 14.02.20..

Rechnung AR-12589

Art.-Nr.	Bezeichnung	Menge	Stückpreis	Gesamtpreis
12102		1 000	1,00	1.000,00
12103		1 500	1,50	2.250,00
	Verpackung	2	20,00	40,00
	Transport	1	200,00	200,00
	netto			3.490,00
	Umsatzsteuer	19 %		663,10
	Rechnungsbetrag			**4.153,10**

Zahlungsbedingungen: 30 Tage Zahlungsziel, 3 % Skonto bei Bezahlung innerhalb von 10 Tagen.

Wir bedanken uns für Ihre Bestellung.

Mit freundlichen Grüßen

7. Erfassen Sie die Rechnung von Holz Dierkes buchhalterisch korrekt.

Kompetenzen überprüfen

Überprüfen Sie nun, welche Kompetenzen Sie bereits in welchem Umfang erlangt haben. Nutzen Sie die Vorlage, die Ihnen unter BuchPlusWeb zur Verfügung steht. Wagen Sie eine Selbsteinschätzung und suchen Sie das Gespräch mit Ihrer Lehrkraft, wenn Sie unsicher sind, ob Sie noch Übungsbedarf haben.

Kompetenz	ja	Ich habe noch Übungsbedarf bei ...	nein	Wo kann ich nachschlagen?
Ich kann direkte Nachlässe beim Kauf buchen.				S. 108
Ich kann Verpackungskosten bei Ein- und Ausgangsrechnungen buchen.				S. 109
Ich kann Transportkosten buchen.				S. 110

Personal

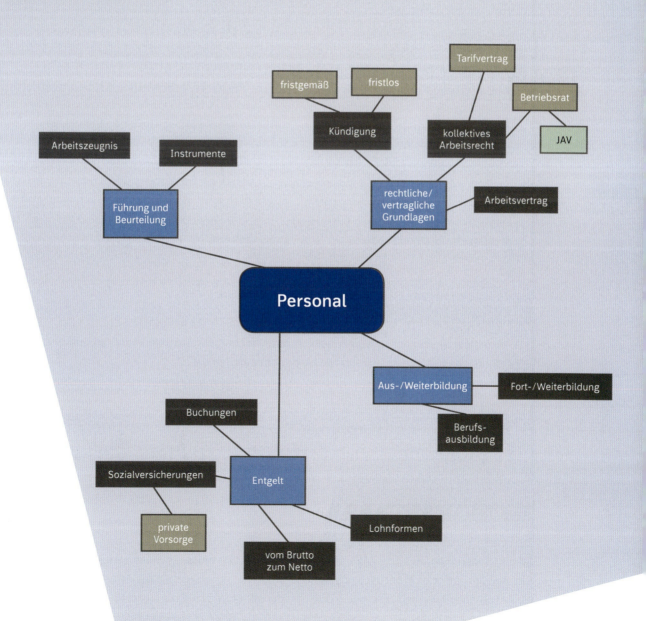

- fristgemäß
- fristlos
- Tarifvertrag
- Betriebsrat
- Kündigung
- kollektives Arbeitsrecht
- JAV
- Arbeitszeugnis
- Instrumente
- rechtliche/ vertragliche Grundlagen
- Arbeitsvertrag
- Führung und Beurteilung

Personal

- Aus-/Weiterbildung
- Fort-/Weiterbildung
- Berufs- ausbildung
- Buchungen
- Sozialversicherungen
- Entgelt
- private Vorsorge
- Lohnformen
- vom Brutto zum Netto

1 Personal einstellen und freisetzen, Mitbestimmung und Vertragswerk

1.1 Tarifverträge und Betriebsvereinbarungen

DAS IST GESCHEHEN

Rainer Zabel ist Vorsitzender des Betriebsrats der PEPP GmbH. Der Betriebsrat ist die Arbeitnehmervertretung und kümmert sich unter anderem um die Sorgen und Nöte der Mitarbeiterinnen und Mitarbeiter. Deshalb hat man schon vor Jahren einen „Meckerkasten" vor dem Büro von Rainer Zabel angebracht. Er hat heute den Briefkasten geleert und zwei Zettel darin gefunden.

Als langjähriger Mitarbeiter habe ich 30 Arbeitstage im Jahr Urlaub – wie die meisten anderen Mitarbeiterinnen und Mitarbeiter auch. Im letzten Jahr konnte ich aber nur 26 Tage Urlaub nehmen. Jetzt möchte ich die übrigen 4 Arbeitstage Resturlaub aus dem letzten Jahr nutzen, um im April in der Woche nach Ostern freizumachen. Mein Abteilungsleiter Ludger Vollkorn meint, das würde nicht gehen und der Urlaubsantrag würde so nicht genehmigt. Warum denn bitte schön? Der Urlaub steht mir doch zu! Kevin Schiller, Sachbearbeiter im Verkauf	Mein Name ist Sabine Freitag und ich arbeite in der Fertigung als Maschinen- und Anlagenführerin. In Gesprächen mit Kolleginnen und Kollegen ist mir aufgefallen, dass ich deutlich weniger Geld als die anderen verdiene. Ich bin zwar erst seit zwei Monaten im Unternehmen und habe meine Ausbildung davor erst abgeschlossen, leiste aber nicht weniger als die meisten der Kolleginnen und Kollegen – im Gegenteil: Da ich viel jünger bin, leiste ich wahrscheinlich sogar noch mehr! Wo kann ich nachlesen, ob mir mehr Geld zusteht und wie viel, damit ich den Chef um eine Lohnerhöhung bitten kann? Sabine Freitag, Fertigung II

DAS IST ZU TUN

1. Ermitteln Sie zunächst, wo geregelt ist, wie viel Urlaub Kevin Schiller im Jahr hat. Prüfen Sie dann, ob er seinen Resturlaub wie gewünscht nehmen darf.

2. Ermitteln Sie, wo geregelt ist, wie viel Sabine Freitag in ihrem Beruf (mindestens) verdient. Überlegen Sie dann, woran es liegen könnte, dass sie deutlich weniger verdient als ihre Arbeitskolleginnen und -kollegen.

3. Begründen Sie, warum es sinnvoll ist, das Arbeitsleben in Tarifverträgen und in Betriebsvereinbarungen zu regeln.

DAS SOLLTEN SIE WISSEN

Die beiden Situationsbeschreibungen zeigen, dass im Arbeitsleben viel zwischen Arbeitgebern und Arbeitnehmerinnen und Arbeitnehmern vereinbart werden muss. Es muss geregelt sein, wie viele Stunden am Tag oder in der Woche gearbeitet werden soll, wie viel Geld eine Arbeitnehmerin oder ein Arbeitnehmer verdient, wie viel Urlaub sie oder er hat, wie lang die täglichen Arbeitspausen sind und viele andere Dinge.

Diese Regelungen können Arbeitgeber und Arbeitnehmerinnen und Arbeitnehmer im **Arbeitsvertrag** verhandeln und niederschreiben. Hier sind alle Bestimmungen rund um das individuelle Arbeitsverhältnis eines Mitarbeiters bzw. einer Mitarbeiterin zusammengefasst. Allerdings müsste man alle Bestimmungen bei jeder Neueinstellung immer wieder aufs Neue aushandeln. Um dies zu vermeiden, gibt es allgemeine Regelungen, die für viele oder die meisten Arbeitsverträge gelten sollen. Diese sind in **Tarifverträgen** festgehalten. Hier werden Standards festgelegt, die eingehalten werden müssen und die nicht unterschritten werden dürfen (das heißt, es sind dort Mindesturlaubstage, Mindestlöhne, Mindestarbeitszeiten usw. festgelegt).

Es gibt zwei wesentlich verschiedene **Arten von Tarifverträgen:** die Manteltarifverträge und die Lohn- und Gehaltstarifverträge.

Manteltarifvertrag	Lohn- und Gehaltstarifvertrag
Festlegung von ■ Arbeitszeiten, Teilzeitarbeit ■ Überstunden ■ Urlaubsbestimmungen ■ Arbeit an Sonn- und Feiertagen ■ Arbeitsschutzbestimmungen ■ usw.	Festlegung von ■ Löhnen für Arbeiter/-innen ■ Gehältern für Angestellte Anmerkung: Da die Unterschiede zwischen Arbeitern bzw. Arbeiterinnen und Angestellten heutzutage keine so bedeutende Rolle mehr spielen, werden teilweise einheitliche **Entgelt-Rahmenabkommen** abgeschlossen.
Beispiel: Im Manteltarifvertrag für die „Papier, Pappe und Kunststoff verarbeitende Industrie", der für Unternehmen wie die PEPP GmbH gilt, ist zum Beispiel festgelegt, dass ■ Arbeitnehmerinnen und Arbeitnehmer Anspruch auf 30 Arbeitstage Urlaub im Jahr haben, ■ Arbeitnehmerinnen und Arbeitnehmer pro Woche 35 Arbeitsstunden abzuleisten haben.	**Beispiel:** Der Lohnrahmentarifvertrag für die Papierverarbeitung regelt die Entlohnung. Für 2022 wurde beispielsweise ausgehandelt: ■ 2,4 % mehr Lohn und Gehalt ab Mai 2022

Die beiden Arten von Tarifverträgen unterscheiden sich nicht nur im Inhalt, sondern auch in der Laufzeit. Manteltarifverträge gelten in der Regel für mehrere Jahre, aber Lohn- und Gehaltstarifverträge werden häufig nur für ein oder zwei Jahre geschlossen. Für die Eingruppierung von Arbeitnehmerinnen und Arbeitnehmer in Lohn- und Gehaltsgruppen gibt es ebenfalls Tarifverträge. Tarifverträge werden zwischen den **Tarifparteien** geschlossen, dies sind die Gewerkschaften als Arbeitnehmervertretung und die Arbeitgeberverbände als Arbeitgebervertreter. Für die Branche, in der die PEPP GmbH tätig ist, sind die Tarifparteien:

■ **Arbeitnehmervertretung:** Vereinigte Dienstleistungsgewerkschaft (ver.di)
■ **Arbeitgebervertreter:** Unternehmerverband der Papier, Pappe und Kunststoffe verarbeitenden Industrie Nordrhein e. V.

Wird ein Tarifvertrag geschlossen, gilt er nur für die Gewerkschaftsmitglieder und die Arbeitgeber des Verbands, der Tarifpartner ist. Damit die Arbeitnehmerinnen und Arbeitnehmer einer Branche möglichst gleich gestellt sind, werden manche Tarifverträge durch den Bundesminister oder die Bundesministerin für Arbeit für allgemeinverbindlich erklärt. Dann gelten die Inhalte und Bestimmungen eines Tarifvertrages für alle Arbeitnehmerinnen und Arbeitnehmer des Bereiches. Die Tarifparteien dürfen unbeeinflusst von anderen Interessengruppen Tarifverträge aushandeln. Diese **Tarifautonomie** ist im Grundgesetz der Bundesrepublik Deutschland festgelegt und soll verhindern, dass sich der Staat, die Parteien oder die Regierung in die Verhandlungen einmischen.

Tarifverhandlungen zwischen Gewerkschaften und Arbeitgeberverbänden laufen nach einem festen Schema ab.

- Der alte Tarifvertrag läuft aus und es kommt zu ersten Tarifverhandlungen.
- Wenn diese scheitern, versucht man in einem Schlichtungsverfahren doch noch eine Einigung zu erzielen. Warnstreiks sind möglich.
- Falls auch die Schlichtung scheitert, befragen die Gewerkschaften ihre Mitglieder, ob sie einen Streik befürworten (Urabstimmung).
- Die Unternehmer können auf den Streik mit Aussperrung reagieren; dann können alle Arbeitnehmerinnen und Arbeitnehmer nicht mehr zur Arbeit gehen und erhalten auch keinen Lohn.
- Der Arbeitskampf führt wieder zu Tarifverhandlungen.
- Wenn es zu einer Einigung kommt, befragen die Gewerkschaften in einer weiteren Urabstimmung ihre Mitglieder, ob sie mit dem Ergebnis einverstanden sind.
- Falls dies so ist, wird ein neuer Tarifvertrag aufgesetzt.

Für das beschriebene **Schlichtungsverfahren** wird ein Schlichter oder eine Schlichterin hinzugerufen, der bzw. die als neutrale Person von beiden Verhandlungsseiten anerkannt und geachtet wird. Der Schlichter oder die Schlichterin versucht, einen Kompromiss zwischen den Forderungen der Gewerkschaften und denen der Arbeitgeberverbände zu finden. Dies kann einen Arbeitskampf vermeiden, der vereinfacht so aussehen könnte, wie im Beispiel skizziert wird.

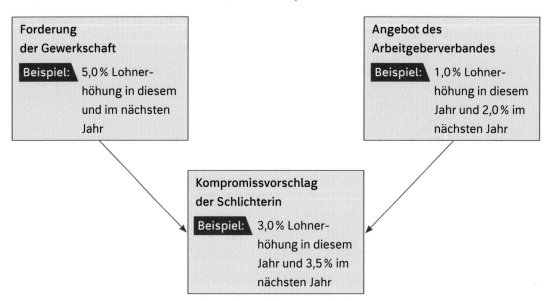

Wenn ein neuer Tarifvertrag ausgehandelt wurde, gilt er wieder für eine bestimmte Zeit. In dieser Frist gilt die Friedenspflicht, also darf nicht gestreikt und auch nicht ausgesperrt werden. Während der Friedenspflicht dürfen aber Warnstreiks, das sind kurzfristige Arbeitsniederlegungen, organisiert werden, um den Forderungen der Gewerkschaftsseite etwas Nachdruck zu verleihen.

Ein Tarifvertrag kann nicht alles im Arbeitsleben regeln, denn dafür ist er zu allgemein gehalten. Außerdem kann ein Tarifvertrag nicht alle Besonderheiten jedes einzelnen Betriebes und Unternehmens berücksichtigen, in denen er gilt. Daher gibt es die Möglichkeit für Arbeitnehmerinnen und Arbeitnehmer und die Geschäftsführung eines Unternehmens oder Betriebes, miteinander eine **Betriebsvereinbarung** abzuschließen. Diese gilt dann nur für einen Betrieb und berücksichtigt die Besonderheiten dieses Betriebes.

Beispiel: Im für die PEPP GmbH gültigen Tarifvertrag sind 30 Arbeitstage Urlaub festgelegt. In der Betriebsvereinbarung der PEPP GmbH ist geregelt, dass Urlaub auch auf das nächste Kalenderjahr übertragen werden kann, allerdings muss er bis Ende Februar aufgebraucht sein.

Betriebsvereinbarungen können also Regelungen über die tägliche Arbeitszeit, die Lage des Urlaubs der Belegschaft Pausenregelungen und anderes enthalten. Dabei ist zu beachten, dass das, was in Betriebsvereinbarungen beschlossen wird, die Belegschaft nicht schlechter stellt, als es die Bestimmungen des Tarifvertrages verlangen.

Beispiel: Im für die PEPP GmbH gültigen Tarifvertrag sind 30 Arbeitstage Urlaub festgelegt. In der Betriebsvereinbarung der PEPP GmbH können daher nicht 26 Urlaubstage festgelegt werden.

Um eine Betriebsvereinbarung abschließen zu können, müssen sich die Arbeitnehmerinnen und Arbeitnehmer eines Betriebes in einem Betriebsrat organisieren. Die Bedeutung dieses Gremiums wird im nächsten Kapitel erarbeitet.

Aufgaben

1. a) Unterscheiden Sie die zwei wichtigsten Arten von Tarifverträgen anhand mehrerer Kriterien.
   b) Nennen Sie die beiden Tarifparteien, die einen Tarifvertrag aushandeln.
   c) Erläutern Sie, was man unter Tarifautonomie versteht.
   d) Erläutern Sie den Begriff Allgemeinverbindlichkeit bei Tarifverträgen.

2. Entscheiden Sie, in welchem Tarifvertrag die Mitarbeiterinnen und Mitarbeiter der PEPP GmbH Antworten zu den Problemen und Fragen finden.

   a) Max Junker will wissen, wie viel Geld er im dritten Ausbildungsjahr verdienen wird.
   b) Sepp Bäumer aus der Abteilung Lager will wissen, in welcher Lohngruppe man wie viel Euro verdient.
   c) Helga Münster aus dem Verkaufsshop will die genaue Wochenarbeitszeit wissen.
   d) Klaas de Vries geht auf das Rentenalter zu. Da er sich körperlich nicht mehr so richtig fit fühlt, sucht er die Regelungen zur Altersteilzeit.

3. Entscheiden und begründen Sie, ob die Sachverhalte besser in einem Tarifvertrag oder in einer Betriebsvereinbarung geregelt sein sollten.

   a) Beginn und Ende der täglichen Arbeitszeit
   b) Regelungen zum Rauchen im Betrieb

c) Regelungen zur Höhe von Zuschlägen auf den Lohn für Nachtarbeit

d) Regelung für die Arbeit am 24.12. und am 31.12., wenn diese auf einen Werktag fallen

e) Regelungen zur Kündigung von Mitarbeiterinnen und Mitarbeitern (z. B. Kündigungsfristen)

1.2 Betriebsrat, Jugend- und Auszubildendenvertretung

DAS IST GESCHEHEN

Rainer Zabel, Betriebsratsvorsitzender der PEPP GmbH, hat die Auszubildenden des Unternehmens zu einer kleinen Besprechung zu sich geladen.

Rainer Zabel: Wir haben ja schon seit einer ganzen Weile recht viele Auszubildende hier bei uns in der Firma. Da stellt sich die Frage, ob ihr nicht eine Jugend- und Auszubildendenvertretung bilden wollt. Möglich wäre das.

Isabella Rossi: Das ist eine gute Idee! Da haben wir Azubis endlich mal eine eigene Ansprechperson und müssen nicht immer beim Betriebsrat auf einen Termin warten.

Max Junker: Genau! Also ich bin bereit, das zu machen. Wann kann ich loslegen? Und wo ist mein neues Büro?

DAS IST ZU TUN

1. Beschreiben Sie allgemein, was ein Betriebsrat ist und welche Aufgaben er hat.

2. Begründen Sie die Ansicht von Rainer Zabel, dass in der PEPP GmbH eine Jugend- und Auszubildendenvertretung gebildet werden kann.

3. Erläutern Sie, warum Max Junker nicht automatisch der Vertreter der Jugendlichen und Auszubildenden der PEPP GmbH werden kann, nur weil er das möchte.

4. Beschreiben Sie, wer die Jugend- und Auszubildendenvertretung wählt und wer sich als Vertreter oder Vertreterin wählen lassen kann.

5. Beschreiben Sie allgemein die Aufgaben der Jugend- und Auszubildendenvertretung.

DAS SOLLTEN SIE WISSEN

Arbeitnehmer/-innen und Arbeitgeber sind nicht immer einer Meinung. Damit die Interessen und Wünsche der Belegschaft auch gegenüber der Geschäftsleitung vorgebracht und durchgesetzt werden können, können die Mitarbeiterinnen und und Mitarbeiter eines Betriebes eine Interessenvertretung, den Betriebsrat, bilden. Das Betriebsverfassungsgesetz gibt die Bedingungen vor, in welchen Betrieben ein Betriebsrat gewählt werden kann.

> **§ 1 BetrVG (Errichtung von Betriebsräten)**
>
> (1) In Betrieben mit in der Regel mindestens fünf ständigen wahlberechtigten Arbeitnehmern, von denen drei wählbar sind, werden Betriebsräte gewählt.

Wahlberechtigt sind Arbeitnehmerinnen und Arbeitnehmer, die das 16. Lebensjahr vollendet haben. Wählbar sind Arbeitnehmerinnen und Arbeitnehmer über 18, die seit mindestens sechs Monaten im Betrieb beschäftigt sind.

Wie viele Mitarbeiterinnen und Mitarbeiter im Betriebsrat sind und die Interessen der anderen vertreten, hängt von der Gesamtzahl der Arbeitnehmerinnen und Arbeitnehmer eines Betriebes ab. Je mehr Mitarbeiterinnen und Mitarbeiter ein Betrieb hat, desto mehr Betriebsratsmitglieder sind zu wählen (§ 9 BetrVG).

wahlberechtigte Arbeitnehmer/-innen	zu wählende Mitglieder
5 bis 20	1
21 bis 50	3
51 bis 100	5
101 bis 200	7
...	...
7 001 bis 9 000	35
ab 9 001 je angefangene weitere 3 000	+ 2

Ein Betriebsrat wird für vier Jahre gewählt (§ 13 BetrVG).

Als Interessenvertretung der Arbeitnehmerinnen und Arbeitnehmer hat ein Betriebsrat viele Aufgaben und Rechte. Diese werden in vier Bereiche unterteilt.

Informationsrecht	Beratungsrecht	Mitwirkungsrecht	Mitbestimmungs-recht
Der Betriebsrat muss informiert werden. **Beispiel:** Personalplanung, betriebliche Maßnahmen oder die wirtschaftlichen Angelegenheiten des Betriebes	Der Betriebsrat darf Vorschläge machen und muss von der Geschäftsleitung angehört werden. **Beispiel:** Fragen des Arbeitsplatzerhalts oder der Berufsbildung	Im Wesentlichen bei personellen Angelegenheiten hat der Betriebsrat die Möglichkeit, seine Zustimmung zu Einzelmaßnahmen zu verweigern. **Beispiel:** Einstellung, Kündigung oder Versetzung von Mitarbeiterinnen und Mitarbeitern	Ein echtes Mitbestimmungsrecht hat der Betriebsrat in sozialen Angelegenheiten, bei denen die Geschäftsleitung nichts ohne Zustimmung des Betriebsrates unternehmen kann **Beispiel:** Pausenregelung, Sozialeinrichtungen

Da die Mitglieder des Betriebsrates die „Gegenposition" zum Arbeitgeber beziehen und die Interessen der Arbeitnehmerinnen und Arbeitsnehmer wahrnehmen, könnte ein Arbeitgeber auf die Idee kommen, einen „unbequemen" Betriebsrat einfach zu kündigen. Vor willkürlichen Kündigungen sind Mitglieder eines Betriebsrates besonders geschützt (vgl. Kapitel 4.2). Ihnen darf nicht fristgerecht gekündigt werden, damit sie unbelastet ihrer Arbeit im Betriebsrat nachgehen können.

Einmal im Quartal kann der Betriebsrat eine **Betriebsversammlung** einberufen. Hier werden alle Mitarbeiter und Mitarbeiterinnen eines Betriebes eingeladen und der Betriebsrat informiert über seine Tätigkeit.

Neben dem Betriebsrat gibt es noch eine zweite Interessenvertretung für Arbeitnehmerinnen und Arbeitnehmer, denn in Betrieben mit Jugendlichen und Auszubildenden bilden diese eine besondere Gruppe, die eine eigene Interessenvertretung wählen kann: die **Jugend- und Auszubildendenvertretung** (JAV). Um diese wählen zu können, müssen in einem Betrieb mindestens fünf Arbeitnehmer und Arbeitnehmerinnen sein, die noch nicht 18 Jahre alt oder als Auszubildende in diesem Betrieb beschäftigt sind. Diese dürfen dann eine Jugend- und Auszubildendenvertretung wählen. Gewählt werden dürfen alle Mitarbeiterinnen und Mitarbeiter, die das 25. Lebensjahr noch nicht vollendet haben, sowie alle Auszubildenden.

Die Jugend- und Auszubildendenvertretung kümmert sich um die Belange der jungen Mitarbeiterinnen und Mitarbeiter eines Betriebes und um die Auszubildenden. Zu den Aufgaben der JAV gehört,

- Maßnahmen beim Betriebsrat zu beantragen, die den Jugendlichen oder den Auszubildenden dienen;
- darüber zu wachen, ob die Gesetze und Verordnungen zum Schutz der Jugendlichen und Auszubildenden eingehalten werden;
- Anregungen der Jugendlichen und der Auszubildenden an den Betriebsrat weiterzuleiten und auf deren Umsetzung zu drängen.

Dabei ist die Rolle der Jugend- und Auszubildendenvertretung so festgelegt, dass sie nur über den Betriebsrat tätig werden kann. Sie ist eine Unterorganisation des Betriebsrates. Als solche verhandelt sie nie direkt mit der Geschäftsführung oder mit Abteilungsleitungen eines Betriebes, sondern bringt ihre Vorschläge und Anregungen über den Betriebsrat vor.

Die Mitgliederzahl der Jugend- und Auszubildendenvertretung ist ähnlich gestaffelt wie die Anzahl der Betriebsratsmitglieder. Je mehr Jugendliche und Auszubildende ein Betrieb hat, desto mehr Mitglieder hat die Jugend- und Auszubildendenvertretung.

wahlberechtigte Jugendliche, Auszubildende	zu wählende Mitglieder
5-20	1
21-50	3
51-150	5
151-300	7
301-500	9
501-700	11
701-1 000	13
mehr als 1 000	15

Die Mitglieder der JAV haben einen ähnlichen Kündigungsschutz wie die Mitglieder des Betriebsrates.

Aufgaben

1. a) Wie viele Mitglieder hat der Betriebsrat der PEPP GmbH?

   b) Wie viele Mitglieder hat die Jugend- und Auszubildendenvertretung der PEPP GmbH?

2. Der Betriebsrat wird von den Beschäftigten eines Betriebes gewählt.

   a) Erläutern Sie, welche Mitarbeiterinnen und Mitarbeiter den Betriebsrat wählen dürfen.

   b) Erläutern Sie, welche Mitarbeiterinnen und Mitarbeiter in den Betriebsrat gewählt werden dürfen.

   c) Wie häufig finden Betriebsratswahlen statt?

   d) Wie viele Mitglieder hat der Betriebsrat eines Betriebes mit 187, 19 und 2 wahlberechtigten Beschäftigten?

   e) Begründen Sie, warum die Anzahl der Betriebsratsmitglieder von der Anzahl der wahlberechtigten Beschäftigten im Betrieb abhängt.

3. Erläutern Sie, ob und wie der Betriebsrat in den Beispielen beteiligt ist.

   a) Die Geschäftsführung beschließt, ein Darlehen in Höhe von 150.000,00 € bei einer Bank aufzunehmen.

   b) Ein Mitarbeiter soll fristlos entlassen werden, da er einen Arbeitskollegen verprügelt hat.

   c) Die Abteilung Einkauf einer Großhandlung entschließt sich, ab sofort statt ausländischer Billigprodukte nur noch die qualitativ hochwertige Ware eines Produzenten aus Darmstadt zu kaufen.

   d) In der Produktion einer Maschinenbaufabrik soll eine neue Abteilungsleiterin eingestellt werden.

   e) Die Geschäftsführung überlegt, einen Betriebsteil zu schließen.

   f) Für den Sommer muss ein Urlaubsplan aufgestellt werden, damit nicht alle Mitarbeiterinnen und Mitarbeiter gleichzeitig in Urlaub sind.

1.3 Arbeitsvertrag

DAS IST GESCHEHEN

Seit Monaten arbeiten die Mitarbeiterinnen und Mitarbeiter im Lager der PEPP GmbH an ihrer Leistungsgrenze. Zum einen laufen die Geschäfte gut, zum anderen wurde das Sortiment der PEPP GmbH deutlich vergrößert. Deshalb hat die Geschäftsführung der PEPP GmbH die örtliche Arbeitsagentur kontaktiert. Schon am nächsten Tag stellt sich Paula Arslan vor, eine derzeit arbeitslose Lachfacharbeiterin, die dringend eine neue Stelle sucht. Heinz Schummer aus der Personalverwaltung setzt einen Arbeitsvertrag auf. Das Arbeitsverhältnis beginnt am 01.07.20. und wird nicht befristet.

DAS IST ZU TUN

1. Erläutern Sie, warum der Arbeitsvertrag zwischen der PEPP GmbH und Paula Arslan schriftlich aufgesetzt wird.

2. Listen Sie die Inhalte eines Arbeitsvertrages auf.

3. Formulieren Sie einen Arbeitsvertrag zwischen der PEPP GmbH und Frau Paula Arslan, geboren am 01.04.1975 in Köln, wohnhaft in der Rheinstraße 92 in 41749 Viersen. Nutzen Sie die Vorlage im Arbeitsheft.

→ AH

DAS SOLLTEN SIE WISSEN

Ein **Arbeitsvertrag** wird zwischen dem Arbeitgeber und der Arbeitnehmerin geschlossen. Er wird beeinflusst von dem, was in den **Tarifverträgen** und **Betriebsvereinbarungen** festgelegt wurde und muss sich an deren Inhalten orientieren. Diese wiederum basieren auf den **Gesetzen**, die grundsätzliche Standards für Arbeitsverhältnisse setzen.

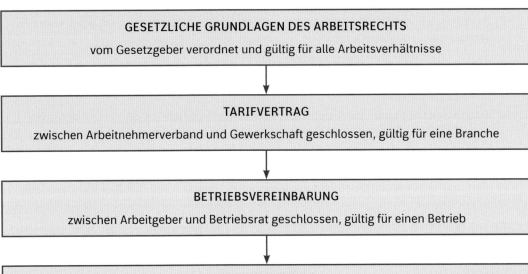

GESETZLICHE GRUNDLAGEN DES ARBEITSRECHTS
vom Gesetzgeber verordnet und gültig für alle Arbeitsverhältnisse

TARIFVERTRAG
zwischen Arbeitnehmerverband und Gewerkschaft geschlossen, gültig für eine Branche

BETRIEBSVEREINBARUNG
zwischen Arbeitgeber und Betriebsrat geschlossen, gültig für einen Betrieb

ARBEITSVERTRAG
zwischen Arbeitgeber und Arbeitnehmer/-in geschlossen, gültig für einen Arbeitnehmer/eine Arbeitnehmerin

Die Bestimmungen der Gesetze, Tarifverträge und Betriebsvereinbarungen sind Mindeststandards, die im Arbeitsvertrag nicht unterschritten werden dürfen. Dabei sind die gesetzlichen Anforderungen meist niedriger als die der Tarifverträge, die wiederum von den Betriebsvereinbarungen und individuellen Vereinbarungen zwischen Arbeitnehmerinnen und Arbeitnehmern und Arbeitgeber übertroffen werden können. Der im Tarifvertrag festgelegte Lohn und Urlaubsanspruch, die Arbeitszeit und alle anderen Regelungen müssen beachtet werden, wenn ein Arbeitsvertrag aufgesetzt wird.

Ein Arbeitsvertrag muss nicht schriftlich abgeschlossen werden, mündlich abgeschlossene Arbeitsverträge sind gültig. Nur bei befristeten Arbeitsverträge muss man aufpassen: werden diese nur mündlich abgeschlossen, gilt das Arbeitsverhältnis als unbefristet.

Die Schriftform ist aber auch bei unbefristeten Arbeitsverträgen sinnvoll: Kommt es zu Streitigkeiten zwischen Arbeitgeber und Arbeitnehmer oder Arbeitnehmerin, kann man jederzeit im Arbeitsvertrag nachlesen, was vereinbart wurde. Damit erfüllt auch hier die Schriftform die Funktion der Beweissicherung.

In einem Arbeitsvertrag sollten vereinbart werden:

- Bezeichnung der Tätigkeit
- Arbeitsort
- Arbeitszeit
- Beginn des Arbeitsverhältnisses, gegebenenfalls Befristung und Ende
- Dauer der Probezeit
- Arbeitsentgelt
- Zusatzleistungen (Weihnachtsgeld, Urlaubsgeld, ...)

- Urlaubsanspruch
- Kündigungsfristen
- Hinweis auf einbezogene Betriebsvereinbarungen, Tarifverträge, Verordnungen und Vorschriften der Berufsgenossenschaft

Die Rechte der Arbeitnehmerinnen und Arbeitnehmer

Aus den Inhalten des Arbeitsvertrages und gesetzlichen Vorschriften ergeben sich für die Arbeitnehmerinnen und Arbeitnehmer verschiedene Rechte und Pflichten für das Arbeitsverhältnis.

- **Recht auf Vergütung:** Für die geleistete Arbeit müssen die Arbeitnehmerinnen und Arbeitnehmer bezahlt werden, die Vergütung ist oft in einem Tarifvertrag geregelt. Eine tarifliche Vergütung darf nicht unterschritten, kann aber überschritten werden.

  Beispiel: Im Lohn- und Gehaltstarifvertrag, der für die PEPP GmbH gültig ist, wurde für eine ausgelernte „Fachkraft für Lagerlogistik" ein Bruttomonatsverdienst von 2.560,74 € festgelegt.

- **Recht auf Urlaub:** Der Mindesturlaub ist im Bundesurlaubsgesetz festgelegt, durch Manteltarifvertrag und Betriebsvereinbarungen können mehr Urlaubstage vereinbart sein und durch einen Arbeitsvertrag dürfen wiederum nicht weniger, aber mehr vereinbart werden.

  Beispiel: Im Bundesurlaubsgesetz sind 24 Werktage bei einer 5-Tage-Woche als Mindesturlaub festgelegt. Im Manteltarifvertrag, der für die PEPP GmbH gültig ist, ist allerdings ein Urlaubsanspruch von 30 Arbeitstagen vereinbart.

- **Recht auf Einhaltung einer Kündigungsfrist:** Nach der Probezeit (siehe unten) können Arbeitnehmerinnen und Arbeitnehmer nur bei Einhaltung einer Frist kündigen. Dies gilt auch für den Arbeitgeber.

  Beispiel: Im Tarifvertrag ist geregelt, dass eine Kündigung mit einer Frist von einem Monat zum Ende des Kalendermonats erfolgen kann. Für diejenigen, die mehr als zwei Jahre im Betrieb beschäftigt sind, gelten längere Kündigungsfristen.

- **Recht auf ein Arbeitszeugnis:** Am Ende eines Arbeitsverhältnisses haben Arbeitnehmerinnen und Arbeitnehmer einen Anspruch auf ein Zeugnis über ihre Tätigkeit (vgl. AF 5.4, Kapitel 2).

Die Pflichten der Arbeitnehmerinnen und Arbeitnehmer

- **Gehorsamspflicht:** Arbeitnehmerinnen und Arbeitnehmer sind verpflichtet, die betrieblichen Anordnungen des Arbeitgebers auszuführen.
- **Schweigepflicht:** Arbeitnehmerinnen und Arbeitnehmer dürfen Betriebsgeheimnisse nicht weitergeben und sind zur Verschwiegenheit über betriebliche Informationen wie Kunden, Lieferanten, Preise usw. verpflichtet.
- **Pflicht zur Arbeitsleistung:** Arbeitnehmerinnen und Arbeitnehmer müssen alle Arbeiten ausführen, für die sie eingestellt wurden und die in ihren Tätigkeitsbereich fallen. Die tägliche oder wöchentliche Arbeitszeit ist ebenfalls im Tarifvertrag geregelt, sofern nicht individuell geringere Arbeitszeiten vereinbart werden (Teilzeit).

  Beispiel: Im Manteltarifvertrag der PEPP GmbH ist festgelegt, dass die Arbeitszeit ausschließlich Pausen 35 Stunden je Woche beträgt.

- **Pflicht zur Probezeit:** Während der Probezeit kann der Arbeitnehmer bzw. die Arbeitnehmerin mit kurzer Kündigungsfrist das Arbeitsverhältnis beenden; Gleiches gilt für den Arbeitgeber. Die Probezeit dient beiden Seiten, das eingegangene Arbeitsverhältnis zu prüfen und wenn es für beide sinnvoll ist, auch weiterzuführen. Man probiert sich sozusagen gegenseitig aus. Passt man nicht wirklich gut zueinander, kann man den Arbeitsvertrag mit kurzer Frist kündigen. Die Probezeit ist durch § 622 (3) BGB auf höchstens sechs Monate begrenzt.

  > **Beispiel:** Im für die PEPP GmbH relevanten Manteltarifvertrag ist vereinbart, dass in den ersten 14 Tagen einer Probezeit täglich zum Ende des nächsten Tages gekündigt werden kann. Danach ist eine Kündigung mit einer Frist von zwei Wochen möglich. Die Probezeit dauert maximal sechs Monate.

- **Pflicht zur Einhaltung des Wettbewerbverbots:** Arbeiternehmer und Arbeitnehmerinnen dürfen dem eigenen Unternehmen keine Konkurrenz machen, indem sie sich nebenbei auch noch selbstständig oder gleichzeitig für einen anderen Arbeitgeber der gleichen Branche Geschäfte machen.

Aufgaben

1. a) Erläutern Sie, wer die Vertragsparteien bei einem Tarifvertrag, einer Betriebsvereinbarung und einem Arbeitsvertrag sind.

   b) Es gibt einen gesetzlichen Mindestlohn, der im Mindestlohngesetz vorgegeben ist und regelmäßig angepasst wird. Daneben sind im Lohn- und Gehaltstarifvertrag jeder Branche feste Stundenlöhne vereinbart. Auch im Arbeitsvertrag findet man als Arbeitnehmerin oder Arbeitnehmer eine Angabe zur Höhe des Entgelts. Beschreiben Sie, welche Beziehung zwischen den verschiedenen Entgelthöhen besteht.

2. Bestimmen Sie, ob es sich bei den Beispielen um ein Recht oder eine Pflicht der Arbeiternehmer und Arbeitnehmerinnen aus dem Arbeitsvertrag handelt. Nennen Sie das Recht oder die Pflicht, die jeweils angesprochen sind.

   a) Max Junker holt jeden Morgen die Post für die PEPP GmbH aus dem Schließfach der Postfiliale ab.

   b) Helga Münster erhält am Ende des Monats Februar die Gehaltszahlung auf ihr Konto.

   c) Im Juli hat Lisa Grünfels drei Wochen Urlaub und fährt nach Italien.

   d) Ein Bekannter fragt Martin Winter aus der Buchhaltung bei einer Tasse Tee, wie hoch der Umsatz der PEPP GmbH sei und wie viel Schulden das Unternehmen denn habe. Martin Winter sagt dazu nichts.

   e) Ludger Vollkorn wurde vom Geschäftsführer Walter Pape angewiesen, eine Liste über die Artikel anzufertigen, die sich am besten und am schlechtesten verkaufen (Renner-Penner-Liste).

   f) Paula Arslan beginnt am 01.07.20.. ihre Arbeit im Lager der PEPP GmbH. Sie weiß, dass sie sich in der ersten Zeit bewähren muss und jederzeit „fliegen" kann.

3. a) Diskutieren Sie, welche Vorteile eine kurze oder eine lange Probezeit für Arbeitnehmer und Arbeiternehmerinnen und Arbeitgeber haben.

   b) Bei Beendigung eines Arbeitsverhältnisses muss der Arbeitgeber dem Arbeitnehmer oder der Arbeitnehmerin ein Zeugnis ausstellen. Erläutern Sie, welchen Nutzen der Arbeitnehmer bzw. die Arbeitnehmerin davon hat.

1.4 Personalfreisetzung

1.4.1 Fristgerechte Kündigung

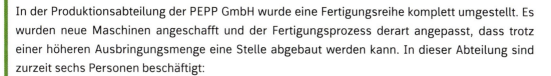

In der Produktionsabteilung der PEPP GmbH wurde eine Fertigungsreihe komplett umgestellt. Es wurden neue Maschinen angeschafft und der Fertigungsprozess derart angepasst, dass trotz einer höheren Ausbringungsmenge eine Stelle abgebaut werden kann. In dieser Abteilung sind zurzeit sechs Personen beschäftigt:

- **Zacharias Wilhelm**: 44 Jahre alt, seit 18 Jahren im Unternehmen, verheiratet, drei Kinder (8, 14 und 17 Jahre); nicht berufstätige Ehefrau; zufriedenstellende Leistungen; monatlicher Bruttoverdienst: 2.800,00 €
- **Frida Müller**: 27 Jahre alt, verheiratet, ein Kind (3 $\frac{1}{2}$ Jahre alt). Frau Müller ist nach einem dreijährigen Erziehungsurlaub vor einem halben Jahr zurück in den Betrieb gekommen. Seitdem hat sie sich wieder gut in das Team eingefunden. Vor drei Wochen hat sie ihrem Abteilungsleiter mitgeteilt, dass sie wieder schwanger ist. Monatlicher Bruttoverdienst: 2.450,00 €
- **Giovanna Walters**: 25 Jahre, verheiratet. Sie ist seit drei Jahren im Unternehmen tätig. Ihre Leistungen werden sehr gut beurteilt. Bruttomonatseinkommen 2.500,00 €
- **Kristos Karokas**: 35 Jahre, zehn Jahre im Unternehmen. Er ist verheiratet und hat ein Kind (11 Jahre). Seine Ehefrau ist berufstätig. In seiner Beurteilung steht, dass er sich gerne und gut in neue Bereiche einarbeiten kann und sehr gute Warenkenntnisse hat. Monatlicher Bruttoverdienst 2.600,00 €
- **Ferhat Türkeri**: 30 Jahre, seit vier Jahren in der PEPP GmbH beschäftigt, Mitglied des Betriebsrates. Seine Leistungen sind befriedigend. Herr Tükeri ist ledig und hat keine Kinder. Sein Bruttomonatsverdienst beträgt 2.500,00 €
- **Helmut Kleine**: 61 Jahre alt, seit 38 Jahren im Unternehmen beschäftigt. In seiner letzten Beurteilung wird angemahnt, dass er nicht mehr bereit ist, sich auf die ständig neuen Anforderungen im Fertigungsbereich einzustellen. Herr Kleine verdient 3.300,00 € brutto, ist Witwer und lebt allein.

1. Im Informationstext werden drei mögliche Kündigungsgründe beschrieben. Ordnen Sie den Fall zu und nennen Sie den passenden Kündigungsgrund.

2. Beschreiben Sie, was man unter einer Sozialauswahl versteht und nach welchen sozialen Kriterien der Arbeitgeber prüfen muss, welchem Arbeitnehmer oder welcher Arbeitnehmerin er kündigt.

3. Entscheiden Sie, welchem Arbeitnehmer oder welcher Arbeitnehmerin man in der Fertigung der PEPP GmbH kündigen wird. Begründen Sie Ihre Entscheidung ausführlich.

4. Legen Sie die Kündigungsfrist fest.

5. Notieren Sie die möglichen Folgen für den Arbeitnehmer oder die Arbeitnehmerin durch die Kündigung.

DAS SOLLTEN SIE WISSEN

Manchmal müssen Betriebe Personal entlassen. Dies bedeutet, dass der Arbeitsvertrag, den man mit einem Mitarbeiter oder einer Mitarbeiterin geschlossen hat, gekündigt wird. Dabei sind zwei **Kündigungsarten** möglich:

- fristgerechte Kündigung (ordentliche Kündigung) mit Kündigungsfrist,
- fristlose Kündigung (außerordentliche Kündigung) mit sofortiger Beendigung.

Beide Arten der Kündigung können sowohl vom Arbeitgeber als auch vom Arbeitnehmer oder von der Arbeitnehmerin ausgesprochen werden. Es muss immer schriftlich gekündigt werden; eine mündlich ausgesprochene Kündigung ist nichtig, also nicht wirksam, weil sie den Formvorschriften nicht genügt (vgl. HF 4, Kapitel 3.1.1). Eine Kündigung zählt zu den einseitigen, empfangsbedürftigen Willenserklärungen. Nur wenn die andere Vertragspartei die Kündigung erhält, ist sie wirksam; eine Zustimmung ist nicht nötig. Entscheidend ist letztlich, dass eine Kündigung immer begründet sein muss.

Eine ordentliche Kündigung mit Kündigungsfrist darf nicht grundlos ausgesprochen werden, denn es gibt einen **allgemeinen Kündigungsschutz** für Arbeitnehmerinnen und Arbeitnehmer. Dieser ergibt sich aus § 1 des Kündigungsschutzgesetzes.

> **§ 1 KSchG (Sozial ungerechtfertigte Kündigungen)**
> (1) Die Kündigung des Arbeitsverhältnisses gegenüber einem Arbeitnehmer, dessen Arbeitsverhältnis in demselben Betrieb oder Unternehmen ohne Unterbrechung länger als sechs Monate bestanden hat, ist rechtsunwirksam, wenn sie sozial ungerechtfertigt ist.

Diese Bestimmung gilt in Betrieben mit mehr als zehn Mitarbeiterinnen und Mitarbeitern, also auch in der PEPP GmbH. Der Begriff „sozial ungerechtfertigte Kündigung" bewahrt Arbeitnehmerinnen und Arbeitnehmer vor einer willkürlichen Kündigung durch den Arbeitgeber. Im weiteren Verlauf des Gesetzestextes werden für die **fristgerechte Kündigung** drei Gründe festgelegt, aus denen einem Arbeitnehmer oder einer Arbeitnehmerin gekündigt werden kann. Wenn keiner der drei Gründe vorliegt, gilt eine Kündigung als sozial ungerechtfertigt und kann vom Arbeitsgericht für unwirksam erklärt werden. Dies nennt man den allgemeinen Kündigungsschutz. Die drei **Kündigungsgründe** für eine fristgerechte Kündigung sind:

- **personenbedingte Kündigung:** Bei der personenbedingten Kündigung wird das Arbeitsverhältnis beendet, wenn die Person nicht mehr so einsetzbar ist, wie es der Arbeitgeber für diesen Arbeitsplatz braucht.

  Beispiel: Ein Kraftfahrer kann nie wieder Lkw fahren, weil er seinen Führerschein verloren hat. Auch lange, wiederholte Krankheit kann zu einer personenbedingten Kündigung führen.

- **verhaltensbedingte Kündigung:** Diese Art von fristgerechter Kündigung kann ausgesprochen werden, wenn eine Person ihren Pflichten aus dem Arbeitsvertrag nicht mehr nachkommt und durch ihr Verhalten dem Arbeitgeber schadet. Vor einer verhaltensbedingten Kündigung muss der Arbeitgeber eine Abmahnung aussprechen, damit die Person eine Chance hat, ihr Verhalten zu ändern.

Beispiel: Eine Arbeitnehmerin verspätet sich häufig, erbringt unzureichende Arbeitsleistungen oder fehlt unentschuldigt.

- **betriebsbedingte Kündigung:** Eine betriebsbedingte Kündigung wird ausgesprochen, wenn aus betrieblichen Gründen eine Weiterbeschäftigung der Person nicht möglich ist. Ebenso kann betriebsbedingt gekündigt werden, wenn es dem Unternehmen wirtschaftlich nicht mehr so gut geht, etwa in konjunkturell schwierigen Phasen oder bei Auftragsrückgängen oder Absatzproblemen.

Beispiel: Schließung eines Betriebsteil oder einer Filiale; Rationalisierungen

Bei personen- oder verhaltensbedingten Kündigungen geht es immer nur um einen bestimmten Menschen, der aufgrund seiner Person oder seines Verhaltens gekündigt wird. Bei einer betriebsbedingten Kündigung kann ein Arbeitgeber eventuell zwischen mehreren Arbeitnehmern und Arbeitnehmerinnen auswählen, wem er kündigen wird. Dann sind soziale Aspekte zu beachten, damit nicht diejenigen arbeitslos werden, die es am schlimmsten treffen würde. Zu diesen Kriterien der **Sozialauswahl** gehören

- die Dauer der Betriebszugehörigkeit,
- das Lebensalter der Betroffenen,
- Unterhaltsverpflichtungen,
- eine Schwerbehinderung.

Der Personalabbau beginnt daher bei den Personen, die noch nicht so lange im Unternehmen arbeiten, die jung sind oder noch keine Familie versorgen müssen usw.

Neben dem allgemeinen Kündigungsschutz gibt es noch den **besonderen Kündigungsschutz**. Bestimmte Personengruppen dürfen gar nicht ordentlich gekündigt werden, sondern nur außerordentlich bei Vorliegen eines **wichtigen** Grundes (vgl. Kapitel 1.4.2). Aus verschiedenen Gesetzen ergeben sich mehrere **Personengruppen** mit besonderem Kündigungsschutz:

- Mitglieder des Betriebsrates (Kündigungsschutzgesetz, Betriebsverfassungsgesetz)
- Frauen im Mutterschutz (Mutterschutzgesetz)
- Arbeitnehmer/-innen in Elternzeit (Bundeselterngeld- und Elternzeitgesetz)
- Schwerbehinderte (Schwerbehindertengesetz)
- Auszubildende (Berufsbildungsgesetz)

Jede Entlassung ist dem Betriebsrat mit den Gründen für die Kündigung vorher mitzuteilen. Geschieht dies nicht, ist die Kündigung unwirksam. Arbeitnehmerinnen und Arbeitnehmer, die ihrer Kündigung nicht zustimmen, können über den Betriebsrat Widerspruch einlegen; hierfür ist eine Woche Zeit. Falls der Arbeitnehmer oder die Arbeitnehmerin gegen seine bzw. ihre Kündigung vor Gericht ziehen möchte, hat er bzw. sie drei Wochen Zeit, Klage zu erheben. Bei der Kündigung eines Arbeitsvertrages können viele Formfehler begangen werden, die eine Kündigung unwirksam machen, weshalb eine Klage gegen eine Kündigung möglicherweise erfolgversprechend ist. Verzichtet die gekündigte Person auf eine Kündigungsschutzklage, hat sie bei der betriebsbedingten Kündigung Anspruch auf eine Abfindung, deren Bedingungen in § 1a Kündigungsschutzgesetz festgelegt sind.

Bei der fristgerechten Kündigung muss die **Kündigungsfrist** eingehalten werden. Die Fristen können im Tarifvertrag oder im Arbeitsvertrag festgelegt sein. Als Basis gelten die Kündigungsfristen des BGB. Sie dürfen durch Tarif- oder Arbeitsvertrag nicht unterschritten werden.

> **§ 622 BGB (Kündigungsfristen bei Arbeitsverhältnissen)**
>
> (1) Das Arbeitsverhältnis eines Arbeiters oder eines Angestellten (Arbeitnehmers) kann mit einer Frist von vier Wochen zum Fünfzehnten oder zum Ende eines Kalendermonats gekündigt werden.
>
> (2) Für eine Kündigung durch den Arbeitgeber beträgt die Kündigungsfrist, wenn das Arbeitsverhältnis im Betrieb oder Unternehmen
>
> 1. zwei Jahre bestanden hat, einen Monat zum Ende eines Kalendermonats,
> 2. fünf Jahre bestanden hat, zwei Monate zum Ende eines Kalendermonats,
> 3. acht Jahre bestanden hat, drei Monate zum Ende eines Kalendermonats,
> 4. zehn Jahre bestanden hat, vier Monate zum Ende eines Kalendermonats,
> 5. zwölf Jahre bestanden hat, fünf Monate zum Ende eines Kalendermonats,
> 6. fünfzehn Jahre bestanden hat, sechs Monate zum Ende eines Kalendermonats,
> 7. zwanzig Jahre bestanden hat, sieben Monate zum Ende eines Kalendermonats.

Besteht das Arbeitsverhältnis weniger als zwei Jahre, gilt die in § 622 (1) genannte Grundkündigungsfrist von vier Wochen zum 15. oder zum Ende eines Kalendermonats. Da die Kündigung empfangsbedürftig ist, beginnt die Kündigungsfrist mit dem Tag des Zuganges der Kündigung.

Beispiel: Ein Arbeitnehmer ist seit sechs Jahren in einem Unternehmen beschäftigt. Er erhält seine Kündigung am 12. Mai. Aus § 622 BGB ergibt sich eine Kündigungsfrist von zwei Monaten zum Monatsende; das heißt sein letzter Arbeitstag ist der 31. Juli.

Aufgaben

1. a) Nennen Sie andere Begriffe für fristgerechte Kündigung und fristlose Kündigung. Erklären Sie den Unterschied zwischen diesen beiden Kündigungsarten.

   b) Nennen Sie die Kündigungsgründe bei einer fristgerechten Kündigung mit den Fachbegriffen und finden Sie zu allen drei Kündigungsgründen anschauliche Beispiele.

   c) Sozial ungerechtfertigte Kündigung und Sozialauswahl werden häufig verwechselt. Erläutern Sie, was mit den beiden Begriffen gemeint ist.

2. Ermitteln Sie die Kündigungsfristen und den letzten Arbeitstag für die Arbeitnehmerinnen und Arbeitnehmer aus der Betriebszugehörigkeit und dem Zugang der Kündigung.

   a) 3 Jahre; 03.04.20..
   b) 16 Jahre; 13.04.20..
   c) 1 Jahr; 15.04.20..
   d) 9 Jahre; 16.04.20..
   e) 6 Jahre; 30.04.20..

3. Prüfen und begründen Sie, ob die Kündigung rechtens ist.

   a) Einer schwangeren Mitarbeiterin wird betriebsbedingt ordentlich gekündigt. Der Arbeitgeber wusste von der Schwangerschaft.

   b) In einem kleinen Handwerksbetrieb mit vier Mitarbeitern arbeitet ein junger Hilfsarbeiter seit drei Monaten im Lager. Da der Arbeitgeber nicht mit seinen Leistungen zufrieden ist, wird ihm mit einer Frist von vier Wochen zum Monatsende gekündigt.

c) Jens Fiedler ist Auszubildender im dritten Ausbildungsjahr. Das letzte Halbjahreszeugnis aus der Berufsschule sieht verheerend aus (Notenschnitt 4,9). Der Ausbildungsbetrieb befürchtet, dass Jens die Prüfung nicht schafft und ein weiteres halbes Jahr im Unternehmen beschäftigt werden muss. Jens erhält eine verhaltensbedingte ordentliche Kündigung mit der Begründung „nachlassende Arbeitsleistung und zu erwartendes Nichtbestehen der Abschlussprüfung".

d) Johanna Werners ist in einem großen Duisburger Stahlkonzern in den Betriebsrat gewählt worden. Drei Wochen später wird ihr betriebsbedingt gekündigt.

e) Freddie Nachtweih ist in den letzten Wochen häufig zu spät zur Arbeit gekommen. Dadurch sind im Betrieb schon zahlreiche Probleme aufgetreten, denn sein Arbeitsplatz muss an jedem Tag zu einem bestimmten Zeitpunkt besetzt sein. Die Geschäftsführerin hat ihm auch schon eine Abmahnung erteilt. Als Freddie Nachtweih wieder an zwei Tagen hintereinander zu spät zur Arbeit erscheint, wird ihm schriftlich gekündigt.

1.4.2 Fristlose Kündigung

DAS IST GESCHEHEN

Im Verkaufsshop der PEPP GmbH ist in letzter Zeit häufiger Bargeld verschwunden. Dabei fehlte meist Geld aus der Ladenkasse des Verkaufsshops und einmal fehlte etwas aus der Kaffeekasse, in der etwas Bargeld für kleinere Einkäufe des Büros aufbewahrt wird. Eines Tages wird Inga Uhlrich dabei beobachtet, wie sie Geld aus der Kasse nimmt und sich in ihre eigene Handtasche steckt. Als sie zur Rede gestellt wird, gibt sie zu, dass sie in den letzten Wochen öfter Geld im Betrieb geklaut hat, weil es ihr finanziell nicht so gut geht. Inga Uhlrich ist erst seit einem knappen Jahr in der PEPP GmbH beschäftigt, sie arbeitet zusammen mit Helga Münster als gelernte Verkäuferin im Verkaufsshop des Unternehmens.

DAS IST ZU TUN

1. Wie würden Sie an Stelle der Geschäftsführung der PEPP GmbH handeln? Begründen Sie Ihr Vorgehen.

2. Walter Pape entscheidet sich als Geschäftsführer der PEPP GmbH dafür, Frau Uhlrich fristlos zu entlassen. Erörtern Sie, ob er ihr vorher eine Abmahnung erteilen muss.

DAS SOLLTEN SIE WISSEN

Eine fristlose Kündigung beendet das Arbeitsverhältnis mit sofortiger Wirkung. Sie kann vom Arbeitgeber oder vom Arbeitnehmer bzw. von der Arbeitnehmerin ausgesprochen werden. Der Verzicht auf eine Kündigungsfrist ist allerdings nur dann möglich, wenn der Kündigungsgrund so wichtig ist, dass dem Arbeitnehmer bzw. der Arbeitnehmerin oder dem Arbeitgeber ein Warten bis zum Ende einer Kündigungsfrist nicht zugemutet werden kann. Wichtige Gründe, die zu einer fristlosen Kündigung führen können, sind in der Tabelle aufgelistet.

Wichtige Gründe aus Sicht des Personals	Wichtige Gründe aus Sicht des Arbeitgebers
■ sittliche Verfehlung der Vorgesetzten ■ Tätlichkeit ■ erheblicher Lohnrückstand ■ (dauerhafte) Verweigerung des Urlaubs ■ grobe Verletzung der Arbeitsschutz-vorschriften oder der Fürsorgepflicht des Arbeitgebers ■ Nichtbeachtung von Schutzvorschriften	■ eigenmächtiger Urlaubsantritt ■ Diebstahl ■ Arbeitsverweigerung ■ Tätlichkeit ■ geschäftsschädigendes Verhalten ■ Nichtbeachtung von Arbeitsschutz-vorschriften

Eine fristlose Kündigung muss innerhalb von zwei Wochen nach Bekanntwerden des Grundes ausgesprochen werden. In vielen Fällen muss der Arbeitgeber dem Arbeitnehmer oder der Arbeitnehmerin eine **Abmahnung** erteilen, bevor er kündigt. Dadurch soll die Person auf ihr Fehlverhalten aufmerksam gemacht und informiert werden, dass im Wiederholungsfalle das Arbeitsverhältnis beendet wird. Wenn das Vertrauensverhältnis zwischen Arbeitnehmer bzw. Arbeitnehmerin und Arbeitgeber massiv gestört ist, kann auf eine Abmahnung verzichtet werden, zum Beispiel bei Diebstahl. Hier kann dem Arbeitnehmer oder der Arbeitnehmerin in der Regel ohne Abmahnung fristlos gekündigt werden.

Auch zu einer fristlosen Kündigung muss der Betriebsrat vorher gehört werden und kann innerhalb von drei Tagen widersprechen. Eine Klage beim Arbeitsgericht muss innerhalb von drei Wochen erhoben werden. Ein häufiger Streitpunkt bei der fristlosen Kündigung ist, ob der Kündigungsgrund wirklich so wichtig ist, dass eine sofortige Kündigung gerechtfertigt scheint.

Wenn das Arbeitsgericht dem Arbeitnehmer bzw. der Arbeitnehmerin Recht gibt und eine Kündigung für nicht wirksam erklärt, mag die Person eventuell trotzdem nicht mehr bei dem Arbeitgeber arbeiten. Dann wird das Arbeitsverhältnis aufgelöst und der Arbeitnehmer oder die Arbeitnehmerin bekommt eine **Abfindung**, die das Gericht festlegt.

Aufgaben

1. Konstruieren Sie auf Basis der genannten Gründe für eine fristlose Kündigung Beispiele, bei denen der Arbeitgeber oder der Arbeitnehmer bzw. die Arbeitnehmerin fristlos kündigt.

2. Erläutern Sie die Rolle des Betriebsrates bei einer fristlosen Kündigung.

3. Nennen und erläutern Sie die Fristen, die rund um das Thema „fristlose Kündigung" beachtet werden müssen.

Kompetenzen überprüfen

Überprüfen Sie nun, welche Kompetenzen Sie bereits in welchem Umfang erlangt haben. Nutzen Sie die Vorlage, die Ihnen unter BuchPlusWeb zur Verfügung steht. Wagen Sie eine Selbsteinschätzung und suchen Sie das Gespräch mit Ihrer Lehrkraft, wenn Sie unsicher sind, ob Sie noch Übungsbedarf haben.

Kompetenz	ja	Ich habe noch Übungsbedarf bei ...	nein	Wo kann ich nachschlagen?
Ich kann erklären, was ein Tarifvertrag ist und kenne die verschiedenen Arten von Tarifverträgen.				S. 122
Ich kenne die Verhand-lungsparteien bei Tarif-verhandlungen und kann deren Verlauf beschreiben.				S. 123
Ich kann Betriebsverein-barungen von Tarifverträgen abgrenzen.				S. 124

2 Entgeltabrechnung

2.1 Lohnformen

Auszug aus dem Arbeitsvertrag von Felix Krampe

Entgelte

Der/die Arbeitnehmer/-in erhält ein Arbeitsentgelt pro Stunde/Woche/Monat

~~in Höhe von _____ brutto entsprechend dem Tariflohn der Lohngruppe_____~~

Akkordlohn in Höhe von _____15,60_____ € brutto zuzüglich eines Akkordzuschlages

in Höhe von _____20 %_____

~~übertarifliche Vergütung: _____ € brutto~~

~~Zulagen: _____ € brutto~~

Gratifikationen

… *Weihnachtsgeld gemäß aktueller Betriebsvereinbarung* ….

… *Urlaubsgeld gemäß aktueller Betriebsvereinbarung* ….

Das Arbeitsentgelt wird jeweils fällig am ~~15. des Monats oder am~~ Monatsende.

(nicht zutreffendes bitte streichen)

In der PEPP GmbH ist ein neuer Mitarbeiter eingestellt worden; Felix Krampe ist seit einem Monat in der Produktion beschäftigt. In der Personalverwaltung werden anhand seines Arbeitsvertrages die Rahmendaten für seine erste Verdienstabrechnung zusammengestellt. Der Auszubildende Max Junker schaut zu.

1. Felix Krampe erhält Akkordlohn. Erläutern Sie, was Akkordlohn ist und bei welchen Voraussetzungen diese Lohnberechnung gewählt wird.

2. Zeigen Sie anhand von selbstgewählten Beispielen, wann es besser wäre, die Arbeit von Felix Krampe mit einem Zeitlohn oder alternativ mit einem Prämienlohn zu vergüten.

3. Berechnen Sie den Bruttolohn des ersten Arbeitsmonats von Felix Krampe. Die Normalleistung an seinem Arbeitsplatz beträgt 144 Werkstücke je Stunde. Im abgelaufenen Monat hat Felix Krampe 22 800 Werkstücke produziert.

Formen der Entlohnung

Arbeitnehmerinnen und Arbeitnehmer werden für die geleistete Arbeit vergütet. Dieses Arbeitsentgelt wird unterschieden in **Lohn** oder **Gehalt**.

Lohn	Gehalt
Der Lohn ist eine nach geleisteten Arbeitsstunden berechnete Bezahlung, die von einer festen Vergütung je Stunde ausgeht.	Das Gehalt der Angestellten ist ein monatlich gleichbleibender Betrag, gleich wie viele Arbeitstage ein Monat hat. Manchmal wird das Gehalt kombiniert mit einer Provision für besondere Leistung.

Bei beiden Varianten sieht man, dass die Bezahlung von der Qualität oder Menge des Arbeitsergebnisses unabhängig ist. Man kann allerdings den Lohn mit einer erfolgsabhängigen Komponente versehen. Hieraus ergeben sich drei Lohnformen, wobei die zweite und die dritte von der Arbeitsleistung abhängen.

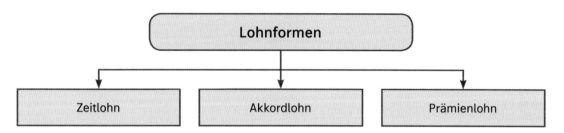

Zeitlohn

Beim Zeitlohn bekommen die Mitarbeiterinnen und Mitarbeiter für die Anwesenheitszeit am Arbeitsplatz oder für die geleisteten Arbeitsstunden einen Stundenlohn. Dieser wird für die monatliche Auszahlung mit den Arbeitsstunden je Tag und den Arbeitstagen je Monat multipliziert.

Beispiel: Arbeiter Michael Schneuse bekommt einen Stundenlohn von 14,00 €. Er arbeitet 8,5 Stunden je Tag. Der abgelaufene Monat hatte 21 Arbeitstage.

Bruttolohn: 14,00 €/Std. · 8,5 Std./Tag · 21 Tage/Monat = 2.499,00 €/Monat

Die Zahlung von Zeitlohn bietet sich an, wenn die Arbeitnehmerinnen und Arbeitnehmer den Arbeitsprozess durch ihre Arbeitsleistung nicht beschleunigen oder das Arbeitstempo nicht beeinflussen können. Dies gilt beispielsweise für Arbeiten am Fließband mit einer vorgegebenen Geschwindigkeit oder bei der Produktentwicklung. Durch den Zeitlohn wird den Arbeitnehmern und Arbeitnehmerinnen der Druck genommen, schnell zu arbeiten. Davon verspricht man sich eine höhere Genauigkeit und bessere Qualität.

Daraus kann aber auch ein Nachteil entstehen, denn die einzelnen Arbeitnehmerinnen und Arbeitnehmer haben keinen Anreiz eine höhere Arbeitsleistung zu bieten, da dies die Höhe des Lohnes nicht beeinflusst. Diesen Nachteil gleicht der Akkordlohn aus.

Akkordlohn

Beim Akkordlohn hängt die Vergütung der Arbeit direkt von der geleisteten Arbeitsmenge ab. Dabei wird aber auch von einem garantierten Mindestlohn ausgegangen. Der Akkordzuschlag in Prozent, der sich zusätzlich für die Arbeit „auf Geschwindigkeit" ergibt, wird in Tarifverträgen festgelegt.

Beispiel: Arbeiterin Erika Lahm ist in der Fertigung der PEPP GmbH beschäftigt. Ihre aktuelle Aufgabe ist, Windmühlenketten herzustellen. Fünfzehn Windmühlen werden auf eine zehn Meter lange Schnur aufgereiht. Sie hat einen garantierten Mindestlohn von 13,00 € je Stunde. Da sie in Akkordarbeit tätig ist, bekommt sie einen Akkordzuschlag von 20 %, dies sind 2,60 €.

Geldakkord: Mindestlohn + Akkordzuschlag = 13,00 €/Std. + 2,60 €/Std. = 15,60 €/Std. (Akkordrichtsatz)

Man geht von einer Normalleistung aus, die alle Arbeitnehmerinnen und Arbeitnehmer problemlos erbringen können, z. B. 60 Stück pro Stunde. Darauf bezieht sich der Akkordrichtsatz und es ergibt sich das Stückgeld:

$$\text{Stückgeld} = \frac{\text{Akkordrichtsatz}}{\text{Normalleistung}}$$

Beispiel: Die Normalleistung am Arbeitsplatz von Erika Lahm beträgt 60 Stück je Stunde. Wenn sie in einer „ganz normalen" Geschwindigkeit arbeitet, setzt sie 60 Windmühlenketten in einer Stunde zusammen. Damit ergibt sich als Stückgeld:

$$\text{Stückgeld} = \frac{\text{Akkordrichtsatz}}{\text{Normalleistung}} = \frac{15{,}60 \,€/h}{60 \,\text{Stk./h}} = 0{,}26 \,€/\text{Stk.}$$

Dieses Stückgeld wird auf die geleistete Arbeitsmenge bezogen. So hat der Arbeitnehmer oder die Arbeitnehmerin die Möglichkeit, die Höhe des Gesamtlohnes zu beeinflussen. Eine höhere Arbeitsleistung führt zu einem höheren Lohn.

Beispiel:

Hohe Arbeitsleistung:	Geringere Arbeitsleistung:
Monatsleistung in Stück bei einem 8-stündigen Arbeitstag und 20 Arbeitstagen: 12 800 Stück gesamter Monatsbruttolohn: 12 800 Stk · 0,26 €/Stk = 3.328,00 €	Monatsleistung in Stück bei einem 8-stündigen Arbeitstag und 20 Arbeitstagen: 9 600 Stück gesamter Monatsbruttolohn: 9 600 Stk · 0,26 €/Stk = 2.496,00 €

Wenn ein Arbeitnehmer oder eine Arbeitnehmerin durch hohe Arbeitsleistung den Monatslohn erhöhen kann, führt dies häufig zu Leistungsdruck, der in gesundheitlichen Schäden endet. Das Unternehmen muss beachten, dass bei Akkordarbeit der Verschleiß an den Maschinen und Werkzeugen höher ist, da auf Geschwindigkeit gearbeitet wird und die Sorgfalt im Umgang mit dem Werkzeug leiden kann.

Ebenso kann Akkord die Arbeitnehmer und Arbeitnehmerinnen nicht so sorgsam arbeiten lassen, wie es bei einem Zeitlohn zu erwarten ist. Unter der mangelnder Sorgfalt leidet die Produktqualität.

Prämienlohn

Der Prämienlohn besteht aus einem festen, gleichbleibenden Grundlohn, der um eine Prämie für erbrachte Leistung ergänzt wird. Prämien gibt es für

- eine erreichte Mengenleistung,
- das Erreichen einer bestimmten Qualität,
- geringe Ausschussquoten, das heißt für geringe Fehlleistungen,
- eingehaltene Termine.

Die in Aussicht gestellte Prämie hält die Belegschaft zu mehr als der Grundanforderung an, weil sie nur gezahlt wird, wenn das vereinbarte Ziel erreicht wurde.

Beispiel: Für einen fix terminierten Auftrag wird in der PEPP GmbH eine Prämie für die Mitarbeiterinnen und Mitarbeiter in der Fertigung versprochen. Nachdem der Auftrag termingerecht fertiggestellt ist, erhalten alle Beteiligten eine Prämie in Höhe von 150,00 €.

Aufgaben

1. a) Beschreiben Sie die Unterschiede zwischen den einzelnen Lohnformen.
    b) Nennen Sie die Vorteile und Nachteile der einzelnen Lohnformen.

2. Schlagen Sie Entlohnungsformen für die aufgeführten Arbeiten vor und begründen Sie den Vorschlag.

    a) Kaufmann für Büromanagement
    b) Fliesenlegerin
    c) Verkäufer in einem SB-Lebensmittelladen
    d) Fließbandarbeiterin
    e) Lagerfachkraft
    f) Verkäufer im Außendienst einer Großhandlung
    g) Dachdeckerin

3. a) Berechnen Sie den Zeitlohn des Mitarbeiter Arno Friedrichs, der 13,50 € je Stunde verdient. Laut Tarifvertrag arbeitet er 8,5 Stunden je Tag. Der abgelaufene Monat hatte 21 Arbeitstage.
    b) Berechnen Sie den Akkordlohn von Fatima Alzuhur, die eine Monatsarbeitsleistung von 4 500 Stück erreichte. Ihr Grundlohn je Stunde beträgt 13,00 €, der Akkordzuschlag beträgt 20 %. Die erwartete Normalleistung an ihrem Arbeitsplatz beträgt 25 Stück je Stunde.

2.2 Vom Brutto- zum Nettoverdienst

DAS IST GESCHEHEN

Max Junker hilft immer noch in der Personalverwaltung. Nachdem das Bruttoentgelt für Mitarbeiter Felix Krampe ermittelt worden ist, muss nun die Lohnabrechnung aufgestellt werden. Der Ausbilder Heinz Schummer wirft Max „ins kalte Wasser".

Heinz Schummer: Okay, Max, du machst jetzt mal diese Gehaltsabrechnung für Herrn Krampe aus der Produktion fertig.

PEPP GmbH

Verdienstabrechnung

Name:	Geburtsdatum:	Steuerklasse:	Konfession:	Monat/Jahr:
Felix Krampe	13.07.1975	1*	evangelisch	05/20..

Adresse:
Willicher Straße 19
47047 Viersen

Krankenkasse:
BEKT (kein Zusatzbetrag)

Bruttobezüge:
2.258,00 €

Summe Steuerabzüge:	Lohnsteuer:	Solidaritäts-zuschlag:	Kirchensteuer:

Summe Abzüge Sozialversiche-rung (Arbeitnehmerbeitrag):	Kranken-versicherung:	Pflege-versicherung:	Renten-versicherung:	Arbeitslosen-versicherung:

Nettobezüge:

* (keine Kinder)

Max Junker: Moment mal, ich habe so etwas noch nie gemacht!

Heinz Schummer: Egal, das findet sich schon. Du musst nur noch die Zahlen in den Vordruck eintragen.

Max Junker: Also, als Monatslohn habe ich 2.964,00 € ausgerechnet.

Heinz Schummer: Das ist ja schon mal richtig. Aber das ist der Bruttolohn. Du musst noch die ganzen Abzüge heraussuchen und berechnen. Wenn du herausbekommen hast, was der Kollege netto bekommt, meldest du dich wieder bei mir, okay?

DAS IST ZU TUN

→ AH

Erstellen Sie die Lohnabrechnung für den Arbeitnehmer Felix Krampe. Nutzen Sie die Vorlage im Arbeitsheft, die Informationen und Tabellen und gehen Sie schrittweise vor.

1. Ermitteln Sie anhand der Lohnsteuertabelle die Abzüge für

   - Lohnsteuer,
   - Solidaritätszuschlag,
   - Kirchensteuer.

2. Berechnen Sie die Abzüge für

- Krankenversicherung,
- Pflegeversicherung,
- Rentenversicherung,
- Arbeitslosenversicherung.

3. Ermitteln Sie den Nettolohn von Herrn Krampe, indem Sie vom Bruttolohn alle Abzüge subtrahieren.

DAS SOLLTEN SIE WISSEN

Jeden Monat werden für die Mitarbeiterinnen und Mitarbeiter die Lohn- oder die Gehaltsabrechnungen erstellt. Sie zeigen den Bruttoverdienst, alle Abzüge für Steuern und die Sozialversicherungsbeiträge (vgl. Kapitel 2.4) sowie den Nettoverdienst. Das Nettogehalt oder der Nettolohn wird ausgezahlt, wenn es keine weiteren Abzüge wie Lohnpfändung oder Einbehaltung wegen eines Vorschusses gibt. Ausgangspunkt der Entgeltberechnung ist der im Arbeitsvertrag festgelegte Bruttoverdienst. Dieser beruht zumeist auf dem gültigen Tarifvertrag. In der PEPP GmbH werden die Mitarbeiterinnen und Mitarbeiter genau nach den Vorgaben des Tarifvertrages bezahlt.

Vom Bruttogehalt müssen im ersten Schritt die Steuern und im zweiten Schritt die Beiträge zur Sozialversicherung abgezogen werden.

Ermittlung der Steuerabzüge

Ausgehend vom Bruttogehalt werden zunächst die Steuerabzüge ermittelt; das sind

- die Lohnsteuer,
- der Solidaritätszuschlag,
- die Kirchensteuer.

Die Höhe der Lohnsteuer richtet sich nach der jeweiligen Steuerklasse. Diese ist auf der Lohnsteuerkarte eingetragen und richtet sich nach den Lebensumständen und Familienverhältnissen.

Alle Arbeitnehmerinnen und Arbeitnehmer werden in eine von sechs Steuerklassen eingruppiert. Häufig, wie auch in der unten stehenden „Stollfuß-Tabelle", werden die Steuerklassen in römischen Zahlen angegeben; diese stehen in Klammern jeweils dahinter.

Steuer klasse:	Merkmale zur Eingruppierung
1 (I)	ledige, geschiedene oder verwitwete Arbeitnehmer/-innen und verheiratete Arbeitnehmer/-innen, deren Ehegatte im Ausland wohnt oder die von ihrem Ehegatten dauernd getrennt leben
2 (II)	alle in I genannten Arbeitnehmer/-innen, bei denen jedoch mindestens ein Kind auf der Lohnsteuerkarte eingetragen ist
3 (III)	verheiratete Arbeitnehmer/-innen, wenn beide Ehegatten nicht dauernd getrennt leben, von denen aber nur ein Ehepartner arbeitet, oder wenn der andere Ehepartner Steuerklasse 5 wählt
4 (IV)	verheiratete Arbeitnehmer/-innen, wenn beide Ehegatten Arbeitseinkünfte beziehen und nicht dauernd getrennt leben

Steuer klasse:	Merkmale zur Eingruppierung
5 (V)	verheiratete Arbeitnehmer/-innen, die beide arbeiten, wenn die Einkommen stark voneinander abweichen Die deutlich mehr verdienende Person wählt dann die günstigere Steuerklasse 3, die andere Person Steuerklasse 5.
6 (VI)	Arbeitnehmer/-innen, die von mehreren Arbeitgebern gleichzeitig Arbeitslohn beziehen Für das zweite und jedes weitere lohnsteuerpflichte Arbeitsverhältnis gilt die Steuerklasse 6.

Die Lohnsteuerklasse und andere wichtige Daten für die Verdienstabrechnung erfährt der Arbeitgeber elektronisch durch die Elster-Datenbank der Finanzverwaltungen.

Für die Ermittlung der Steuerabzüge benötigt man eine **Lohnsteuertabelle**. In dieser kann man die Lohnsteuer nachschlagen.

Auszug aus der Lohnsteuertabelle

Die Tabelle zeigt in der linken Spalte die Höhe des Bruttogehaltes, das für die Steuerermittlung wesentlich ist. Man sucht in der Tabelle immer das Bruttogehalt heraus, das **genau so hoch** oder je nach Art der Tabelle knapp über oder unter dem Gehalt der Person liegt, für die man die Verdienstabrechnung ausfüllt. In der Spalte neben dem Bruttogehalt wird die **Lohnsteuer** (LSt) für alle sechs Steuerklassen angezeigt. Man muss die Zeile mit der Steuerklasse des Arbeitnehmers bzw. der Arbeitnehmerin wählen.

Neben der Lohnsteuer ist der **Solidaritätszuschlag** (SolZ) zu finden. Er beträgt 5,5 % von der Lohnsteuer, ist aber nur noch für sehr hohe Einkommen relevant. Man darf nicht vergessen, bei der Ermittlung des Solidaritätszuschlages auf die Steuerklasse zu achten.

Schließlich kann in der Lohnsteuertabelle noch die **Kirchensteuer** nachgesehen werden. Sie beträgt 9 % von der Lohnsteuer, nur die Bundesländer Bayern und Baden-Württemberg haben eine geringere Kirchensteuer in Höhe von 8 %. Die Kirchensteuer ist nur fällig, wenn die Person einer kirchensteuerpflichtigen Konfession angehört; das sind die evangelischen oder katholischen Kirchen.

Beispiel: Jens Friedmann ist Finanzbuchhalter in Teilzeit bei der PEPP GmbH und hat in diesem Monat 2.965,00 € verdient. Er ist verheiratet, in Steuerklasse III ein gruppiert und hat einen Kinderfreibetrag. Die Höhe seiner Lohnsteuer steht in der Zeile des Bruttogehaltes „bis 2.966,00" €. Die Zeile III zeigt seinen Lohnsteuerabzug 81,66 €. Für sein Bruttogehalt und Steuerklasse III fällt kein Solidaritätszuschlag an. Er ist katholisch und damit kirchensteuerpflichtig, doch seine Kirchensteuer beträgt aufgrund des Kinderfreibetrages 0,00 €.

Lohn/ Gehalt bis €*	Abzüge an Lohnsteuer, Solidaritätszuschlag (SolZ) und Kirchensteuer (8%, 9%) in den Steuerklassen																							
	I – VI			I, II, III, IV																				
	ohne Kinderfreibeträge			mit Zahl der Kinderfreibeträge ...																				
					0,5			1			1,5			2			2,5			3			
	LSt	SolZ 8% 9%		LSt	SolZ 8% 9%			SolZ 8% 9%			SolZ 8% 9%			SolZ 8% 9%			SolZ 8% 9%			SolZ 8% 9%			
2 966,99	I/IV 334,83	— 26,78 30,13	I	334,83	— 18,55 20,87			— 10,83 12,18			— 3,80 4,27			— — —			— — —			— — —		
	II 236,75	— 18,94 21,30	II	236,75	— 11,19 12,59			— 4,09 4,60			— — —			— — —			— — —			— — —		
	III 81,66	— 6,53 7,34	III	81,66	— 1,30 1,46			— — —			— — —			— — —			— — —			— — —		
	V 655,50	— 52,44 58,99	IV	334,83	— 22,60 25,43			— 18,55 20,87			— 14,63 16,46			— 10,83 12,18			— 7,16 8,06			— 3,80 4,27		
	VI 697,33	— 55,78 62,75																						

Quelle: Stollfuß Tabellen, Gesamtabzug 2023, Monat, Allgemeine Tabelle, 117. Auflage, Stollfuß Medien, Bonn 2023, S. T 48.

MONAT **2 958,–***

Lohn/ Gehalt bis €*	Abzüge an Lohnsteuer, Solidaritätszuschlag (SolZ) und Kirchensteuer (8%, 9%) in den Steuerklassen																								
	I – VI						I, II, III, IV																		
			ohne Kinderfreibeträge					mit Zahl der Kinderfreibeträge . . .																	
								0,5			1			1,5			2			2,5			3		
		LSt	SolZ	8%	9%		LSt	SolZ	8%	9%	SolZ	8%	9%	SolZ	8%	9%	SolZ	8%	9%	SolZ	8%	9%	SolZ	8%	9%
2 960,99	I,IV	333,50	–	26,68	30,01	I	333,50	–	18,45	20,75	–	10,74	12,08	–	3,72	4,18	–	–	–	–	–	–	–	–	–
	II	235,41	–	18,83	21,18	II	235,41	–	11,10	12,48	–	4,01	4,51	–	–	–	–	–	–	–	–	–	–	–	–
	III	80,83	–	6,46	7,27	III	80,83	–	1,25	1,40	–	–	–	–	–	–	–	–	–	–	–	–	–	–	–
	V	653,50	–	52,28	58,81	IV	333,50	–	22,50	25,31	–	18,45	20,75	–	14,53	16,34	–	10,74	12,08	–	7,07	7,95	–	3,72	4,18
	VI	695,33	–	55,62	62,57																				
2 963,99	I,IV	334,16	–	26,73	30,07	I	334,16	–	18,50	20,81	–	10,78	12,13	–	3,76	4,23	–	–	–	–	–	–	–	–	–
	II	236,08	–	18,88	21,24	II	236,08	–	11,14	12,53	–	4,05	4,55	–	–	–	–	–	–	–	–	–	–	–	–
	III	81,33	–	6,50	7,31	III	81,33	–	1,28	1,44	–	–	–	–	–	–	–	–	–	–	–	–	–	–	–
	V	654,50	–	52,36	58,90	IV	334,16	–	22,55	25,37	–	18,50	20,81	–	14,58	16,40	–	10,78	12,13	–	7,12	8,01	–	3,76	4,23
	VI	696,16	–	55,69	62,65																				
2 966,99	I,IV	334,83	–	26,78	30,13	I	334,83	–	18,55	20,87	–	10,83	12,18	–	3,80	4,27	–	–	–	–	–	–	–	–	–
	II	236,75	–	18,94	21,30	II	236,75	–	11,19	12,59	–	4,09	4,60	–	–	–	–	–	–	–	–	–	–	–	–
	III	81,66	–	6,53	7,34	III	81,66	–	1,30	1,46	–	–	–	–	–	–	–	–	–	–	–	–	–	–	–
	V	655,50	–	52,44	58,99	IV	334,83	–	22,60	25,43	–	18,55	20,87	–	14,63	16,46	–	10,83	12,18	–	7,16	8,06	–	3,80	4,27
	VI	697,33	–	55,78	62,75																				
2 969,99	I,IV	335,50	–	26,84	30,19	I	335,50	–	18,60	20,93	–	10,88	12,24	–	3,84	4,32	–	–	–	–	–	–	–	–	–
	II	237,41	–	18,99	21,36	II	237,41	–	11,24	12,65	–	4,13	4,64	–	–	–	–	–	–	–	–	–	–	–	–
	III	82,16	–	6,57	7,39	III	82,16	–	1,34	1,51	–	–	–	–	–	–	–	–	–	–	–	–	–	–	–
	V	656,50	–	52,52	59,08	IV	335,50	–	22,66	25,49	–	18,60	20,93	–	14,68	16,51	–	10,88	12,24	–	7,21	8,11	–	3,84	4,32
	VI	698,16	–	55,85	62,83																				
2 972,99	I,IV	336,25	–	26,90	30,26	I	336,25	–	18,66	20,99	–	10,93	12,29	–	3,87	4,35	–	–	–	–	–	–	–	–	–
	II	238,08	–	19,04	21,42	II	238,08	–	11,29	12,70	–	4,17	4,69	–	–	–	–	–	–	–	–	–	–	–	–
	III	82,66	–	6,61	7,43	III	82,66	–	1,37	1,54	–	–	–	–	–	–	–	–	–	–	–	–	–	–	–
	V	657,33	–	52,58	59,15	IV	336,25	–	22,71	25,55	–	18,66	20,99	–	14,73	16,57	–	10,93	12,29	–	7,26	8,16	–	3,87	4,35
	VI	699,16	–	55,93	62,92																				
2 975,99	I,IV	336,91	–	26,95	30,32	I	336,91	–	18,71	21,05	–	10,98	12,35	–	3,92	4,41	–	–	–	–	–	–	–	–	–
	II	238,75	–	19,10	21,48	II	238,75	–	11,34	12,75	–	4,22	4,74	–	–	–	–	–	–	–	–	–	–	–	–
	III	83,16	–	6,65	7,48	III	83,16	–	1,40	1,57	–	–	–	–	–	–	–	–	–	–	–	–	–	–	–
	V	658,33	–	52,66	59,24	IV	336,91	–	22,76	25,61	–	18,71	21,05	–	14,78	16,62	–	10,98	12,35	–	7,31	8,22	–	3,92	4,41
	VI	700,16	–	56,01	63,01																				
2 978,99	I,IV	337,66	–	27,01	30,38	I	337,66	–	18,76	21,10	–	11,03	12,41	–	3,96	4,45	–	–	–	–	–	–	–	–	–
	II	239,33	–	19,14	21,53	II	239,33	–	11,39	12,81	–	4,26	4,79	–	–	–	–	–	–	–	–	–	–	–	–
	III	83,66	–	6,69	7,52	III	83,66	–	1,44	1,62	–	–	–	–	–	–	–	–	–	–	–	–	–	–	–
	V	659,33	–	52,74	59,33	IV	337,66	–	22,82	25,67	–	18,76	21,10	–	14,83	16,68	–	11,03	12,41	–	7,36	8,28	–	3,96	4,45
	VI	701,16	–	56,09	63,10																				
2 981,99	I,IV	338,33	–	27,06	30,44	I	338,33	–	18,81	21,16	–	11,08	12,46	–	4,–	4,50	–	–	–	–	–	–	–	–	–
	II	240,–	–	19,20	21,60	II	240,–	–	11,44	12,87	–	4,30	4,83	–	–	–	–	–	–	–	–	–	–	–	–
	III	84,16	–	6,73	7,57	III	84,16	–	1,46	1,64	–	–	–	–	–	–	–	–	–	–	–	–	–	–	–
	V	660,33	–	52,82	59,42	IV	338,33	–	22,87	25,73	–	18,81	21,16	–	14,88	16,74	–	11,08	12,46	–	7,40	8,33	–	4,–	4,50
	VI	702,16	–	56,17	63,19																				
2 984,99	I,IV	339,–	–	27,12	30,51	I	339,–	–	18,86	21,22	–	11,12	12,51	–	4,04	4,54	–	–	–	–	–	–	–	–	–
	II	240,66	–	19,25	21,65	II	240,66	–	11,48	12,92	–	4,34	4,88	–	–	–	–	–	–	–	–	–	–	–	–
	III	84,66	–	6,77	7,61	III	84,66	–	1,49	1,67	–	–	–	–	–	–	–	–	–	–	–	–	–	–	–
	V	661,16	–	52,89	59,50	IV	339,–	–	22,92	25,79	–	18,86	21,22	–	14,93	16,79	–	11,12	12,51	–	7,45	8,38	–	4,04	4,54
	VI	703,–	–	56,24	63,27																				
2 987,99	I,IV	339,75	–	27,18	30,57	I	339,75	–	18,92	21,28	–	11,18	12,57	–	4,08	4,59	–	–	–	–	–	–	–	–	–
	II	241,33	–	19,30	21,71	II	241,33	–	11,54	12,98	–	4,38	4,93	–	–	–	–	–	–	–	–	–	–	–	–
	III	85,16	–	6,81	7,66	III	85,16	–	1,52	1,71	–	–	–	–	–	–	–	–	–	–	–	–	–	–	–
	V	662,33	–	52,98	59,60	IV	339,75	–	22,98	25,85	–	18,92	21,28	–	14,98	16,85	–	11,18	12,57	–	7,50	8,43	–	4,08	4,59
	VI	704,–	–	56,32	63,36																				
2 990,99	I,IV	340,41	–	27,23	30,63	I	340,41	–	18,97	21,34	–	11,22	12,62	–	4,12	4,63	–	–	–	–	–	–	–	–	–
	II	242,–	–	19,36	21,78	II	242,–	–	11,58	13,03	–	4,42	4,97	–	–	–	–	–	–	–	–	–	–	–	–
	III	85,66	–	6,85	7,70	III	85,66	–	1,56	1,75	–	–	–	–	–	–	–	–	–	–	–	–	–	–	–
	V	663,16	–	53,05	59,68	IV	340,41	–	23,04	25,92	–	18,97	21,34	–	15,03	16,91	–	11,22	12,62	–	7,54	8,48	–	4,12	4,63
	VI	705,16	–	56,41	63,46																				
2 993,99	I,IV	341,08	–	27,28	30,69	I	341,08	–	19,02	21,40	–	11,27	12,68	–	4,16	4,68	–	–	–	–	–	–	–	–	–
	II	242,66	–	19,41	21,83	II	242,66	–	11,63	13,08	–	4,46	5,02	–	–	–	–	–	–	–	–	–	–	–	–
	III	86,16	–	6,89	7,75	III	86,16	–	1,58	1,78	–	–	–	–	–	–	–	–	–	–	–	–	–	–	–
	V	664,–	–	53,12	59,76	IV	341,08	–	23,09	25,97	–	19,02	21,40	–	15,08	16,97	–	11,27	12,68	–	7,59	8,54	–	4,16	4,68
	VI	706,–	–	56,48	63,54																				
2 996,99	I,IV	341,75	–	27,34	30,75	I	341,75	–	19,07	21,45	–	11,32	12,73	–	4,20	4,72	–	–	–	–	–	–	–	–	–
	II	243,25	–	19,46	21,89	II	243,25	–	11,68	13,14	–	4,50	5,06	–	–	–	–	–	–	–	–	–	–	–	–
	III	86,50	–	6,92	7,78	III	86,50	–	1,61	1,81	–	–	–	–	–	–	–	–	–	–	–	–	–	–	–
	V	665,–	–	53,20	59,85	IV	341,75	–	23,14	26,03	–	19,07	21,45	–	15,13	17,02	–	11,32	12,73	–	7,64	8,59	–	4,20	4,72
	VI	707,–	–	56,56	63,63																				
2 999,99	I,IV	342,50	–	27,40	30,82	I	342,50	–	19,12	21,51	–	11,37	12,79	–	4,24	4,77	–	–	–	–	–	–	–	–	–
	II	244,–	–	19,52	21,96	II	244,–	–	11,73	13,19	–	4,55	5,12	–	–	–	–	–	–	–	–	–	–	–	–
	III	87,–	–	6,96	7,83	III	87,–	–	1,64	1,84	–	–	–	–	–	–	–	–	–	–	–	–	–	–	–
	V	666,–	–	53,28	59,94	IV	342,50	–	23,20	26,10	–	19,12	21,51	–	15,18	17,08	–	11,37	12,79	–	7,68	8,64	–	4,24	4,77
	VI	708,–	–	56,64	63,72																				
3 002,99	I,IV	343,16	–	27,45	30,88	I	343,16	–	19,18	21,57	–	11,42	12,84	–	4,28	4,82	–	–	–	–	–	–	–	–	–
	II	244,58	–	19,56	22,01	II	244,58	–	11,78	13,25	–	4,59	5,16	–	–	–	–	–	–	–	–	–	–	–	–
	III	87,50	–	7,–	7,87	III	87,50	–	1,68	1,89	–	–	–	–	–	–	–	–	–	–	–	–	–	–	–
	V	667,–	–	53,36	60,03	IV	343,16	–	23,25	26,15	–	19,18	21,57	–	15,24	17,14	–	11,42	12,84	–	7,73	8,69	–	4,28	4,82
	VI	709,–	–	56,72	63,81																				
3 005,99	I,IV	343,91	–	27,51	30,95	I	343,91	–	19,23	21,63	–	11,47	12,90	–	4,32	4,86	–	–	–	–	–	–	–	–	–
	II	245,25	–	19,62	22,07	II	245,25	–	11,83	13,31	–	4,63	5,21	–	–	–	–	–	–	–	–	–	–	–	–
	III	88,–	–	7,04	7,92	III	88,–	–	1,70	1,91	–	–	–	–	–	–	–	–	–	–	–	–	–	–	–
	V	668,–	–	53,44	60,12	IV	343,91	–	23,30	26,21	–	19,23	21,63	–	15,28	17,19	–	11,47	12,90	–	7,78	8,75	–	4,32	4,86
	VI	710,–	–	56,80	63,90																				
3 008,99	I,IV	344,58	–	27,56	31,01	I	344,58	–	19,28	21,69	–	11,52	12,96	–	4,36	4,91	–	–	–	–	–	–	–	–	–
	II	245,91	–	19,67	22,13	II	245,91	–	11,88	13,36	–	4,67	5,25	–	–	–	–	–	–	–	–	–	–	–	–
	III	88,50	–	7,08	7,96	III	88,50	–	1,73	1,94	–	–	–	–	–	–	–	–	–	–	–	–	–	–	–
	V	668,83	–	53,50	60,19	IV	344,58	–	23,36	26,28	–	19,28	21,69	–	15,34	17,25	–	11,52	12,96	–	7,82	8,80	–	4,36	4,91
	VI	711,–	–	56,88	63,99																				

T 46

* Die ausgewiesenen Tabellenwerte sind amtlich. Siehe Erläuterungen auf der Umschlaginnenseite (U2).

Quelle: Stollfuß Tabellen, Gesamtabzug 2023, ebenda.

Die rechten Spalten der Lohnsteuertabelle mit den Überschriften 0, 0,5 usw. bis 3 sind für die Ermittlung von Abzügen bei Arbeitnehmerinnen und Arbeitnehmern, die Kinder haben. Wenn der Freibetrag für ein Kind auf die beiden steuerpflichtig arbeitenden Eltern verteilt wird, kann jeweils nur ein „halbes Kind" berücksichtigt werden.

Die Anzahl der Kinder wirkt sich mindernd auf die Solidaritätszuschläge und Kirchensteuer aus. Je mehr Kinder eine Person hat, desto geringer sind diese Abzüge.

Nicht nur die Anzahl der Kinder wirkt sich steuermindernd aus. Auch der Familienstand beeinflusst die Höhe der Steuerzahlung bei der Verdienstabrechnung. eine verheiratete Person muss zum Beispiel weniger Steuern bezahlen als eine ledige.

Beispiel: Wenn Jens Friedmann kein Kind hätte, müsste er auch keinen Solidaritätszuschlag zahlen, aber die Kirchensteuer würde für ihn 7,34 € betragen. Bei seinem Bruttoverdienst von 2.965,00 € fielen auch 81,66 € Lohnsteuer an. Wenn er ledig oder geschieden wäre und die Steuerklasse 1 hätte, müsste er 334,83 € Lohnsteuer zahlen.

Lohn/ Gehalt bis €*		Abzüge an Lohnsteuer, Solidaritätszuschlag (SolZ) und Kirchensteuer (8%, 9%) in den Steuerklassen					I, II, III, IV																
		I – VI					mit Zahl der Kinderfreibeträge . . .																
		ohne Kinderfreibeträge				0,5			1			1,5			2			2,5			3		
		LSt	SolZ	8%	9%	LSt	SolZ	8%	9%	SolZ	8%	9%	SolZ	8%	9%	SolZ	8%	9%	SolZ	8%	9%	SolZ	8%	9%
2 966,99	I,IV	334,83	—	26,78	30,13	I 334,83	—	18,55	20,87	—	10,83	12,18	—	3,80	4,27	—	—	—	—	—	—	—	—	—
	II	236,75	—	18,94	21,30	II 236,75	—	11,19	12,59	—	4,09	4,60	—	—	—	—	—	—	—	—	—	—	—	—
	III	81,66	—	6,53	7,34	III 81,66	—	1,30	1,46	—	—	—	—	—	—	—	—	—	—	—	—	—	—	—
	V	655,50	—	52,44	58,99	IV 334,83	—	22,60	25,43	—	18,55	20,87	—	14,63	16,46	—	10,83	12,18	—	7,16	8,06	—	3,80	4,27
	VI	697,33	—	55,78	62,75																				

Quelle: Stollfuß Tabellen, Gesamtabzug 2023, ebenda.

Ermittlung der Abzüge für die Sozialversicherung

Alle Arbeitnehmerinnen und Arbeitnehmer sind sozialversicherungspflichtig, müssen also in die Sozialversicherung einzahlen. Die Sozialversicherung hat vier Säulen:

- die Krankenversicherung,
- die Pflegeversicherung,
- die Rentenversicherung,
- die Arbeitslosenversicherung.

Die Sozialversicherung sichert Menschen bei Lebensrisiken wie Krankheit und Pflegebedürftigkeit, Armut im Alter und Arbeitslosigkeit ab. Das System der Sozialversicherungen wird ausführlich in Kapitel 2.4 dargestellt.

Die Beiträge zu den einzelnen Sozialversicherungen werden direkt vom Lohn oder Gehalt abgezogen. Sie werden vom Arbeitgeber an die Krankenkasse des Arbeitnehmers bzw. der Arbeitnehmerin gezahlt, die sie an die Träger der übrigen Sozialversicherungen oder an den Gesundheitsfond weiterleitet. Der Arbeitgeber beteiligt sich an der Finanzierung der Sozialversicherungen.

Die fünfte Sozialversicherung, die Unfallversicherung, bezahlt der Arbeitgeber sogar alleine; daher erscheint sie auch nicht auf der Verdienstabrechnung.

Die Beiträge zu den einzelnen Sozialversicherungen beziehen sich auf den Bruttoverdienst und betragen ab Januar 2024:

Sozialversicherung	gesamter Beitragssatz vom Bruttoverdienst	Anteil des Arbeitnehmers
Krankenversicherung	14,6 % eventuell mit Zusatzbeitrag je nach Krankenkasse	7,3 % eventuell zuzüglich der Hälfte des Zusatzbeitrages
Pflegeversicherung	3,4 %	AN-Anteil ohne Kinder 2,3 %, mit einem Kind 1,7 %, mit zwei Kindern 1,45 %, mit drei Kindern 1,2 %, mit vier Kindern 0,95 %, mit fünf und mehr Kindern 0,7 %.
Rentenversicherung	18,6 %	9,3 %
Arbeitslosenversicherung	2,6 %	1,3 %

Beispiel: Jens Friedmann hat ein Bruttoeinkommen in Höhe von 2.965,00 €. Seine Krankenversicherung, die Techniker Krankenkasse, erhebt einen Zusatzbeitrag von 0,8 Prozentpunkten:

Sozialversicherung	Arbeitnehmerbeitrag	Arbeitnehmerbeitrag
Krankenversicherung	7,3 % + 0,4 % = 7,7 %	2.965,00 € · 7,7 : 100 = 228,31 €
Pflegeversicherung	1,7 % (1 Kind)	2.965,00 € · 1,7 : 100 = 50,41 €
Rentenversicherung	9,3 %	2.965,00 € · 9,3 : 100 = 275,75 €
Arbeitslosenversicherung	1,3 %	2.965,00 € · 1,3 : 100 = 38,55 €

Damit sind alle Abzüge vom Bruttoentgelt bekannt. Durch Subtraktion der Abzüge vom Bruttogehalt ergibt sich das Nettogehalt.

Beispiel: Jens Friedmann (verheiratet, ein Kind, Bruttogehalt 2.968,00 €) erhält 2.290,57 € netto.

Bruttogehalt:	2.965,00 €	
– Lohnsteuer	81,66 €	Steuerabzüge
– Solidaritätszuschlag	0,00 €	
– Kirchensteuer	0,00 €	
– Krankenversicherung	228,31 €	Sozialversicherungsbeiträge
– Pflegeversicherung	50,41 €	
– Rentenversicherung	275,75 €	
– Arbeitslosenversicherung	38,55 €	
= **Nettogehalt**	2.290,32 €	Auszahlung

Aufgaben

1. Entscheiden Sie, welche Steuerklasse für die Arbeitnehmerinnen und Arbeitnehmer gewählt wird.

   a) Yunus Erdem — verheiratet, Alleinverdiener
   b) Bärbel Schneider — verheiratet, ihr Ehemann verdient deutlich mehr als sie
   c) David Eilers — ledig, keine Kinder
   d) Claudia Steinfeld — geschieden, kein Kind
   e) Edgar Kleufers — verheiratet, verdient in etwa soviel wie seine Frau
   f) Inge Freiberg — geschieden, zwei Kinder
   g) Gustav Grün — verheiratet, seine Frau verdient deutlich weniger als er
   h) Monika Elf — verheiratet, ihr Ehemann ist in Steuerklasse 3
   i) Susanne Wolters — es liegt die zweite Lohnsteuerkarte vor
   j) Theo Kuhn — ledig, alleinerziehender Vater von zwei Kindern

2. Berechnen Sie die Lohnsteuer und die Kirchensteuer zu Bruttoverdienst, Steuerklasse, Anzahl der Kinderfreibeträge und Konfession.

a) 2.978,10 €	1	0	katholisch
b) 2.962,00 €	3	2	evangelisch
c) 2.967,50 €	5	0	keine
d) 2.982,00 €	4	3	evangelisch
e) 3.004,00 €	2	1	keine

3. Ermitteln Sie die Arbeitnehmerbeiträge zur Sozialversicherung. Bruttoverdienst, Alter und Kinderfreibetrag sind angegeben; die Krankenkassen nehmen keine Zusatzbeiträge.

a) 2.980,00 €	25 Jahre	1
b) 1.820,50 €	21 Jahre	0
c) 3.100,00 €	43 Jahre	0
d) 2.410,60 €	22 Jahre	0
e) 1.970,00 €	27 Jahre	1

4. Ermitteln Sie den Nettolohn für Helga Schwarz, 29 Jahre alt, verheiratet, evangelisch, kein Kind, Bruttolohn 2.963,00 €. Helga Schwarz' Ehemann verdient deutlich mehr als sie. Zusatzbeitrag der Krankenkasse: 0,8 % (gesamt).

2.3 Entgeltbuchung

2.3.1 Personalkosten

 **DAS IST GESCHEHEN**

In der Buchhaltung der PEPP GmbH liegt die Lohnabrechnung von Peter Knittel, einem Mitarbeiter aus dem Lager, vor.

PEPP GmbH   **Verdienstabrechnung**

Name:	Geburtsdatum:	Steuerklasse:	Konfession:	Monat/Jahr:
Peter Knittel	09.08.1961	4 (ein Kind)	katholisch	06/20..

Adresse:
Flachsweg 38
41749 Viersen

Krankenkasse:
WWK (kein Zusatzbetrag)

Bruttobezüge:
1.892,99 €

Summe Steuerabzüge:	Lohnsteuer:	Solidaritäts-zuschlag:	Kirchensteuer:
107,82 €	105,66 €	0,00 €	2,16 €

Summe Abzüge Sozialversicherung (Arbeitnehmerbeitrag):	Kranken-versicherung:	Pflege-versicherung:	Renten-versicherung:	Arbeitslosen-versicherung:
370,51 €	138,19 €	32,18 €	176,05 €	24,09 €

Nettobezüge:
1.414,66 €

„Mann, der bekommt aber wenig ausgezahlt!", findet Max Junker, „sozusagen eine günstige Arbeitskraft für den Betrieb." „Das kann man so nicht sagen", korrigiert ihn Heinz Schummer, „aus Sicht des Betriebes ist ja nicht der Nettolohn entscheidend, sondern die gesamten Personalkosten. Rechne das doch mal nach!"

DAS IST ZU TUN

Schlüsseln Sie die Personalkosten, die für Peter Knittel anfallen, auf.

1. Wie hoch ist der Bruttolohn?

2. Wie hoch sind die gesamten Steuern?

3. Wie hoch sind die gesamten Beiträge des Arbeitnehmers zur Sozialversicherung?

4. Wie hoch sind die gesamten Beiträge des Arbeitgebers an die Sozialversicherung?

5. Wie hoch ist der Auszahlungsbetrag an Peter Knittel?

6. Wie hoch sind die gesamten Personalkosten für die PEPP GmbH bei dem Arbeitnehmer Peter Knittel?

DAS SOLLTEN SIE WISSEN

Die Kosten eines Unternehmens für sein Personal setzen sich nicht nur aus den Beträgen zusammen, die alle Arbeitnehmerinnen und Arbeitnehmer als Nettobezüge ausgezahlt bekommen. Zu den Nettoentgelten kommen die Steuern, die an das Finanzamt abgeführt werden, und die Arbeitnehmerbeiträge der Sozialversicherung. Beides wird den Mitarbeitern direkt vom Bruttoverdienst abgezogen.

Zusätzlich fallen aber weitere Kosten an, denn der Arbeitgeber muss sich an der Finanzierung der Sozialversicherungen beteiligen und zahlt deshalb denselben Beitrag wie die Arbeitnehmerinnen und Arbeitnehmer.

Beispiel:

Bruttoverdienst einer Arbeitnehmerin:	2.000,00 €	
– Lohnsteuer, Solidaritätszuschlag, Kirchensteuer:	215,00 €	an Finanzamt
– Arbeitnehmerbeitrag zur Sozialversicherung:	392,00 €	an Sozialversicherungsträger
= Nettoverdienst:	1.393,00 €	an Arbeitnehmerin

Bruttoverdienst:	2.000,00 €	
+ Arbeitgeberbeitrag zur Sozialversicherung:	392,00 €	an Sozialversicherungsträger
= Gesamtaufwand des Arbeitgebers:	2.392,00 €	

- Die Arbeitnehmerin verdient brutto 2.000,00 €, an sie werden netto 1.393,00 € ausgezahlt.
- Die Steuern werden an das Finanzamt überwiesen, sie stellen buchhalterisch eine Schuld gegenüber dem Finanzamt dar.
- Die Beiträge zur Sozialversicherung bestehen zur einen Hälfte aus den Arbeitnehmerbeiträgen, die andere Hälfte wird vom Arbeitgeber gezahlt. Beide Anteile werden an die Krankenkasse der Arbeitnehmerin überwiesen, die sie dann an die anderen Sozialversicherungsträger verteilt.
- Der Arbeitgeber hat einen Gesamtaufwand in Höhe von 2.392,00 €, da ihn die Arbeitnehmerin zum Bruttoverdienst auch noch die Hälfte der Sozialversicherungsbeiträge „kostet".

Für die Überweisungen der Steuern an das Finanzamt und der Sozialversicherungsbeiträge an die Krankenkassen hat der Gesetzgeber Termine gesetzt. Die Überweisung an das Finanzamt muss bis zum 10. des Folgemonats erfolgen. Die Überweisung an die Sozialversicherungsträger muss bis zum drittletzten Bankarbeitstages des laufenden Monats durchgeführt werden. Da an diesem Termin möglicherweise die genauen Aufwendungen für die Sozialversicherungen noch gar nicht bekannt sind, ist es den Unternehmen erlaubt, sich an dem Überweisungsbetrag des Vormonats zu orientieren. Eine möglicherweise notwendige Korrektur wird dann im nächsten Monat verrechnet.

2.3.2 Buchung der Entgeltabrechnung

DAS IST GESCHEHEN

Max Junker hat bei seiner Tätigkeit in der Personalabteilung die Lohnabrechnung des Lagerarbeiters Peter Knittel vorliegen. Sein Ausbilder Heinz Schummer bittet ihn, zu überlegen, wie die Buchungen im Grundbuch und im Hauptbuch der PEPP GmbH aussehen.

P E P P GmbH   **Verdienstabrechnung**

Name:	Geburtsdatum:	Steuerklasse:	Konfession:	Monat/Jahr:
Peter Knittel	09.08.1961	4 (ein Kind)	katholisch	06/20..

Adresse:
Flachsweg 38
41749 Viersen

Krankenkasse:
WKK (kein Zusatzbetrag)

Bruttobezüge:
1.892,99 €

	Lohnsteuer:	Solidaritäts-zuschlag:	Kirchensteuer:
Summe Steuerabzüge: 107,82 €	105,66 €	0,00 €	2,16 €

	Kranken-versicherung:	Pflege-versicherung:	Renten-versicherung:	Arbeitslosen-versicherung:
Summe Abzüge Sozialversicherung (Arbeitnehmerbeitrag): 370,51 €	138,19 €	32,18 €	176,05 €	24,09 €

Nettobezüge:
1.414,66 €

„Löhne an Bank?
Nein, das wäre zu einfach ..."

DAS IST ZU TUN

Bilden Sie die Buchungssätze zur Verdienstabrechnung.

DAS SOLLTEN SIE WISSEN

Die Verdienstabrechnung zeigt die Beträge an, die gebucht werden müssen. Im vorherigen Kapitel wurde die Herkunft oder Verwendung der einzelnen Beträge schon erläutert. Die einzelnen Positionen werden auf bekannte und neue Konten gebucht.

Position der Verdienstbescheinigung	Konto	Erläuterung
Bruttolohn oder Bruttogehalt	6200 Löhne oder 6300 Gehälter	Lohnzahlung bei Arbeitern und Arbeiterinnen, Gehaltszahlung bei Angestellten
Lohnsteuer, Solidaritätszuschlag, Kirchensteuer	4830 Sonstige Verbindlichkeiten gegenüber Finanzbehörden	Die Steuern sind eine Schuld (Verbindlichkeit) gegenüber dem Staat; sie sind an das zuständige Finanzamt zu überweisen.
Arbeitnehmerbeiträge zur Sozialversicherung	4840 Verbindlichkeiten gegenüber Sozialversicherungsträgern	Die Beiträge zur Sozialversicherung sind eine Verbindlichkeit gegenüber deren Trägern, sie sind an die Krankenkassen der Arbeitnehmer/-innen zu zahlen.
Nettolohn oder Nettogehalt (Auszahlungsbetrag)	2800 Bank	Der Nettobetrag oder Auszahlungsbetrag, der an die Arbeitnehmer/-innen überwiesen wird
Arbeitgeberbeiträge zur Sozialversicherung	6400 Arbeitgeberanteil zur Sozialversicherung	Die Arbeitgeberbeiträge zur Sozialversicherung stellen einen Aufwand dar.

Der Arbeitgeberanteil zur Sozialversicherung ist eine Verbindlichkeit und wird auf dem gleichen Konto „Verbindlichkeiten gegenüber Sozialversicherungsträgern" gebucht. Die Gegenbuchung erfolgt im Konto „Arbeitgeberanteil zur Sozialversicherung".

Für eine Lohn- oder Gehaltszahlung werden **drei** Buchungen notwendig:

- die Arbeitnehmer- und Arbeitgeberbeiträge zur Sozialversicherung, die am drittletzten Bankarbeitstag des Monats fällig sind,
- die Position aus der Verdienstabrechnung der Arbeitnehmerinnen und Arbeitnehmer, die am Monatsende fällig ist,
- die Überweisung der Steuern an das Finanzamt, die am 10. des Folgemonats fällig ist.

Beispiel:

Bruttoverdienst:	2.000,00 €	
– Lohnsteuer, Solidaritätszuschlag, Kirchensteuer:	215,00 €	an Finanzamt
– Arbeitnehmerbeitrag zur Sozialversicherung:	392,00 €	an Sozialversicherungsträger
= Nettoverdienst:	1.393,00 €	an Arbeitnehmer/ Arbeitnehmerin

Bruttoverdienst:	2.000,00 €	
+ Arbeitgeberbeitrag zur Sozialversicherung:	392,00 €	an Sozialversicherungsträger
= Gesamtaufwand des Arbeitgebers:	2.392,00 €	

Aus der Fälligkeit der Sozialversicherungsbeiträge ergibt sich die **erste** Buchung der Personalaufwendungen.

Position	Beträge	Konto	Kontenseite, auf der gebucht werden muss	Begründung
Arbeitnehmer- und Arbeitgeberbeiträge zur Sozialversicherung	2 · 392,00 € = 784,00 €	4840 Verbindlichkeiten gegenüber Sozialversicherungsträgern	Soll	Minderung in einem Passivkonto
Die Überweisung an die Krankenkasse	784,00 €	2800 Bank	Haben	Minderung in einem Aktivkonto

Der Buchungssatz lautet:

Konten	Soll	Haben
4840 Verbindlichkeiten gegenüber Sozialversicherungsträgern an 2800 Bank	784,00 €	784,00 €

Am Monatsende wird der Lohn überwiesen, dies ist die **zweite** Buchung.

Position	Beträge	Konto	Kontenseite, auf der gebucht werden muss	Begründung
Bruttolohn oder Bruttogehalt	2.000,00 €	6200 Löhne	Soll	Aufwendungen werden im Soll gebucht.
Lohnsteuer, Solidaritätszuschlag, Kirchensteuer	215,00 €	4830 Sonstige Verbindlichkeiten gegenüber Finanzbehörden	Haben	Mehrung in einem Passivkonto
Arbeitnehmerbeiträge zur Sozialversicherung	392,00 €	4840 Verbindlichkeiten gegenüber Sozialversicherungsträgern	Haben	Mehrung in einem Passivkonto
Nettolohn oder Nettogehalt (Auszahlungsbetrag)	1.393,00 €	2800 Bank	Haben	Minderung in einem Aktivkonto

Position	Beträge	Konto	Kontenseite, auf der gebucht werden muss	Begründung
Arbeitgeberbeiträge zur Sozialversicherung	392,00 €	6400 Arbeitgeberanteil zur Sozialversicherung	Soll	Aufwendungen werden im Soll gebucht.

Daraus ergeben sie zwei Buchungssätze:

Konten	Soll	Haben
6200 Löhne	2.000,00 €	
an 4830 Verbindlichkeiten gegenüber Finanzbehörden		215,00 €
an 4840 Verbindlichkeiten gegenüber Sozialversicherungsträgern		392,00 €
an 2800 Bank		1.393,00 €
6400 Arbeitgeberanteil zur Sozialversicherung	392,00 €	
an 4840 Verbindlichkeiten gegenüber Sozialversicherungsträgern		392,00 €

Schließlich müssen noch die Steuern an das Finanzamt überwiesen werden; dies ist die dritte Buchung.

Konten	Soll	Haben
4830 Verbindlichkeiten gegenüber Finanzbehörden	215,00 €	
an 2800 Bank		215,00 €

Die Buchungen im Hauptbuch sind nicht schwierig, weil die neuen Konten zu den bekannten Bestandskonten oder Aufwandskonten gehören. Buchungen und Kontoabschluss erfolgen so, wie es bei diesen Konten schon bekannt ist (vgl. Handlungsfeld 1 in Band 1).

→ Bd.1, HF 1

\\\ Aufgaben

1. Bilden Sie die Buchungssätze zur Gehaltsabrechnung der Mitarbeiterin Yvonne Haase.

Bruttogehalt	2.429,00	Arbeitgeberanteil SV	476,09
Lohnsteuer	284,41	Krankenversicherung	177,32
Solidaritätszuschlag	0,00	Rentenversicherung	225,90
Kirchensteuer	25,59	Pflegeversicherung	41,29
Nettogehalt	1.642,91	Arbeitslosenversicherung	31,58

2. An einen Angestellten wird Gehalt gezahlt. Bilden Sie die Buchungen zur Gehaltsabrechnung. Der Arbeitnehmer hat eine Krankenkasse ohne Zusatzbeitrag gewählt.

Bruttogehalt	2.621,00
Steuerabzüge:	489,21
Beiträge Arbeitnehmers Sozialversicherung (Arbeitgeber identisch):	506,51
Auszahlungsbetrag:	1.625,28

2.4 Das System der Sozialversicherung und die private Vorsorge

Die Sozialversicherung sichert Menschen gegen Risikofolgen wie Krankheit und Pflegebedürftigkeit, Armut im Alter, Arbeitslosigkeit, Schäden durch die Arbeits- und Wegeunfälle ab. Entsprechend gibt es fünf Zweige der Sozialversicherung.

Sozialversicherung				
Kranken-versicherung	Pflege-versicherung	Renten-versicherung	Arbeitslosen-versicherung	Unfall-versicherung

Bei den Sozialversicherungen handelt es sich um **Pflichtversicherungen**. Bestimmte Personengruppen sind zur Mitgliedschaft in diesen Versicherungen verpflichtet. Das Gegenstück zu den Sozialversicherungen sind die **Individualversicherungen**, bei denen man nicht verpflichtet ist, Mitglied zu sein, aber freiwillig abschließen kann.

Beispiel: Martin Winter aus der Abteilung Buchhaltung/Zahlungsverkehr muss in der gesetzlichen Krankenkasse sein, sich gegen Arbeitslosigkeit versichern und sich auch in den anderen drei Sozialversicherungen versichern. Er muss aber keine private Lebensversicherung abschließen und niemand kann ihn zwingen, eine Diebstahlversicherung abzuschließen.

Die Sozialversicherungen gibt es seit circa 140 Jahren. Es begann mit der Krankenversicherung und der Unfallversicherung für Arbeitnehmerinnen und Arbeitnehmer. Die Idee war und ist, Arbeitnehmerinnen und Arbeitnehmer vor finanziellen und sozialen Problemen zu schützen, falls sie nicht mehr arbeiten können, weil sie erkranken oder arbeitslos werden. Um dies zu finanzieren, werden Anteile vom Lohn oder Gehalt der Arbeitnehmerinnen und Arbeitnehmer einbehalten und an die Sozialversicherung weitergegeben.

Arbeitgeber und Arbeitnehmerinnen und Arbeitnehmer zahlen jeweils den halben Beitrag zur Sozialversicherung; das ist der Grundsatz der Parität. Bei den Sozialversicherungen gilt außerdem der Grundsatz der Solidarität: Wer wenig verdient, muss nur geringe Beiträge zahlen. Wer mehr oder viel verdient, zahlt hohe Beiträge in die Sozialversicherungen. Die Leistungen der Sozialversicherungen sind aber für alle gleich.

Die Finanzierung der Sozialversicherung über die Löhne und Gehälter der Arbeiter und Arbeiterinnen und Angestellten führt zu Problemen:

- Arbeitslose Menschen zahlen keine Beiträge in die Sozialversicherung; folglich hat diese weniger Geld, um die Renten, Krankenhausrechnungen usw. zu bezahlen.
- Menschen im Altersruhestand beziehen Rente, werden häufiger krank als junge Menschen oder sie werden sogar pflegebedürftig. Zugleich nimmt in Deutschland die Zahl alter Menschen zu, die Leistungen der Sozialversicherungen erhalten, und die junger Menschen ab, die in die Sozialversicherungen einzahlen.

Aus diesen und anderen Gründen werden Sozialversicherungen häufig verbessert, verändert und reformiert. Jeder hat schon einmal von der „Rentenreform" oder der „Gesundheitsreform" gehört, wobei die Begriffe alle paar Jahre wieder auftauchen.

Wegen der wiederkehrenden finanziellen Schwierigkeiten des Sozialversicherungssystems wird es immer wichtiger, auch privat vorzusorgen. Das kann eine private Krankenzusatzversicherung, aber

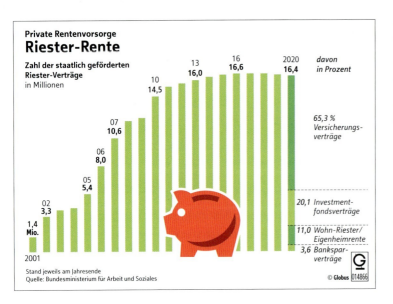

Private Rentenvorsorge
Riester-Rente

Zahl der staatlich geförderten
Riester-Verträge
in Millionen

*davon
in Prozent*

2020 **16,4**

16 **16,6**

13 **16,0**

10 **14,5**

07 **10,6**

06 **8,0**

05 **5,4**

02 **3,3**

**1,4
Mio.**

2001

65,3 % *Versicherungs-
verträge*

20,1 *Investment-
fondsverträge*

11,0 *Wohn-Riester/
Eigenheimrente*

3,6 *Bankspar-
verträge*

Stand jeweils am Jahresende
Quelle: Bundesministerium für Arbeit und Soziales

© Globus 014866

auch eine zusätzliche private Altersvorsorge sein. Private Altersvorsorge wird auch vom Staat unterstützt, etwa in Form der Riester-Rente. Die Grafik zeigt, wie die gesetzliche Rente aufgebessert werden kann.

In den nächsten Kapiteln wird auf die einzelnen Zweige der Sozialversicherung näher eingegangen, damit Sie einen Überblick erhalten, wer jeweils versichert ist und was die Sozialversicherungen leisten.

2.4.1 Krankenversicherung und Pflegeversicherung

DAS IST GESCHEHEN

Max Junker ist schon seit einiger Zeit Auszubildender der PEPP GmbH. In der Mittagspause unterhält er sich mit Finn Brinkmann, der als Industriemechaniker erst mit der Ausbildung begonnen hat.

Finn: Viel Geld verdient man ja in der Ausbildung nicht; laut Vertrag bekomme ich 850,00 € im Monat.

Max: Och, das steigert sich ja im Laufe der Ausbildung.

Finn: Naja, aber die 850,00 € bekomme ich ja auch nicht ausgezahlt, sondern nicht einmal 700 ,00 €. Diese ganzen Abzüge …

Max: Das sind die Abzüge für die Sozialversicherungen. Dadurch bist du doch jetzt versichert, zum Beispiel, wenn du mal krank wirst.

Finn: Früher als Schüler war ich auch krankenversichert, über meinen Vater. Und sogar privat! Jetzt geht das alles nicht mehr – verstehe ich nicht.

DAS IST ZU TUN

1. Erklären Sie, warum sich Finn mit Beginn der Ausbildung selbst krankenversichern muss.

2. Welche Bedingungen müsste Finn erfüllen, damit er sich privat krankenversichern kann?

3. Berechnen Sie Finns monatlichen Krankenkassenbeitrag, wenn seine Krankenkasse einen Zusatzbeitrag von 0,5 Prozentpunkten erhebt.

4. Beschreiben Sie wichtige Leistungen der gesetzlichen Krankenkasse.

DAS SOLLTEN SIE WISSEN

In der gesetzlichen Krankenversicherung müssen sich alle Arbeitnehmer und Arbeitnehmerinnen versichern, deren Einkommen die **Versicherungspflichtgrenze** nicht überschreitet. Diese Grenze beträgt im Jahr 2024 5.775,00 € im Monat.

Zur Finanzierung der gesetzlichen Krankenkasse wird vom Einkommen der Arbeitnehmerinnen und Arbeitnehmer ein bestimmter Prozentsatz abgezogen und in die Krankenversicherung eingezahlt. Der Gesamtbeitrag beträgt im Jahr 2024 14,6 %. Arbeitgeber/-innen und Arbeitnehmer zahlen jeweils die Hälfte, also 7,3 %. Dazu kommt ein Zusatzbeitrag, der von Kasse zu Kasse variiert und seit 2019 wieder hälftig von Arbeitgeber und Arbeitnehmer/-innen gezahlt wird.

Beispiel: Ein Arbeitnehmer verdient 1.000,00 € brutto. Der Beitragssatz der gesetzlichen Krankenkasse beträgt 14,6 % vom sozialversicherungspflichtigen Bruttolohn. Wenn seine Krankenkasse einen Zusatzbeitrag von 1 % erhebt, beträgt der gesamte Krankenkassenbeitrag 15,6 %. Davon zahlen Arbeitnehmer und Arbeitgeber jeweils die Hälfte, also 7,8 % oder 78,00 €.

Die Höhe der Beiträge ist nach oben durch die **Beitragsbemessungsgrenze** begrenzt. Sie beträgt im Jahr 2024 5.175,00 €. Arbeitnehmer, deren Einkommen über dieser Grenze liegt, zahlen nur den Beitrag für 4.987,50 €. Alles, was darüber hinausgeht, wird nicht auf den Krankenversicherungsbeitrag angerechnet.

Beispiel: Der Bruttoverdienst einer Arbeitnehmerin beträgt monatlich 5.500,00 € und liegt über der Beitragsbemessungsgrenze von 5.175,00 €. Ihr Krankenkassenbeitrag von 14,6 % bezieht sich aber nicht auf 5.500,00 €, sondern auf die Beitragsbemessungsgrenze, beträgt also 7,3 % · 5.175,00 € = 377,78 €.

Bei der Wahl der Krankenkasse sind Arbeitnehmerinnen und Arbeitnehmer frei. Der Beitragssatz zur Krankenversicherung wird von der Bundesregierung festgesetzt und regelmäßig den Kosten oder den Ausgaben der Kassen angepasst. Die vom Verdienst der versicherungspflichtigen Arbeitnehmer und Arbeitnehmerinnen einbehaltenen Beiträge werden von den Unternehmen an die Krankenkassen überwiesen. Neben Arbeitnehmern und Arbeitnehmerinnen sind auch Studierende, Praktikantinnen und Praktikanten, Rentner und Rentnerinnen und weitere Personengruppen in der gesetzlichen Krankenkasse freiwillig gesetzlich versichert, sofern sie nicht einer privaten Krankenkasse angehören.

Im Krankheitsfall erhalten die Versicherten für ihre Beiträge Leistungen von den Krankenkassen:

- ärztliche und zahnärztliche Behandlung,
- Vorsorgeuntersuchungen,
- Krankenhausaufenthalt,
- verordnete Medikamente, Heil- und Verbandsmittel,
- Hilfsmittel wie Hörgeräte, Brillen, Rollstühle,
- Haushaltshilfe.

Neben diesen Leistungen ist das Krankengeld eine weitere, wichtige Leistung. Es wird ab der 7. Woche einer Krankheit durch die Krankenkassen anstelle von Lohn oder Gehalt gezahlt und entlastet den Arbeitgeber. Das Krankengeld beträgt etwa 70 % des regelmäßigen Bruttoeinkommens der Arbeitnehmerinnen und Arbeitnehmer. Bei dieser umfangreichen Absicherung werden die Versicherten in die Pflicht genommen, um Kosten zu sparen. Sie müssen bei einigen Leistungen Zuzahlungen oder

Selbstbeteiligungen tragen, jedoch nicht mehr als 2 % des jährlichen Haushaltseinkommens (Einkommen der Arbeitnehmerinnen und Arbeitnehmer und ihrer Familienangehörigen in demselben Haushalt). Gegen zu hohe Selbstbeteiligungen kann man sich auch schützen, indem man eine private Krankenzusatzversicherung abschließt.

Die **Pflegeversicherung** ist den Krankenkassen zugeordnet. Jede Krankenkasse hat eine eigene Pflegekasse errichtet, die für die Organisation der Pflegeversicherung dieser Krankenkasse zuständig ist. Wie die Krankenversicherung wird die Pflegeversicherung durch Beiträge finanziert, die den Arbeitnehmern und Arbeitnehmerinnen vom Bruttoeinkommen abgezogen werden. Der aktuelle Beitragsatz beträgt 3,4 % im Januar 2024, die eine Hälfte (1,7 %) zahlt der Arbeitgeber, die andere Hälfte wird vom Lohn oder Gehalt der Arbeitnehmerinnen und Arbeitnehmer einbehalten. Wenn Arbeitnehmerinnen und Arbeitnehmer keine Kinder haben, müssen sie ab dem 23. Lebensjahr zusätzlich den Kinderlosenbeitrag von 0,6 % bezahlen, sodass der Beitrag 2,3 % beträgt. Ab dem 2. bis zum 5. Kind erhalten Arbeitnehmerinnen und Arbeitnehmer einen Beitragsnachlass in Höhe von 0,25 %-Punkten pro Kind.

Beispiel: Bei einem Bruttoverdienst von 1.000,00 € ergeben sich 3,4 % oder 34,00 €. Arbeitgeber und Arbeitnehmer/-innen zahlen jeweils die Hälfte (1,7 %), also 17,00 €. Mit Kinderlosenzuschlag beträgt der Beitrag allerdings 2,3 % oder 23,00 €.

Für diese Beiträge erhält man Leistungen der Pflegeversicherung, wenn man pflegebedürftig wird. Pflegebedürftig ist man, wenn man die normalen Tätigkeiten des täglichen Lebens nicht mehr ohne fremde Hilfe bewerkstelligen kann.

Die Leistungen können Sachleistungen oder Geldleistungen sein:

- Pflegehilfsmittel, z. B. Pflegebett
- kostenlose Pflegekurse für Angehörige
- Zuschuss zum Umbau der Wohnung
- stationäre Pflege in einem Pflegeheim

In der Pflegeversicherung sind alle versichert, die auch in der gesetzlichen Krankenversicherung versichert sind. Dies gilt auch für Familienangehörige, die in der Krankenkasse familienversichert sind, wie Ehepartner und Kinder ohne eigenes Einkommen.

Aufgaben

1. a) Sammeln Sie die Namen der Krankenkassen, bei denen Sie und Ihre Mitschüler versichert sind. Welche Krankenkasse wird am häufigsten genannt? Prüfen Sie, ob die genannten Krankenkassen einen Zusatzbeitrag fordern und vergleichen Sie deren Höhen.
   b) Nennen Sie Personengruppen, die in der gesetzlichen Krankenversicherung versichert sind. Ab welchem Monatsverdienst ist man nicht mehr in der gesetzlichen Krankenversicherung pflichtversichert?

2. a) Erklären Sie, welche Organisation hinter der Pflegeversicherung steht.
   b) Nennen Sie die Leistungen, die von der Pflegeversicherung erbracht werden.

3. a) Erläutern Sie, warum eine gesetzliche Pflicht zur Mitgliedschaft in einer Krankenversicherung sinnvoll ist.
   b) Nennen Sie Gründe, warum 1995 die Pflegeversicherung als weiterer Zweig der Sozialversicherung eingeführt wurde.

2.4.2 Rentenversicherung

DAS IST GESCHEHEN

Im Fabrikverkauf der PEPP GmbH kaufen vormittags häufig ältere Kundinnen und Kunden ein. Viele sind Stammkundschaft und nutzen die eher ruhigen Stunden im Verkaufsshop, um sich beim Einkaufen Zeit zu nehmen. Die Praktikantin Jenny Hoff hilft im Shop aus und wundert sich über die hohen Umsätze, die heute anfallen.

Jenny Hoff: Die müssen ja echt viel Geld haben, so viel, wie die bei uns einkaufen.

Helga Münster: Die werden wohl eine ordentliche Rente haben.

Jenny Hoff: Ja, eine ordentliche Rente, das belastet ja auch ordentlich die Rentenkasse!

Helga Münster: Nun mal langsam, die haben ja auch alle lange genug in die gesetzliche Rentenkasse eingezahlt.

Jenny Hoff: Und das bekommen sie jetzt ausbezahlt, oder wie?

Helga Münster: Nein, deren Rente bezahlen wir.

Jenny Hoff: Wieso das?

DAS IST ZU TUN

1. Erläutern Sie, wie das System der gesetzlichen Rentenversicherung funktioniert.

2. Welche Leistungen bietet die gesetzliche Rentenversicherung neben der Altersrente?

DAS SOLLTEN SIE WISSEN

Die gesetzliche Rentenversicherung, deren Träger die Deutsche Rentenversicherung ist, basiert auf dem Generationenvertrag.

Die berufstätigen Erwachsenen geben in zwei Richtungen Leistungen ab: an die Kinder und an die Rentnerinnen und Rentner. Die Beiträge an die gesetzliche Rentenversicherung werden zur Hälfte vom Arbeitsentgelt der arbeitenden Erwachsenen einbehalten, die andere Hälfte zahlt der Arbeitgeber.

Die Rentenversicherung beruht auf einem **Umlageverfahren**. Alle Beiträge vom Entgelt der arbeitenden Bevölkerung werden direkt an die Rentnerinnen und Rentner weitergeleitet. Es wird kein Geld angespart und später ausbezahlt, sondern

ein Rentenanspruch erworben. Im Jahr 2024 ist der Beitragssatz 18,6 % des Bruttoeinkommens.

Beispiel: Eine Arbeitnehmerin verdient 1.000,00 € brutto. Davon werden 18,6 % oder 186,00 € in die Rentenversicherung eingezahlt. Der Arbeitnehmerin werden 93,00 € vom Bruttoverdienst abgezogen, der Arbeitgeber gibt 93,00 € dazu.

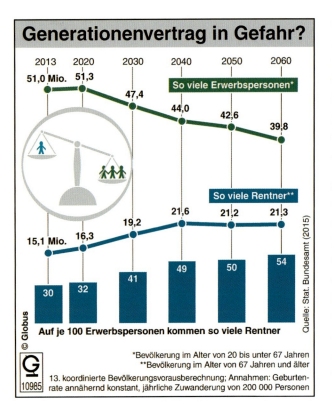

Generationenvertrag in Gefahr?

| | 2013 | 2020 | 2030 | 2040 | 2050 | 2060 |

So viele Erwerbspersonen*

51,0 Mio. 51,3 47,4 44,0 42,6 39,8

So viele Rentner**

15,1 Mio. 16,3 19,2 21,6 21,2 21,3

Auf je 100 Erwerbspersonen kommen so viele Rentner

30 32 41 49 50 54

Quelle: Stat. Bundesamt (2015)

© Globus

*Bevölkerung im Alter von 20 bis unter 67 Jahren
**Bevölkerung im Alter von 67 Jahren und älter

13. koordinierte Bevölkerungsvorausberechnung; Annahmen: Geburten-
rate annähernd konstant, jährliche Zuwanderung von 200 000 Personen

10985

Neben den pflichtversicherten Arbeitnehmern und Arbeitnehmerinnen sind auch Auszubildende und Arbeitslose in der gesetzlichen Rentenversicherung. Der Beitragssatz der Rentenversicherung wird jährlich überprüft und den Ausgaben angepasst. Wenn es mehr Rentnerinnen und Rentner gibt und mehr Renten ausgezahlt werden müssen, muss auch der Beitragssatz der Rentenversicherung erhöht werden.

Problematisch wird es auf lange Sicht für den Generationenvertrag und das Umlageverfahren, wenn es immer mehr Rentnerinnen und Rentner und immer weniger junge arbeitende Menschen gibt. Dann zahlen weniger Menschen in die Rentenkasse ein, es müssen aber mehr Renten ausbezahlt werden. In der Folge wird man die Altersgrenze heben und den Rentensatz senken. Daneben werden vom Staat verschiedene Varianten der privaten Altersvorsorge wie die Riester-Rente unterstützt. Möglichkeiten der privaten Vorsorge werden in Kapitel 4.5 thematisiert.

Leistungen der Rentenversicherung

Altersrente

Die Altersrente ist umgangssprachlich „die Rente", weil es die am besten bekannte Rente ist, die fast jeder bekommen wird. Ab dem 65. Lebensjahr kann man Altersrente beziehen; es gibt aber Ausnahmen für einen früheren Rentenbeginn, zum Beispiel, wenn man eine Schwerbehinderung oder eine lange Versicherungszeit nachweisen kann. Das Renteneintrittsalter wird seit dem Jahr 2012 schrittweise auf 67 Jahre angehoben. Die Höhe der Rente hängt davon ab,

- wie lange man in die gesetzliche Rentenversicherung eingezahlt hat;
- wie viel man als Arbeitnehmer/-in verdient hat (und damit wie viel man eingezahlt hat);
- wie viel Anrechnungszeiten für Kindererziehung, Pflegezeiten, Ausbildungszeiten usw. man nachweisen kann, die bei der Rentenzahlung berücksichtig werden.

Erwerbsminderungsrente

Diese Rente wird gezahlt, wenn man einer Arbeit teilweise oder gar nicht mehr nachgehen kann. Die Höhe der Erwerbsminderungsrente richtet sich nach der Schwere der Erwerbsminderung. Wer zum Beispiel noch einen Teilzeitjob annehmen kann, bekommt nicht so viel Rente wie jemand, der gar nicht mehr arbeiten kann. Die Erwerbsminderungsrente endet mit dem Eintritt in die Altersrente.

Hinterbliebenenrente

Wenn in einer Familie die Person stirbt, die hauptsächlich für das Familieneinkommen sorgte, zahlt die gesetzliche Rentenversicherung Hinterbliebenenrente an die Ehepartner (Witwer- oder Witwenrente) und die Kinder (Waisenrente).

1. a) Erläutern Sie den Generationenvertrag.

   b) Zeigen Sie die Probleme des Generationenvertrages anhand der Grafik „Generationenvertrag in Gefahr" auf.

2. a) Nennen Sie Personengruppen, die in der gesetzlichen Rentenversicherung versichert sind.

   b) Zählen Sie die Leistungen der gesetzlichen Rentenversicherung für die Versicherten auf und beschreiben Sie diese Leistungen.

   c) „Keine Leistung ohne Gegenleistung." Zeigen Sie auf, was man machen muss, um Leistungen aus der gesetzlichen Rentenversicherung erwarten zu können.

2.4.3 Arbeitslosenversicherung

DAS IST GESCHEHEN

Kündigung Ihres Arbeitsverhältnisses

Sehr geehrter Herr Junker,

hiermit kündige ich das zwischen uns bestehende Arbeitsverhältnis aus dem Arbeitsvertrag vom 01.06.2015 ordentlich fristgerecht zum 31.09. dieses Jahres.

Mit freundlichen Grüßen

G. Wirtenbach

Gerda Wirtenbach
Geschäftsführerin

Max Junker, einer der Auszubildenden der PEPP GmbH, ist geknickt. Sein Vater hat die letzten Jahre in einer kleinen Maschinenbaufirma gearbeitet, nun hat er seinen Job verloren und ist arbeitslos. Max weiß nicht so recht, wie es in seiner Familie weitergehen soll.

DAS IST ZU TUN

Finden Sie heraus, wie der Vater von Max gegen das Risiko der Arbeitslosigkeit abgesichert ist.

1. Nennen Sie die finanzielle Leistung, auf die Max' Vater zunächst Anspruch hat.

2. Wie lange bekommt er diese finanzielle Leistung?

3. Erläutern Sie, was passiert, wenn der Anspruch auf diese Leistung abgelaufen ist.

4. Nennen Sie weitere Aufgaben der Arbeitsagentur neben der Zahlung von finanzieller Unterstützung.

DAS SOLLTEN SIE WISSEN

In der gesetzlichen Arbeitslosenversicherung sind alle Arbeiterinnen und Arbeiter, Angestellten und Auszubildenden versichert. Träger der Arbeitslosenversicherung ist die Bundesagentur für Arbeit in Nürnberg mit ihren Arbeitsagenturen in den einzelnen Städten und Gemeinden. Die Agenturen für Arbeit haben als wichtigste Aufgabe die Vermittlung von Arbeits- und Ausbildungsplätzen. Daneben sind sie noch für Berufsberatung und für die Förderung von beruflicher Eingliederung zuständig.

Die gesetzliche Arbeitslosenversicherung wird durch Beiträge finanziert, die von der arbeitenden Bevölkerung aufgebracht werden. Der Beitragssatz beträgt 2024 2,6 % und wird je zur Hälfte vom Arbeitnehmer/-innen und vom Arbeitgeber bezahlt.

Beispiel: Ein Arbeitnehmer verdient 1.000,00 € brutto. Davon müssen 2,6 % oder 26,00 € in die Arbeitslosenversicherung gezahlt werden. Arbeitnehmer und Arbeitgeber zahlen je die Hälfte, also 1,3 % oder 13,00 €.

Die Leistungen der Arbeitsagentur an Arbeitslose sind, neben der Vermittlung einer neuen Stelle und einer eventuell nötigen Qualifikation, die Zahlung von Arbeitslosengeld. Dabei wird in Arbeitslosengeld I und Bürgergeld (früher: Arbeitslosengeld II) unterschieden.

Arbeitslosengeld I

Arbeitslosengeld I wird an Personen gezahlt, die sich arbeitslos melden und durch Beitragszahlungen in die gesetzliche Arbeitslosenversicherung während mindestens der letzten zwölf Monate einen Anspruch auf Arbeitslosengeld erworben haben. Arbeitslosengeld I wird maximal zwölf Monate gezahlt; bei älteren Arbeitnehmern und Arbeitnehmerinnen maximal 24 Monate. Die Höhe des Arbeitslosengelds I beträgt regelmäßig 60 % des letzten durchschnittlichen Nettoverdienstes; wenn man Kinder hat, sind es 67 %.

Bürgergeld

Das Bürgergeld wird an alle ausgezahlt, die erwerbsfähig sind und auf Arbeitslosengeld I keinen Anspruch (mehr) haben. Die Höhe des Regelbedarfes für eine alleinstehende erwachsene Person beträgt seit dem 01.01.2024 563,00 €. Daneben gibt es Zuschüsse für Kinder, die zu versorgen sind, für die Wohnung und für Heizkosten. Wichtig ist, dass diese Grundsicherung nur an Bedürftige gezahlt wird, also werden die Einkommens- und Vermögensverhältnisse der Personen, die Bürgergeld beziehen wollen, genau betrachtet.

Weitere Leistungen der Arbeitsagentur

Neben dem Arbeitslosengeld und der Grundsicherung können Arbeitslose auch andere Leistungen der Agentur für Arbeit empfangen:

- Berufsförderung, Weiterbildung: Unterstützung bei Ausbildung oder Weiterbildung
- Ausbildungsbegleitende Hilfen: Unterstützung in der beruflichen Ausbildung, um einen Abschluss zu erlangen
- Gründungszuschuss: finanzielle Unterstützung, wenn sich Arbeitslose selbstständig machen möchten

\\\\ Aufgaben

1. a) Erläutern Sie, wer Anspruch auf Arbeitslosengeld I hat.
   b) Erläutern Sie, wer Anspruch auf Bürgergeld hat.
   c) Nennen Sie Maßnahmen der Arbeitsagenturen zur Arbeits- und Berufsförderung.

2. a) Recherchieren Sie, wie hoch derzeit die Zahl der Arbeitslosen in Deutschland, in Nordrhein-Westfalen und in Ihrem Kreis oder Ihrer Stadt ist.
   b) Finden Sie heraus, wie hoch die Zahl der offenen Stellen ist, und vergleichen Sie diese Daten mit denen aus a).
   c) Tragen Sie Gründe zusammen, warum es trotz Arbeitslosigkeit auf der einen Seite immer unbesetzte Arbeitsplätze gibt. Auch dazu kann man im Internet geeignete Informationen finden.

2.4.4 Unfallversicherung

DAS IST GESCHEHEN \\\\

Im Lager der Mediaworld e. K. gab es einen Arbeitsunfall, bei dem ein Lagerarbeiter von einer Leiter fiel. Er fehlt wegen einer gebrochenen Hand voraussichtlich für die kommenden acht Wochen.

DAS IST ZU TUN \\\\

1. Nennen Sie die Leistungen, die der Lagermitarbeiter wegen des Arbeitsunfalls aus der Unfallversicherung beanspruchen kann.

2. Erläutern Sie, wie die Unfallversicherung weiterhilft, falls man wegen des Unfalles nicht mehr im alten Beruf arbeiten kann.

DAS SOLLTEN SIE WISSEN \\\\

Die gesetzliche Unfallversicherung gibt es schon seit 1884. In der heutigen Form ist sie Pflichtversicherung für alle Arbeitnehmer und Arbeitnehmerinnen und Auszubildenden, unabhängig vom monatlichen Verdienst. In der Unfallversicherung sind aber unter anderem auch Kinder in Kindergärten, Schülerinnen und Schüler und Studierende versichert.

Die gesetzliche Unfallversicherung leistet bei

- Arbeitsunfällen,
- Wegeunfällen auf dem Weg zur oder von der Arbeit,
- Berufskrankheiten.

Risiko am Arbeitsplatz

Tödliche Arbeits- und Wegeunfälle in Deutschland*

2001
1613 03
1501
06
1246
08
1030
11
892
15
818
19
806
2022
671
09
818
13
772
20
637

Arbeitsunfälle
423

Aufteilung
2022

248
Wegeunfälle

*im Bereich der gewerblichen Berufsgenossenschaften und der Unfallversicherungen der öffentlichen Hand (ohne Schüler-Unfallversicherung)

016276 Globus   Quelle: DGUV

Nach einem Arbeitsunfall hilft die Unfallversicherung unter anderem durch Bezahlung von

- ärztlichen Heilbehandlungen;
- Verletztengeld, das gezahlt wird, wenn der Arbeitgeber bei längerer Krankheit kein Arbeitsentgelt mehr zahlen muss;
- Berufsförderung wie Umschulung, Übergangsgeld zur Finanzierung einer neuen Ausbildung;
- Verletztenrente, wenn die Erwerbsfähigkeit eingeschränkt ist;
- Pflegegeld, wenn man durch den Arbeitsunfall zum Pflegefall wird;
- Hinterbliebenenrente, wenn durch einen Arbeitsunfall die Person stirbt, die hauptsächlich für das Familieneinkommen zuständig war.

Für die Unfallversicherung muss man als Arbeitnehmer und Arbeitnehmerin nichts bezahlen. Dafür sind nur die Arbeitgeber zuständig. Die Höhe der Beiträge richtet sich nach der Höhe der Löhne und Gehälter, die ein Arbeitgeber bezahlt, und nach der Unfallgefahr in diesem Betrieb.

Die Organisation hinter der gesetzlichen Unfallversicherung ist die **Berufsgenossenschaft**. Als Trägerin der gesetzlichen Unfallversicherung ist ihre Aufgabe auch die Vorbeugung von Unfällen. Deshalb bringen die Berufsgenossenschaften **Unfallverhütungsvorschriften** heraus, die in den einzelnen Betrieben von Arbeitnehmern und Arbeitenehmerinnen und Arbeitgebern beachtet werden müssen. Dies wird von den Berufsgenossenschaften überwacht.

Aufgaben

1. a) In welchen Fällen hilft die gesetzliche Unfallversicherung mit Leistungen?
   b) Denken Sie sich zu jedem der drei Fälle ein einleuchtendes Beispiel aus.
   c) Mit welchen Leistungen kann man rechnen, wenn man die Unfallversicherung in Anspruch nehmen muss?

2. Beurteilen Sie, ob die gesetzliche Unfallversicherung zuständig ist.
   a) Eine Arbeitnehmerin rutscht auf dem Weg zur Arbeit im Schneematsch aus und bricht sich ein Bein.
   b) Ein Arbeitnehmer stürzt im Urlaub bei einer rasanten Skiabfahrt und bricht sich einen Arm.
   c) Nach einem Arbeitsunfall kann eine Arbeitnehmerin nicht mehr in ihrem alten Beruf arbeiten. Sie muss umgeschult werden.
   d) Eine Arbeitnehmerin stirbt wegen eines Wegeunfalls und hinterlässt eine Frau und zwei minderjährige Kinder.
   e) Ein Arbeitnehmer wird entlassen. Er findet in seinem Beruf keinen neuen Job und möchte sich zum Einzelhandelskaufmann umschulen lassen.

3. a) Nennen Sie den Träger der gesetzlichen Unfallversicherung.
   b) Beschreiben Sie weitere Aufgaben der Unfallversicherung.
   c) Beschreiben Sie die Grafik „Risiko am Arbeitsplatz" und erklären Sie die Entwicklung der Zahlen über die Jahre.

2.4.5 Notwendigkeit und Möglichkeiten der privaten Vorsorge

DAS IST GESCHEHEN

Max Junker macht sich Sorgen. Als Auszubildender in der PEPP GmbH hat er im Moment zwar den ersten Schritt in die Arbeitswelt getan, aber da er sich mittlerweile mit den Sozialversicherungen gut auskennt, weiß er, dass diese nicht alle Risiken in beliebiger Höhe absichern können. Er macht sich Gedanken, für welche Fälle er privat vorsorgen könnte und erstellt eine Liste.

Was alles passieren kann ...

1. Ich kann meinen Job nicht mehr machen (Berufsunfähigkeit)
2. Ich habe einen Unfall am Arbeitsplatz oder vielleicht sogar privat einen Unfall.
3. Ich verdiene nicht viel Geld und kann kein Vermögen (für später) aufbauen.
4. Ich zahle nur wenig in die Rentenkasse ein und bekomme nur eine niedrige Altersrente.
5. Ich werde schlimm krank und die Krankenkasse zahlt nicht alle Krankheits-kosten (Krankenhaus, Therapien etc.).
6. Mir geschieht ein Missgeschick und es ergeben sich Forderungen aus von mir verursachten Schäden.

DAS IST ZU TUN

Formulieren Sie zu den von Max aufgeschriebenen Risiken jeweils eine Absicherung.

DAS SOLLTEN SIE WISSEN

Die Sozialversicherungen sichern wichtige Risiken des Berufslebens ab. Allerdings können sie nicht alle gegen alles absichern. Wenn man eine weitergehende Absicherung haben möchte, muss man privat vorsorgen. Bei manchen Leistungen hilft der Staat oder auch der Arbeitgeber ein bisschen weiter. Im Wesentlichen fußt private Vorsorge auf drei Bausteinen.

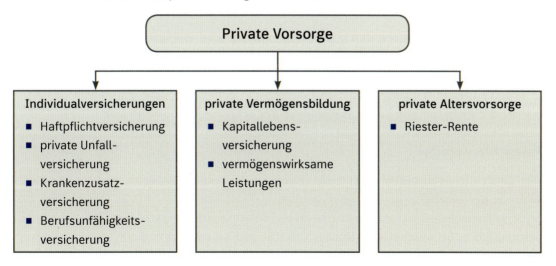

Individualversicherungen

Neben den Sozialversicherungen gibt es Individualversicherungen, die durch einen Versicherungs-vertrag zustande kommen. Er wird zwischen einer Privatperson oder auch einem Unternehmen als Versicherungsnehmer und einem Versicherer (einem Versicherungsunternehmen) abgeschlossen. Durch das Bezahlen einer Prämie wird ein Risiko wie Unfall, Tod, Krankheit oder ähnliches abge-sichert. Die Höhe der zu zahlenden Prämie richtet sich nach der Höhe des versicherten Risikos.

Wichtige Individualversicherungen sind

- die **Haftpflichtversicherung**, die im Allgemeinen als die wichtigste Individualversicherung angesehen wird. Sie erbringt Leistungen, wenn man durch einen Unfall jemand anderen verletzt oder aus Unachtsamkeit jemandem einen Schaden zufügt. Sie haftet bei Personen-, Sach- und Vermögensschäden.
- die **private Unfallversicherung**, die nach dem Unfall an die im Vertrag versicherte Person eine einmalige Kapitalleistung oder eine dauerhafte Unfallrente zahlt. Es sind nicht nur Arbeits- oder Wegeunfälle wie bei der gesetzlichen Unfallversicherung versichert.
- die **private Krankenzusatzversicherung**, die Leistungen erbringt, wenn die gesetzliche Kran-kenkasse nicht zahlt, zum Beispiel bei Zahnersatz, Behandlungen durch die Chefärztin oder Einbettzimmern im Krankenhaus.
- die **Berufsunfähigkeitsversicherung** sichert das Risiko ab, dass man in seinem erlernten Beruf nicht mehr arbeiten kann. Die Folge ist häufig ein finanzieller Verlust oder Abstieg, der durch die Berufsunfähigkeitsversicherung aufgefangen werden kann.

Private Vermögensbildung

Es gibt verschiedene Varianten, Vermögen aufzubauen, also Geld zu sparen, statt es auszugeben. Um das Kapital durch Zins und Zinseszins zu vermehren, muss es allerdings angelegt werden. Sind die Zinsen auf einem niedrigen Niveau, ist dieser Effekt nicht besonders groß. Allerdings wächst die Höhe der Zinsen mit der Zeit; deshalb lohnt sich das Sparen über einen längeren Zeitraum – selbst wenn nur kleinere monatliche Beträge zurückgelegt werden. Es gibt auch Anlageformen, bei denen der Staat die Sparenden finanziell unterstützt.

Kapitallebensversicherung

Die Kapitallebensversicherung wird in zwei Arten unterschieden: die Risikolebensversicherung und die Kapitallebensversicherung. Die Risikolebensversicherung leistet, wenn die versicherungsneh-mende Person stirbt, während die Kapitallebensversicherung Kapital ansammelt. Dieses wird ver-zinst und zu einem festgelegten Zeitpunkt ausgezahlt. Stirbt die versicherungsnehmende Person vorher, wird ein bestimmter Betrag an eine im Vertrag genannte Person ausgezahlt.

Private Altersvorsorge

Wenn man Altersrente bezieht, reichen die Leistungen der gesetzlichen Rentenversicherung häufig nicht aus, den Lebensstandard zu halten, den man noch als Arbeitnehmerin oder Arbeitnehmer hat-te. Diese Rentenlücke kann man durch eine private Rentenversicherung schließen. Staatliche Unter-stützung gibt es bei verschiedenen Modellen, zum Beispiel bei der nach dem ehemaligen Bundesmi-nister für Arbeit benannten Riester-Rente. Hier schließt die versicherungsnehmende Person einen

Vertrag über eine Kapitalanlage ab, beispielsweise einen Banksparplan oder einen Fondssparplan. Die sparende Person muss mindestens 4 % ihres Einkommens sparen, um eine staatliche Förderung zu erhalten. In diesem Falle ergänzt der Staat seit 2018 die Zahlungen durch eine jährliche Grundzulage von 175,00 € und durch jährliche Zulagen bis zu 300,00 € je nach 2008 geborenem Kind. Aus den Einzahlungen ergibt sich bei Renteneintritt eine monatliche Aufstockung der gesetzlichen Altersrente.

Vermögenswirksame Leistungen

Gehaltsabrechnung mit vermögenswirksamen Leistungen	
Bruttogehalt	2.465,00
+ vermögenswirksame Leistung des Arbeitgebers	30,00
= steuer- und sozialversicherungspflichtiges Bruttogehalt	2.495,00
– Lohnsteuer	324,83
– Kirchensteuer (rk)	21,81
– Krankenversicherung (8,2 %)	204,59
– Pflegeversicherung (1,7 %)	42,42
– Rentenversicherung (9,3 %)	232,04
– Arbeitslosenversicherung (1,3 %)	32,44
= Nettogehalt	1.636,87
– vermögenswirksames Sparen der Arbeitnehmerin	30,00
= Auszahlungsbetrag	1.606,87

Vermögenswirksame Leistungen sind Zahlungen vom Arbeitgeber an die Arbeitnehmerinnen und Arbeitnehmer, die nicht ausgezahlt, sondern direkt für sie angelegt werden. Da es Leistungen sind, die vom Arbeitgeber an die Arbeitnehmerinnen und Arbeitnehmer fließen, sind sie steuer- und sozialversicherungspflichtig (siehe Beispiel Gehaltsabrechnung). Die Geldanlage ist häufig ein Bausparvertrag, der erst Kapital bis zu einer vereinbarten Summe anspart und dann ein günstiges Darlehen etwa so hoch wie das angesparte Kapital gewährt. Die vermögenswirksamen Leistungen werden – je nach Einkommen – mit weiteren, staatlichen Zahlungen wie der Wohnungsbauprämie und der Arbeitnehmersparzulage gefördert.

Aufgaben

1. a) Nennen Sie die fünf Zweige der gesetzlichen Sozialversicherung.
   b) Nennen Sie zu jedem dieser Zweige passende Individualversicherungen, die eine Absicherung von Risiken ergänzen können.
2. a) Erklären Sie, was man unter vermögenswirksamen Leistungen versteht.
   b) Begründen Sie, warum der Staat die vermögenswirksamen Leistungen durch zusätzliche Zahlungen fördert.
   c) Recherchieren Sie, was die Wohnungsbauprämie ist, wer sie bekommt und wie hoch sie maximal ist.
   d) Recherchieren Sie, was die Arbeitnehmersparzulage ist, wer sie bekommt und wie hoch sie maximal ist.

Lernaktionen

1. Sie befinden Sie auf der Suche nach einem Aushilfsjob und werden bei einer Bäckerei fündig. Sie sollen Samstagvormittag und eventuell an einem Spätnachmittag oder Abend unter der Woche das fest angestellte Personal beim Verkauf unterstützen. Nach einem Vorstellungsgespräch und einem Nachmittag, an dem Sie zur Probe in der Bäckerei gearbeitet haben, ist der Chef von Ihnen überzeugt und will Sie auf Basis eines Minijobs einstellen. Jetzt müssen nur noch die Details geklärt und für einen Arbeitsvertrag festgehalten werden.

Die Vertrags- und Einstellungsverhandlungen sollen in einem Rollenspiel nachgestellt werden. Bilden Sie Kleingruppen von maximal vier Personen und teilen Sie Rollen auf:
- Bäckereieigentümer/-in, der/die auch selbst im Unternehmen mitarbeitet,
- Schüler/-in, der/die als Aushilfe hier arbeiten möchte,
- zwei Beobachter/-innen

Bereiten Sie sich nun zu zweit auf Ihre Rolle vor. Die Informationen der Tabelle geben Ihnen Anhaltspunkte zum bevorstehenden Gespräch. Bei Bedarf können Sie die Daten natürlich Ihren Vorstellungen anpassen. Die Beobachter/-innen helfen jeweils einem Rollenspieler/einer Rollenspielerin bei der Vorbereitung und legen gemeinsam die Details fest.

Stellen Sie die Verhandlungen in einem Rollenspiel dar. Achten Sie das Umfeld: Sie sollten sich an einem Schreibtisch gegenüber sitzen, es sollte eine ruhige Büroatmosphäre herrschen, Chef/-in und Schüler/-in sollten äußerlich voneinander zu unterscheiden sein usw.

Die Beobachter/-innen machen sich Notizen zum Verhalten, zur Verhandlungsstrategie und zu den Vereinbarungen. Bei der Auswertung sollten die Rollenspieler/-innen Gelegenheit bekommen, sich zu ihrer Rollengestaltung und zur Zielerreichung bei den geführten Verhandlungen zu äußern. Die Beobachter/-innen geben ein Feedback „von außen" und vergleichen die vorab festgelegte Strategie mit den Vereinbarungen der Verhandlung.

Bäckermeister Stefan Klose/Bäckermeisterin Stefanie Klose und das Unternehmen	Verhandlungspunkte	Bewerber/-in für einen Aushilfs-/Minijob in der Bäckerei
<ul><li>55 Jahre, verheiratet, zwei erwachsene Kinder, die nicht in der Bäckerei arbeiten</li><li>Eigentümer/-in einer Bäckerei in der Innenstadt, fünf Mitarbeiter/-innen: ein Vollzeit-Bäckergeselle, eine Auszubildende zur Bäckerin, zwei Verkäuferinnen in Vollzeit, eine Teilzeitkraft</li></ul>	<ul><li>Arbeitszeiten</li><li>Zusatzleistungen wie Urlaubs-, Weihnachtsgeld, Überstundenvergütung, ...</li><li>Arbeitsstunden</li><li>Gehalt</li><li>Urlaub</li><li>Kündigungsfristen</li><li>Probezeit</li><li>Übernahme in eine Ausbildung nach diesem Schuljahr</li><li>...</li></ul>	Beachten Sie,<ul><li>dass die Arbeitszeiten den Schulzeiten angepasst werden müssen;</li><li>dass Sie vielleicht Hobbys und andere private Termine haben, die nicht unter der Arbeit leiden sollen;</li><li>dass Ihre Eltern Sie zwar zum Aushilfsjob ermutigen, aber nicht begeistert sind, wenn die Schule darunter leidet;</li></ul>

Bäckermeister Stefan Klose/Bäckermeisterin Stefanie Klose und das Unternehmen	Verhandlungspunkte	Bewerber/-in für einen Aushilfs-/Minijob in der Bäckerei
■ In der Bäckerei herrschen am Samstagmorgen und abends nach Büroschluss Hochbetrieb im Geschäft. ■ Da der Auszubildende an zwei Tagen in der Berufsschule ist, muss an diesen Tagen auch die Aushilfe Hilfe beim Aufräumen und Sauber-machen in der Backstube leisten.		■ dass Sie ausreichend für die schwere Arbeit vergütet werden; ■ dass Minijobber/-innen wie normale Arbeitnehmer/-innen behandelt werden müssen (Urlaub, Lohn-fortzahlung, ...); ■ dass es schwer ist, einen Ausbildungsplatz zu finden und dies vielleicht eine Eintrittskarte in den Ausbildungsmarkt sein kann.

2. Übernehmen Sie die Tabelle in ein Tabellenkalkulationsprogramm. Ermitteln Sie die fehlenden Zahlen durch Formeln.

Hinweise:

- Die Kirchensteuer wird mit einer Wenn-Funktion ermittelt. Wenn der Mitarbeiter/die Mitarbeiterin kirchensteuerpflichtig ist, muss er/sie prozentual von der Lohnsteuer auch Kirchensteuer zahlen (9 %), sonst zahlt er/sie keine Kirchensteuer.

	A	B	C	D	E
1			Berechnung des Nettogehalts		
2					
3			Beitragssätze der Arbeitnehmer zur Sozialversicherung		
4	Pflegeversicherung		Arbeitslosen-versicherung	Renten-versicherung	Kranken-versicherung
5	Regelsatz	Zusatzbeitrag für Kinderlose			
6					
7					
8		Beitragsätze Kirchensteuer und Solidaritätszuschlag			
9	Kirchensteuer NRW		Solidaritätszuschlag		
10					
11					
12	Name		Ernst Sommer	Otto Herbst	Frida Winter
13	Steuerklasse		1	1	1
14	Krankenkasse		DAK	AOK	DAK
15	Alter		34	21	27
16	Anzahl Kinder		0	0	0
17	kirchensteuerpflichtig		ja	nein	ja
18	Bruttogehalt		3001,90	2622,98	1640,98
19	abzgl. Lohnsteuer		416,92	323,25	102,83
20	abzgl. Kirchensteuer				
21	abzgl. Solidaritätszuschlag				
22	abzgl. Pflegeversicherung				
23	abzgl. Arbeitslosenversicherung				
24	abzgl. Rentenversicherung				
25	abzgl. Krankenversicherung				
26	Nettogehalt				

- Der Solidaritätszuschlag wird ebenfalls prozentual von der Lohnsteuer ermittelt (5,5 %). Allerdings fällt er (vereinfachend) erst ab einem Bruttover-dienst von 6.000 € an.
- Wenn der Arbeitnehmer/die Arbeitnehmerin älter als 22 Jahre ist und keine Kinder hat, muss er/sie den erhöhten Pflegeversicherungsbeitrag zahlen, sonst den regelmäßigen Beitrag.
- Alle Beiträge zur Sozialversicherung beziehen sich auf das Bruttogehalt. Vereinfachend fällt bei den Krankenversicherungen kein Zusatzbeitrag an.

Wenn Sie für die Bearbeitung keinen Rechnerzugang haben, führen Sie die Gehaltsabrechnun-gen ohne Tabellenkalkulation durch.

3. In der Eingangssituation des Kapitels 4.1, AF 5.1 musste ein Mitarbeiter oder eine Mitarbeiterin aus der Produktion der PEPP GmbH entlassen werden, weil wegen der Umstellung des Fertigungsablaufes weniger Personal notwendig ist, um die Aufträge zu bearbeiten. Sie haben sich für eine Person entscheiden müssen. Schreiben Sie nun das entsprechende Kündigungsschreiben mit Datum 20.11.20.. Nutzen Sie das Briefformular im Arbeitsheft.

→ AH

Verfassen Sie das Schreiben in Ihrem Namen als stellvertretender Leiter oder stellvertretende Leiterin der Personalabteilung. Die Daten der zu entlassenden Person richten sich nach Ihrer Wahl. Datieren Sie das Schreiben und achten Sie auf die korrekte Berechnung der Kündigungsfrist (vgl. 4.1). Denken Sie an:

- Betreff
- Anrede
- Eröffnungssatz mit Kündigung
- Kündigungsgrund
- Kündigungsfrist
- Hinweis auf Resturlaub
- Hinweis auf Aushändigung eines Arbeitszeugnisses
- Grußformel

Kompetenzen überprüfen

Überprüfen Sie nun, welche Kompetenzen Sie bereits in welchem Umfang erlangt haben. Nutzen Sie die Vorlage, die Ihnen unter BuchPlusWeb zur Verfügung steht. Wagen Sie eine Selbsteinschätzung und suchen Sie das Gespräch mit Ihrer Lehrkraft, wenn Sie unsicher sind, ob Sie noch Übungsbedarf haben.

Kompetenz	ja	Ich habe noch Übungsbedarf bei …	nein	Wo kann ich nachschlagen?
Ich kann die Begriffe Lohn und Gehalt voneinander unterscheiden.				S. 140
Ich kann verschiedene Lohnformen mit Beispielen erklären.				S. 140
Ich kann den Bruttolohn für verschiedene Lohnformen berechnen.				S. 141

3 Aus- und Weiterbildung

3.1 Möglichkeiten der Berufsausbildung

DAS IST GESCHEHEN

Die Praktikantin Jenny Hoff hat ihr Praktikum in der PEPP GmbH fast beendet. Am vorletzten Tag wird sie in das Büro von Selma Özer gebeten, die für die Aus- und Fortbildung in der PEPP GmbH zuständig ist.

Selma Özer: Jenny, schön, dass du vorbeigekommen bist. Ich habe dich hierher gebeten, weil ich viel über dich gehört habe.

Jenny: Oh, ich hoffe, nur Gutes!

Selma Özer: Ja, genau. Die Kolleginnen und Kollegen, die ich gefragt habe, wie du dich so im Praktikum gemacht hast, gaben mir ein positives Feedback über dich.

Jenny: Wow! Ich weiß nicht, was ich sagen soll. Es hat mir wirklich Spaß gemacht, hier zu arbeiten und ein bisschen was über die Abläufe und Tätigkeiten zu lernen.

Selma Özer: Fein. Sag mal, du bist doch im nächsten Sommer mit der Schule fertig. Kannst du dir vorstellen, bei uns eine Ausbildung zu beginnen?

Jenny: Im nächsten Sommer habe ich – hoffentlich – mein Fachabitur in der Tasche, zumindest den schulischen Teil davon. Ja, dann könnte ich mit einer Ausbildung anfangen. Meinen Sie eher so ganz normal oder eher dual?

Selma Özer: Ganz normal oder dual? Das ist die falsche Fragestellung. Eine „normale" oder reguläre Berufsausbildung ist ja dual. Oder meintest du ein duales Studium?

Jenny: Ja, weiß ich jetzt auch nicht. Was ist denn der Unterschied?

Selma Özer: Beim dualen Studium macht man in der gesamten Ausbildungszeit zwei Abschlüsse, bei der dualen Berufsausbildung macht man nur einen Abschluss.

Jenny: Zwei Abschlüsse? Cool. Ich hatte nämlich auch überlegt, ob ich nicht Fremdsprachenkorrespondentin werden sollte.

Selma Özer: Ja, das ist nun wieder etwas ganz anderes. Das ist eine rein schulische Ausbildung.

DAS IST ZU TUN

1. Welche drei Möglichkeiten erwähnt Selma Özer im Gespräch?

2. Zeigen Sie auf, wie der Lebensweg von Jenny in den kommenden Jahren jeweils weitergeht, wenn sie sich für eine der drei Varianten entscheidet.

Es gibt verschiedene Möglichkeiten, zu einem Berufsabschluss zu kommen. Die meisten Wege führen über einen Ausbildungsbetrieb, allerdings werden die allgemeinen, theoretischen Kenntnisse in der Regel an einer Berufsschule, einer Hochschule oder beiden vermittelt. Die drei gängigen Wege zu einem Berufsabschluss sind die duale Berufsausbildung, das duale Studium und die rein schulische Ausbildung.

Die duale Berufsausbildung

Quelle: Baden-Württembergischer Handwerkstag e. V. (Hrsg.): Wie läuft eine duale Ausbildung ab?, online unter: https://handwerks-power.de/duale-ausbildung/ [20.07.2023].

In Deutschland läuft die Berufsausbildung nicht alleine im Betrieb ab, sondern es gibt mit der Berufsschule einen zweiten Ausbildungsort. Daraus ergibt sich der Begriff „duale Ausbildung".

Im Ausbildungsbetrieb lernen die Auszubildenden alle praktischen Tätigkeiten, die zum jeweiligen Berufsbild gehören. Die Inhalte, die im Betrieb erlernt werden sollen, sind für jeden Ausbildungsberuf in einer **Ausbildungsordnung** festgehalten. In der Berufsschule lernen die Auszubildenden die theoretischen Inhalte, Hintergrundwissen und Ergänzungen zu den praktischen Erfahrungen, die sie im Betrieb machen. Eine duale Ausbildung dauert in der Regel zwischen zwei und drei Jahren, im Handwerk sind es auch schon mal dreieinhalb Jahre. Die Abschlussprüfung wird von der zuständigen Kammer abgenommen; dies sind die Industrie- und Handelskammer oder die Handwerkskammer. Mit erfolgreichem Abschluss der Berufsschule kann man zusätzlich zur Berufsabschlussprüfung noch einen (höheren) Schulabschluss erwerben – etwa den Hauptschulabschluss nach Klasse 10, die Fachoberschulreife oder in besonderen Bildungsgängen sogar die Fachhochschulreife. Weitere Details zur dualen Berufsausbildung finden Sie im Kapitel 3.2.

Das duale Studium

Bei einem dualen Studium werden zwei Ziele oder Abschlüsse verfolgt: ein Berufsabschluss mit Kammerprüfung und ein Hochschulabschluss. Um ein duales Studium zu durchlaufen, muss man also einen Ausbildungsbetrieb finden, der Unterstützung bei der eigentlichen Berufsausbildung leistet. Daneben findet die Ausbildung an der (Fach-)Hochschule statt. Es gibt verschiedene Modelle, sodass die Anzahl an Uni-Tagen nicht bei allen Varianten gleich ist. In der Regel wird bei dreijährigen kaufmännischen Ausbildungsberufen im dualen Studium die Berufsabschlussprüfung schon nach zwei Jahren abgelegt und nach vier Jahren der Bachelor-Abschluss an der Hochschule erreicht. Voraussetzungen für ein duales Studium sind Abitur oder Fachabitur, je nach den Zugangsbedingungen der (Fach-)Hochschule.

Schulische Berufsausbildung

Letztlich bleibt noch die Möglichkeit, einen Beruf ohne Ausbildungsbetrieb, also allein an einem Berufskolleg, zu erlernen. Im kaufmännischen Bereich ist die Ausbildung zum/zur Fremdsprachenkorresponten/-in ein gutes Beispiel. Zum Einstieg in diesen Beruf benötigt man den mittleren Schulabschluss. Diese Ausbildung dauert in der Re-

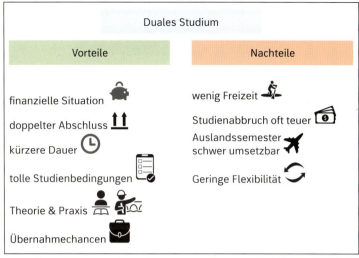

Quelle: BlogRedaktion: Duales Studium – Vor- und Nachteile auf einen Blick, 22.08.2017, Askstudents – Der Blog; online unter https://blog.askstudents.de/duales-studium-vorteile-nachteile/ [27.10.2023] (verändert).

gel zwei Jahre und ist mit mehrwöchigen Betriebspraktika verbunden. So hat man einen Praxisanteil, der allerdings kleiner als bei der dualen Berufsausbildung ist. Neben dem sprachlichen Teil der Ausbildung bekommt man auch wirtschaftliche Zusammenhänge und Grundkenntnisse vermittelt, die für die Tätigkeit in einem Unternehmen notwendig sind.

Außerdem gibt es noch die Variante, an einem Berufskolleg neben einem Schulabschluss einen Berufsabschluss nach Landesrecht zu erwerben. Dies ist zum Beispiel als „staatlich geprüfter Assistent/geprüfte Assistentin, Schwerpunkt Betriebsinformatik" möglich, die mit der Fachhochschulreife gekoppelt ist.

＼＼＼ Aufgaben

Suchen Sie sich von den drei genannten Möglichkeiten der Berufsausbildung eine aus, die Ihr Interesse geweckt hat. Recherchieren Sie nach einem konkreten Beruf in diesem Ausbildungsweg. Finden Sie grundlegende Informationen über diesen Ausbildungsberuf, lassen Sie sich von den Fragen leiten:

■ Wie lange dauert die Ausbildung?
■ Wie hoch ist die durchschnittliche Ausbildungsvergütung?
■ Welche Betriebe, Fachhochschulen und Hochschulen Ihrer Region bilden in diesem Bereich aus?
■ Welche Eingangsvoraussetzungen muss man erfüllen?

Stellen Sie diese Informationen anschaulich auf einem Plakat oder in einer Präsentation zusammen. Tauschen Sie sich mit Ihren Mitschülerinnen und Mitschülern aus.

→ AH

3.2 Berufsausbildungsvertrag

Jenny Hoff, Praktikantin der PEPP GmbH, ist durch ihr Gespräch mit Selma Özer über die verschiedenen Möglichkeiten der Berufsausbildung neugierig geworden. Sie unterhält sich mit Max Junker, der eine duale Berufsausbildung zum Kaufmann für Büromanagement in der PEPP GmbH macht.

Jenny: Sag mal, Max, lernst du während der Arbeitszeit hier im Unternehmen alles, was du für deine Abschlussprüfung als Kaufmann für Büromanagement brauchst?

Max: Im Prinzip schon. Ich lerne hier die Abläufe und Zusammenhänge, sodass ich hier im Unternehmen mitarbeiten kann.

Jenny: Und das wird dann in der Berufsabschlussprüfung abgeprüft?

Max: Ja. So wie es hier verschiedene Abteilungen wie Einkauf oder Verkauf gibt, werden in der Prüfung Fragen zu Beschaffungsfällen oder auch zu Kundenaufträgen gestellt. Es gehört ja zur Pflicht des Ausbildungsbetriebes, dass man mich hier entsprechend ausbildet.

Jenny: Wieso Pflicht? Man könnte dich doch auch nur den ganzen Tag lang die Post machen lassen.

Max: Nein, so geht das natürlich nicht.

Jenny: Also, wenn du hier im Betrieb immer schön aufpasst und alles mitkriegst, dann weißt du alles und bestehst die Prüfung im Handumdrehen, oder?

Max: Nein, dazu gehören natürlich auch die Sachen, die mir die Lehrerinnen und Lehrer in der Berufsschule beibringen. Also die theoretischen Hintergründe in der Buchführung oder in Rechtsfragen.

Jenny: Wie, das gehört auch noch dazu? Da bist du doch nur zwei Tage pro Woche. Ich dachte, die Berufsschule hätte nicht so viel mit der Berufsausbildung zu tun.

1. Zählen Sie neben der Ausbildungspflicht weitere Pflichten des Ausbildungsbetriebes auf.

2. Auch Auszubildende haben Pflichten durch den Ausbildungsvertrag übernommen. Welche sind es?

3. Erläutern Sie, welche Aufgaben bei der Berufsausbildung der Ausbildungsbetrieb und die Berufsschule haben.

DAS SOLLTEN SIE WISSEN

Die rechtlichen Grundlagen zur dualen Berufsausbildung sind durch das **Berufsbildungsgesetz** (BBIG) festgelegt. Darin ist bestimmt, dass zwischen Auszubildenden und Ausbildungsbetrieb (Ausbildenden) ein **Ausbildungsvertrag** schriftlich geschlossen werden muss, ansonsten ist er nicht gültig. Wenn Auszubildende noch nicht 18 Jahre alt sind, müssen die Eltern oder die Erziehungsberechtigten den Vertrag mit unterschreiben.

Der Berufsausbildungsvertrag wird vom Ausbildungsbetrieb bei der zuständigen Industrie- und Handelskammer (IHK) oder Handwerkskammer (HWK) vorgelegt, die den Vertrag prüft und die Ausbildung überwacht. Die Kammer ist für die Durchführung und Bewertung der Abschlussprüfung am Ende der Ausbildung zuständig.

Im Berufsausbildungsvertrag müssen nach § 11 BBiG unter anderem geregelt sein:

- Art der Ausbildung
- Beginn und Dauer der Ausbildung
- Ausbildungsmaßnahmen außerhalb des Ausbildungsunternehmens
- Dauer der täglichen Arbeitszeit
- Dauer der Probezeit
- Ausbildungsvergütung
- Dauer des Urlaubs
- Kündigungsvoraussetzungen
- Hinweis auf Tarifverträge und andere Vereinbarungen

Die Berufsausbildung beginnt immer mit einer **Probezeit**. So können Auszubildende testen, ob ihnen die Ausbildung und der Betrieb gefallen und ob sie mit den Anforderungen zurechtkommen. Der Ausbildende kann sich während der Probezeit ein Bild davon machen, ob die Auszubildenden in den Betrieb passen und wie sie sich in der Berufsausbildung zurechtfinden. Innerhalb der Probezeit können beide Seiten ohne Kündigungsfrist kündigen. Die Probezeit dauert mindestens einen Monat und höchstens vier Monate.

Während der Berufsausbildung sind den Auszubildenden und dem Ausbildenden bestimmte Pflichten auferlegt.

Pflichten der Auszubildenden nach § 13 BBiG	Pflichten des Ausbildenden nach §§ 14, 15, 16 BBiG
Auszubildende sind verpflichtet,	Der Ausbildende ist verpflichtet,
1. sich zu bemühen, das Ausbildungsziel zu erreichen;	1. die Kenntnisse und Fähigkeiten, die zum Erreichen des Ausbildungszieles notwendig sind, zu vermitteln;
2. die aufgetragenen Verrichtungen auszuführen;	2. die für die Ausbildung benötigten Ausbildungsmittel kostenlos zur Verfügung zu stellen;
3. an Ausbildungsmaßnahmen teilzunehmen;	
4. Weisungen der Ausbildenden zu befolgen;	3. die Auszubildenden zum Besuch der Berufsschule freizustellen und anzuhalten;
5. die Ordnung, die an der Arbeitsstätte gilt, zu beachten;	

Pflichten der Auszubildenden nach § 13 BBiG	Pflichten des Ausbildenden nach §§ 14, 15, 16 BBiG
6. Werkzeug, Maschinen usw. pfleglich zu behandeln; 7. über Betriebsgeheimnisse zu schweigen; 8. ein Berichtsheft zu führen.	4. dafür zu sorgen, dass die Auszubildenden während der Ausbildung nicht körperlich oder sittlich gefährdet werden; 5. den Auszubildenden ein Zeugnis auszustellen.

Nach Ablauf der Probezeit haben Auszubildende einen besonderen Kündigungsschutz. Ihnen kann nicht einfach gekündigt werden, weil der Ausbildungsbetrieb Stellen abbauen will. Nur aus wichtigem Grund kann Auszubildenden gekündigt werden, zum Beispiel wegen Diebstahl oder wenn trotz mehrmaliger Abmahnung der Berufsschulunterricht unentschuldigt versäumt wurde. Die Auszubildenden können den Berufsausbildungsvertrag mit einer Frist von vier Wochen kündigen, wenn sie die Berufsausbildung aufgeben möchten.

Die Arbeitswoche der Auszubildenden teilt sich in Berufsschultage und Tage im Betrieb auf. In der Regel sind zwei Berufsschultage angesetzt, an denen möglicherweise – je nach Betrieb und Alter der Auszubildenden – nach der Schule noch im Betrieb gearbeitet werden muss. In manchen Ausbildungsberufen gibt es auch sogenannten Blockunterricht. Hier wechseln sich einige Wochen im Betrieb mit Schulwochen ab. Etwa nach der halben Ausbildungsdauer findet eine Zwischenprüfung statt, die in einigen Ausbildungsberufen auch als erster Teil der Abschlussprüfung gewertet wird. Die Berufsausbildung endet mit dem Bestehen der Abschlussprüfung.

Aufgaben

1. Nennen Sie jeweils drei wichtige Pflichten der Auszubildenden und des Ausbildenden, die sich aus einem Berufsausbildungsverhältnis ergeben. Denken Sie sich zu jedem der sechs Punkte ein plausibles Beispiel aus.

2. Welche Vorteile und welche Nachteile bringt es mit sich, dass in der dualen Berufsausbildung die Ausbildung im Betrieb und in der Schule stattfindet? Argumentieren Sie einmal aus Sicht eines Arbeitgebers und Ausbildenden und dann aus der Sicht der Auszubildenden.

3. Beurteilen Sie die Fälle kurz schriftlich: In einem Industriebetrieb werden zwei kaufmännische Auszubildende im ersten Ausbildungsjahr beschäftigt.

   a) Der Ausbilder weist die beiden Auszubildenden an, täglich die Papierkörbe in der Verwaltung auszuräumen sowie einmal in der Woche die Toiletten und Waschräume im Verwaltungstrakt zu putzen.

   b) In der Woche vor Weihnachten haben viele festangestellte Beschäftigte des Betriebes Urlaub. Daher wird den beiden Auszubildenden für diese Zeit kein Urlaub gewährt.

   c) In der Woche vor Weihnachten wird den beiden Auszubildenden ebenfalls untersagt, die Berufsschule zu besuchen, weil so wenig Beschäftigte anwesend sind.

   d) Nach dem ersten Ausbildungsmonat warten die beiden Auszubildenden vergeblich auf ihre Ausbildungsvergütung; der Ausbildungsbetrieb begründet die Nicht-Zahlung damit, dass laut Vertrag erst nach der Probezeit ein Anrecht auf Vergütung besteht.

   e) Der Ausbilder legt beiden Auszubildenden ein Schreiben zur Unterschrift vor, durch das sie sich zur Verschwiegenheit über Kundendaten verpflichten müssen.

3.3 Personalqualifizierung und berufsbezogene Weiterbildungsmöglichkeiten

DAS IST GESCHEHEN

Max Junker ist auszubildender Kaufmann für Büromanagement. Seine Ausbildung in der PEPP GmbH dauert drei
Jahre. Er überlegt, nach der Ausbildung
noch zu studieren – schließlich hat er
dafür sein Fachabitur erworben. Andererseits wäre es auch nicht schlecht, in
der PEPP GmbH weiter zu arbeiten. Im
Laufe der Jahre hätte er Aufstiegschan-
cen und würde möglicherweise mal Abteilungsleiter werden.

DAS IST ZU TUN

1. Listen Sie auf, welche Vorteile jeweils dafür sprechen, nach der Ausbildung ein Studium anzufangen oder im Betrieb weiterzuarbeiten.

2. Erläutern Sie anhand der Fachbegriffe „Fortbildung" und „Weiterbildung" seine Möglichkeiten,
   während der Anstellung im Betrieb durch weiteres Lernen in höhere Positionen des Unternehmens zu gelangen.

DAS SOLLTEN SIE WISSEN

Wenn man die grundsätzliche Qualifikation von Mitarbeitern und Mitarbeiterinnen einstufen will, kann
man zwischen ungelernter, angelernter und gelernter Arbeit unterscheiden. Ungelernte Arbeit sind die
Tätigkeiten, die ohne besondere Anleitung sofort durchgeführt werden können. Bei angelernter Arbeit
findet eine Einweisung statt, die allerdings verhältnismäßig kurz ist. Die gelernte Arbeit bezieht sich
zum Beispiel auf die Ausbildungsberufe, die Gegenstand der beiden vorherigen Kapitel waren.

Nach einer beruflichen Erstausbildung ist das Lernen nicht zu Ende. Wegen der sich ständig ändern-
den Anforderungen in der Arbeitswelt sind Arbeitnehmerinnen und Arbeitnehmer angehalten, le-
benslang zu lernen. Die Unternehmen haben ein hohes Interesse an gut aus- und fortgebildetem
Personal, denn nur so können sie im Wettbewerb mit der Konkurrenz bestehen. Wichtige Vorteile der
Mitarbeiterqualifizierung aus Unternehmenssicht sind:

- Die Belegschaft kennt sich aus und ist auf dem neusten Stand.
- Durch Mitarbeiterqualifizierung kann man diese an das Unternehmen binden.
- Die Leistungsfähigkeit wird gesteigert.
- Die Mitarbeiterinnen und Mitarbeiter sind motivierter.
- Die Produktivität und damit die Umsätze und Gewinne werden gesteigert.

Die Möglichkeiten, Personal weiter zu qualifizieren, sind vielfältig. Sie reichen von betrieblichen Un-
terweisungen oder Informationsveranstaltungen bis zu Seminaren oder berufsbegleitenden Schu-
lungen. Generell gilt: Je komplexer die Inhalte der Fort- oder Weiterbildung sind, desto eher wird auf
die Hilfe von externen Experten und Trainerinnen zurückgegriffen.

Bei der Qualifizierung von Personal wird grundsätzlich zwischen Fortbildung und Weiterbildung unterschieden.

Fortbildung	Weiterbildung
Eine Fortbildung hilft, die in der Ausbildung und im Berufsalltag erworbenen Kenntnisse an Veränderungen, wie Gesetzesänderungen oder technische Fortschritte, anzupassen. Aber auch der berufliche Aufstieg kann Grund für eine Fortbildung sein, wenn man etwa neue Verantwortungsbereiche übernehmen will.	Mittelpunkt einer Weiterbildung ist die Höherqualifizierung, um beruflich aufzusteigen. Möglicherweise verlässt man sogar das bisherige berufliche Umfeld. Im extremen Fall wird eine Umschulung als Weiterbildungsmaßnahme durchgeführt, um sich beruflich gänzlich neu zu orientieren.

Beispiel:

Bestellung zum Steuerberater oder zur Steuerberaterin

  **Steuerberaterexamen**

2 Jahre praktische Tätigkeit	**3 Jahre** praktische Tätigkeit	**10 Jahre** praktische Tätigkeit oder **7 Jahre** praktische Tätigkeit bei erfolgreich abgelegter Prüfung zum **Steuerfachwirt/zur Steuerfachwirtin** oder zum/zur geprüften **Bilanzbuchhalter/-in**

Regelstudienzeit von mindestens 4 Jahren Abschluss eines wirtschafts- oder rechtswissenschaftlichen Hochschulstudiums oder eines Hochschulstudiums mit wirtschaftswissenschaftlicher Fachrichtung	**Regelstudienzeit von weniger als 4 Jahren** Abschluss eines wirtschafts- oder rechtswissenschaftlichen Hochschulstudiums oder eines Hochschulstudiums mit wirtschaftswissenschaftlicher Fachrichtung	**Abgeschlossene kaufmännische Berufsausbildung, z.B. Steuerfachangestellte** oder **andere gleichwertige Ausbildung**

Im kaufmännischen Bereich ist der Weg zum Steuerberater oder zur Steuerberaterin ein schönes Beispiel für Aus- und Weiterbildung. Man kann über den Ausbildungsberuf Steuerfachangestellte mit zehn Jahren Berufserfahrung und Vorbereitungskursen die Prüfung zum Steuerberater bzw. zur Steuerberaterin ablegen. Alternativ kann man auch über eine andere kaufmännische Ausbildung, z. B. Industriekaufleute, und eine Weiterbildung zum Steuerfachwirt bzw. zur Steuerfachwirtin mithilfe von sieben Jahren Berufserfahrung die Prüfung zum Steuerberater bzw. zur Steuerberaterin ablegen. Daneben gibt es noch den Weg über die Universität, wie die Grafik zeigt.

Aufgaben

1. Erläutern Sie, was man unter Personalqualifizierung versteht.

2. Nennen Sie Gründe, warum Unternehmen ihr Personal regelmäßig weiter qualifizieren.

3. Nennen Sie Beispiele für konkrete Fortbildungs- und Weiterbildungsmaßnahmen.

Kompetenzen überprüfen

Überprüfen Sie nun, welche Kompetenzen Sie bereits in welchem Umfang erlangt haben. Nutzen Sie die Vorlage, die Ihnen unter BuchPlusWeb zur Verfügung steht. Wagen Sie eine Selbsteinschätzung und suchen Sie das Gespräch mit Ihrer Lehrkraft, wenn Sie unsicher sind, ob Sie noch Übungsbedarf haben.

Kompetenz	ja	Ich habe noch Übungsbedarf bei …	nein	Wo kann ich nachschlagen?
Ich kann die duale Ausbildung als Möglichkeit, einen Beruf zu erlernen, beschreiben.				S. 173
Ich kann erläutern, was man unter einem dualen Studium versteht.				S. 173/174
Ich kann Vor- und Nachteile eines dualen Studiums diskutieren.				S. 173/174

4 Personalführung und -beurteilung

4.1 Instrumente der Personalführung

Steffanie Schmidt, Verkaufsberaterin der PEPP GmbH, betreut und berät Kunden, verhandelt mit Kunden und verkauft die Produkte der PEPP GmbH. Außerdem nimmt sie Reklamationen an und bearbeitet diese. Sie hat einen Termin mit ihrem Abteilungsleiter Ludger Vollkorn zu einem Personalgespräch. Dabei soll es um ihre momentane Tätigkeit und um ihre berufliche Zukunft in der PEPP GmbH gehen. Da Steffanie Schmidt seit einiger Zeit in ihrem Job unzufrieden ist, hat sie sich ein paar Notizen gemacht, die sie mit in das Gespräch nehmen will.

- Mein ganzer Einsatz und die ganze Arbeit, die ich leiste, werden überhaupt nicht von der Geschäftsführung wahrgenommen.
- Meine letzte Gehaltserhöhung ist mehr als drei Jahre her.
- Es sind zwar in der letzten Zeit neue Kolleginnen und Kollegen eingestellt worden, trotzdem hat sich die Arbeit für alle einzelnen deutlich erhöht.
- In dem Büro sitzen nun sechs statt vorher vier Leute; es ist laut und eng geworden.
- Die Gespräche mit Kunden werden immer schwieriger und es ist zunehmend frustrierend, sich mit den unfreundlichen und ständig meckernden Leuten auseinanderzusetzen.

1. Beschreiben Sie mit eigenen Worten die Situation und wie Steffanie Schmidt sie empfindet.

2. Das Gespräch zwischen dem Abteilungsleiter Ludger Vollkorn und Steffanie Schmidt könnte helfen, die Situation zu ändern und ihre Unzufriedenheit abzubauen. Formulieren Sie mögliche Gesprächsinhalte und machen Sie Vorschläge, wie man Steffanie Schmidt wieder für ihre Arbeit motivieren kann.

→ Bd.1, HF 1

Die Art und Weise, wie Entscheidungen im Unternehmen getroffen und Anweisungen an das Personal gegeben werden, nennt man **Führungsstil**. Zwei sehr verschiedene Führungsstile wurden schon in Band 1, Kapitel 13 vorgestellt.

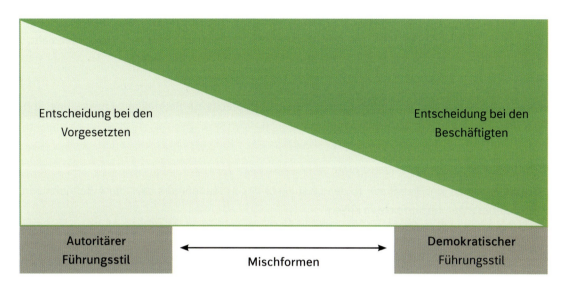

Entscheidung bei den Vorgesetzten		Entscheidung bei den Beschäftigten
Autoritärer Führungsstil	**Mischformen**	**Demokratischer Führungsstil**

Die Frage nach den Instrumenten der Personalführung ist die Frage nach der Umsetzung der Führungsaufgabe. Dies hat Auswirkungen auf den Unternehmenserfolg, denn die Art und Weise, wie das Personal geführt wird, beeinflusst die Motivation der Mitarbeiterinnen und Mitarbeiter. Wenn diese motivierter und leistungsbereiter sind, wirkt es sich positiv auf den Umsatz, die Kundenzufriedenheit und die Qualität der Leistung und damit letztlich auf den Unternehmenserfolg aus.

Bei der Einteilung der Instrumente wird zwischen direkter und indirekter Personalführung unterschieden. Die direkte Personalführung wirkt unmittelbar auf die Mitarbeiterinnen und Mitarbeiter, die indirekte dagegen eher auf das Arbeitsumfeld und die Arbeitsumgebung.

Instrumente der direkten Personalführung	Instrumente der indirekten Personalführung
▪ Lob	▪ Personalauswahl und Teamzusammenstellung
▪ konstruktive Kritik (Feedback)	
▪ Mita Personal gespräche	▪ Art der Kontrolle der Mitarbeiter/-innen
▪ Zielvereinbarungen	▪ Gestaltung der Arbeitsumgebung
▪ Personalentwicklung, Karriereplanung	▪ Arbeitsatmosphäre
▪ Übertragung von Aufgaben (Delegation)	▪ Anreize für erbrachte Leistungen
▪ Übertragung von Verantwortung	▪ Konfliktmanagement
▪ Übertragung von Entscheidungsfreiheit	▪ Unternehmenskultur durch Werte, Regeln und Normen im Unternehmen
▪ Fort- und Weiterbildungsmöglichkeiten	

Dabei gilt keine zeitliche Abfolge oder eine Rangfolge der Instrumente, vielmehr müssen sie angemessen und überlegt eingesetzt werden. Während die eine Person durch (nicht übertriebenes) Lob motiviert werden kann, ist es bei der anderen eine Weiterbildung, die sie anspornt. Bei einer dritten ist es die angenehme Arbeitsatmosphäre und das gute Betriebsklima, das ihre Leistungsbereitschaft steigert.

Daneben hilft der richtige Einsatz der Personalführungsinstrumente, die Beschäftigten im Unternehmen zu halten. **Personalgespräche** sind dabei ein übliches Mittel, um die Interessen und Vorstellungen des eigenen Personals zu erkennen und sich darüber auszutauschen. Sie werden in fast allen Unternehmen regelmäßig einmal im Jahr und zusätzlich bei Bedarf zwischen Vorgesetzten und Arbeitnehmerinnen und Arbeitnehmern gehalten. Typischerweise geht es um

- gesetzte Ziele: ob man sie erreicht hat und welche Ziele man sich für die Zukunft setzt;
- mögliche Probleme, die der Arbeitnehmer bzw. die Arbeitnehmerin oder der Arbeitgeber sieht;
- die Beurteilung der Leistung des Arbeitnehmers bzw. der Arbeitnehmerin;
- die berufliche Zukunft des Arbeitnehmers bzw. der Arbeitnehmerin.

Je nach Gesprächsinhalt unterscheidet man Personalgespräche zur Beurteilung, Entwicklung, Konflikt- oder Problemlösung und zum Gehalt.

Beurteilungsgespräch

Gesprächsthemen sind Feedback zu den Leistungen des Arbeitnehmers bzw. der Arbeitnehmerin, Zielvereinbarungen und erreichten Zielen.

Entwicklungsgespräch

Der Mitarbeiter/Die Mitarbeiterin erfährt hier, in welche Richtung die berufliche Zukunft in diesem Unternehmen gehen kann.

Konflikt- oder Problemlösungsgespräch

→ Bd.1, HF 1

Konflikte, Probleme, Missverständnisse sind Gegenstand dieses Gespräches, das die Konflikt- oder Problemlösung als Ziel hat (vgl. Band 1, Kapitel 12).

Gehaltsgespräch

Hier geht es um das Entgelt und wie gerecht die Person ihren Verdienst einschätzt.

Das Stichwort Gehaltsgespräch spricht noch einen weiteren Baustein der Personalführung an, die Motivation der Belegschaft durch **materielle Anreize**. Dies bezieht sich zum einen auf die Verdienstmöglichkeiten und wie diese durch gute Leistung erlangt werden können, etwa durch Prämien oder beim Akkordlohn (vgl. 2.1 Lohnformen). Neben den eigentlichen Lohnformen gibt es weitere Möglichkeiten, hohe Motivation und gute Leistungen zu fördern:

- Zuzahlungen wie Weihnachtsgeld, Urlaubsgeld, vermögenswirksame Leistungen;
- Betriebsrenten;
- Personaleinkauf;
- Beteiligungen am Unternehmen wie Belegschaftsaktien;
- zinsvergünstigte Kredite an Mitarbeiterinnen und Mitarbeiter;
- Firmen-Pkw mit Privatnutzung oder Job-Tickets.

Aufgaben

1. a) Nennen Sie wichtige Aspekte, die Inhalt eines Personalgespräches sein können.
    b) Erläutern Sie den Nutzen von Personalgesprächen, indem Sie Vorteile aus Sicht der Arbeitnehmenden oder des Arbeitgebers zusammenstellen.
    c) Personalgespräche finden in der Regel in einem festen Rhythmus statt. Manchmal allerdings finden sie auch „außer der Reihe" statt. Formulieren Sie Anlässe, die dies notwendig machen können.

2. a) Erläutern Sie, was man unter materiellen Anreizen für Mitarbeiterinnen und Mitarbeiter versteht, und nennen Sie Beispiele.

   b) Neben materiellen gibt es immaterielle Anreize. Nennen Sie Beispiele für Maßnahmen des Arbeitgebers, die in diese Rubrik der Personalführung und -motivation passen.

4.2 Personalbeurteilung: Arbeitszeugnisse

DAS IST GESCHEHEN

Die Kauffrau für Büromanagement Simone Friedlich ist seit einem knappen Jahr in der PEPP GmbH in der Personalabteilung als Teilzeitkraft beschäftigt. Da sie drei Kinder hat, ist sie nur vormittags im Unternehmen. Als ihr Ehemann einen neuen Job in Rosenheim angenommen hat, kündigt sie ihr Arbeitsverhältnis in der PEPP GmbH fristgemäß. Sie verlangt von ihrem Arbeitgeber ein qualifiziertes Arbeitszeugnis, damit sie sich an ihrem neuen Wohnort nach einer neuen Arbeitsstelle umsehen kann. Heinz Schummer stellt ihr dieses Zeugnis aus.

DAS IST ZU TUN

1. Erläutern Sie den Unterschied zwischen einem einfachen und einem qualifizierten Arbeitszeugnis.

2. Begründen Sie, warum Frau Friedlich von ihrem Arbeitgeber ein qualifiziertes und kein einfaches Arbeitszeugnis verlangt.

3. Formulieren Sie ein Arbeitszeugnis für Simone Friedlich, geboren am 20.02.1970, seit dem 01.08. letzten Jahres in der PEPP GmbH beschäftigt. Gehen Sie davon aus, dass das Arbeitsverhältnis am 31.07. endet. Nutzen Sie die Vorlage im Arbeitsheft. Die Beurteilung der Führung, Leistung und des Fachkönnens von Frau Friedlich bleibt Ihnen überlassen.

→ AH

DAS SOLLTEN SIE WISSEN

Endet ein Arbeitsverhältnis, haben Arbeitnehmerinnen und Arbeitnehmer das Recht auf ein Arbeitszeugnis. Damit können sie in Bewerbungen bei künftigen Arbeitgebern zeigen, wie ihre Arbeitsleistungen von den vorherigen Arbeitgebern beurteilt wurden.

Arbeitszeugnisse spielen im Laufe des Berufslebens eine wichtige Rolle. Je mehr Zeit seit der Schul- und Berufsausbildung vergangen ist, desto weniger interessieren sich Arbeitgeber für diese dann veralteten Prüfungszeugnisse. Dafür ist für sie umso interessanter, wie die Arbeitsleistungen sich bewerbender Personen an deren letztem Arbeitsplatz waren. Dies steht im Arbeitszeugnis.

---

§ 109 Gewerbeordnung (Zeugnis)

(1) Der Arbeitnehmer hat bei Beendigung eines Arbeitsverhältnisses Anspruch auf ein schriftliches Zeugnis. Das Zeugnis muss mindestens Angaben zu Art und Dauer der Tätigkeit (einfaches Zeugnis) enthalten. Der Arbeitnehmer kann verlangen, dass sich die Angaben darüber hinaus auf Leistung und Verhalten im Arbeitsverhältnis (qualifiziertes Zeugnis) erstrecken.

Die Gewerbeordnung unterscheidet zwei Arten von Arbeitszeugnissen.

einfaches Arbeitszeugnis	qualifiziertes Arbeitszeugnis
Es werden nur Art und Dauer der Beschäftigung dargestellt.	Es wird neben der Art und der Dauer der Beschäftigung auch die Führung, das Fachkönnen und die Leistung beurteilt.

Außerdem gelten bestimmte Formvorschriften für ein Arbeitszeugnis:

- Es muss maschinenschriftlich auf Geschäftspapier erstellt sein;
- es muss die persönlichen Angaben des Arbeitnehmers/der Arbeitnehmerin enthalten;
- es darf keine äußeren Mängel wie Flecken und Knicke aufweisen;
- es darf keine Schreibfehler enthalten;
- es darf keine Hervorhebungen wie Unterstreichungen und Fettdruck enthalten;
- es muss in Deutsch ausgestellt sein;
- es muss das Ausstellungsdatum und die Unterschrift des oder der Vorgesetzten enthalten.

Das schwierigste an der Zeugnisschreibung ist die Beurteilung des Verhaltens und der Leistung des Arbeitnehmers bzw. der Arbeitnehmerin. Der Arbeitgeber muss bei der Wahrheit bleiben, aber er muss auch schlechte Leistungen nennen können. Er muss das Arbeitszeugnis wohlwollend formulieren,
denn es soll das berufliche Fortkommen nicht behindern. In diesem Spannungsfeld zwischen Wohlwollen und Wahrheit findet die Zeugnisschreibung statt. Bei der Beurteilung von Arbeitsleistung und Verhalten hat sich ein Notenschema herausgebildet, das sehr gute bis mangelhafte Leistungen beschreibt.

Beispiel:

Note	Arbeitsleistung	Fachkönnen	Verhalten
sehr gut	Sie hat die ihr übertragenen Aufgaben stets zu unserer vollsten Zufriedenheit ausgeführt.	Er beherrscht seinen Arbeitsbereich umfassend und überdurchschnittlich.	Ihr Verhalten zu Vorgesetzten und Mitarbeiterinnen und Mitarbeitern war stets vorbildlich und in allerbester Weise einwandfrei.
gut	Er hat die ihm übertragenen Aufgaben stets zu unserer vollen Zufriedenheit ausgeführt.	Sie beherrscht ihren Arbeitsbereich überdurchschnittlich.	Sein Verhalten zu Vorgesetzten und Mitarbeiterinnen und Mitarbeitern war vorbildlich und in bester Weise einwandfrei.

Note	Arbeitsleistung	Fachkönnen	Verhalten
befriedigend	Sie hat die ihr übertragenen Aufgaben zu unserer vollen Zufriedenheit ausgeführt.	Er beherrscht seinen Arbeitsbereich entsprechend den Anforderungen.	Ihr Verhalten zu Vorgesetzten und Mitarbeiterinnen und Mitarbeitern war einwandfrei.
ausreichend	Er hat die ihm übertragenen Aufgaben im Großen und Ganzen zu unserer Zufriedenheit ausgeführt.	Sie beherrscht im Großen und Ganzen ihren Arbeitsbereich.	Sein Verhalten zu Vorgesetzten und Mitarbeiterinnen und Mitarbeitern war weitestgehend einwandfrei.
nicht mehr ausreichend	Sie hat sich bemüht, die ihr übertragenen Aufgaben zu unserer Zufriedenheit auszuführen.	Er hat sich bemüht, seinen Arbeitsbereich den Anforderungen entsprechend zu beherrschen.	Sie gab sich Mühe, ein einwandfreies Verhalten gegenüber Vorgesetzten und Mitarbeiterinnen und Mitarbeitern zu zeigen.

Manche Dinge darf der Arbeitgeber in einem Arbeitszeugnis nicht so deutlich schreiben, wie er gerne möchte, da ein Arbeitszeugnis wohlwollend formuliert sein muss. Daher hat sich eine Art „Geheimcode" entwickelt, den der Arbeitgeber, der das Zeugnis liest, übersetzen kann. Entdeckt ein Arbeitnehmer oder eine Arbeitnehmerin eine nachteilige Geheimfloskel im Arbeitszeugnis, so hat er oder sie ein Anrecht auf ein neues Zeugnis, das das berufliche Fortkommen nicht erschwert. Auch dies ist in der Gewerbeordnung festgehalten.

> **§ 109 Gewerbeordnung (Zeugnis)**
>
> (2) Das Zeugnis muss klar und verständlich formuliert sein. Es darf keine Merkmale oder Formulierungen enthalten, die den Zweck haben, eine andere als aus der äußeren Form oder aus dem Wortlaut ersichtliche Aussage über den Arbeitnehmer zu treffen.

Beispiel:

Geheimfloskel	Übersetzung
Er hat sich im Rahmen seiner Fähigkeiten eingesetzt.	Er hat getan, was er konnte, doch das war nicht viel.
Sie zeigte viel Verständnis für ihre Arbeit.	Sie war faul und hat nichts geschafft.
Im Kollegenkreis galt er als toleranter Mitarbeiter.	Für Vorgesetzte ist er ein unangenehmer Mitarbeiter.

Geheimfloskel	Übersetzung
Mit seinen Vorgesetzten ist er sehr gut zurecht gekommen.	Er ist ein Mitläufer und Ja-Sager.
Sie ist eine anspruchsvolle und kritische Mitarbeiterin.	Sie ist eigensüchtig und nörgelt gerne.
Seine Leistung zeichnet sich durch besondere Genauigkeit aus.	Er arbeitet so langsam wie eine Schnecke.
Wegen ihrer Pünktlichkeit war sie stets ein gutes Vorbild.	Pünktlich ist sie, aber sonst zu nichts zu gebrauchen.
Wir wünschen ihm alles Gute, vor allem Gesundheit.	Er feiert häufig krank.

Aufgaben

1. a) Nennen Sie die beiden Arten von Arbeitszeugnissen und die Unterschiede.
   b) Nennen Sie fünf wichtige Formvorschriften, die man bei der Erstellung eines Arbeitszeugnisses beachten muss.
   c) Zu welchem Zeitpunkt haben Arbeitnehmerinnen und Arbeitnehmer einen Anspruch auf ein Arbeitszeugnis?
   d) Erläutern Sie, warum sich für die Erstellung von Arbeitszeugnissen eine eigene Zeugnissprache entwickelt hat.

2. Nathalie Wilhelms erhielt ein Arbeitszeugnis von ihrem ehemaligen Arbeitgeber, dem Büromöbelhersteller Heidtkötter KG aus Bielefeld. Nennen Sie Formfehler und benoten Sie Nathalie Wilhelms Leistung und Verhalten.

Heidtkötter KG – Büromöbel aus Bielefeld

Arbeitszeugnis

Frau Nathalie Wilhelms, geboren am 12.12.1970 in Essen, war in der Zeit von Januar 2010 bis Mai 2020 in unserem Unternehmen angestellt.

Die Heidtkötter KG ist ein überregional führender Hersteller von hochwertigen Büromöbeln. Zu unseren Kundenkreis gehören große und mittelständische Unternehmen in Deutschland und im europäischen Ausland.

Frau Wilhelms war in der Abteilung Absatz eingesetzt und beschäftigte sich mit dem Verkauf aller Erzeugnisse unseres Unternehmens. Diese Aufgaben erledigte sie stets zu unserer vollen Zufriedenheit. Ihre Produktkenntnisse sind in jeder Hinsicht umfassend. Frau Wilhelms war in den letzten Jahren eigenverantwortlich für die Betreuung von Großkunden tätig.

Frau Wilhelm verfügt über ein hohes Verantwortungsgefühl. Sie hat sich in vorbildlicher Weise mit den Unternehmenszielen identifiziert und sich auch über ihren Kompetenzbereich hinaus eingesetzt, oft auch über die reguläre Arbeitszeit hinaus. Mit ihren Vorgesetzten ist Frau Wilhelm stets sehr gut zurechtgekommen, bei den Kolleginnen und Kollegen war sie immer anerkannt und beliebt.

Wir bedauern, dass Frau Wilhelms unser Unternehmen zum 31. Mai 2020 verlässt. Wir wünschen ihr für ihren weiteren beruflichen Werdegang und persönlich alles Gute.

Oberhausen, 30. Mai 2020

Schuur

Inga Schuur
Personalleiterin

Kompetenzen überprüfen

Überprüfen Sie nun, welche Kompetenzen Sie bereits in welchem Umfang erlangt haben. Nutzen Sie die Vorlage, die Ihnen unter BuchPlusWeb zur Verfügung steht. Wagen Sie eine Selbsteinschätzung und suchen Sie das Gespräch mit Ihrer Lehrkraft, wenn Sie unsicher sind, ob Sie noch Übungsbedarf haben.

Kompetenz	ja	Ich habe noch Übungsbedarf bei …	nein	Wo kann ich nachschlagen?
Ich kenne die wesentlichen Führungsstile und kann deren Besonderheiten erläutern.				S. 181, 182
Ich kann Instrumente der direkten Personalführung nennen.				S. 182
Ich kann Instrumente der indirekten Personalführung nennen.				S. 182

Investition und Finanzierung

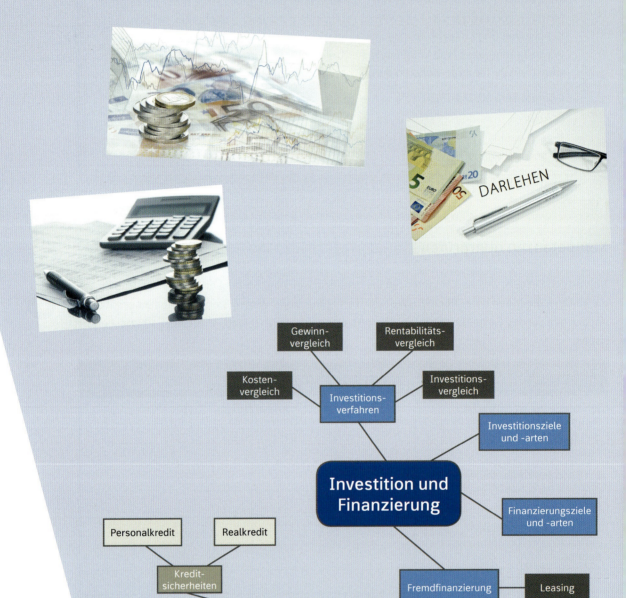

1 Investition und Finanzierung im Unternehmenskreislauf

DAS IST GESCHEHEN

Jenny Hoff, die Praktikantin der PEPP GmbH, soll eine angedachte Investition und die dazugehörige Geldmittelbeschaffung in einem Kreislauf darstellen. Sie hat sich alles schon einmal auf Papierschnipsel geschrieben, weiß aber nicht, wie sie die Informationen in die richtige Reihenfolge bringen soll.

- mehr Ladevolumen/weniger Fahrten

- neuer Lkw soll angeschafft werden

- Neuanschaffung – keine Reparatur des alten Lkw

- keine neuen Gesellschafter/-innen – Geld bei Bank leihen?

- 120.000,00 €

- Angebote liegen vor

- Darlehensangebote zweier Banken liegen vor

- 120.000,00 € werden durch Bank A finanziert

- Lkw Marke A – Lkw Marke B

DAS IST ZU TUN

1. Sortieren Sie die Schnipsel für Jenny Hoff in den Investitions- und Finanzierungskreislauf im Unternehmen.

2. Erläutern Sie kurz, wie die Investition in einen neuen Lkw langfristig wieder in das Unternehmen zurückfließen kann.

DAS SOLLTEN SIE WISSEN

Unternehmen müssen aus verschiedenen Gründen immer wieder entscheiden, wie das Kapital im Unternehmen eingesetzt wird, um es zu vermehren oder andere Unternehmensziele zu erreichen.

Die Entscheidung für einen Kapitaleinsatz bezeichnet man als **Investition**. Eine Kapitalveränderung benötigt meistens den Einsatz von Finanzmitteln, dies wird als **Finanzierung** bezeichnet. Investitions- und Finanzierungsentscheidungen werden meist gemeinsam getroffen, denn eine Kapitalverwendung (Investition) hängt immer mit der dazugehörigen Kapitalbeschaffung (Finanzierung) zusammen.

Investitionen zeigen sich im Unternehmen auf der Aktivseite der Bilanz, weil links das Vermögen des Unternehmens zu finden ist. Eine Investition führt immer zu einer positiven Veränderung des Vermögens eines Unternehmens. In einem Unternehmen wird nur investiert, wenn man als sicher annimmt, dass wegen dieser Investition zukünftig wieder Kapital in das Unternehmen zurückfließt.

Beispiel: Die PEPP GmbH möchte in eine neue Druckmaschine investieren, da sie sich davon verspricht, die Produkte effizienter herzustellen und die Absatzzahlen mit besserer Qualität zu steigern. Durch diese Investition verspricht sich das Unternehmen höhere Einnahmen, die in das Unternehmen zurückfließen.

Finanzierungen dienen immer der Kapitalbeschaffung in einem Unternehmen und betreffen daher die rechte Seite der Bilanz. Auf dieser Seite findet sich die Kapitalstruktur des Unternehmens. Das Kapital für eine Investition kann durch eigene finanzielle Mittel beschafft werden, indem beispielsweise neue Gesellschafter/-innen in das Unternehmen geholt werden, das Eigenkapital verändert sich. Das benötigte Geld kann auch durch fremdes Kapital beschafft werden, beispielsweise indem Kredite bei Bankinstituten aufgenommen werden.

Beispiel:

Aktiva	Bilanz der PEPP GmbH am 31.12.20..		Passiva
A Anlagevermögen		A Eigenkapital	106.200
Grundstücke & Bauten	500.000	B Fremdkapital	
Maschinen	430.000	Darlehen	690.000
Fuhrpark	120.000	Verbindlichkeiten a. LL.	320.000
B Umlaufvermögen			
Roh-Hilfs-&Betriebsstoffe	10.000		
Forderungen a. LL.	600		
Bank	55.000		
Kasse	600		
	1.116.200		1.116.200

Viersen, 31.12.20.. *Walter Pape, Jürgen Ehrlich*

Die PEPP GmbH möchte eine Maschine für 120.000,00 € kaufen und nimmt deshalb einen Bankkredit auf. In der Bilanz sieht man, dass die Aktivseite bei Maschinen um 120.000,00 € auf 550.000,00 € vergrößert wurde. Auf der Passivseite wächst das Darlehen von 690.000,00 auf 810.00,00 € an.

Aktiva	Bilanz der PEPP GmbH am 31.12.20..		Passiva
A Anlagevermögen		A Eigenkapital	106.200
Grundstücke & Bauten	500.000	B Fremdkapital	
Maschinen	550.000	Darlehen	810.000
Fuhrpark	120.000	Verbindlichkeiten a. LL.	320.000
B Umlaufvermögen			
Roh-Hilfs-&Betriebsstoffe	10.000		
Forderungen a. LL.	600		
Bank	55.000		
Kasse	600		
	1.236.200		1.236.200

Viersen, 31.12.20.. *Walter Pape, Jürgen Ehrlich*

Welche Entscheidung im Unternehmen zuerst getroffen werden muss, ist nicht eindeutig. Ist es die Frage nach der Investition oder der Kapitalhöhe? Natürlich setzt eine geplante Verwendung voraus, dass bekannt ist, wie viel Geld beispielsweise für eine Neuanschaffung zur Verfügung steht. Andererseits bestimmt die finale Entscheidung, welche Maschine angeschafft werden soll, wie viel Geld man benötigen wird. Investitionen und Finanzierungen im Unternehmen stehen in einem engen Zusammenhang und können daher als Kreislauf dargestellt werden.

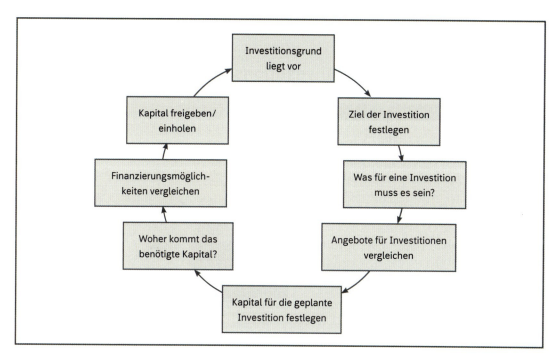

Grundsätzlich ist es sinnvoll, mit dem Investitionsgrund anzufangen.

Beispiel: Ein Unternehmen benötigt eine neue Maschine, die 200.000,00 € kostet. Die Geschäftsleitung bewilligt zu Beginn ohne Wissen über Anforderungen und Kosten dieser Maschine nur ein Kapital von 120.000,00 €. So kann im ersten Moment keine neue Investition stattfinden und die Geschäftsleitung muss wiederum über die Kapitalbeschaffung nachdenken.

Aufgaben

Erläutern Sie, was jeweils zu den Situationen und den Veränderungen in der Bilanz geführt hat.

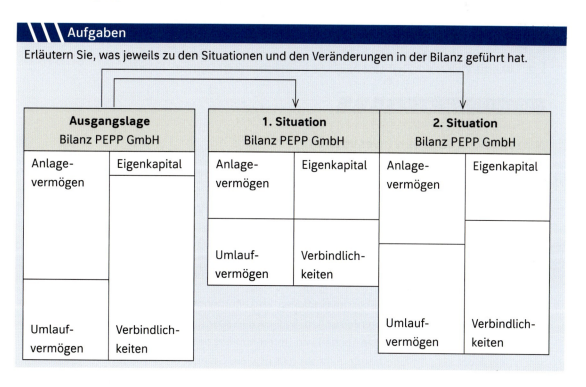

2 Investitionen

2.1 Investitionsziele und Investitionsarten

DAS IST GESCHEHEN

Der TÜV ist im Haus der PEPP GmbH, um die vorhandenen Druckpresse zu überprüfen. Jens Porstmann ist als technischer Leiter der PEPP GmbH und Ansprechpartner dabei.

TÜV-Ingenieurin: Leider muss ich Ihnen mitteilen, dass die Druckpresse am Arbeitsplatz nicht mehr einwandfrei arbeitet. Die neuen Arbeitsschutzbestimmungen werden bei der Maschine nicht komplett eingehalten.

Jens Porstmann: Oh nein, ich habe gedacht, dass die Maschinen das Siegel erhalten wird. Eine neue Anschaffung war für das laufende Geschäftsjahr nicht geplant.

TÜV-Ingenieurin: Das tut mir leid, aber die Maschine muss entweder komplett umgerüstet oder gar ersetzt werden. So darf sie nicht weiterbetrieben werden.

DAS IST ZU TUN

1. Entscheiden Sie in der vorliegenden Situation, welche mögliche Investitionsart auf das Unternehmen zukommt.

2. Welche Zielsetzung hat eine mögliche Investition für das Unternehmen?

DAS SOLLTEN SIE WISSEN

Nutzen und Gründe von Investitionen

Im diesem Kapitel geht es um verschiedene Möglichkeiten, mit Kapital in einem Unternehmen einen Nutzen herbeizuführen, in ein Unternehmen zu investieren. Investitionsentscheidungen betreffen immer die linke Seite der Bilanz eines Unternehmens, da dort die Vermögensgegenstände aufgeführt sind. Sie führen daher immer zu einer Veränderung des Vermögens eines Unternehmens.

Beispiel: Typische Investitionen eines Unternehmens sind die Neuanschaffung einer Maschine, eines Fahrzeuges oder die Erhöhung des Umlaufvermögens.

Es gibt verschiedene Gründe, über Investitionen im Unternehmen nachzudenken. Die Ziele, die durch eine Investition erreicht werden sollen, können messbar (quantitativ) oder prägend (qualitativ) für das Unternehmen sein, sie können wie Unternehmensziele ökonomisch, sozial oder ökologisch begründet sein. In einem Unternehmen gibt es viele Gründe, um Veränderungen (Investitionen) anzustoßen.

Neugründung eines Unternehmens

Bei einer Unternehmensgründung müssen eine Vielzahl von Investitionsentscheidungen getroffen werden. Es muss sehr viel angeschafft und daher auch sehr viel Kapital in das Unternehmen gesteckt werden; es handelt sich um eine **Gründungsinvestition**. Sehr oft reicht das eingebrachte Kapitel der Gründerinnen und Gründer allein nicht aus, sodass die Investitionsentscheidungen dazu führen, Fremdkapital aufzunehmen. Neben Investitionen in Neuanschaffungen können Güter, Räume und Maschinen zum Teil auch gemietet oder geleast werden.

Ausbau des Unternehmens

Wächst das Unternehmen durch eine gute Auftragslage, so müssen möglicherweise bestehende Produktionshallen und Geschäftsräume erweitert werden. In diesem Zusammenhang spricht man von **Erweiterungsinvestitionen**.

Beispiel: Die PEPP GmbH muss zur Produktionserweiterung eine neue Lagerhalle bauen, um die benötigten Rohstoffe und die fertig hergestellten Produkte unterzubringen.

Austausch von altem Anlagevermögen

Teile des Anlagevermögens wie Maschinen oder Fahrzeuge verschleißen durch regelmäßige Verwendung. Der Austausch alter, nicht mehr funktionsfähiger Maschinen ist eine **Ersatzinvestitionen** im Unternehmen.

Rationalisierungen im Unternehmen

Wenn die Leistungsfähigkeit oder Abläufe verbessert werden können, sind **Rationalisierungsinvestitionen** nötig.

Beispiel: Die PEPP GmbH möchte ein neues EDV-System einführen, das einige Abläufe in der Verwaltung vereinfachen soll.

Sicherung von Arbeitsplätzen

Unternehmen können durch gezielte Investitionen dazu beitragen, dass Arbeitsplätze nicht abgebaut, sondern gesichert werden.

Beispiel: Die PEPP GmbH investiert während einer Auftragsflaute in die Fort- und Weiterbildung ihrer Belegschaft.

Verbesserung des Umweltschutzes

Der Umweltschutz tritt in den letzten Jahren immer drängender in den Vordergrund. Um stetig verschärfte gesetzliche Vorgaben und Richtlinien einzuhalten, müssen Unternehmen regelmäßig investieren. Einerseits ist die Verbesserung des Umweltschutzes ein qualitativer Investitionsgrund (Image, Unternehmensziele), kann langfristig jedoch auch dem Unternehmen Kosten sparen, also auch ein quantitativer Grund sein.

Beispiel: Die PEPP GmbH hat sich im Frühjahr entschieden, alle Fenster und die Wärmedämmung der Gebäude zu erneuern. Damit können langfristig Energiekosten gesenkt werden.

Investitionsarten

Die Art der Investition hängt oft mit dem Anlass der Investition zusammen. Investitionen wurden schon nach Anlässen unterschieden: Gründungs-, Neu-, Ersatz- und Erweiterungsinvestitionen.

Investitionsziele können in die drei Kategorien der Unternehmensziele unterteilt werden: ökonomische, soziale oder ökologische Ziele. Die **Arten der Investitionen** können neben Zielen und Anlässen nach den Investitionsobjekten in drei Kategorien unterteilt werden: Sachinvestitionen, immaterielle Investitionen und Finanzinvestitionen.

Sachinvestitionen werden auch als materielle Investitionen bezeichnet. Alle Ausprägungen dieser Investitionen führen zu einer Erweiterung des Anlage- oder Umlaufvermögens.

> **Beispiel:** Kauf neuer Maschinen oder technischer Anlagen, Erweiterung der Immobilien eines Unternehmens, Erweiterung von Lagerbeständen bei Neuanschaffungen von Roh-, Hilfs- und Betriebsstoffen, fertige Erzeugnisse

Immaterielle Investitionen treiben durch Kapitalanlagen Unternehmensbereiche wie Forschung oder Werbung voran. Dadurch kann ein Unternehmen wettbewerbsfähig bleiben oder Marktanteile erhöhen. Diese Investitionen berühren nicht direkt die Vermögensseite der Bilanz. Diese Arten der Investitionen zeigen sich im Unternehmen in der GuV-Rechnung als Aufwendungen und mindern den Jahresgewinn.

> **Beispiel:** Kapital für Forschungsarbeit an neuen Produkten, Materialien oder Verfahren, Fortbildungen oder Weiterbildungen für das Personal, Sozialleistungen für Mitarbeiterinnen und Mitarbeiter wie Weihnachtsgeld, Betriebliche Altersvorsorge usw.

Als dritte Art existieren **Finanzinvestitionen**, die das Finanzkapital eines Unternehmens erhöhen.

> **Beispiel:** Beteiligungen an anderen Unternehmen durch Wertpapiere, Kauf von Patenten, Forderungen aus Darlehen an andere Unternehmen

Aufgaben

1. Entscheiden Sie, um welche Art der Investition es sich handelt.

   a) Die Igel AG muss wegen schlechter Absatzzahlen die Produktion einschränken, die Mitarbeiterinnen und Mitarbeiter erhalten trotzdem ihren vollen Lohn.

   b) Die PEPP GmbH kann durch neue Maschinenbelegungen die Anlagen besser nutzen. Um die Maschinenbelegungen optimal koordinieren zu können, soll ein neues EDV-Programm angeschafft werden.

   c) Die Papierherstellung Krieg GmbH plant, ihr Produktsortiment zu erweitern und benötigt neue Maschinen und eine neue Werkhalle.

   d) Die Maschinen müssen umgestellt werden, da die Papierherstellung Krieg GmbH recyceltes Papier verwenden möchte. Dies ist ihr Beitrag zur Rettung der Regenwälder.

2. Welche Ziele werden mit den Investitionen in den Situationen verfolgt?

3. Erstellen Sie eine Mindmap zu Investitionszielen und -arten.

2.2 Investitionsalternativen beurteilen – statische Verfahren

2.2.1 Kostenvergleichsrechnung

Die PEPP GmbH möchte wegen der guten Auftragslage ihre Fertigung erweitern. Walter Pape und Jürgen Ehrlich haben deshalb diverse Angebote für Verpackungsmaschinen eingeholt. Die Entscheidung fällt zwischen den beiden attraktivsten Angeboten.

Angebot 1	Angebot 2
■ vollautomatische Verpackungsmaschine	■ halbautomatische Verpackungsmaschine
■ Anschaffungspreis 159.000,00 €	■ Anschaffungspreis 109.000,00 €
■ Nutzungsdauer 8 Jahre	■ Nutzungsdauer 6 Jahre
■ keine Restwert	■ Restwert 10.000,00 €
■ Fixkosten 12.000,00 €	■ Fixkosten 9.000,00 €
■ Kosten für eine Arbeitskraft: 10.000,00 €	■ Kosten für drei Arbeitskräfte: 30.000,00 €

Max Junker ist momentan im Einkauf bei Ingo Hufschmied eingesetzt.

Ingo Hufschmied: Max, bitte bereite beide Angebote aus kostentechnischer Sicht für die anstehende Investitionsentscheidung rechnerisch auf. Die wichtigsten Eckpunkte habe ich dir zusammengetragen.

Max Junker: Klar, Herr Hufschmied, ich werde mein Möglichstes tun.

Max ist sich jedoch unsicher, wie er die beiden Angebote für eine Entscheidungsfindung aufbereiten soll.

1. Überlegen Sie, welche Aspekte bei einer Entscheidung neben den Ausgaben berücksichtigt werden müssen.

2. Vergleichen Sie die beiden Angebote bezüglich der Kosten, die diese Investitionen mit sich bringen.

3. Begründen Sie, warum die durchgeführten Berechnungen allein nicht ausreichen, um eine Entscheidung für ein Angebot zu treffen. Gehen Sie auf die Nachteile der Kostenvergleichsrechnung ein.

Im letzten Kapitel sind diverse Gründe und Ziele für Investitionen im Unternehmen genannt worden. Trotz aller Gründe müssen sich die Investitionen für ein Unternehmen lohnen. Zusätzlich muss man sich bei Neuanschaffungen auch für ein Angebot entscheiden, sodass verschiedene Investitionsmöglichkeiten verglichen werden müssen.

Um eine Entscheidung für eine Investition zu treffen, bedient man sich der **Investitionsrechnung**. Die **statischen Investitionsrechnung** verwendet verschiedene Größen, die vereinfacht einen Aufschluss geben sollen, ob die Investition mehr Einnahmen als Kosten verursacht.

Bei der **Kostenvergleichsrechnung** werden die Alternativen der Investition ausschließlich nach ihren jeweils verursachten Kosten miteinander verglichen, die eine Investition in einer festgelegten Periode verursacht. Es wird dann die Investition mit den kleinsten Kosten gewählt. Neben den Kosten der Anschaffung für das Investitionsobjekt werden auch Material-, Energie- und Instandhaltungskosten berücksichtigt. Bei der Kostenvergleichsrechnung wird in fixe Kosten (pro Jahr, pro Einrichtung, ...) und variable Kosten (pro Stück) unterschieden. Zu den fixen Kosten werden neben den Kosten für die Instandhaltung auch Kapitalkosten wie kalkulatorische Abschreibungen und kalkulatorische Zinsen gerechnet.

Kalkulatorische Abschreibungen spiegeln den Wertverlust einer Investition über die Nutzungsdauer wider. Ein Lkw ist durch Verschleiß nach vier Jahren regelmäßiger Fahrten für das Unternehmen weniger wert als direkt nach dem Kauf. Der gebrauchte Lkw kann verkauft oder behalten werden, aber was ist er wert? Der Verkäufer misst dem Lkw einen Restwert zu, den er von einem möglichen Käufer fordern würde. Andernfalls behält er den Lkw und führt ihn mit dem Restwert in den Büchern. Dieser Restwert wird bei der Ermittlung des kalkulatorischen Abschreibungsbetrags berücksichtigt.

$$\text{kalkulatorische Abschreibung} = \frac{\text{Anschaffungskosten} - \text{Restwert}}{\text{Nutzungsdauer}}$$

Zusätzlich werden als Kapitalkosten die kalkulatorischen Zinsen berücksichtigt. Diese spiegeln wider, dass bei einer Investition Kapital gebunden wird. Dieses Geld hätte man auch bei der Bank anlegen können und erhielte dafür Zinsen. Bei der Berechnung der kalkulatorischen Zinsen wird der Restwert mitberücksichtigt, da er am Ende der Nutzungsdauer des Investitionsobjekts als Kapital in das Unternehmen zurückfließt.

$$\text{kalkulatorische Zinsen} = \frac{\text{Anschaffungskosten} + \text{Restwert}}{2} \cdot \frac{\text{Zinssatz}}{100\,\%}$$

Beispiel: Kostenvergleichsrechnung für eine weitere Investitionsentscheidung der PEPP GmbH

Angebot I	Angebot II
Das Nachfolgemodell der bisherigen Maschine anzuschaffen, kostet 120.000,00 €, die Nutzungsdauer beträgt sieben Jahre und der Restwert wird auf 15.000,00 € geschätzt. Der Betrieb der Maschine verursacht jedes Jahr variable Kosten in Höhe von 30.000,00 €. Dazu zählen die Kosten für Betriebsstoffe und die Löhne der Arbeitskräfte. Als Fixkosten werden zusätzlich 5.000,00 € berechnet. Die Verzinsung beträgt 4 % (4/100).	Eine neue Maschine anzuschaffen, kostet 150.000,00 €. Sie hat eine Nutzungsdauer von sieben Jahren und ihr Restwert wird auf 10.000,00 € geschätzt. Die variablen Kosten der Maschine liegen bei etwa 20.000,00 €. Als Fixkosten werden auch hier 5.000,00 € berechnet. Die Verzinsung beträgt 4 % (4/100).
kalkulatorische Abschreibung $$= \frac{120.000 - 15.000}{7} = 15.000$$ Die Abschreibung beträgt 15.000,00 €/Jahr.	*kalkulatorische Abschreibung* $$= \frac{150.000 - 10.000}{7} = 20.000$$ Die Abschreibung beträgt 20.000,00 €/Jahr.

Angebot I	Angebot II
kalkulatorische Zinsen	*kalkulatorische Zinsen*
$= \dfrac{120.000 + 15.000}{2} \cdot \dfrac{4}{100} = 2.700$	$= \dfrac{150.000 + 10.000}{2} \cdot \dfrac{4}{100} = 3.200$
Die Kalkulationszinsen betragen 2.700,00 €/Jahr.	Die Kalkulationszinsen betragen 3.200,00 €/Jahr.

Vergleich

	Angebot 1	Angebot 2
Anschaffungskosten	120.000	150.000
kalkulatorische Abschreibung	15.000	20.000
+ kalkulatorische Zinsen	2.700	3.200
+ Fixkosten	5.000	5.000
= fixe Kosten pro Jahr	22.700	28.200
+ variable Kosten (Löhne, Instandhaltung, Betriebskosten)	30.000	20.000
= jährliche Gesamtkosten	52.700	48.200

Ergebnis: Obwohl das zweite Angebot höhere Anschaffungskosten aufweist, verursacht diese Investition weniger Kosten pro Jahr, so dass es aus Sicht der Kostenvergleichsrechnung sinnvoll ist, in Maschine 2 zu investieren.

Man kann auch die Kostenvergleichsrechnung pro Leistungseinheit durchführen. Das ist sinnvoll, wenn die Auslastungen der beiden Maschinen unterschiedlich sind. Eine Investition, die mehr produziert, hat höhere Gesamtkosten, sodass es sinnvoller ist, Stückkosten zu vergleichen.

Die Kostenvergleichsrechnung ist nur dann sinnvoll, wenn davon ausgegangen wird, dass die Kosten über den Nutzungszeitraum unverändert bleiben. Der Vorteil dieses Verfahren ist, zügig eine erste Entscheidungsgrundlage zu finden. Der Nachteil ist in den starren Annahmen zu sehen, denn Kostenstrukturen bleiben selten unverändert. Eine auf die Kosten einer Investition beschränkte Betrachtung ist daher nicht praxistauglich.

\\\\ Aufgaben

Beurteilen Sie beide Investitionsalternativen nach der Kostenvergleichsrechnung.

	Angebot 1	Angebot 2
Anschaffungskosten	170.000	162.000
Nutzungsdauer	5	5
Restwert	12.000	10.000
fixe Kosten im Jahr (ohne kalk. Abschreibungen und kalk. Zinsen)	20.000	25.000
variable Kosten im Jahr	100.000	105.000
kalkulatorischer Zinssatz	8 %	8 %

2.2.2 Gewinnvergleichsrechnung

DAS IST GESCHEHEN

Max und Isabella unterhalten sich in der Mittagspause über Max' neue Aufgabe.

Max: Ich soll heute für die Geschäftsleitung zwei Maschinen-Angebote vergleichen. Du hast doch sicher mitbekommen, dass geplant ist, die Produktion zu vergrößern.

Isabella: Mensch, Max, weißt du denn, worauf es bei sowas ankommt?

Max: Ich weiß nicht so recht, ich habe bisher verglichen, was welche Maschine kosten würde.

Isabella: Wir haben von Herrn Ehrlich gelernt: Auf die Gewinne kommt es an.

Max: Stimmt, du hast recht, da werde ich mich nach der Pause noch schlaumachen.

Aus dem Verkauf hat Max noch Daten erhalten.

> Pro Jahr verkaufen wir ca. 200 000 Wimpelketten. Die Packungen mit je 100 Stück haben einen Preis von 48,00 €.

DAS IST ZU TUN

1. Führen Sie für beide Anschaffungsangebote eine Gewinnvergleichsrechnung durch.

2. Deuten Sie Ihre Berechnungen kurz für die Geschäftsleitung.

DAS SOLLTEN SIE WISSEN

Bei der **Gewinnvergleichsrechnung** werden neben den Kosten auch die möglichen Erträge einer Investition berücksichtigt. Für ein Unternehmen sind nicht alleine die Kosten ein wichtiger Indikator bei seiner Entscheidung, sondern auch die Einnahmen. Wenn eine Maschine teurer ist, jedoch das Endprodukt deshalb teurer verkauft werden kann, dann lohnt eventuell eine Investition in die teurere Maschine.

Beispiel:	Angebot I	Angebot II
	Die Druckerzeugnisse aus dem Nachfolgemodell können für durchschnittlich 3,50 €/Stk. verkauft werden. Die Absatzmenge beträgt 35 000 Stück. Die ermittelten Gesamtkosten belaufen sich auf 52.700,00 €.	Die Druckerzeugnisse aus dem neueren Modell können durch die verbesserte Druckqualität zu einem Preis von 4,00 €/Stk. verkauft werden. Es werden ebenfalls 35 000 Stück abgesetzt. Die jährlichen Gesamtkosten betragen 48.200,00 €.

	Angebot 1	Angebot 2
Erträge: Stückpreis • Absatzmenge	122.500	140.000
– jährliche Gesamtkosten	– 52.700	– 48.200
= Gewinn pro Jahr	69.800	91.800

Ergebnis: Unter Berücksichtigung der Gewinnvergleichsrechnung sollte das zweite Angebot gewählt werden.

Hier zeigt sich sofort ein Nachteil der Gewinnvergleichsrechnung. Es wird immer angenommen, dass die Absatzzahlen gleichbleibend sind oder gut vorhergesagt werden. Bei der neuen Maschine, die der PEPP GmbH unbekannt ist, kann die Absatzzahl für die Druckprodukte nur geschätzt werden. Die Erlöse und der daraus resultierende Gewinn sind für das Unternehmen daher nur schlecht einzuschätzen. Lassen sich die Produkte zu einem gleichen Preis verkaufen, so führt das Ergebnis der Kostenvergleichsrechnung auch zum gleichen Ergebnis der Gewinnvergleichsrechnung, da die Erlöse gleichbleibend sind.

Ein weiterer Nachteil der Gewinnvergleichsrechnung ist die absolute Betrachtung des Gewinns, statt ihn auf das eingesetzte Kapital zu beziehen (Verzinsung).

\\\\ Aufgaben

Beurteilen Sie beide Investitionsalternativen nach der Gewinnvergleichsrechnung.

	Angebot 1	Angebot 2
Anschaffungskosten	170.000	162.000
Nutzungsdauer	5	5
Restwert	12.000	10.000
fixe Kosten im Jahr (ohne kalkulatorische Abschreibungen)	127.280	136.880
Erlöse pro Jahr	270.000	250.000

2.2.3 Rentabilitätsvergleichsrechnung

DAS IST GESCHEHEN \\\\

Max präsentiert Herrn Hufschmied seine bisherigen Ergebnisse.

Max: Ich habe jetzt die Kosten und die Gewinne beider Maschinen miteinander verglichen. Es ist eindeutig, dass das zweite Angebot das attraktivere ist. Es verursacht weniger Kosten und mehr Gewinne.

Ingo Hufschmied: Das ist eine gute Arbeit, Max. Aber so ohne Weiteres kann man die Angebote noch nicht vergleichen. Beim 1. Angebot ist der Anschaffungspreis zwar höher, aber es ist auch eine vollautomatische Verpackungsmaschine. Berechne noch zusätzlich, welche Investition rentabler ist.

Max trägt alle Daten in einer Tabelle zusammen.

	Angebot 1	Angebot 2
Anschaffungskosten	159.000	109.000
Restwert	0	10.000
Gewinn	54.125	40.500
kalkulatorische Zinsen	0	0

Jährliche Kosten	Angebot 1	Angebot 2
kalkulatorische Abschreibung	19.875,00	16.500,00
+ kalkulatorische Zinsen	0,00	0,00
+ Fixkosten	12.000,00	9.000,00
= fixe Kosten pro Jahr	31.875,00	25.500,00
+ variable Kosten (Löhne)	10.000,00	30.000,00
= gesamt	41.875,00	55.500,00

DAS IST ZU TUN

1. Führen Sie die Rentabilitätsvergleichsrechnung durch.

2. Begründen Sie, warum diese Rechnung besseren Aufschluss bei dem Vergleich beider Investitionsalternativen bietet.

DAS SOLLTEN SIE WISSEN

Die Rentabilitätsvergleichsrechnung versucht die Nachteile der Gewinnvergleichsrechnung aufzufangen, indem der Gewinn auf das eingesetzte Kapital bezogen wird. Es wird die Investition mit der höheren Rentabilität bevorzugt.

Hierfür wird der durchschnittliche Kapitaleinsatz einer Maschine ermittelt und mitberücksichtigt.

$$\text{durchschnittlicher Kapitaleinsatz} = \frac{\text{Anschaffungskosten} + \text{Restwert}}{2}$$

Daraus ergibt sich die Gesamtrentabilität:

$$\text{Gesamtrentabilität} = \frac{(\text{Gewinn} + \text{kalkulatorische Zinsen}) \cdot 100\,\%}{\text{durchschnittlicher Kapitaleinsatz}}$$

Beispiel: Für die aus der Kosten- und Gewinnvergleichsrechnung bekannten Maschinen gilt:

	Angebot 1	Angebot 2
Anschaffungs- kosten	120.000	150.000
Restwert	15.000	10.000
Gewinn	69.800	91.800
kalkulatorische Zinsen	2.700	3.200
durchschnittlicher Kapitaleinsatz	$\frac{120.000 + 15.000}{2} = 67.500$	$\frac{150.000 + 10.000}{2} = 80.000$
Gesamtrentabilität	$\frac{(69.800 + 2.700) \cdot 100\%}{67.500} = 107,4\%$	$\frac{(91.800 + 3.200) \cdot 100\%}{80.000} = 118,8\%$

Ergebnis: Anlage 2 weist die bessere Rentabilität auf.

Die Rentabilitätsrechnung hat ähnliche Schwächen wie die Gewinnvergleichsrechnung, weil der Gewinn eine verwendete Größe ist. Dennoch erweitert die vorgestellte Investitionsrechnung die Entscheidungs-grundlage um den benötigten Kapitaleinsatz der Investition. Die Tatsache, dass Objekte hohe Anschaf-fungskosten haben, wird hier durch den durchschnittlichen Kapitaleinsatz mitberücksichtigt.

Aufgaben

Beurteilen Sie beide Investitionsalternativen nach der Rentabilitätsvergleichsrechnung.

	Angebot 1	Angebot 2
Anschaffungskosten	170.000	162.000
Nutzungsdauer	5 Jahre	5 Jahre
Restwert	12.000	10.000
Gewinn	111.120	82.720
kalkulatorischer Zinssatz	8 %	8 %

2.2.4 Amortisationsrechnung

DAS IST GESCHEHEN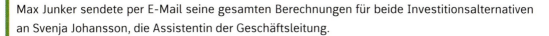

Max Junker sendete per E-Mail seine gesamten Berechnungen für beide Investitionsalternativen an Svenja Johansson, die Assistentin der Geschäftsleitung.

Neue E-Mail

Von:	johansson@pepp-gmbh.de
An:	junker@pepp-gmbh.de
Anhänge:	
Betreff:	RE: Berechnungen für Angebot „Verpackungsmaschinen"

Hallo Max,

danke für die Tabelle mit den Ergebnissen. Herr Ehrlich hätte gerne noch die jeweilige Amortisationszeit der beiden Investitionen ermittelt.

Kannst du das bitte nachreichen, da du den Datensatz vorliegen hast?

Mit freundlichen Grüßen

S. Johansson

✈ PEPP GmbH

PEPP GmbH
Heesstr. 95
41751 Viersen

DAS IST ZU TUN

1. Ermitteln Sie für beide Angebote die jeweilige Amortisationsdauer. Verwenden Sie das Datenmaterial von Max.

	Angebot 1	Angebot 2
Anschaffungskosten	159.000	109.000
Restwert	0	10.000
Gewinn	54.125	40.500
kalkulatorische Abschreibungen	19.875	16.500

2. Verfassen Sie eine kleine Deutung Ihres Ergebnisses für die Geschäftsleitung.

DAS SOLLTEN SIE WISSEN

Bei diesem statischen Verfahren wird beurteilt, wann die Ausgaben für die Investition durch Gewinne und Abschreibungen wieder ins Unternehmen zurückfließen. Diesen Zeitraum bezeichnet man als Amortisationsdauer, Pay-off-Periode oder Wiedergewinnungszeit.

Eine Investition hat sich amortisiert, wenn durch die Einzahlungen (Einnahmen) die Auszahlungen für die Anschaffung und die Kosten des Betriebes gedeckt sind.

$$\text{Amortisationsdauer} = \frac{\text{Anschaffungskosten} - \text{Restwert}}{\text{Kapitalrückfluss}}$$

Der Kapitalrückfluss ergibt sich aus dem durchschnittlichen Gewinn und den jährlichen Abschreibungen.

> **Kapitalrückfluss = Gewinn + Abschreibungen**

Beispiel: Für die aus Vergleichsrechnungen bekannten Maschinen gilt:

	Angebot 1	Angebot 2
Anschaffungskosten	120.000	150.000
Restwert	15.000	10.000
Gewinn	69.800	91.800
kalkulatorische Abschreibungen	15.000	20.000
durchschnittlicher Kapitalrückfluss	69.800 + 15.000 = 84.800	91.800 + 20.000 = 111.800
Amortisationsdauer in Jahren	$\dfrac{120.000 - 15.000}{84.800} = 1{,}24$	$\dfrac{150.000 - 10.000}{111.800} = 1{,}25$

Ergebnis: Anlage 1 hat die etwas geringere Amortisationsdauer und sollte gewählt werden.

2.2.5 Bewertung der Methoden der Investitionsrechnung

Der Vergleich aller vier Verfahren zeigt, dass die PEPP GmbH nur bei der Amortisationsrechnung die Entscheidung für Angebot 1 treffen würde. Dieses Verfahren soll die Risiken einer Investition berücksichtigen; je schneller die Investition die Ausgaben deckt, desto sicherer erscheint sie für das Unternehmen.

Eine Entscheidung nur unter dem Aspekt des geringsten Risikos kann jedoch zu schlechten Investitionen führen, da technischer Fortschritt und damit verbundene höhere Ausgaben und Amortisationsdauern immer „verlieren" würden.

Alle vier Verfahren beruhen auf stark vereinfachten Annahmen:

- Die Daten der einzelnen Jahre (Berechnungsperioden) sind gleichbleibend. Veränderungen in der Ausbringungsmenge, der Einnahmen und Ähnliches bleiben unberücksichtigt.
- Der Einfluss der Zeit auf die Kosten, Gewinne und Erlöse wird nicht berücksichtigt.
- Die Daten müssen zuverlässig aus dem Rechnungswesen des Unternehmens gewonnen werden. Alle Aspekte wie Umweltverträglichkeit, Arbeitsplatzsicherung, Arbeitsbedingungen, die nicht erfasst werden können, bleiben vollständig unberücksichtigt.

▚▚▚ Lernaktionen

1. Die Niederrheinische Papierfabrik OHG möchte eine neue Zuschneidemaschine für die Fertigung und Weiterverarbeitung anschaffen. Es liegen drei Angebote vor.

Berechnen Sie die fehlenden Kostenbestandteile und treffen Sie eine begründete Investitionsentscheidung anhand der Kostenvergleichsrechnung. Verwenden Sie die Vorlage

	Angebot 1	Angebot 2	Angebot 3
Anschaffungskosten			
Restbuchwert			
Fixe Kosten pro Jahr:			
variable Kosten ...			
= Gesamtkosten pro Jahr			

Die Lohnkosten betragen im Unternehmen 10.000,00 € pro Jahr pro Arbeitskraft an dieser Maschine, da diese nicht das komplette Jahr im Einsatz ist. Der kalkulatorische Zinssatz beträgt 10 %.

- **Angebot 1**
  - Es werden zwei Mitarbeiter/-innen benötigt.
  - Die jährliche Ausbringungsmenge beträgt 400 000 Zuschnitte.
  - Die Materialkosten liegen bei 0,01 € pro Zuschnitt.
  - Die Maschine verursacht während des Betriebs Energiekosten in Höhe von 2.000,00 € pro Jahr.
  - Die Instandhaltung der Maschine beläuft sich auf 5.000,00 € pro Jahr.
  - Die Nutzungsdauer beträgt vier Jahre und die Anschaffung kostet 160.000,00 €.
  - Es bleibt kein Restbuchwert.

- **Angebot 2**
  - Es wird ein Mitarbeiter oder eine Mitarbeiterin benötigt.
  - Die jährliche Ausbringungsmenge beträgt 300 000 Zuschnitte.
  - Die Materialkosten liegen bei 0,02 € pro Zuschnitt.
  - Die Maschine verursacht während des Betriebs Energiekosten in Höhe von 2.900,00 € pro Jahr.
  - Die Instandhaltung der Maschine beläuft sich auf 3.500,00 € pro Jahr.
  - Die Nutzungsdauer beträgt fünf Jahren und die Anschaffung kostet 200.000,00 €.
  - Es bleibt ein Restbuchwert von 10.000,00 €.

- **Angebot 3**
  - Es werden drei Mitarbeiter/-innen benötigt.
  - Die jährliche Ausbringungsmenge beträgt 400 000 Zuschnitte.
  - Die Materialkosten liegen bei 0,02 € pro Zuschnitt.

- Die Maschine verursacht während des Betriebs Energiekosten in Höhe von 4.000,00 € pro Jahr.
- Die Instandhaltung der Maschine beläuft sich auf 1.500,00 € pro Jahr.
- Die Nutzungsdauer beträgt fünf Jahren und die Anschaffung kostet 140.000,00 €.
- Es bleibt ein Restbuchwert von 15.000,00 €.

2. Die PEPP GmbH hat zwei weitere Angebote für eine neue Druckmaschine erhalten.

   a) Sie werden gebeten, die Entscheidungsfindung mit Berechnungen vorzubereiten.

	Angebot 1	Angebot 2
Anschaffungskosten	200.000,00 €	180.000,00 €
Nutzungsdauer	5 Jahre	5 Jahre
Kapazitätsgrenze/Jahr	25 000 Stk.	22 000 Stk.
gesamte Fixkosten/Jahr	58.000,00 €	49.200,00 €
variable Kosten je Stk.	12,50 €	13,00 €
Verkaufskosten je Stk.	16,50 €	16,50 €

In den variablen Kosten je Stk. sind die Abschreibungen und die kalkulatorischen Zinsen schon enthalten. Der Zinssatz beträgt 10 %. Maschine 1 hat einen Restbuchwert von 10.000,00 € und Maschine 2 einen von 2.000,00 €.

   a1) Führen Sie eine Kostenvergleichsrechnung durch.

   a2) Führen Sie die Gewinnvergleichsrechnung durch.

   a3) Berechnen Sie die Rentabilität der beiden Angebote.

   a4) Ermitteln Sie die Amortisationsdauer der beiden Angebote.

   b) Auf Grundlage dieser Berechnungen sollen Sie eine begründete Entscheidung für ein Angebot treffen.

   c) Beurteilen Sie Ihre Entscheidung, indem Sie auf die Nachteile der statischen Investitionsrechnungen eingehen.

   d) Es handelt sich bei der Druckmaschine um eine Ersatzinvestition. Nennen Sie noch zwei weitere Investitionen, die ein Unternehmen tätigt. Geben Sie jeweils ein Beispiel an.

Kompetenzen überprüfen

Überprüfen Sie nun, welche Kompetenzen Sie bereits in welchem Umfang erlangt haben. Nutzen Sie die Vorlage, die Ihnen unter BuchPlusWeb zur Verfügung steht. Wagen Sie eine Selbsteinschätzung und suchen Sie das Gespräch mit Ihrer Lehrkraft, wenn Sie unsicher sind, ob Sie noch Übungsbedarf haben.

Kompetenz	ja	Ich habe noch Übungsbedarf bei …	nein	Wo kann ich nachschlagen?
Ich kann den Zusammenhang zwischen Finanzierung und Investitionen im Unternehmen erklären.				S. 192
Ich kann die verschiedenen Anlässe für Investitionen nennen und Beispiele begründet zuordnen.				S. 195
Ich kann verschiedene Investitionsarten nennen und Beispiele zuordnen.				S. 196

3 Finanzierung

3.1 Formen der Finanzierung

DAS IST GESCHEHEN

Die Geschäfte der PEPP GmbH laufen gut! Sogar so gut, dass die Unternehmensleitung die Lagerkapazitäten erweitern lassen muss. Nach ersten Gesprächen mit Architekturbüros hat man die Kosten eines Lageranbaues ungefähr kalkuliert. Insgesamt müssen 70.000,00 € aufgebracht werden, um die Erweiterung des Lagers zu finanzieren. Die Geschäftsleitung diskutiert, woher sie das Geld bekommen kann.

DAS IST ZU TUN

1. Schlagen Sie vor, woher die PEPP GmbH Geld für den Lageranbau bekommen kann.

2. Erläutern Sie die Begriffe Eigenfinanzierung und Fremdfinanzierung.

3. Unterscheiden Sie die Begriffe Innenfinanzierung und Außenfinanzierung.

4. Ordnen Sie Ihre Vorschläge aus Aufgabe 1 den vier Begriffen aus Aufgabe 2 und 3 zu.

DAS SOLLTEN SIE WISSEN

Die Begriffe Eigenfinanzierung und Fremdfinanzierung hängen mit den Begriffen Eigenkapital und Fremdkapital zusammen, die aus der Bilanz bekannt sind. Die rechte Bilanzseite, die Passiva-Seite, auf der das Eigen- und Fremdkapital aufgeführt sind, zeigt die Herkunft des Kapitals an, die linke Seite zeigt an, wofür das Kapital verwendet wird.

Bei der **Eigenfinanzierung** geht es um das Eigenkapital, das von dem Unternehmen und seinen Eigentümerinnen und Eigentümern aufgebracht wird. Hier besteht zum einen die Möglichkeit, dass ein Gewinn, der erwirtschaftet wurde, nicht an die Eigentümerinnen und Eigentümer oder Gesellschafterinnen und Gesellschafter ausgeschüttet wird, sondern im Unternehmen verbleibt, um damit notwendige Zahlungen zu leisten. Dies nennt man **Selbstfinanzierung**. Zu Eigenfinanzierung zählt auch, wenn die Eigentümerinnen und Eigentümer ihren Anteil am Unternehmen erhöhen oder wenn ein neuer Gesellschafter oder eine neue Gesellschafterin in das Unternehmen aufgenommen wird. Hier spricht man von **Beteiligungsfinanzierung**.

Beispiel:
- Jürgen Ehrlich erhöht das Eigenkapital der PEPP GmbH, indem er aus seinem Privatvermögen 40.000,00 € als Privateinlage auf das Unternehmenskonto einzahlt.
- Die PEPP GmbH nimmt eine neue Gesellschafterin in das Unternehmen auf. Sie beteiligt sich mit einer Einlage über 100.000,00 €, die als Eigenkapital in der Bilanz der GmbH erscheint.

Bei einer **Fremdfinanzierung** wird Kapital von Betriebsfremden wie Banken, Sparkassen oder Lieferanten aufgebracht. Sie sind im Gegensatz zu den Gesellschaftern und Gesellschafterinnen und Eigentümern und Eigentümerinnen, die bei der Eigenfinanzierung herangezogen werden, nicht am Gewinn der Unternehmung beteiligt. Die Kapitalgeber der Fremdfinanzierung bekommen allerdings Zinszahlungen für die Bereitstellung ihres Kapitals und haben natürlich einen Anspruch auf Rückzahlung.

Mittelverwendung		Mittelherkunft		
Aktiva	Bilanz der PEPP GmbH, Viersen, zum 31.12.20..		**Passiva**	
A. Anlagevermögen Grundstücke und Bauten	3.526.400,00	**A. Eigenkapital** Eigenkapital	7.054.400,00	**Eigen-finanzierung**
Techn. Anlagen u. Maschinen	2.750.500,00	**B. Fremdkapital** Darlehen	5.295.000,00	**Fremd-finanzierung**
Fuhrpark	878.900,00	Verbindlichkeiten a. LL.	478.500,00	
Betriebs- u. Geschäftsausstattung	487.300,00			
B. Umlaufvermögen Rohstoffe	1.590.600,00			
Hilfsstoffe	47.100,00			
Betriebsstoffe	390.400,00			
Unfertige Erzeugnisse	252.300,00			
Fertige Erzeugnisse, Handelswaren	2.065.900,00			
Forderungen a. LL.	711.800,00			
Kasse	51.800,00			
Bank	74.900,00			
	12.827.900,00		12.827.900,00	

Viersen, 31.12.20.., *Walter Pape, Jürgen Ehrlich*

Die Kreditvergabe ist eine mögliche Einnahmequelle und wichtiger Geschäftszweig der Banken. Diese bekommen Geld von den Wirtschaftssubjekten, die sparen möchten, und geben es als Kredit weiter an die Wirtschaftssubjekte, die fremdes Kapital benötigen. Um einen Anreiz zum Sparen zu schaffen, geben die Banken Guthabenzinsen an die Sparnden. Dafür wird von den Kreditnehmenden Zins für die Kreditvergabe verlangt (Soll-Zinsen). Da der Soll-Zinssatz höher ist als der Haben-Zinssatz, können die Banken hierdurch einen Überschuss erwirtschaften.

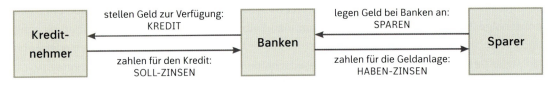

Neben der Unterscheidung nach eigenem oder fremdem Kapital wird bei der Finanzierung auch unterschieden, ob das Geld aus dem Unternehmen selbst oder von außerhalb des Unternehmens stammt. Dies führt zu dem Begriffspaar Innen- und Außenfinanzierung.

Innenfinanzierung	Außenfinanzierung
Das Kapital stammt aus dem Unternehmen selbst.	Das Kapital stammt von außerhalb des Unternehmens.
Beispiel: einbehaltene Gewinne, Bildung von Rückstellungen, Mittelrückflüsse durch Abschreibung (vgl. HF 7, Kapitel 1.3)	**Beispiel:** Einlagen der Gesellschafter/-innen, Aufnahme neuer Gesellschafter/-innen, Aufnahme eines Darlehens, Kontoüberziehung

Aufgaben

1. Ordnen Sie die genannten Finanzierungsformen im Kapitel den Begriffen Innenfinanzierung und Außenfinanzierung zu.

2. Ordnen Sie den Beispielen die Begriffe Eigenfinanzierung, Fremdfinanzierung, Innenfinanzierung, Außenfinanzierung zu.

   a) Eine Gesellschaft mit beschränkter Haftung nimmt einen neuen Gesellschafter auf.

   b) Eine Kommanditgesellschaft zahlt den erwirtschafteten Gewinn nicht an die Gesellschafterinnen aus, sondern behält ihn im Unternehmen.

   c) Ein Einzelunternehmer überzieht sein Kontokorrentkonto (Geschäftskonto) um ein paar tausend Euro.

   d) Eine Aktiengesellschaft gibt neue, zusätzliche Aktien aus, die von Aktionärinnen und Aktionären gekauft werden.

   e) Eine offene Handelsgesellschaft nimmt bei einer Bank ein langfristiges Darlehen auf.

3.2 Finanzierungsziele und -regeln

DAS IST GESCHEHEN

Die neue Bilanz der PEPP GmbH liegt vor.

Aktiva	Bilanz der PEPP GmbH, Viersen, zum 31.12.20..		Passiva
A. Anlagevermögen		**A. Eigenkapital**	
Grundstücke und Bauten	3.526.400,00	Eigenkapital	7.054.400,00
Techn. Anlagen u. Maschinen	2.750.500,00		
Fuhrpark	878.900,00	**B. Fremdkapital**	
Betriebs- u Geschäfts-ausstattung	487.300,00	Darlehen	5.295.000,00
		Verbindlichkeiten a. LL.	478.500,00
B. Umlaufvermögen			
Rohstoffe	1.590.600,00		
Hilfsstoffe	47.100,00		
Betriebsstoffe	390.400,00		
Unfertige Erzeugnisse	252.300,00		
Fertige Erzeugnisse/ Handelswaren	2.065.900,00		
Forderungen a. LL.	711.800,00		
Kasse	51.800,00		
Bank	74.900,00		
	12.827.900,00		12.827.900,00

Viersen, 31.12.20.., *Walter Pape, Jürgen Ehrlich*

Der Geschäftsführer Jürgen Ehrlich, der Buchhalter Martin Winter und Fenja Thielmann, die Steuerberaterin des Unternehmens, besprechen die Bilanz und äußern ihre Meinungen.

Jürgen Ehrlich: Wir sind zu stark verschuldet. Das macht uns abhängig von Fremdkapitalgebern und ist gar nicht gut!

> *Martin Winter: Wir müssten mal schauen, ob unser Umlaufvermögen richtig finanziert ist. Ich meine, das Verhältnis zum kurzfristigen Fremdkapital ist nicht ausgewogen.*
>
> *Fenja Thielmann: In jedem Falle ist Ihr Anlagevermögen perfekt finanziert, das sehe ich auf den ersten Blick.*

DAS IST ZU TUN

1. Ordnen Sie den drei Aussagen das zugehörige Finanzierungsziel und die passende Finanzierungsregel zu.

2. Überprüfen Sie, ob die drei Aussagen richtig sind. Führen Sie die jeweilige Berechnung durch.

DAS SOLLTEN SIE WISSEN

Wie im vorherigen Kapitel beschrieben, beschäftigt sich Finanzierung mit der Bereitstellung von Kapital für das Unternehmen, entweder als Eigenkapital oder als Fremdkapital. Dabei orientiert man sich an **vier Finanzierungszielen**.

Ziele der Finanzierung			
Sicherung der Liquidität	Sicherstellung der Rentabilität	Sicherheit	Unabhängigkeit
Das Unternehmen soll jederzeit seinen Zahlungsverpflichtungen nachkommen können (Zahlungsfähigkeit).	Das Verhältnis zwischen eingesetztem Kapital und dem Ertrag soll möglichst groß sein (Maximierung der Rentabilität).	Notwendige Investitionen sollen jederzeit getätigt werden können, dabei sollen sie das Unternehmen nicht gefährden.	Das Unternehmen soll bei der Finanzierung nicht von Außenstehenden abhängig werden, beispielsweise durch hohe Zinsverpflichtungen oder durch zu starke Einflussnahme.

Mit Blick auf die Bilanz eines Unternehmens lassen sich vertikale und horizontale Finanzierungsregeln aufstellen.

Aktiva	Bilanz zum 31. Dezember 20.. (in Mio. Euro)	Passiva
Anlagevermögen	500	Eigenkapital	200

Aktiva		Passiva	
Anlagevermögen	500	Eigenkapital	200
Umlaufvermögen		Fremdkapital	
Vorräte	140	langfristiges Fremdkapital	380
Forderungen a. LL.	90	kurzfristiges Fremdkapital	220
Flüssige Mittel	70		
	800		800

vertikale Finanzierungsregeln

horizontale Finanzierungsregeln

Vertikale Finanzierungsregel

Vertikale Finanzierungsregeln betreffen die Passivseite der Bilanz, beziehen sich also auf die Kapitalzusammensetzung eines Unternehmens. Sie legen Normen für das Verhältnis von Eigenkapital zu Fremdkapital fest. Der Fremdkapital-Anteil soll möglichst gering gehalten werden. Das Eigenkapital soll immer größer als das Fremdkapital sein:

$$\frac{\text{Fremdkapital} \cdot 100}{\text{Eigenkapital}} \leq 100\,\%$$

Ist der Wert kleiner oder gleich 100 %, dann ist weniger Fremdkapital als Eigenkapital vorhanden. Dieser Soll-Wert wird in der Realität meist nicht eingehalten. Betrachtet man nur den deutschen Mittelstand, kommt man abhängig von der Beschäftigtenzahl auf Werte zwischen 300 und 400 %. Kleinere Unternehmen weisen dabei einen kleineren Eigenkapitalanteil als größere Unternehmen auf. Entsprechend wird die vertikale Finanzierungsregel häufig so ausgelegt, dass auch Werte bis 200 % als solide Kapitalstruktur angesehen werden.

Horizontale Finanzierungsregel

Hier geht es um die sogenannte Fristenkongruenz (Fristenübereinstimmung) der Vermögens- und der Kapitalwerte der Bilanz. Es werden also Elemente aus beiden Seiten der Bilanz ins Verhältnis gesetzt und verglichen. Eine Formel zur rechnerischen Überprüfung lautet:

$$\frac{(\text{Eigenkapital} + \text{langfristiges Fremdkapital}) \cdot 100}{\text{langfristiges Vermögen}} \leq 100\,\%$$

Langfristig gebundenes Vermögen, also das Anlagevermögen eines Unternehmens, muss langfristig finanziert sein, also durch Eigenkapital und Fremdkapital, das wie Darlehensschulden für lange Zeit dem Unternehmen zur Verfügung steht. Ist das Ergebnis dieser Rechnung kleiner als 100 %, so wird auch kurzfristiges Fremdkapital genutzt, um das Anlagevermögen zu finanzieren, was der Regel widerspricht. Ähnliches gilt für das kurzfristige Vermögen, das mit kurzfristigem Fremdkapital finanziert sein soll. Die Formel zur goldenen Bilanzregel lautet:

$$\frac{\text{kurzfristiges Vermögen} \cdot 100}{\text{kurzfristiges Fremdkapital}} \geq 100\,\%$$

Das kurzfristige Vermögen der Bilanz ist das Umlaufvermögen. Zum kurzfristigen Fremdkapital gehören beispielsweise die Verbindlichkeiten aus Lieferungen und Leistungen.

Man darf aber nie vergessen, dass Finanzierungsregeln theoretische Werte sind. Die Soll-Werte werden in der Praxis selten erreicht, sie zeigen eine Norm auf, die es zu erreichen oder besser gesagt anzustreben gilt, ohne dass man davon ausgehen kann, sie wirklich zu erreichen.

\\\\\ Aufgaben

1. Ermitteln Sie für die Bilanz der PEPP GmbH auf S. 211 das Verhältnis zwischen Fremd- und Eigenkapital und beurteilen Sie die Werte.

2. Ermitteln und beurteilen Sie die Werte für die horizontalen Finanzierungsregeln dieser Bilanz.

4 Formen der Fremdfinanzierung

4.1 Kurzfristige Fremdfinanzierung

4.1.1 Kontokorrentkredit

DAS IST GESCHEHEN

Max Junker, der Auszubildende der PEPP GmbH, hat in der Abteilung Buchhaltung/Zahlungs-
verkehr einen Kontoauszug vorliegen:

Sparkasse Krefeld			
Sparkasse Krefeld	Kontoauszug Nr. 14 vom 05.02.20..		Blatt 1
Kontonr.: 0086756543		*Soll*	*Haben*
	Alter Kontostand in €:		17.233,37
04.02. Holz Dierkes		− 64.000,00	
Rechnung Nr. 2/87			
	Neuer Kontostand in €:		− 46.766,63
Kontoinhaber: PEPP GmbH, Viersen	IBAN: DE87 3205 0000 0086 7565 43		
	BIC SPKRDE33XXX		

„Wahnsinn", denkt sich Max, „wir sind ja total hoch verschuldet!"

DAS IST ZU TUN

1. Der Kontoauszug zeigt den Stand des Kontokorrentkontos der PEPP GmbH. Erläutern Sie die Begriffe Kontokorrentkonto und Kontokorrentkredit.

2. Berechnen Sie die Zinsen für die PEPP GmbH, wenn der obige Soll-Saldo erst nach Ablauf von 15 Tagen wieder ausgeglichen werden kann und die Sparkasse Krefeld einen Zinssatz von 9,5 % für Kontokorrentkredite verlangt.

DAS SOLLTEN SIE WISSEN

Das Besondere des Kontokorrentkredits ist, dass er laufend gewährt wird und wiederkehrend genutzt werden kann. Er ist zwingend mit einem Kontokorrentkonto verknüpft. Ein solches Konto vergeben Banken und Sparkassen nur an Geschäftskunden. Es funktioniert wie ein Girokonto mit Dispositionskredit bei Privatkundinnen und -kunden. Ein Kontokorrentkonto kann

- für die laufenden Ein- und Auszahlungen genutzt werden, z. B. Rechnungsausgleich der Kunden, Zahlungen an die Lieferanten;
- ein Guthaben aufweisen, dann ist das Konto im Haben;
- überzogen werden, dann ist das Konto im Soll.

Die Überziehung des Kontokorrentkontos bedeutet gleichzeitig die Inanspruchnahme des Konto-
korrentkredites. Das Unternehmen als Kontoinhaber und die kontoführende Bank müssen einen Überziehungsrahmen oder ein Limit festlegen, bis zu dem das Konto überzogen werden darf.

Beispiel: GmbH hat mit der Sparkasse Krefeld vereinbart, dass das Kontokorrentkonto bis zu 70.000,00 € überzogen werden darf.

Dieser Kreditspielraum ist wichtig, damit ein Unternehmen jederzeit liquide, also zahlungsfähig ist. Wenn etwa Zahlungen der Kunden nur zögerlich hereinkommen und dringend Geld benötigt wird, um beispielsweise die Monatslöhne zu bezahlen, nimmt man den Kontokorrentkredit in Anspruch und zahlt die Löhne aus. Sobald wieder Geld von den Kunden auf dem Konto eingeht, besteht die Möglichkeit, das Kontokorrentkonto wieder auszugleichen.

Beispiel: Vom 24.04. bis 27.04. hat das Kontokorrentkonto der PEPP GmbH ein Guthaben. Am 28.04. sind die Auszahlungen so hoch, dass das Konto einen negativen Saldo aufweist. Dies ändert sich erst zwei Tage später wieder, denn am 30.04. sind die Einzahlungen auf diesem Konto so hoch, dass es wieder ein Guthaben zeigt.

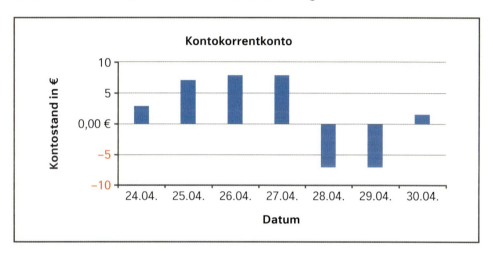

Der Kontokorrentkredit ist nicht kostenlos. Banken und Sparkassen verlangen für die kurzfristige Bereitstellung dieses Kredites einen recht hohen Zinssatz. Dafür wird häufig ein Guthaben-Zins für die Zeiträume angeboten, in denen das Kontokorrentkonto einen positiven Saldo aufweist. Der Guthaben-Zins ist immer deutlich niedriger als der Zinssatz für die Inanspruchnahme des Kredites.

Beispiel: Ein Unternehmen hat ein Kontokorrentkonto bei einer Sparkasse. Der Guthaben-Zinssatz beträgt 1,0 %, der Zinssatz für den Kontokorrentkredit beträgt 10,0 %. Für die Zeit vom 10. bis 21. des Monats (das sind 11 Zinstage) weist das Kontokorrentkonto ein Guthaben von 8.000,00 € aus, vom 22. bis 30. des Monats (das sind 8 Zinstage) ist das Konto mit 14.000,00 € im Minus.

$$\text{Guthaben-Zinsen: } Z = \frac{8.000,00 \cdot 1 \cdot 11}{360 \cdot 100} = 2,44$$

$$\text{Soll-Zinsen: } Z = \frac{14.000,00 \cdot 10 \cdot 8}{360 \cdot 100} = 31,11$$

Zieht man von Soll-Zinsen die Guthaben-Zinsen ab, bleiben 28,67 € Zinsaufwand für das Unternehmen.

1. Ein Unternehmen führt bei der Hausbank ein Kontokorrentkonto zu 12 % Soll-Zinsen und 2 % Haben-Zinsen. Es muss eine Warenlieferung bezahlen und deshalb das Kontokorrentkonto um 15.000,00 € für 20 Tage überziehen. Wie teuer ist der Kontokorrentkredit?

2. Ein Unternehmen hat ein Kontokorrentkonto bei der Volksbank. Ein Guthaben wird auf diesem Konto mit 1,5 % verzinst, der Zinssatz für die Inanspruchnahme des Kontokorrentkredites beträgt 13 %.

   - Vom Monatsersten bis zum 11. des Monats ist das Kontokorrentkonto mit 25.000,00 € im Soll.
   - Vom 11. bis zum 26. verzeichnet der Händler ein Guthaben von 5.500,00 €.
   - Vom 26. bis zum 31. des Monats ist das Konto um 8.000,00 € überzogen.

   a) Berechnen Sie die Soll- und die Haben-Zinsen der drei Zeitabschnitte.
   b) Ermitteln Sie, wie hoch der Zinsaufwand des Unternehmens in diesem Monat insgesamt ist.

4.1.2 Lieferantenkredit

DAS IST GESCHEHEN

In der PEPP GmbH geht eine Rechnung ein.

Rechnung Nr. 98/05

Datum: 12.07.20..

Sehr geehrte Damen und Herren,

für unsere Lieferung vom 10.07.20.. stellen wir Ihnen in Rechnung:

Artikel-Nr.	Artikel	Menge	Preis	Rabatt	Gesamtpreis
57000	Kartonagenset	250	40,00	15 %	8.500,00
			Rechnungsbetrag netto:		8.500,00
			+ 19 % Umsatzsteuer:		1.615,00
			Rechnungsbetrag brutto:		**10.115,00**

Unsere Zahlungsbedingungen: Zahlungsziel 40 Tage, 3 % Skonto bei Zahlung innerhalb von 10 Tagen.

Wir bedanken uns für Ihre Bestellung.

DAS IST ZU TUN

1. Erklären Sie die Zahlungsbedingungen der Rechnung.

2. Ermitteln Sie, wie viel Geld die PEPP GmbH spart, wenn die Rechnung innerhalb der Skontofrist bezahlt wird.

3. Erläutern Sie, was man unter einem Lieferantenkredit versteht. Welche Gründe sprechen aus Sicht der PEPP GmbH dafür, die Rechnung trotz der Skontoersparnis erst am Ende des Zahlungszieles zu bezahlen?

4. Wie hoch ist der Zinssatz des Lieferantenkredites, wenn das Zahlungsziel voll in Anspruch genommen wird? Nutzen Sie den Informationstext und die angegebenen Formeln.

DAS SOLLTEN SIE WISSEN ◣◣◣◣

Ein Lieferantenkredit wird von einem Lieferer an seinen Kunden gewährt. Diese Kreditart wird allerdings nicht in Form von Geld gegeben, sondern in Waren oder Rohstoffen. Der Lieferantenkredit entsteht, wenn der Lieferant die Kaufsache an den Kunden sendet, dieser sie auch schon nutzen oder auch weiterverkaufen kann, aber der Kunde für die Bezahlung der Ware noch Zeit hat. Jeder Einkauf auf Ziel ist zugleich ein Lieferantenkredit. Diese Art von Kreditgewährung wird auch **Sachkredit** genannt. Das Zahlungsziel ist der Zeitraum, in dem der Kredit gewährt wird.

Um einen Kunden dennoch zu einer schnellen Bezahlung zu veranlassen, wird in der Regel **Skonto** gewährt. Die Skontofrist, also der Zeitraum, in dem Skonto abgezogen werden darf, ist kürzer als das Zahlungsziel. Der Skontosatz liegt meist zwischen 1 % bis 3 % vom Rechnungsbetrag. Im Skonto stecken die eigentlichen Kosten des Lieferantenkredites, denn für die Ausnutzung des Zahlungszieles, also die spätestmögliche Bezahlung der Rechnung, nimmt der Lieferant keine Gebühren in Form von Zinsen. Kosten oder eine Zinszahlung entstehen, weil dem Kunden durch die späte Bezahlung der Skontoabzug entgeht, also der volle Rechnungsbetrag zu zahlen ist.

Beispiel: Ein Lieferant gewährt ein Zahlungsziel von 50 Tagen. Vom Rechnungsbetrag in Höhe von 20.000,00 € ist ein Skontoabzug in Höhe von 2 % möglich, wenn die Rechnung innerhalb von 10 Tagen bezahlt wird.

Zeitraum des Lieferantenkredites: 50 Tage (Zahlungsziel)

Skontofrist: 10 Tage	Restliches Zahlungsziel: 40 Tage
Innerhalb dieser Frist ist der Lieferantenkredit noch kostenfrei, da ein Skontoabzug jederzeit möglich ist.	Nun ist kein Skontoabzug mehr möglich und der gesamte Rechnungsbetrag zu zahlen. Die Kosten des Kredites entsprechend dem Skontobetrag.

Bezahlung mit Skontoabzug:	19.600,00 €
Bezahlung ohne Skontoabzug:	20.000,00 €
Differenz (= Kosten, Zinsen des Lieferantenkredites):	400,00 €

Die Möglichkeit des Skontoabzuges macht den Lieferantenkredit zu einem der teuersten Kredite überhaupt. Die Ersparnis durch die Skontoausnutzung bezieht sich auf einen sehr kurzen Zeitraum. Rechnet man den Skontosatz auf einen Jahreszinssatz hoch, wie ihn auch die Banken benutzen, wird schnell deutlich, wie teuer ein Lieferantenkredit sein kann.

Beispiel: Wird das Zahlungsziel 50 Tage ausgenutzt und nach der zehntägigen Skontofrist bezahlt, nimmt man für 40 Tage einen Kredit über 2 % auf. Dessen Jahreszins ergibt sich als Dreisatz:

$$40 \text{ Tage} \triangleq 2\%$$
$$360 \text{ Tage} \triangleq x$$
$$x = \frac{2\% \cdot 360}{40} = 18\%$$

Der Lieferantenkredit im Beispiel kostet den Kunden 400,00 €, das entspricht einem Jahreszins von 18 % für diesen Lieferantenkredit. Das ist deutlich mehr, als Banken verlangen, denn deren Zinssätze liegen im Durchschnitt bei 8 % bis 12 %, wobei sie von Bank zu Bank verschieden sind und sich mit der Zeit ändern können.

Daher lohnt es sich meistens, bei der Bank einen kurzfristigen Kredit aufzunehmen, um eine Lieferantenrechnung schnell und mit Skontoabzug zu bezahlen.

Beispiel: Bei Bezahlung der Rechnung innerhalb von 10 Tagen spart der Kunde 400,00 €, da er nur noch den verminderten Rechnungsbetrag von 19.600,00 € bezahlen muss. Er nimmt diesen Betrag als Kredit bei seiner Bank zu einem Zinssatz von 12 % auf und bezahlt die Rechnung am letzten Tag der Skontofrist. Der Kreditzeitraum beträgt 40 Tage vom Ende der Skontofrist bis zum Ende der Zahlungsfrist, also betragen die Zinsen:

$$Z = \frac{K \cdot p \cdot t}{360 \cdot 100} = \frac{19.600,00 \cdot 12 \cdot 40}{360 \cdot 100} = 261,33$$

Der Ersparnis von 400,00 € aus der schnellen Bezahlung der Verbindlichkeiten beim Lieferanten stehen die Zinsen des Bankkredites in Höhe von 261,33 € gegenüber. Die Differenz der beiden Positionen ergibt für das Unternehmen eine Ersparnis in Höhe von 138,67 €.

Aufgaben

1. Der PEPP GmbH liegt eine Rechnung vor: Rechnungseingang 16.05.20.., Rechnungsbetrag 4.500,00 €, Zahlungsziel 30 Tage, Skontosatz 3 %, Skontofrist 10 Tage.

   a) Berechnen Sie die Kosten des Lieferantenkredites, indem Sie den möglichen Skontoabzug ermitteln.

   b) Wie hoch ist der Jahreszinssatz des Lieferantenkredites?

2. Eine Großhandlung für Tiernahrung erhält die Rechnung eines Hundefutterherstellers. Der Rechnungsbetrag lautet über 13.900,00 €, als Zahlungsbedingungen werden genannt: „zahlbar innerhalb von 40 Tagen netto oder innerhalb von 10 Tagen mit 2 % Skonto". Ermitteln Sie die Kosten und den Jahreszinssatz des Lieferantenkredites.

3. Ein Unternehmen darf bei einer Rechnung über 21.000,00 € mit 30 Tagen Zahlungsziel 3 % Skonto abziehen, wenn es die Rechnung innerhalb von 10 Tagen bezahlt.

   a) Berechnen Sie die Ersparnis, wenn die Rechnung mit Skontoabzug bezahlt wird.

   b) Wie hoch ist der Jahreszinssatz des Lieferantenkredites?

   c) Welchen Kredit muss das Unternehmen bei der Bank aufnehmen, um die Rechnung am 10. Tag mit Skontoabzug zu bezahlen?

   d) Wie teuer ist der Kredit bei der Hausbank, wenn diese für kurzfristige Kredite einen Zinssatz von 14 % verlangt?

   e) Wie viel Geld spart das Unternehmen, wenn es den Kredit bei der Hausbank in Anspruch nimmt und die Rechnung mit Skontoabzug bezahlt?

4.2 Langfristige Fremdfinanzierung

DAS IST GESCHEHEN

Die PEPP GmbH muss ihre Lagerkapazitäten erweitern und wird einen Anbau zur bestehenden Lagerhalle errichten lassen. Die Kosten der Lagererweiterung werden mit 70.000,00 € veranschlagt, davon könnte das Unternehmen 40.000,00 € mit Eigenkapital finanzieren, die restlichen 30.000,00 € müssten fremdfinanziert werden. Es liegen drei Darlehensangebote der Sparkasse vor.

Angebot 1	**Angebot 2**	**Angebot 3**
Ratendarlehen	Fälligkeitsdarlehen	Annuitätendarlehen
Zinssatz: 7 %	Zinssatz: 7 %	Zinssatz: 7 %
Laufzeit: 5 Jahre	Laufzeit: 5 Jahre	Laufzeit: 5 Jahre

DAS IST ZU TUN

1. Stellen Sie für jedes Angebot einen Tilgungsplan für die Laufzeit von fünf Jahren auf.

2. Entscheiden Sie anhand der rechnerischen Ergebnisse, welche Darlehensvariante die PEPP GmbH wählen sollte.

3. Was spricht aus Sicht der PEPP GmbH dafür, nicht das günstigste Darlehen, sondern eine andere Darlehensart zu wählen?

DAS SOLLTEN SIE WISSEN

Der Begriff **Darlehen** wird in der Praxis häufig mit dem Begriff Kredit gleichgesetzt. Gemeint ist bei einem Darlehen ein **mittel- bis langfristiger Kredit**.

Im Bürgerlichen Gesetzbuch sind die Bestimmungen zum Darlehensvertrag festgelegt (ab § 488 BGB). Beim Darlehen werden keine Sachmittel, sondern nur Geld gegen **Zinsen** überlassen. Darlehensverträge mit Verbrauchern (Konsumenten) müssen schriftlich verfasst werden, der Verbraucher hat laut § 495 BGB ein Widerrufsrecht von zwei Wochen.

Darlehen können auf verschiedene Arten vereinbart werden, dabei liegen die Unterschiede in den Rückzahlungsbedingungen für den Darlehensnehmer. Es gibt drei Darlehensarten.

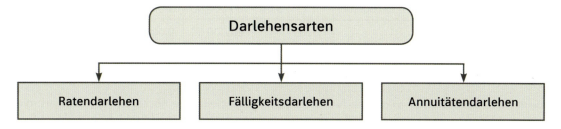

Ratendarlehen

Bei dem Ratendarlehen erfolgt die Rückzahlung (Tilgung) in gleichbleibenden Raten, die zu bestimmten Terminen gezahlt werden müssen. Die zu zahlenden Zinsen beziehen sich auf das verbleibende Restdarlehen.

Beispiel: Ein Ratendarlehen in Höhe von 60.000,00 € hat eine Laufzeit von drei Jahren. Der Zinssatz beträgt 5 %.

Ratendarlehen					
Jahr	Darlehen Jahresanfang	Darlehen Jahresende	Tilgung	Zinsen	Gesamtzahlung im Jahr
1	60.000,00	40.000,00	20.000,00	3.000,00	23.000,00
2	40.000,00	20.000,00	20.000,00	2.000,00	22.000,00
3	20.000,00	0,00	20.000,00	1.000,00	21.000,00
Summe			60.000,00	6.000,00	66.000,00

Die Höhe der Tilgung ergibt sich aus Darlehensbetrag und Laufzeit: $\text{Tilgung} = \dfrac{\text{Darlehen}}{\text{Laufzeit}}$

Die Zinsen ergeben sich aus der Zinsformel: $\text{Zinsen} = \dfrac{\text{Darlehen} \cdot \text{Zinssatz}}{100}$

Die Zinsbelastung sinkt von Jahr zu Jahr, weil jeweils ein Teil des Darlehens zurückgezahlt wird. Am Ende der Laufzeit ist der ganze Darlehensbetrag getilgt.

Fälligkeitsdarlehen

Die Rückzahlung des gesamten Darlehensbetrages findet an einem festen Termin am Ende der Laufzeit statt. Während der Darlehenslaufzeit werden nur Zinsen und keine Tilgung gezahlt. Die Zinsbelastung ist während der Laufzeit gleichbleibend hoch, da der Darlehensbetrag nicht sinkt.

Beispiel: Ein Fälligkeitsdarlehen in Höhe von 60.000,00 € hat eine Laufzeit von drei Jahren. Der Zinssatz beträgt 5 %.

Fälligkeitsdarlehen					
Jahr	Darlehen Jahresanfang	Darlehen Jahresende	Tilgung	Zinsen	Gesamtzahlung im Jahr
1	60.000,00	60.000,00	0,00	3.000,00	3.000,00
2	60.000,00	60.000,00	0,00	3.000,00	3.000,00
3	60.000,00	0,00	60.000,00	3.000,00	63.000,00
Summe			60.000,00	9.000,00	69.000,00

Annuitätendarlehen

Beim Annuitätendarlehen wird eine für die Laufzeit gleichbleibende Rückzahlung vereinbart, die **Annuität**, die Tilgung und Zins in veränderlicher Höhe enthält. Im Laufe der Rückzahlung sinken die Zinsen, da der verbleibende Darlehensbetrag mit jeder Tilgungsrate kleiner wird. Im gleichen Maße steigt der Tilgungsanteil in jeder Rate. Die Annuität ist jeweils vorgegeben und kann aus der Laufzeit, dem Darlehensbetrag und dem Zinssatz errechnet werden.

Beispiel: Ein Annuitätendarlehen in Höhe von 60.000,00 € hat eine Laufzeit von drei Jahren. Der Zinssatz beträgt 5 %, die jährliche Annuität beträgt 22.032,51 €.

Annuitätendarlehen					
Jahr	Darlehen Jahresanfang	Darlehen Jahresende	Tilgung	Zinsen	Annuität
1	60.000,00	40.967,49	19.032,51	3.000,00	22.032,51
2	40.967,49	20.983,35	19.984,14	2.048,37	22.032,51
3	20.983,35	0,00	20.983,35	1.049,16	22.032,51
Summe			60.000,00	6.097,53	66.097,53

Der Tilgungsanteil ergibt sich aus der Annuität und dem Zinsanteil.

Die drei Beispiele zeigen, dass das Ratendarlehen die günstigste Darlehensart ist. Allerdings haben auch die anderen beiden Formen Vorteile.

Ratendarlehen	Fälligkeitsdarlehen	Annuitätendarlehen
▪ Das Ratendarlehen ist günstiger als die beiden anderen Darlehensarten. ▪ Die Zins- und Zahlungsbelastung sinkt von Jahr zu Jahr.	▪ Die Zahlungsbelastung ist in den allen Jahren vergleichsweise niedrig, da erst im letzten Jahr getilgt wird.	▪ Es gibt eine gleichbleibende Zahlungsbelastung, die für eine sichere Kalkulation sorgt.

⧹⧹⧹ Aufgaben

1. a) Nennen Sie die drei Darlehensarten und erläutern Sie die Unterschiede.

   b) Welche Argumente sprechen für die jeweilige Darlehensart?

2. Ein Unternehmen möchte ein Darlehen in Höhe von 100.000,00 € aufnehmen. Die Laufzeit beträgt fünf Jahre, der Zinssatz beträgt 6,5 %, die Tilgung kann nach Wunsch des Darlehensnehmers vorgenommen werden. Ermitteln Sie die günstigste Darlehensart für das Unternehmen, indem Sie für alle drei Darlehensarten einen Tilgungsplan aufstellen. Die Annuität des Annuitätendarlehens beträgt 24.063,45 €.

4.3 Leasing

Die PEPP GmbH hat für den Außendienst einen Pkw. Da dieser Wagen etwas in die Jahre gekommen ist, möchte die Geschäftsleitung ihn durch ein Neufahrzeug ersetzen. Doch der PEPP GmbH fehlt zurzeit die nötige Liquidität, um einen angemessenen Neuwagen sofort bezahlen zu können. Jürgen Ehrlich denkt über die Finanzierung nach. Der Vertreter des Autohauses bietet ihm an, das neue Auto zu leasen. Dann wäre nicht gleich der ganze Kaufpreis fällig und außerdem würde Leasing auch noch andere Vorteile bieten.

1. Generell hat die PEPP GmbH zwei Finanzierungsmöglichkeiten, eine Kreditfinanzierung oder ein Leasingvertrag. Erläutern Sie beide Varianten und zeigen Sie Gemeinsamkeiten und Unterschiede auf.

2. Welche Möglichkeiten hat die PEPP GmbH am Ende der Leasinglaufzeit?

3. Zeigen Sie neben dem Kostenaspekt Vorteile und Nachteile des Leasings gegenüber der Kreditfinanzierung auf.

Wenn man eine Investition über Leasing finanzieren will, ist damit eine Mischung zwischen „Kaufen auf Kredit" und „Mieten" gemeint. Ein Leasingvertrag ähnelt einem Mietvertrag und einem Kreditvertrag.

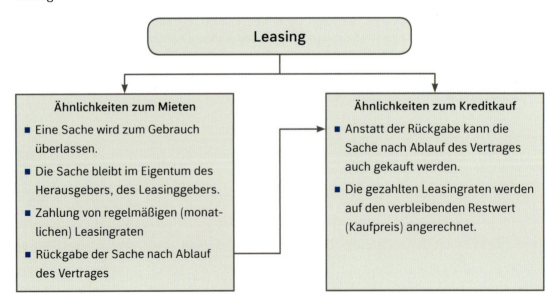

Leasing

Ähnlichkeiten zum Mieten

- Eine Sache wird zum Gebrauch überlassen.
- Die Sache bleibt im Eigentum des Herausgebers, des Leasinggebers.
- Zahlung von regelmäßigen (monatlichen) Leasingraten
- Rückgabe der Sache nach Ablauf des Vertrages

Ähnlichkeiten zum Kreditkauf

- Anstatt der Rückgabe kann die Sache nach Ablauf des Vertrages auch gekauft werden.
- Die gezahlten Leasingraten werden auf den verbleibenden Restwert (Kaufpreis) angerechnet.

Der Leasingvertrag wird zwischen dem Leasinggeber und dem Leasingnehmer geschlossen.

- **direktes Leasing**: Der Leasingvertrag wird mit dem Hersteller oder Lieferanten des Leasing-gegenstandes geschlossen.
- **indirektes Leasing**: Der Leasingvertrag wird mit einem anderen Unternehmen als dem Hersteller geschlossen, zum Beispiel einer Leasing-Gesellschaft oder einer Bank.

Die Leasing-Sache kann ein Auto, ein Kopierer, eine Maschine oder Ähnliches sein. Der Leasing-nehmer kann den Leasinggegenstand für seine Geschäftszwecke nutzen und zahlt dafür während der Laufzeit regelmäßige Leasingraten.

Eine wichtige Entscheidung des Leasingnehmers ist, ob er den Leasinggegenstand nach Ablauf des Vertrages behalten oder zurückgeben möchte. In dem einen Fall wird er einen langfristigen Vertrag abschließen, im Falle der Rückgabe lohnt es sich eher, einen kurzfristigen Leasingvertrag abzu-schließen.

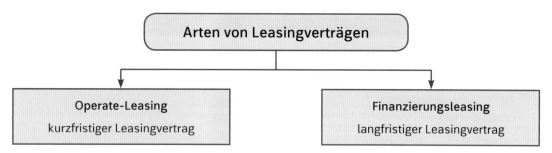

Beim Operate-Leasing wird häufig neben der Überlassung zum Gebrauch auch vereinbart, dass der Leasinggeber für die Gebrauchstüchtigkeit der Sache sorgt. Die Laufzeit des Vertrages ist in der Regel kürzer als die eigentlich mögliche Nutzungsdauer des Gegenstandes. Der Leasinggeber kann also die Sache nach Ablauf des Vertrages weiter verwerten, etwa durch eine weitere Vermietung oder durch Verkauf des Gegenstandes.

Beispiel: Das Autohaus Manuela Unruh GmbH überlässt einem Speditionsunternehmen per Lea-sing einen neuen Pkw-Transporter. Der Leasingvertrag läuft über drei Jahre. Nach den drei Jahren gibt die Spedition den Transporter zurück, das Autohaus verkauft den Wagen als Gebrauchtwagen an ein anderes Unternehmen.

Der Leasingnehmer hat beim **Operate-Leasing** den Vorteil, dass er den geleasten Gegenstand nach Ablauf des Vertrages wieder zurückgeben kann, um eine neue Sache zu leasen, die auf dem aktuel-len Stand der Technik ist. Beim **Finanzierungsleasing** will der Leasingnehmer dagegen die Sache nach Ablauf der Leasingzeit in der Regel behalten. Also wird wie bei einem Darlehen eine lange Vertragslaufzeit vereinbart. Entweder hat der Leasingnehmer durch die Zahlung der Leasingraten dann schon den Gegenstand „abgezahlt", das heißt vollständig finanziert, oder es fällt noch eine Abschlusszahlung an, mit der die Sache endgültig in das Eigentum des Leasingnehmers übergeht.

Beispiel: Eine Großhandlung lässt sich nach ihren Vorstellungen eine Verpackungsmaschine herstellen. Die Maschine wird über acht Jahre geleast. Am Ende der Laufzeit zahlt die Großhandlung noch 18.000,00 €, wird Eigentümerin und darf die Maschine behalten.

Ein Leasingnehmer ist nicht Eigentümer der geleasten Sache, also erscheint der Leasinggegenstand auch nicht in der Bilanz des Leasingnehmers. Allerdings bedeuten die Leasingraten Aufwendungen für den Leasingnehmer, die den Gewinn verringern.

Vergleicht man Leasing und Darlehen zur Finanzierung miteinander, muss man die monatlichen oder jährlichen Kosten der jeweiligen Variante gegenüberstellen.

Kosten einer Leasingfinanzierung	Kosten einer Darlehensfinanzierung
▪ regelmäßige Leasingraten ▪ eventuelle Abschlussgebühr bei Vertragsbeginn ▪ Restzahlung bei Vertragsende	▪ regelmäßige Zinsen ▪ eventuelle Gebühren oder Abschlagszahlungen bei Vertragsbeginn ▪ Restzahlung bei Vertragsende

Betrachtet man diese Kosten alleine, lohnt sich Leasing häufig nicht, weil es teurer als ein Kredit ist. Allerdings muss man die eingeschlossenen Leistungen wie Reparaturservice oder regelmäßige kostenlose Wartungen bedenken. Außerdem kann man am Ende der Leasinglaufzeit entscheiden, den Gegenstand nicht zu übernehmen, sondern eine andere, aktuelle Version zu leasen.

Aufgaben

Mieten statt kaufen

Neu geleaste Objekte in Deutschland im Jahr 2021

PKW	61 %
Nutzfahrzeuge	15
Produktionsmaschinen	8
Büromaschinen, IT	4
Baumaschinen	3
Fahrräder, E-Roller	2
Luft-, Wasser-, Schienenfahrzeuge	1
Sonstige	6

Das waren die Leasing-Kunden 2021

Dienstleistungen	38 %
Verarbeitendes Gewerbe	17
Private Haushalte	12
Handel	10
Verkehr, Nachrichtenübermittlung	9
Baugewerbe	8
Landwirtschaft, Energie-, Wasserversorgung, Bergbau	4
Staat	2

Globus 015961

Quelle: Bundesverband Deutscher Leasing-Unternehmen

1. Werten Sie die Grafik aus. Welche Objekte werden in Deutschland geleast? Wer sind die Leasingnehmer? Begründen Sie diese Konstellation, indem Sie konkrete Beispiele für Unternehmen und ihre Leasingobjekte finden.

2. a) Erläutern Sie den Unterschied zwischen direktem und indirektem Leasing.
   b) Unterscheiden Sie die Begriffe Operate-Leasing und Finanzierungsleasing.
   c) Zeigen Sie die Vorteile der jeweiligen Leasingvariante auf.

3. Die PEPP GmbH beabsichtigt, eine neue Produktionsmaschine zu kaufen. Nach den Angaben des Maschinenherstellers betragen die Anschaffungskosten 240.000,00 €, die betriebliche Nutzungsdauer beträgt 5 Jahre. Wegen der angespannten finanziellen Lage ist es nicht möglich, die Maschine sofort zu bezahlen. Es stehen ein Kreditkauf und Leasing als Finanzierungsalternativen zur Verfügung.
   ▪ Kreditangebot der Hausbank der PEPP GmbH: Ratendarlehen mit fünf Jahren Laufzeit über 240.000,00 €, Zinssatz 8 %
   ▪ Leasingangebot des Maschinenherstellers: Bei einer Grundmietzeit von drei Jahren betragen die Leasingraten monatlich 5.800,00 €. Bei einer Vertragsverlängerung um zwei Jahre sinken die monatlichen Raten auf 4.700,00 €.

   a) Vergleichen Sie rechnerisch die beiden Angebote.
   b) Nennen Sie Gründe, die trotz der höheren Kosten für die Finanzierung sprechen.

5 Kreditsicherheiten

5.1 Einfacher und verstärkter Personalkredit

Isabella Rossi, Auszubildende bei der PEPP GmbH, hatte einen Autounfall. Ihr alter Wagen ist dabei so sehr beschädigt worden, dass er direkt zum Schrottplatz gebracht wurde. Für ein neues Auto fehlt Isabella das nötige Geld, daher möchte sie bei der Bank einen Kredit aufnehmen. Für einen angemessenen Gebrauchtwagen benötigt sie 6.000,00 €. Sie lässt sich von dem Bankangestellten Herrn Gärtner beraten.

Herr Gärtner: Nun, wir können Ihnen nicht einfach so einen Kredit über 6.000,00 € geben, wir müssen uns ein wenig absichern. Welche Sicherheiten haben Sie denn noch außer Ihrer Ausbildungsvergütung?

Isabella Rossi: Eigentlich keine, ich stehe ja noch am Anfang meiner beruflichen Karriere. Deshalb habe ich noch nicht viele Ersparnisse oder so. Sonst würde ich ja auch keinen Kredit benötigen!

Herr Gärtner: Richtig. Trotzdem brauchen wir eine Sicherheit. Haben Sie denn vielleicht jemanden, der für Sie bürgen kann?

Isabella Rossi: Jemanden, der für mich bürgt? Na, mein Vater vielleicht.

1. Erläutern Sie, warum für den Kredit, den Isabella von der Bank bekommen möchte, zur Absicherung eine weitere Person, ein Bürge oder eine Bürgin, erforderlich ist.

2. Isabellas Vater ist selbstständiger Handwerker und führt ein kleines Unternehmen mit drei Angestellten. Beurteilen Sie, ob er als Bürge in Frage kommt.

3. Beschreiben Sie, welche Vertragsbeziehungen zwischen Bank, Kreditnehmer und Bürginnen und Bürgen bestehen.

4. Mit der Bürgschaft geht Isabellas Vater ein gewisses Risiko ein. Schätzen Sie dieses Risiko und die Wahrscheinlichkeit ab, ob er die Bürgschaft eingehen wird.

Wenn eine Bank ein Darlehen gewährt, möchte sie sichergehen, dass sie das Geld auch zurückbekommt. Also wird sie in der Regel eine Kreditsicherheit einfordern. Zum einen kann der Kreditnehmer oder die Kreditnehmerin selbst als Person für ein Darlehen haften, zum anderen können auch Gegenstände oder Immobilien der Haftung dienen. Man unterscheidet daher Personal- und Realkredite.

Personalkredite	Realkredite
Ein Personalkredit wird ausschließlich durch die Person des Kreditnehmers/der Kreditnehmerin abgesichert. Wenn dies nicht ausreicht, werden weitere Personen zur Absicherung des Kredits herangezogen.	Ein Realkredit wird durch bewegliche Sachen oder Immobilien abgesichert.

Um die **Kreditwürdigkeit** einer Privatperson zu prüfen, die einen Kredit in Anspruch nehmen möchte, hat eine Bank die Möglichkeit, sich die Verdienstbescheinigung des Kreditnehmers bzw. der Kreditnehmerin anzusehen; zusätzlich gibt es vielleicht Vermögen oder Einkommen aus Schenkungen oder aus einer Erbschaft. Daneben kann die Bank die Vermögensverhältnisse auch prüfen, indem sie nachschaut, ob und welche Kredite diese Person noch bei anderen Instituten hat. Diese Informationen werden von **Auskunfteien** eingeholt; bekannte Unternehmen, die in diesem Geschäftsfeld tätig sind, sind die SCHUFA oder Creditreform.

Wenn ein Unternehmen einen Kredit benötigt, kann die Bank in die Bilanzen und die Gewinn- und Verlustrechnung der Unternehmung zu schauen, um sich einen Überblick über die Vermögensverhältnisse zu verschaffen. Die Rechtsform einer Unternehmung spielt bei der Kreditvergabe auch eine wichtige Rolle, denn eine Einzelunternehmerin ist kreditwürdiger als ein Gesellschafter oder eine Gesellschafterin einer GmbH, weil die Einzelunternehmerin auch mit ihrem Privatvermögen für den Kredit einstehen muss.

Bei den Personalkrediten werden der einfache und der verstärkte Personalkredit unterschieden.

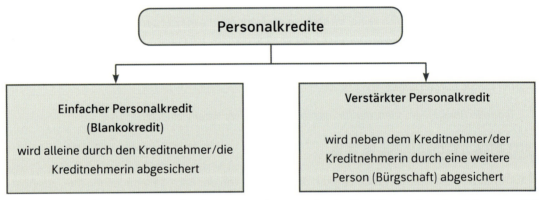

Reicht also die Kreditwürdigkeit des Darlehensnehmers oder der Darlehensnehmerin nicht aus, wird die Bank keinen einfachen, sondern nur einen verstärkten Personalkredit gewähren. Eine gängige Variante ist der Bürgschaftskredit.

Bei einem Bürgschaftskredit steht ein Bürge oder eine Bürgin für die Schulden des Kreditnehmers bzw. der Kreditnehmerin ein, wenn sie den Kredit nicht mehr zurückzahlen können. Es sind zwei Verträge notwendig, um einen Kredit durch eine Bürgschaft abzusichern.

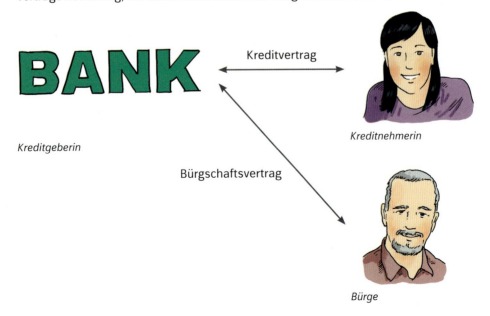

Der Bürgschaftsvertrag ist im Bürgerlichen Gesetzbuch geregelt (ab § 765 BGB). Darin wird auch die Schriftform für Bürgschaftsverträge bestimmt. Nur Kaufleute können mündlich bürgen, Privatpersonen müssen sich an die Schriftform halten.

Spannend wird es für den Bürgen oder die Bürgin, wenn der Kreditnehmer und Schuldner seine bzw. die Kreditnehmerin und Schuldnerin ihre Verbindlichkeiten bei dem Kreditgeber nicht mehr zurückzahlen kann. Dann wird der Gläubiger an den Bürgen bzw. die Bürgin herantreten und von diesem/dieser verlangen, dass er/sie die Schulden zurückzahlt. Handelt es sich um eine **selbstschuldnerische Bürgschaft**, dann ist der Bürge oder die Bürgin verpflichtet, sofort für die Schulden des Kreditnehmers oder der Kreditnehmerin einzustehen. Bei einer so genannten **Ausfallbürgschaft** hat der Bürge bzw. die Bürgin das Recht zur „Einrede der Vorausklage; er oder sie haftet also erst, wenn bei dem eigentlichen Schuldner/der eigentlichen Schuldnerin eine Zwangsvollstreckung erfolglos durchgeführt wurde.

Da bis zu einer Zwangsvollstreckung viel Zeit vergehen kann (vgl. HF 4, 4.5 Kaufmännisches und gerichtliches Mahnverfahren), wird häufig eine selbstschuldnerische Bürgschaft verlangt.

Die Bürgschaft erlischt, wenn die Schulden bezahlt sind oder wenn der Kreditgeber auf Rückzahlung verzichtet. Wenn der Bürge oder die Bürgin anstelle des Kreditnehmers bzw. der Kreditnehmerin für die Verbindlichkeiten zahlen muss, hat er oder aber das Recht, das Geld vom Kreditnehmer bzw. von der Kreditnehmerin zurückzuverlangen.

Aufgaben

1. Erläutern Sie, warum bei einem Bürgschaftskredit zwei Verträge notwendig sind. Nennen Sie zu den beiden Verträgen die jeweiligen Vertragsparteien.

2. a) Erläutern Sie die Formvorschriften, die für Bürgschaftsverträge gelten. Begründen Sie dabei die Besonderheit, die bei Kaufleuten gilt.
   b) Erläutern Sie die Unterschiede zwischen den beiden Arten der Bürgschaft.

3. Erläutern Sie, welches Recht der Bürge oder die Bürgin hat, wenn er/sie die Verbindlichkeiten des Schuldners oder der Schuldnerin bezahlen musste.

5.2 Realkredit

5.2.1 Pfandrecht und Grundpfandrecht

DAS IST GESCHEHEN

Max Junker und Isabella Rossi unterhalten sich in der Frühstückspause über ihren nächsten Sommerurlaub. Max plant eine Rundreise durch Neuseeland.

Isabella: Wow, das ist bestimmt teuer!

Max: Nein, nur der Flug ist teuer. Wenn ich den jetzt buche, kostet der immer noch knapp eintausend Euro.

Isabella: Und woher nimmst du spontan so viel Geld?

Max: Ich verpfände meine Gitarre. Schau mal hier, ich hab mir da ein Angebot aus dem Internet ausgedruckt.

Isabella: Das klingt aber nicht besonders seriös!

Max: Doch! Verpfändung ist ein ganz normaler wirtschaftlicher Vorgang. Das machen viele, und es ist auch ganz risikolos, denn ich krieg meine Gitarre ja nach drei Monaten wieder zurück.

> **Deposito**
> **Ihr Online-Pfandhaus**
>
> Bargeld sofort
> ganz unbürokratisch, kein Papierkram
> ohne SCHUFA
> beliebige Kredithöhe
> Schmuck, Uhren, Musikinstrumente, ...
> Auszahlung bis zu 50 % des Pfandwertes
> Laufzeit 3 Monate
> Verlängerung möglich
> nur 2 % Zinsen
> weitere Gebühren möglich

DAS IST ZU TUN

1. Beschreiben Sie den Ablauf des Pfandkredites.

2. Erläutern Sie, ob der Plan von Max aufgeht, seine Gitarre zu verpfänden.

3. Beurteilen Sie die Risiken, die man mit einem Pfandkredit eingeht.

DAS SOLLTEN SIE WISSEN

Pfandrechte können sich auf bewegliche oder unbewegliche Gegenstände beziehen, die als Sicherheit für einen Kredit dienen.

Pfandrecht (Faustpfandkredit, Lombardkredit)	Grundpfandrecht
Bewegliche Gegenstände werden als Kreditsicherheit hinterlegt.	Unbewegliche Gegenstände dienen als Kreditsicherheit.
Beispiel: Schmuck, Smartphones, Autos, Aktien	**Beispiel:** Häuser, Eigentumswohnungen, Grundstücke

Wenn wertvolle, bewegliche Vermögensgegenstände als Sicherheit für einen Kredit dienen und dem Kreditgeber zur Aufbewahrung überlassen werden, spricht man von einem **Pfandkredit** oder Faustpfandkredit. Der Kreditgeber wird zum Besitzer des verpfändeten Gegenstandes. Wenn der Pfandkredit bei einem Pfandhaus aufgenommen wird, eignen sich viele Gegenstände als Sicherheit, weil hier Aufbewahrung möglich ist. Eine Bank kann nicht Dinge wie Autos als **Pfand** aufbewahren. Zur Sicherung des Kredits werden dann Aktien oder Wertpapiere als Pfand an die Bank übergeben.

Wenn der Kreditnehmer und Schuldner seinen bzw. die Kreditnehmerin und Schuldnerin ihren Verpflichtungen aus dem Kreditvertrag nachkommt, also Zins- und Tilgungszahlungen pünktlich vornimmt, passiert mit dem verpfändeten Gegenstand nichts. Wenn alle Zahlungen geleistet sind, geht das Pfand wieder in den Besitz des Kreditnehmers und Eigentümers bzw. der Kreditnehmerin und Eigentümerin über. Wenn aber der Schuldner oder die Schuldnerin den Zahlungsverpflichtungen nicht mehr nachkommt, hat der Kreditgeber die Möglichkeit, den gepfändeten Gegenstand zu versteigern und aus dem Erlös seine Forderung zu begleichen.

Der Pfandkredit ist für eher kurzfristige Darlehen geeignet. Der Vorteil für die kreditnehmende Person liegt in der unbürokratischen Weise, Geld zu besorgen, ohne dass sie etwas verkaufen muss. Sie bekommt das Pfand zurück, sobald sie den Kredit zurückgezahlt hat. Für den Kreditgeber liegt der Vorteil beim Pfandkredit in der gegenständlichen Absicherung, die das Risiko des Kreditausfalls mindert. Wenn er die Sache versteigert, falls der Schuldner oder die Schuldnerin den Kreditbetrag nicht zurückzahlen kann, hat er in der Regel keinen Verlust.

Die Grundschuld ist ein **Grundpfandrecht**, bei dem ein Grundstück als Pfand zur Absicherung eines Kredites oder eines Darlehens dient. Das Grundstück verbleibt im Besitz der kreditnehmenden Person, doch die **Grundschuld** wird notariell beurkundet im Grundbuch eingetragen. Das **Grundbuch** wird beim Amtsgericht geführt und zeigt die Rechtsverhältnisse an den Grundstücken eines Bezirkes auf. Im Grundbuch sind die Grundstücksgrößen, die Abgrenzungen und die Lage der einzelnen Grundstücke, die Eigentumsverhältnisse, die mit dem Grundstück verbundenen Rechte und Pflichten aufgeführt. Jede Person, die ein berechtigtes Interesse nachweisen kann, darf in das Grundbuch Einsicht nehmen.

Ein Grundschuldkredit ist in der Regel ein langfristiger Kredit. Die Eintragung der Grundschuld und die Höhe des Kredites müssen nicht übereinstimmen. Es wird auch nicht jede Tilgungszahlung im Grundbuch eingetragen. Vielmehr bleibt die Grundschuld im Grundbuch bestehen, bis der Kredit zurückgezahlt ist. Man kann sie aber auch im Grundbuch stehen lassen, um sie später noch einmal für einen anderen Kredit zu nutzen.

Beispiel: Die PEPP GmbH hat auf ihr Betriebsgrundstück in der Heesstraße 95 eine Grundschuld über 300.000,00 € eintragen lassen. Zurzeit hat sie darauf nur noch ein Darlehen der Deutschen Bank in Höhe von 50.000,00 € offen. Da die Grundschuld höher ist als das eigentliche Darlehen, kann der überschüssige Betrag als Sicherheit für die Aufnahme einer weiteren Schuld bei der gleichen Bank genutzt werden.

Die Grundschuld wird erst aus dem Grundbuch gelöscht, wenn ein Löschungsantrag gestellt wird und eine notariell beglaubigte Löschungsbewilligung vorliegt. Solange kann der Gläubiger auf die Immobilie, die als Kreditsicherheit dient, zugreifen und sie versteigern lassen, wenn der Schuldner oder die Schuldnerin den Zahlungsverpflichtungen nicht mehr nachkommt. Da Grundstücke sehr wertbeständig sind, werden sie gerne von Banken als Sicherheit genommen. Auch nach vielen Jahren kann die Bank sicher sein, dass ein Darlehen noch angemessen abgesichert ist, da Grundstücke nur selten an Wert verlieren.

Aufgaben

1. a) Nennen Sie die Unterschiede zwischen einem Personalkredit und einem Realkredit.

   b) Nennen Sie Sachen, die als Sicherheit bei einem Realkredit dienen können.

2. a) Erläutern Sie den Unterschied zwischen einem Faustpfandkredit und einem Grundpfandrecht.

   b) Beurteilen Sie die Kreditabsicherung des Pfandrechtes. Welche Vorteile und welche Nachteile ergeben sich für Kreditgebende und -nehmende?

3. a) Die Grundschuld ist ein Grundpfandrecht. Erläutern Sie, wann die Grundschuld als Kreditsicherung genutzt wird.

   b) Welche Formvorschriften gibt es für die Eintragung und Löschung einer Grundschuld?

   c) Erklären Sie, warum es so hohe Formvorschriften für die Grundschuld gibt.

5.2.2 Sicherungsübereignung

DAS IST GESCHEHEN

Die neue Lagerhalle, die für die PEPP GmbH gebaut wird, muss auch ausgestattet werden. Die Unternehmensleitung plant unter anderem, zwei neue Gabelstapler anzuschaffen. Ihr liegt ein Leasingangebot eines Herstellers vor, das allerdings sehr teuer erscheint. Die Alternative ist eine Kreditfinanzierung über die Hausbank. Walter Pape hat Bedenken: „Ich weiß nicht, ob die Bank das macht; schließlich hat sie uns schon die Lagerhalle mit einem großen Kredit finanziert. Die wollen bestimmt weitere Sicherheiten, wenn sie uns noch mehr Geld leihen sollen." Aber überraschenderweise hat die Bank überhaupt kein Problem damit und schlägt eine Sicherungsübereignung vor.

DAS IST ZU TUN

1. Erläutern Sie die Unterschiede zwischen Leasing und Kreditfinanzierung.

2. Welche Vorteile sprechen im Vergleich mit dem Leasing für eine Darlehensaufnahme bei einer Bank, um die Gabelstapler zu finanzieren?

3. Erklären Sie die Eigentumsverhältnisse bei der Sicherungsübereignung während und nach der Laufzeit.

DAS SOLLTEN SIE WISSEN

Der **Sicherungsübereignungskredit** funktioniert ähnlich wie ein Pfandkredit. Es werden zur Absicherung des Kredites bewegliche Sachen herangezogen. Diese bleiben allerdings beim Sicherungsübereignungskredit im Besitz des Kreditnehmers, was der wesentliche Unterschied zum Pfandkredit ist. Der Kreditnehmer kann während der Laufzeit des Kredites die Sache weiter nutzen. Allerdings wird das Eigentum an der Sache an den Kreditgeber übertragen.

Beispiel: Die Spedition Klingel KG aus Viersen besitzt einen Lieferwagen für kleinere Transporte in der näheren Umgebung. Der Lieferwagen wird über einen Kredit finanziert und dient gleichzeitig als Sicherheit für diesen Kredit. Die Bank hat den Fahrzeugbrief (Zulassungsbescheinigung Teil 2) als Sicherheit erhalten. Die Spedition nutzt den Lieferwagen für den täglichen Betrieb und kann über die Geschäfte, die sie tätigt, den Kredit nach und nach zurückzahlen.

Bei einer Sicherungsübereignung werden also zwei Verträge aufgesetzt, ein Kreditvertrag und ein Sicherungsübereignungsvertrag.

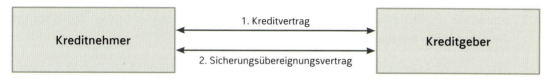

Wenn der Kreditnehmer seinen Zahlungsverpflichtungen nicht mehr nachkommt, dann kann der Kreditgeber sein Eigentumsrecht über den Gegenstand, der als Sicherheit dient, ausüben. Er kann den Gegenstand dann verkaufen oder versteigern.

Der Vorteil des Sicherungsübereignungskredites liegt für den Kreditnehmer darin, dass er die Sache nutzen kann, um damit in seinem Betrieb zu arbeiten und das Geld zu verdienen, mit dem er den Kredit zurückzahlt. Vorteilhaft für den Kreditgeber ist, dass er ein Pfand als Sicherheit für den Kredit hat. Allerdings hat er keine Kontrolle darüber, was mit seinem Pfand während der Kreditlaufzeit geschieht. Da der Gegenstand genutzt wird, verliert er an Wert, außerdem könnte er zerstört oder vom Schuldner unrechtmäßig an einen Dritten verkauft werden.

Aufgaben

1. a) Erklären Sie, was man unter einer Sicherungsübereignung versteht.
   b) Erläutern Sie den Unterschied zwischen einem Pfandkredit und einem Sicherungsübereignungskredit.
   c) Nennen Sie Gegenstände, die sich für eine Sicherungsübereignung eignen.

2. Nennen Sie Vor- und Nachteile der Sicherungsübereignung aus Sicht des Kreditgebers und des Kreditnehmers.

5.2.3 Eigentumsvorbehalt

DAS IST GESCHEHEN

Max Junker hat sich über das Internet neue Saiten für seine Gitarre bestellt. Der Lieferung liegt die Rechnung bei; sie trägt einen Vermerk:

> Zahlungsziel 30 Tage
>
> Die gelieferte Ware bleibt bis zur vollständigen Bezahlung im Eigentum des Verkäufers.

Max Junker ist sich nicht sicher, ob er die neuen Saiten auf seine Gitarre ziehen darf, solange sie noch nicht bezahlt sind: „Schließlich bin ich ja nur der Besitzer, nicht der Eigentümer der Saiten, oder?"

DAS IST ZU TUN

1. Wiederholen Sie die Bedeutung der Begriffe Besitz und Eigentum (vgl. HF 4, 2.4 Eigentum und Besitz) und definieren Sie die Begriffe.

2. Erläutern Sie die Bedeutung des Vermerks auf der Rechnung.

3. Klären Sie die Besitz- und Eigentumsverhältnisse für die gelieferten Gitarrensaiten vor der Bezahlung und nach der Bezahlung.

4. Warum ist der Eigentumsvorbehalt für den Verkäufer der Gitarrensaiten kein hundertprozentiger Schutz vor Zahlungsausfall? Erläutern Sie die Risiken, die trotz des Eigentumsvorbehaltes für den Verkäufer bestehen.

DAS SOLLTEN SIE WISSEN

Eigentum wird übertragen, indem man sich über diese Eigentumsübertragung einig ist und dann die Sache übergibt. Damit ist die Übertragung von Eigentum unabhängig von einer Bezahlung. Wer Waren kauft und sie geliefert bekommt, wird Eigentümer/-in der Ware, auch wenn er/sie noch nicht bezahlt hat. Zur Absicherung wird deshalb häufig ein **Eigentumsvorbehalt** vereinbart.

> **§ 449 BGB (Eigentumsvorbehalt)**
> (1) Hat sich der Verkäufer einer beweglichen Sache das Eigentum bis zur Zahlung des Kaufpreises vorbehalten, so ist im Zweifel anzunehmen, dass das Eigentum unter der aufschiebenden Bedingung vollständiger Zahlung des Kaufpreises übertragen wird (Eigentumsvorbehalt).

Man findet den Eigentumsvorbehalt bei Kaufverträgen, bei denen die Lieferung und die Bezahlung zeitlich auseinander liegen, also in der Regel bei einem **Zielkauf**. Der Verkäufer gewährt in diesem Falle einen Lieferantenkredit als Sachkredit (vgl. HF 6, 4.1.2 Lieferantenkredit). Der Eigentumsvorbehalt dient dann der Kreditabsicherung. Erst nachdem der Käufer oder die Käuferin die Ware vollständig bezahlt hat, wird er zum Eigentümer/sie zur Eigentümerin; bis zur Bezahlung ist er nur Besitzer/sie nur Besitzerin der Ware.

Falls der Käufer seine bzw. die Käuferin ihre Schuld nicht begleicht und die Rechnung nicht bezahlt wird, kann der Verkäufer sein Eigentum zurückverlangen. Damit hat er zwar nicht das Geld, aber immerhin die verkaufte Ware zurück. Darin liegen allerdings auch die Gefahren des Eigentumsvorbehaltes, denn wer garantiert, dass der verkaufte Gegenstand noch bei dem Käufer bzw. der Käuferin ist? Ebenso unsicher ist, ob die Sache nicht ge- oder verbraucht wurde, was eine Zurückforderung unmöglich macht.

Allerdings gibt es neben dem **einfachen Eigentumsvorbehalt** zwei weitere Arten, die gegen diese Risiken helfen: den verlängerten und den erweiterten Eigentumsvorbehalt.

verlängerter Eigentumsvorbehalt	erweiterter Eigentumsvorbehalt
Der verlängerte Eigentumsvorbehalt bezieht auch die Weiterverarbeitung und den Weiterverkauf der Sachen mit ein.	Ein erweiterter Eigentumsvorbehalt bezieht sich nicht nur auf eine Lieferung und deren Bezahlung. Er erlischt erst, wenn der Kunde alle Rechnungen beglichen hat.
Beispiel: Die PEPP GmbH kauft 500 000 Luftballons mit verlängertem Eigentumsvorbehalt bei der Stehlen Gummi OHG. Diese werden bei der PEPP GmbH mit einem Werbelogo bedruckt und an eine Einzelhandelskette weiterverkauft. Bezahlt die PEPP GmbH die Rechnung bei der Firma Stehlen nicht, kann diese die Luftballons im Prinzip zurückfordern. Aber nachdem diese schon weiterverkauft worden sind, kann die Stehlen Gummi OHG eher den Verkaufserlös bei der PEPP GmbH einfordern, damit ihre eigene Rechnung beglichen wird.	**Beispiel:** Die PEPP GmbH liefert an den Kunden Igel AG zwei größere Bestellungen, eine am 10. Mai und eine am 20. Mai unter erweitertem Eigentumsvorbehalt. Erst wenn die Igel AG beide Lieferungen bezahlt hat, erlischt der erweiterte Eigentumsvorbehalt. Bezahlt das Unternehmen eine der Rechnungen nicht, kann die PEPP GmbH auf beide Lieferungen zugreifen.

Der Eigentumsvorbehalt aus Kaufverträgen wird in der Regel nicht individuell vereinbart, sondern in den **Allgemeinen Geschäftsbedingungen** (AGB, vgl. HF 4, 3.3 Allgemeine Geschäftsbedingungen) festgehalten. Dies vereinfacht die Vertragsverhandlungen und der Eigentumsvorbehalt gilt für alle abgeschlossenen Kaufverträge, solange die AGB des Unternehmens einbezogen wurden.

Aufgaben

1. Erläutern Sie die Unterschiede zwischen dem Pfandkredit und dem Eigentumsvorbehalt.

2. Erklären Sie die Eigentums- und Besitzverhältnisse beim Eigentumsvorbehalt.

3. Erläutern Sie die drei Arten des Eigentumsvorbehaltes anhand von anschaulichen Beispielen.

||\\ Lernaktionen

1. In der PEPP GmbH muss eine neue Produktionsmaschine angeschafft werden. Dies ist mit einer Investition in Höhe von 750.000,00 € verbunden. Da auch noch eine Gebäudeerweiterung mit 5,5 Mio. Euro ansteht, soll die Produktionsanlage komplett fremdfinanziert werden.

   Für die Maschine liegt ein Kreditangebot von der Kreissparkasse als Hausbank vor:

   - Darlehensart: Ratendarlehen
   - Volumen: 750.000,00 €
   - Auszahlung: 100 %
   - Laufzeit: 4 Jahre
   - jährlicher effektiver Zinssatz: 6 %

   a) Berechnen Sie die jährlichen Zahlungen und die gesamten Zahlungen für die Laufzeit. Stellen Sie die Daten anschaulich dar, beispielsweise in einer Tabelle. Falls möglich, nutzen Sie ein Tabellenkalkulationsprogramm.

   b) Alternativ zum Ratendarlehen bietet die Kreissparkasse zu gleichen Konditionen ein Fälligkeitsdarlehen an. Zeigen Sie die Unterschiede dieser Darlehensart zum Ratendarlehen auf und nennen Sie Vor- und Nachteile eines Fälligkeitsdarlehens. Eine Berechnung ist nicht notwendig.

   c) Die Kreissparkasse möchte das Darlehen absichern und schlägt eine Sicherungsübereignung oder eine Grundschuld vor. Beschreiben Sie die Besonderheiten der beiden Kreditsicherungsinstrumente. Wählen Sie dann eines der beiden Instrumente für die anstehende Finanzierung aus. Begründen Sie Ihre Wahl.

2. Optional zum Kauf der neuen Produktionsmaschine wird über die Möglichkeit des Leasings nachgedacht.

   a) Beschreiben Sie, was man unter Leasing versteht.

   b) Erläutern Sie die Eigentumsverhältnisse, die sich aus dem Leasingvertrag zum Leasinggegenstand ergeben.

   c) Nennen Sie drei mögliche Motive für die PEPP GmbH, die Fertigungsmaschine zu leasen anstatt sie zu kaufen.

   d) Nennen Sie ungeachtet der Kostenaspekte Vorteile und Nachteile, die sich für den Leasingnehmer aus dem Leasinggeschäft ergeben. Beachten Sie bei Ihrer Argumentation auch die Finanzierungsziele (vgl. HF 6, 3.2 Finanzierungsregeln und -ziele), die ein Unternehmen wie die PEPP GmbH hat.

   e) Es liegt ein Leasingangebot einer Leasinggesellschaft vor:

      - Wert des Leasingobjektes: 750.000,00 €
      - unkündbare Grundleasingzeit: 10 Jahre
      - Abschlussentgelt, zu Beginn der Leasinglaufzeit fällig: 2,5 %
      - Monatliche Leasingrate: 0,65 % des Leasingwertes
      - Kaufpreis nach Ablauf der Grundleasingzeit: 180.000,00 €

   Ermitteln Sie die Liquiditätsbelastung für das erste Jahr und dann für die gesamte Grundleasingzeit, wenn die Maschine nach Ablauf der zehn Jahre gekauft wird.

Kompetenzen überprüfen

Überprüfen Sie nun, welche Kompetenzen Sie bereits in welchem Umfang erlangt haben. Nutzen Sie die Vorlage, die Ihnen unter BuchPlusWeb zur Verfügung steht. Wagen Sie eine Selbsteinschätzung und suchen Sie das Gespräch mit Ihrer Lehrkraft, wenn Sie unsicher sind, ob Sie noch Übungsbedarf haben.

Kompetenz	ja	Ich habe noch Übungsbedarf bei ...	nein	Wo kann ich nachschlagen?
Ich kann den beiden Bilanzseiten die Begriffe Mittelherkunft und -verwendung bzw. Finanzierung und Investition zuordnen.				S. 209
Ich kann Eigenfinanzierung und Fremdfinanzierung voneinander abgrenzen.				S. 208
Ich kenne die Bedeutung der Begriffe Innen- und Außenfinanzierung.				S. 209

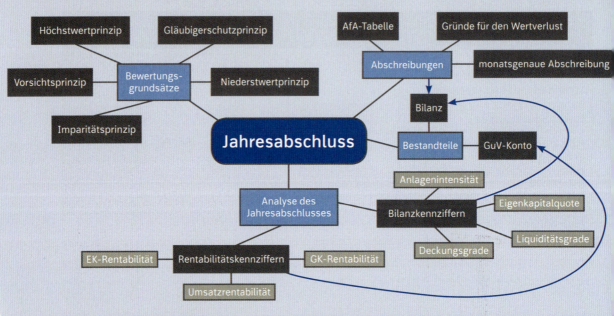

Jahresabschluss

- Höchstwertprinzip
- Gläubigerschutzprinzip
- Vorsichtsprinzip
- Bewertungsgrundsätze
- Niederstwertprinzip
- Imparitätsprinzip
- AfA-Tabelle
- Gründe für den Wertverlust
- Abschreibungen
- monatsgenaue Abschreibung
- Bilanz
- Bestandteile
- GuV-Konto
- Anlagenintensität
- Analyse des Jahresabschlusses
- Bilanzkennziffern
- Eigenkapitalquote
- Liquiditätsgrade
- Deckungsgrade
- EK-Rentabilität
- Rentabilitätskennziffern
- GK-Rentabilität
- Umsatzrentabilität

Kosten- und Leistungsrechnung

- Selbstkosten
- Kostenträgerstückrechnung
- Kostenträgerzeitrechnung
- Zuschlagskalkulation
- 3. Kostenträgerrechnung
- Listenverkaufspreis
- Erträge vs. Leistungen
- Aufwendungen vs. Kosten
- außerordentlich
- 1. Kostenartenrechnung
- Ergebnistabelle
- betriebsfremd
- Abgrenzung
- kostenrechnerische Korrekturen
- kalkulatorische Zinsen
- kalkulatorische Abschreibungen
- Deckungsbeitrag je Stück
- langfristige Preisuntergrenze
- absoluter Deckungsbeitrag
- kurzfristige Preisuntergrenze
- Preisuntergrenzen
- Teilkostenrechnung
- liquiditätsorientierte Preisuntergrenze
- Material
- Fertigung
- Kostenstellen
- Verwaltung
- Vertrieb
- Betriebsergebnis
- Engpass
- Einzelkosten vs. Gemeinkosten
- 2. Kostenstellenrechnung
- Deckungsbeitrag je Zeiteinheit
- Betriebsabrechnungsbogen
- Ökobilanz
- Nachhaltigkeit
- Gemeinkosten je Kostenstelle
- Zuschlagssätze
- Von der Wiege bis zur Bahre

1 Die PEPP GmbH erstellt und analysiert den Jahresabschluss

1.1 Aufgaben und Bestandteile des Jahresabschlusses

DAS IST GESCHEHEN

Wie in jedem Jahr steht am 31.12. der Abschluss der Buchführung und des Geschäftsjahres an. Dazu legt der Geschäftsführer Herr Pape der Auszubildenden Isabella Rossi, die ihm zur Hand gehen soll, das HGB vor.

> **§ 242 HGB (Pflicht zur Aufstellung)**
> (1) Der Kaufmann hat zu Beginn seines Handelsgewerbes und für den Schluss eines jeden Geschäftsjahrs einen das Verhältnis seines Vermögens und seiner Schulden darstellenden Abschluss (Eröffnungsbilanz, Bilanz) aufzustellen. [...]
> (2) Er hat für den Schluss eines jeden Geschäftsjahrs eine Gegenüberstellung der Aufwendungen und Erträge des Geschäftsjahres (Gewinn- und Verlustrechnung) aufzustellen.
> (3) Die Bilanz und die Gewinn- und Verlustrechnung bilden den Jahresabschluss.

Herr Pape berichtet, dass der Jahresabschluss mit einem erheblichen Arbeitsaufwand verbunden ist. Neben der zeitraubenden Inventur muss vor allem der Wert von Vermögen und Schulden ermittelt werden. Es reicht nämlich zum Beispiel nicht zu wissen, wie viele Fahrzeuge das Unternehmen besitzt, sondern es muss vor allem ermittelt werden, wie viel diese Fahrzeuge am Bilanzstichtag wert sind. Erst dann können Bilanz und GuV-Rechnung aufgestellt werden.

DAS IST ZU TUN

1. Begründen Sie, warum jeder Kaufmann und jede Kauffrau verpflichtet ist, einen Jahresabschluss aufzustellen.

2. Listen Sie auf, wer Interesse am Jahresabschluss der PEPP GmbH haben könnte, und begründen Sie das jeweilige Interesse.

3. Erklären Sie, wie die PEPP GmbH ihre wirtschaftliche Situation gegenüber den verschiedenen Interessenten darstellen möchte.

4. Listen Sie auf, welche Bestandteile der Jahresabschluss enthalten muss.

DAS SOLLTEN SIE WISSEN

Für jedes Unternehmen haben es die Abschlussarbeiten am Jahresende in sich. Wie Sie noch aus der Buchführung wissen, müssen zunächst alle **körperlichen Vermögensgegenstände** mengenmäßig bei der **Inventur** erfasst werden. Der Großteil der Arbeit fällt meist im Lager und im Verkaufsraum an; die PEPP GmbH verfügt über tausende verschiedene Produkte, die einzeln erfasst werden müssen. Alle **nicht körperlichen Vermögensgegenstände** und Schulden wie das Bankguthaben, die Forderungen oder die Darlehen werden **buchmäßig** aufgenommen.

→ Bd.1,
HF 11

Bevor nun die Vermögensposten und Schulden in das ausführliche **Inventar** und danach in die kurzgefasste **Bilanz** eingetragen werden können, müssen sie mit einem Wert, also einem Geldbetrag, versehen werden. Dies ist gar nicht so einfach, denn viele Bilanzposten verändern sich in ihrem Wert. So sinkt der Wert eines Pkws nach einem Unfall, während der Wert eines Gewerbegrundstücks durch eine neue Autobahnauffahrt steigen kann.

Für diese **Bewertung** gibt es gesetzliche Vorschriften, die dem Unternehmen enge Maßstäbe setzen. Je nach beabsichtigter Wirkung kann es nämlich für ein Unternehmen hilfreich sein, sich möglichst vermögend und erfolgreich oder auch arm und erfolglos darzustellen. Fordert nämlich eine Bank vor Bewilligung eines Kredits den Blick in die Bücher, also in Bilanz und GuV-Konto, so möchte sich das Unternehmen durch hohes Vermögen, hohes Eigenkapital, geringe Schulden, hohen Gewinn möglichst positiv darstellen, da dann niedrige Zinsen winken. Gegenüber dem Finanzamt hingegen präsentiert sich ein Unternehmen gerne möglichst erfolglos, denn ein niedriger Gewinn führt zu einer niedrigen Besteuerung.[1]

Auch Unternehmerinnen und Unternehmer selbst sind an den Zahlen des Jahresabschlusses interessiert, da sie so ihre Finanz- und Ertragslage gut einschätzen und mit den Zahlen der Vorjahre vergleichen können. Da viele unternehmerische Entscheidungen auf diesen Zahlen beruhen, ist es aus Unternehmenssicht sinnvoll, möglichst realistische Werte anzusetzen.

1.2 Grundsätze bei der Bewertung von Vermögen und Schulden

DAS IST GESCHEHEN

Bei die Erstellung der Schlussbilanz ist sich Isabella in der Bewertung von vier Bilanzposten sehr unsicher.

- **Position 1:** Die Fahrzeuge der PEPP GmbH sind alle nicht mehr taufrisch und bei Weitem nicht mehr das wert, was sie ursprünglich einmal gekostet hatten.
- **Position 2:** Außerdem wurden im Erdreich des Betriebsgrundstückes Ölrückstände gefunden.
- **Position 3:** Die hohen Zellstoff-Rohstoffvorräte der PEPP GmbH sind wegen der weltweit hohen Nachfrage im Laufe des abgelaufenen Geschäftsjahres erheblich im Wert gestiegen.
- **Position 4:** Ein Kredit, der in der Schweiz in Franken aufgenommen wurde, könnte wegen der positiven Wechselkursentwicklung vermutlich zu einer niedrigeren als der geplanten Rückzahlung führen.

Da die PEPP GmbH demnächst eine weitere Produktionslinie errichten möchte und dafür ein hoher fünfstelliger Kredit notwendig wird, wäre es der Geschäftsleitung sehr recht, die Vermögenswerte möglichst hoch und die Schulden so niedrig wie möglich auszuweisen, um das Unternehmen so möglichst positiv darzustellen und die Chancen auf einen niedrigen Kreditzins zu erhöhen.

DAS IST ZU TUN

1. Erläutern Sie für jeden der vier Bilanzposten, warum die Bewertung unklar ist und welche beiden Wertansätze jeweils denkbar sind.

---

1 Der Unternehmensgewinn wird mit *Gewerbesteuer* und *Solidaritätszuschlag* sowie bei Einzelunternehmen und Personengesellschaften mit *Einkommensteuer*, bei Kapitalgesellschaften wie der PEPP GmbH mit *Körperschaftsteuer* besteuert.

2. Geben Sie eine Empfehlung ab, welche Werte Sie jeweils ansetzen würden, wenn Sie einerseits den Wunsch der Geschäftsführung und andererseits den Bewertungsgrundsatz des Gläubigerschutzes berücksichtigen.

3. Erläutern Sie das Imparitätsprinzip, indem Sie begründen, warum bei der Bewertung des Fuhrparks (Pos. 1) und der Rohstoffvorräte (Pos. 3) „ungleich" vorgegangen wird.

DAS SOLLTEN SIE WISSEN

Wie bereits im vorherigen Kapitel erläutert wurde, würden Unternehmen je nach beabsichtigter Außenwirkung mal Bilanzposten möglichst hoch oder mal möglichst niedrig bewerten, um sich gegenüber Geschäftspartnern einen Vorteil zu verschaffen. Damit jedoch würden die Geschäftspartner getäuscht, weshalb das HGB Bewertungsgrundsätze vorgibt, die dem **Gläubigerschutz** dienen. Demnach müssen alle Bilanzposten **grundsätzlich möglichst vorsichtig bewertet** werden.

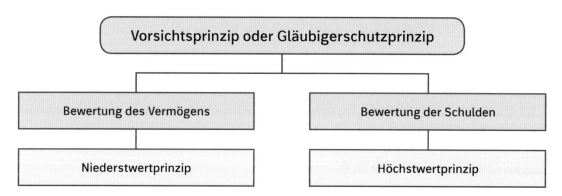

Danach gilt, dass **Vermögen** immer möglichst vorsichtig, also möglichst niedrig zu bewerten ist. Hält ein Unternehmen also beispielsweise Aktien, deren Wert seit der Anschaffung gestiegen ist, so muss man dennoch die Aktien mit den niedrigeren Anschaffungskosten bewerten, da ihr Kurs ja bis zum möglichen Verkauf auch wieder sinken könnte.

Schulden hingegen sind möglichst hoch zu bewerten. Auch hierbei greift das Vorsichtsprinzip, da man vorsichtshalber zunächst einen hohen Wert ansetzt, auch wenn er in der Zukunft eventuell sinken könnte.

Bei der Gegenüberstellung des Höchst- und des Niederstwertprinzips wird auch das **Imparitätsprinzip** (Ungleichbehandlungsprinzip) deutlich. Es besagt, dass mögliche Gewinne anders als mögliche Verluste behandelt werden müssen. Der mögliche Kursgewinn der Aktien **darf nicht** berücksichtigt werden, der mögliche Verlust bei Schulden durch eventuell steigende Währungsverbindlichkeiten **muss** jedoch bei der Bewertung berücksichtigt werden.

1.3 Bewertung des Anlagevermögens – die lineare Abschreibung

DAS IST GESCHEHEN

Ein Lkw der PEPP GmbH wurde im Januar vor vier Jahren für 85.500,00 € gekauft, während ein Pkw, der als Dienstwagen für Außendienstlerinnen und Außendienstler eingesetzt wird, am 25. Mai dieses Jahres für 60.000,00 € angeschafft wurde.

Das 20 000 Quadratmeter große Grundstück wurde zur Unternehmensgründung in den 1950er-Jahren für 215.140,00 DM, das sind umgerechnet 110.000,00 €, gekauft. Durch den neuen Autobahnzubringer wurden Nachbargrundstücke zuletzt für 120,00 € je Quadratmeter verkauft.

DAS IST ZU TUN

1. Listen Sie konkrete Gründe auf, warum der Lkw der PEPP GmbH an Wert verliert.

2. Bewerten Sie den Lkw, der vor vier Jahren gekauft wurde.

3. Setzen Sie den Bilanzwert für den in diesem Jahr gekauften Pkw fest.

4. Ermitteln Sie den Bilanzwert des Betriebsgrundstückes.

5. Erläutern Sie, warum bei der Bewertung dieser Bilanzposten das Niederstwertprinzip angewendet werden muss.

DAS SOLLTEN SIE WISSEN

Fast alle Anlagegüter verlieren im Lauf der Zeit aus verschiedenen Gründen an Wert:

- Sie verschleißen durch Gebrauch und Witterungseinflüsse.
- Durch Unfälle können Beschädigungen auftreten.
- Sie veralten technisch, verbesserte Anlagegüter bieten mehr.
- Bestimmte Güter sinken in der Käufergunst, sodass durch nachlassende Nachfrage ihr Preis sinkt.

Dieser Wertverlust von Anlagegütern muss in der Bilanz erfasst werden, damit der Wert des Anlagevermögens nicht zu hoch ausgewiesen wird (Vorsichtsprinzip). Würde nämlich beispielsweise ein zehn Jahre alter Dienstwagen noch immer mit seinen Anschaffungskosten in der Bilanz auftauchen, so würden externe Betrachterinnen und Betrachter über den wahren Wert des Pkws und damit des Unternehmens getäuscht (Gläubigerschutz).

Die Wertminderungen der abnutzbaren Anlagegüter werden in Form von **Abschreibungen auf Sachanlagen** vorgenommen. Allerdings kann das Unternehmen nicht selbstständig entscheiden, wie hoch die Wertminderungen und damit die Abschreibungen ausfallen. Vielmehr gibt das Bundesfinanzministerium die **Absetzung für Abnutzung** nach Wert und Dauer in AfA-Tabellen vor.

Der Auszug einer AfA-Tabelle zeigt die Nutzungsdauer in Jahren für im Unternehmen genutzte Fahrzeuge an.

Fundstelle	Anlagegüter	Nutzungsdauer in Jahren
4	Fahrzeuge	
4.1	Schienenfahrzeuge	25
4.2	Straßenfahrzeuge	
4.2.1	Personenkraftwagen und Kombiwagen	6
4.2.2	Motorräder, Motorroller, Fahrräder u. Ä.	7
4.2.3	Lastkraftwagen, Sattelschlepper, Kipper	9
4.2.4	Traktoren und Schlepper	12
4.2.5	Kleintraktoren	8
4.2.6	Anhänger, Auflieger, Wechselaufbauten	11
4.2.7	Omnibusse	9
4.2.8	Sonderfahrzeuge	
4.2.8.1	Feuerwehrfahrzeuge	10
4.2.8.2	Rettungsfahrzeuge und Krankentransportfahrzeuge	6
4.2.9	Wohnmobile, Wohnwagen	8
4.2.10	Bauwagen	12
4.3	Luftfahrzeuge	
4.3.1	Flugzeuge unter 20 t höchstzulässigem Fluggewicht	21
4.3.2	Drehflügler (Hubschrauber)	19
4.3.3	Heißluftballone	5
4.3.4	Luftschiffe	8

Quelle: Bundesministerium der Finanzen & Juris Fachportal Steuerrecht(Hrsg.): AfA-Tabelle für die allgemein verwendbaren Anlagegüter, S. 4, 15.12.2000; online unter: https://www.bundesfinanzministerium.de/Content/DE/Standardartikel/Themen/ Steuern/Weitere_Steuerthemen/Betriebspruefung/AfA-Tabellen/Ergaenzende-AfA-Tabellen/AfA-Tabelle_AV.pdf?__ blob=publicationFile&v=3 [17.10.2023].

Damit ist allerdings nicht gemeint, dass ein Pkw bereits nach sechs Jahren nicht mehr genutzt werden darf. Stattdessen wird dem Unternehmen nur vorgegeben, dass sein Pkw innerhalb von sechs Jahren komplett abgeschrieben werden muss, er also innerhalb dieses Zeitraumes in den Büchern einen Wert von null erreichen muss. In diesem Zeitraum wird der Wertverlust gleichmäßig (linear) auf die gesamte Nutzungsdauer verteilt, also auf sechs Jahre bei einem Pkw. Demnach ergibt sich zur Ermittlung der jährlichen Abschreibung eine Formel:

$$\text{jährlicher AfA-Betrag} = \frac{\text{Anschaffungskosten (netto)}}{\text{Nutzungsdauer nach AfA-Tabelle}}$$

Beispiel: Für einen Pkw, der für 42.000,00 € netto angeschafft wurde, beträgt der jährliche Abschreibungsbetrag 7.000,00 €.

Mit der Formel kann man eine Abschreibungstabelle für diesen Pkw aufstellen.

Lineare Abschreibung eines Pkw	
Anschaffungskosten netto	42.000,00 €
– Abschreibung im 1. Jahr	7.000,00 €
= Bilanzwert am Ende des 1. Jahres	35.000,00 €
– Abschreibung im 2. Jahr	7.000,00 €
= Bilanzwert am Ende des 2. Jahres	28.000,00 €
– Abschreibung im 3. Jahr	7.000,00 €
= Bilanzwert am Ende des 3. Jahres	21.000,00 €
– Abschreibung im 4. Jahr	7.000,00 €
= Bilanzwert am Ende des 4. Jahres	14.000,00 €
– Abschreibung im 5. Jahr	7.000,00 €
= Bilanzwert am Ende des 5. Jahres	7.000,00 €
– Abschreibung im 6. Jahr	7.000,00 €
= Bilanzwert am Ende des 6. Jahres	0,00 €

Der berechnete Wertverlust entspricht natürlich nicht dem tatsächlichen Wertverlust, der je nach Nutzung von Jahr zu Jahr verschieden hoch ausfallen wird.

Zu beachten ist weiterhin, dass grundsätzlich **monatsgenau** abgeschrieben werden muss. Der Tag der Anschaffung spielt keine Rolle, es ist also unerheblich, ob der Anlagegenstand am 1. oder am 31. eines Monats angeschafft wurde.

$$\text{monatsgenauer AfA-Betrag} = \text{jährlicher AfA-Betrag} \cdot \frac{\text{im Jahr genutzte Monate}}{12}$$

Beispiel: Wird ein Computer für 720,00 € mit einer Nutzungsdauer von drei Jahren laut AfA-Tabelle am 28. August gekauft, so wird zunächst der jährliche Abschreibungsbetrag ermittelt:

$$\text{jährlicher AfA-Betrag} = \frac{\text{Anschaffungskosten (netto)}}{\text{Nutzungsdauer nach AfA-Tabelle}} = \frac{720,00\ €}{3} = 240,00\ €$$

Da er im ersten Jahr nur fünf Monate von August bis Dezember genutzt wird, darf er auch nur für fünf Monate abgeschrieben werden:

monatsgenauer AfA-Betrag im Jahr der Anschaffung =

$$\text{jährlicher AfA-Betrag} \cdot \frac{\text{im Jahr genutzte Monate}}{12}$$

$$= 240,00\ € \cdot \frac{5}{12} = 100,00\ €$$

Daraus ergibt sich die Abschreibungstabelle dieses Computers.

Lineare Abschreibung eines Computers		
Anschaffungskosten netto	720,00 €	
– Abschreibung im 1. Jahr	100,00 €	5 Monate: $240,00 \cdot \dfrac{5}{12} = 100,00$
= Bilanzwert am Ende des 1. Jahres	620,00 €	
– Abschreibung im 2. Jahr	240,00 €	12 Monate
= Bilanzwert am Ende des 2. Jahres	380,00 €	
– Abschreibung im 3. Jahr	240,00 €	12 Monate
= Bilanzwert am Ende des 3. Jahres	140,00 €	
- Abschreibung im 4. Jahr	140,00 €	Da der Computer innerhalb von drei Jahren (36 Monaten) abgeschrieben werden muss, fehlen noch 7 Monate: $240,00 \cdot \dfrac{7}{12} = 140,00$
= Bilanzwert am Ende des 4. Jahres	0,00 €	

Lediglich Grundstücke sowie Beteiligungen oder Finanzanlagen verlieren durch Nutzung regelmäßig nicht an Wert. Deshalb gehören Sie zum **nicht-abnutzbaren Anlagevermögen**, eine Abschreibung wird nur in Ausnahmefällen vorgenommen.

Verbleibt ein Anlagegegenstand nach Ende der bilanziellen Abschreibung im Betrieb und wird weiter genutzt, so wird der letzte Abschreibungsbetrag um einen Euro reduziert und der Gegenstand wird mit diesem **Erinnerungswert** in der Bilanz weitergeführt.

1.4 Bewertung des Umlaufvermögens

DAS IST GESCHEHEN

Zu Beginn des Jahres legte die PEPP GmbH einen sehr großen Zellstoffvorrat zur Herstellung von Servietten an. Mittlerweile ist man sehr froh über die damalige Entscheidung, da der Einkaufspreis wegen der weltweiten Nachfrage von 1,80 €/kg auf mittlerweile 2,20 €/kg gestiegen ist.

Am Jahresende liegen noch immer 2,03 Tonnen Zellstoff im Lager und müssen nun für den Jahresabschluss bewertet werden.

DAS IST ZU TUN

1. Ermitteln Sie den Wert, mit dem der Zellstoff in die Schlussbilanz eingeht.

2. Erläutern Sie, warum das Vorsichtsprinzip in diesem Fall keine andere Bewertung zulässt.

3. Berechnen Sie, mit welchem Wert der Zellstoff zu bilanzieren wäre, wenn der Einkaufspreis am Jahresende auf 1,70 €/kg gesunken ist.

DAS SOLLTEN SIE WISSEN

Grundsätzlich gilt für das Umlaufvermögen, dass die Vermögensposten des Umlaufvermögens beim Kauf zunächst mit ihren Anschaffungskosten oder mit ihren Herstellkosten, sofern die Umlaufvermögensposten selbst hergestellt wurden, zu buchen sind. Am Jahresende sind sie jedoch genauso wie das Anlagevermögen nach dem Niederstwertprinzip zu bewerten. Von mehreren möglichen Wertansätzen ist demnach der niedrigste zu wählen. Steigt der Marktpreis, so sind die Posten mit ihren Anschaffungs- oder Herstellkosten zu bewerten.

Planmäßig wie das Anlagevermögen werden die Posten des Umlaufvermögens nicht abgeschrieben. Allerdings müssen **außerplanmäßige Abschreibungen** vorgenommen werden, wenn der Wert bis zum Bilanzstichtag gesunken ist. Dies könnte der Fall sein, wenn

- sich die Lagergüter zu Ladenhütern entwickelt haben und nur noch sehr schwer oder gar nicht mehr zu verkaufen oder zu verarbeiten sind oder
- die Marktpreise und damit die Wiederbeschaffungskosten gesunken sind.

Dann müssen die Umlaufvermögensposten mit dem gesunkenen Wert in die Bilanz aufgenommen werden.

1.5 Bewertung der Schulden

DAS IST GESCHEHEN

Vor zwei Jahren wurde bei der Credit Suisse in Zürich ein Darlehen über 60.000,00 Schweizer Franken (CHF) aufgenommen, weil die Kreditzinsen deutlich niedriger als auf dem deutschen Finanzmarkt waren. Im kommenden Jahr wird das Darlehen auslaufen und dann zurückgezahlt werden müssen.

Der Wechselkurs des Franken lag damals bei 1,09 CHF je Euro. Seitdem ist der Wert des Euro jedoch gestiegen und liegt mittlerweile bei 1,14 CHF je Euro.

DAS IST ZU TUN

→ Bd.1, S. 86

1. Ermitteln Sie zunächst den Wert, mit dem das Darlehen bei Aufnahme vor zwei Jahren in die Bücher aufgenommen wurde. Nennen Sie außerdem den zugehörigen Buchungssatz.

2. Berechnen Sie den momentanen Wert des Darlehens, wenn es jetzt zurückgezahlt würde.

3. Entscheiden und begründen Sie, mit welchem Wert das Darlehen am Ende dieses Geschäftsjahres zu bilanzieren ist.

4. Erläutern Sie für Währungsverbindlichkeiten das Imparitätsprinzip.

DAS SOLLTEN SIE WISSEN

Grundsätzlich müssen Verbindlichkeiten in der Bilanz mit ihrem Rückzahlungsbetrag angesetzt werden, also mit dem Betrag, der zur vollständigen Tilgung der Schuld aufzubringen ist. In der Regel ist dies der Betrag, mit dem die Verbindlichkeit auch eingegangen worden ist.

Wenn jedoch während der Laufzeit eine Änderung der Höhe eintritt, was gerade bei Währungsverbindlichkeiten regelmäßig geschieht, ist das Höchstwertprinzip zu beachten. Aus Gründen der

Vorsicht und des Gläubigerschutzes muss also bei Vorhandensein mehrerer Bewertungsmöglichkeiten zwingend der höchste Betrag angesetzt werden. Selbstverständlich sind Währungsverbindlichkeiten immer in Euro zu bilanzieren.

Das bedeutet, dass bei steigendem Euro, wo man also für den Euro eine größere Menge an Fremdwährung bekommt, der deshalb geringere Rückzahlungsbetrag nicht bilanziert werden darf, weil es dem **Höchstwertprinzip** widerspräche. Sinkt der Euro hingegen, so steigt dadurch der Rückzahlungsbetrag. In diesem Fall muss der höhere Rückzahlungsbetrag bilanziert werden.

Aufgaben

1. Erläutern Sie, worum es sich bei nicht realisierten Gewinnen handelt, und begründen Sie, warum diese nicht realisierten Gewinne bei der Bewertung nicht berücksichtigt werden dürfen.

2. Bewerten Sie die Bilanzposten zum 31.12. Begründen Sie jeweils Ihre Entscheidung.

   a) Am 30. April des Jahres kaufte die PEPP GmbH einen Pkw für 56.100,00 €. Die Nutzungsdauer laut AfA-Tabelle beträgt sechs Jahre.

   b) Am 5. März vor zwei Jahren kaufte die PEPP GmbH einen Computer für 1.999,20 € brutto. Die Nutzungsdauer laut AfA-Tabelle beträgt drei Jahre.

   c) Für die Minifahnen wurden im Oktober 10 000 Holzpicker für 0,03 €/Stk gekauft. Am Ende des Jahres sind noch 8 000 Stück im Lager, der Einkaufspreis liegt mittlerweile bei 0,04 €/Stk.

   d) Die PEPP GmbH entwickelte und baute eine Maschine zum Stanzen von Papier für die Girlanden, im August des letzten Jahres wurde sie erstmals in der Produktion eingesetzt. Die Herstellkosten lagen bei 66.000,00 €, die Nutzungsdauer laut AfA-Tabelle beträgt sechs Jahre.

3. Erstellen Sie eine Abschreibungstabelle für einen Lkw, der im März für 130.500,00 € angeschafft wurde. Die Nutzungsdauer laut AfA-Tabelle beträgt neun Jahre. Der Lkw wird nach Ende der neun Jahre weiter genutzt.

4. Erläutern Sie, wann ein Anlagegegenstand am Ende der Nutzungsdauer auf null Euro und wann auf einen Euro abgeschrieben wird.

5. Für die Handball-WM im November wurden 50 000 spezielle Deutschlandfahnen gefertigt, die Herstellkosten betrugen 250,00 € je 1 000 Stück. Weil das deutsche Team bereits in der Vorrunde ausschied, konnte ein großer Posten von 30 000 Stück nicht mehr verkauft werden und muss deshalb vermutlich zu einem Sonderpreis von 130,00 € je 1 000 Stück veräußert werden.

   a) Ermitteln Sie, mit welchem Wert die Fahnen nach der Herstellung auf das Konto „Fertige Erzeugnisse" zu buchen sind.

   b) Berechnen Sie, mit welchem Wert die Fahnen am Ende des Geschäftsjahrs zu bilanzieren sind.

   c) Begründen Sie die beiden Entscheidungen.

6. Am Ende des dritten Nutzungsjahres beträgt der Bilanzwert einer Druckmaschine der PEPP GmbH noch 21.000,00 €. Ermitteln Sie die Nutzungsdauer laut AfA-Tabelle, wenn die Maschine im Januar für 27.300,00 € angeschafft wurde.

7. Am 12. Dezember kaufte die PEPP GmbH bei einem amerikanischen Zulieferer Zellulose-papier für die Herstellung von Laternen. Der Rechnungsbetrag in Höhe von 2.540,00 US-Dollar wird am 12. Januar fällig, der Wechselkurs betrug beim Kauf 1,14 USD je EUR.

a) Ermitteln Sie die Höhe der Verbindlichkeiten a. LL. am 12. Dezember.

a) Berechnen und begründen Sie den Bilanzwert der Verbindlichkeiten a. LL., wenn
- der Wechselkurs am Ende des Jahres 1,12 USD je EUR beträgt,
- der Wechselkurs am Bilanzstichtag bei 1,17 USD je EUR liegt.

8. Herr Pape, Geschäftsführer der PEPP GmbH, hat vor fünf Jahren ein unbebautes Grundstück gleich neben dem Firmengrundstück gekauft, um weitere Expansionsmöglichkeiten zu schaffen. Die Anschaffungskosten lagen damals bei 230.000,00 €. Mit diesem Wert steht das Grundstück seitdem in der Bilanz. Nun soll das Grundstück jedoch Anfang nächsten Jahres wieder verkauft werden. Der Verkehrswert liegt mittlerweile bei 310.000,00 €. Herr Pape würde das Grundstück gerne möglichst hoch bilanzieren.

Prüfen Sie, ob der gewünschte Wertansatz möglich ist. Welche Prinzipien sind bei der Bewertung anzuwenden und warum zwingt der Gesetzgeber die PEPP GmbH zu einem bestimmten Wertansatz?

1.6 Analyse des Jahresabschlusses

DAS IST GESCHEHEN

Nachdem alle Bilanzposten nach dem Vorsichtsprinzip bewertet wurden, konnte der Jahresabschluss, bestehend aus Bilanz und GuV-Konto, aufgestellt werden.

Aktiva	Bilanz der PEPP GmbH, Viersen, zum 31.12.20..		Passiva
A. Anlagevermögen		**A. Eigenkapital**	
Grundstücke und Bauten	3.526.400,00	Eigenkapital	7.054.400,00
Techn. Anlagen u. Maschinen	2.750.500,00		
Fuhrpark	878.900,00	**B. Fremdkapital**	
Betriebs- u.		Hypotheken	3.000.000,00
Geschäftsausstattung	487.300,00	Darlehen	2.295.000,00
		Verbindlichkeiten a. LL.	428.500,00
B. Umlaufvermögen		Umsatzsteuer	50.000,00
Rohstoffe	1.590.600,00		
Hilfsstoffe	47.100,00		
Betriebsstoffe	390.400,00		
Unfertige Erzeugnisse	252.300,00		
Fertige Erzeugnisse,	2.065.900,00		
Handelswaren			
Forderungen a. LL.	711.800,00		
Kasse	51.800,00		
Bank	74.900,00		
	12.827.900,00		12.827.900,00

Viersen, 31.12.20.., *Walter Pape, Jürgen Ehrlich*

Soll		GuV-Konto	Haben
Aufwendungen für Rohstoffe	18.116.000,00	Umsatzerlöse	34.214.000,00
Aufwendungen für Hilfsstoffe	5.713.000,00	Mieterträge	258.400,00
Aufwendungen		Provisionserträge	132.600,00
für Betriebsstoffe	2.766.000,00	Zinserträge	34.700,00
Energie	334.000,00		
Fremdinstandsetzung	122.000,00		
Löhne	2.504.000,00		
Gehälter	1.865.000,00		
AG-Anteil			
zur Sozialversicherung	810.000,00		
Abschreibungen			
auf Sachanlagen	955.000,00		
Mietaufwendungen	24.000,00		
Büromaterial	16.800,00		
Kosten der			
Telekommunikation	17.900,00		
Versicherungen	53.400,00		
Zinsaufwendungen	423.600,00		
Eigenkapital	919.000,00		
	34.639.700,00		34.639.700,00

Die kaufmännische Leiterin Frau Walter soll nun für die nächste Sitzung mit den Geschäftsführern die Bilanz übersichtlich aufbereiten und über die Vermögens-, Finanz-, Liquiditäts- und Ertragslage der PEPP GmbH berichten. Dabei soll ihr Isabella Rossi zur Hand gehen.

DAS IST ZU TUN

1. Begründen Sie, warum die Geschäftsführer über die wirtschaftliche Situation der PEPP GmbH unterrichtet werden wollen.

2. Bereiten Sie die Bilanz übersichtlich auf.

DAS SOLLTEN SIE WISSEN

Unternehmerische Entscheidungen sollten niemals aus dem Bauch getroffen werden. Vielmehr ist eine aussagekräftige Datenbasis notwendig, um fundiert entscheiden zu können. Das gilt nicht nur für die Unternehmer und Unternehmerinnen selbst, sondern ebenso für außenstehende Dritte wie Banken, die beurteilen müssen, ob ein Darlehensnehmer kreditwürdig ist und über genug Liquidität (flüssige Mittel) für Zins- und Tilgungszahlungen verfügt.

Allerdings ist die Bilanz auf den ersten Blick wegen der vielen Bilanzposten sehr unübersichtlich, eine Analyse fällt deshalb schwer. Daher wird sie aufbereitet, also die Posten zu Gruppen zusammengefasst, und erhält eine Grundstruktur.

Aktiva	Aufbereitete Bilanz	Passiva
	€	€
Anlagevermögen	**Eigenkapital** langfristiges **Fremdkapital**	
Umlaufvermögen Vorräte Forderungen Liquide Mittel	kurzfristiges **Fremdkapital**	
Summe des **Vermögens**	Summe des **Kapitals**	

Nun können die verschiedenen Bereiche zueinander ins Verhältnis gesetzt werden, um die von den Geschäftsführern der PEPP GmbH geforderten Aussagen über die Vermögenslage (Aktivseite), Finanzlage (Passivseite), Liquiditätslage (**grüner** Bereich) und die Anlagendeckung (**dunkelblauer** Bereich) treffen zu können. Wenn die ermittelten Kennziffern dann noch mit den Daten aus den Vorjahren und mit verfügbaren Daten von Konkurrenzunternehmen verglichen werden, kann die wirtschaftliche Lage und die wirtschaftliche Entwicklung des Unternehmens beurteilt werden.

Für die Bewertung der Ertragslage muss das GuV-Konto mit herangezogen werden, da dieses alle Aufwendungen und Erträge enthält.

1.6.1 Analyse der Bilanz

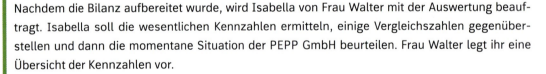
DAS IST GESCHEHEN

Nachdem die Bilanz aufbereitet wurde, wird Isabella von Frau Walter mit der Auswertung beauftragt. Isabella soll die wesentlichen Kennzahlen ermitteln, einige Vergleichszahlen gegenüberstellen und dann die momentane Situation der PEPP GmbH beurteilen. Frau Walter legt ihr eine Übersicht der Kennzahlen vor.

Kennzahl	Branchendurchschnitt	PEPP GmbH (Vorjahr)
Anlagenintensität	54 %	57 %
Eigenkapitalquote	40 %	54 %
Fremdkapitalquote	60 %	46 %
Liquidität 1	35 %	21 %
Liquidität 2	120 %	110 %
Liquidität 3	210 %	223 %
Deckungsgrad I	60 %	65 %
Deckungsgrad II	105 %	115 %

DAS IST ZU TUN

1. Ermitteln Sie die Kennziffer „Anlagenintensität", erklären Sie, was die Kennziffer aussagt und beurteilen Sie die Vermögenslage der PEPP GmbH.

2. Ermitteln Sie die Kennziffern

   a) Eigenkapitalquote und
   b) Fremdkapitalquote.

   Erklären Sie, was die Kennziffern aussagen, und beurteilen Sie die Finanzlage der PEPP GmbH.

3. Ermitteln Sie die Kennziffern

   a) Liquidität 1. Grades (Barliquidität),
   b) Liquidität 2. Grades (einzugsbedingte Liquidität) und
   c) Liquidität 3. Grades (absatzbedingte Liquidität).

   Erklären Sie, was die Kennziffern aussagen und beurteilen Sie die Liquiditätslage der PEPP GmbH.

4. Ermitteln Sie die Kennziffern

   a) Deckungsgrad I und
   b) Deckungsgrad II.

   Erklären Sie, was die Kennziffern aussagen und beurteilen Sie die Anlagendeckung der PEPP GmbH.

   c) Erläutern Sie, warum auch die eiserne Reserve langfristig finanziert sein sollte.

DAS SOLLTEN SIE WISSEN

Nachdem die Bilanz aufbereitet wurde, können nun die Daten zueinander ins Verhältnis gesetzt werden. Dabei unterscheidet man zwischen horizontalen Kennziffern (Anlagendeckung und Liquidität) und vertikalen Kennziffern (Anlagenintensität und Eigenkapitalquote).

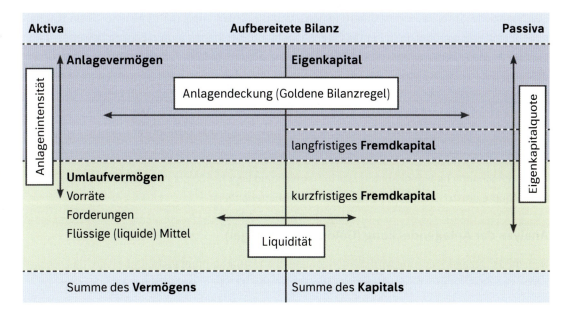

Analyse der Vermögenslage

→ HF 6

Wie Sie bereits aus Handlungsfeld 6 Investition und Finanzierung wissen, gibt die **Aktivseite** der Bilanz Auskunft über die Investitionen und damit das Vermögen des Unternehmens. Um die Vermögenslage beurteilen zu können, muss man demnach die Aktivseite der aufbereiteten Bilanz betrachten und das Anlagevermögen zum Gesamtvermögen ins Verhältnis setzen.

$$\text{Anlagenintensität (in \%)} = \frac{\text{Anlagevermögen} \cdot 100}{\text{Gesamtvermögen}}$$

Anlagenintensive Betriebe wie das produzierende Gewerbe, das über einen großen Maschinenpark und Gebäude verfügt, oder Transportunternehmen, deren Fahrzeugpark einen großen Anteil am Gesamtvermögen einnimmt, können nur schwer auf Marktveränderungen reagieren, weil sich das Anlagevermögen nicht beliebig schnell erhöhen oder verringern lässt. Sinkt also die Nachfrage, so kann das Unternehmen nicht einfach eine Maschine oder einen Lkw verkaufen. Stattdessen sinkt die Kapazitätsauslastung und die fixen Stückkosten steigen insbesondere durch Zinsen und Abschreibungen.

Eine niedrige Anlagenintensität ist dagegen im Handel und im Baugewerbe vorzufinden, weil der Produktionsfaktor Arbeit vorherrscht.

Analyse der Finanzlage

Die **Passivseite** der Bilanz gibt dagegen Auskunft über die Finanzierung und damit die Kapitalstruktur eines Unternehmens. Dabei werden Eigenkapital und das Fremdkapital ins Verhältnis zum Gesamtkapital gesetzt.

$$\text{Eigenkapitalquote (in \%)} = \frac{\text{Eigenkapital} \cdot 100}{\text{Gesamtkapital}}$$

$$\text{Fremdkapitalquote (in \%)} = \frac{\text{Fremdkapital} \cdot 100}{\text{Gesamtkapital}}$$

Die finanzielle Stabilität eines Unternehmens und die Unabhängigkeit gegenüber Fremdkapitalgebern sind umso größer, je höher die Eigenkapitalquote ist. Insbesondere Banken bewerten daher die Bonität eines Unternehmens bei hoher Eigenkapitalquote höher. Demgegenüber werden Unternehmen, die sich im Wesentlichen mit Fremdkapital finanzieren und damit eine niedrige Eigenkapitalquote vorweisen, nur schwer weitere Kredite aufnehmen können. Mit zunehmender Fremdkapitalquote steigt nämlich die Gefahr, dass der Schuldner die hohen Zinsen und Tilgungsraten nicht mehr leisten kann. Dieses erhöhte Risiko lassen sich die Fremdkapitalgeber mit einem hohen Fremdkapitalzinssatz bezahlen.

Die durchschnittliche Eigenkapitalquote in Deutschland liegt bei 20 bis 25 %. Dabei sollte die Eigenkapitalquote umso höher sein, je höher die Anlagenintensität ist.

Analyse der Anlagendeckung (Goldene Bilanzregel)

Mithilfe der Anlagendeckung wird die horizontale Bilanzstruktur untersucht. Dabei wird das Anlagevermögen, das langfristig im Unternehmen gebunden ist, dem langfristigen Kapital gegenübergestellt. Hintergrund ist die Goldene Bilanzregel, dass langfristiges Vermögen auch langfristig finanziert sein soll.

Beispiel: Ein Kredit, mit dem der Kauf einer Maschine finanziert wurde, soll erst dann fällig werden, wenn die Maschine langfristig genügend Erlöse abgeworfen hat.

Abhängig von strenger oder weniger strenger Auslegung der Goldenen Bilanzregel unterscheidet man zwei Deckungsgrade.

$$\text{Anlagendeckungsgrad I (in \%)} = \frac{\text{Eigenkapital} \cdot 100}{\text{Anlagevermögen}}$$

$$\text{Anlagendeckungsgrad II (in \%)} = \frac{(\text{Eigenkapital} + \text{lfr. Fremdkapital}) \cdot 100}{\text{Anlagevermögen}}$$

Der **Anlagedeckungsgrad** I gibt an, welcher Anteil des Anlagevermögens mit Eigenkapital finanziert ist. Je näher der Deckungsgrad I an 100 % heranreicht, desto größer ist die Unabhängigkeit des Unternehmens vom Kapitalmarkt. Für das produzierende Gewerbe gilt ein **Zielwert von etwa 50 bis 70 %**.

Für den **Anlagedeckungsgrad** II gilt dagegen ein **Zielwert von mindestens 100 %**. Dann ist das gesamte langfristig gebundene Anlagevermögen auch durch langfristiges Eigen- und Fremdkapital gedeckt. Je weiter die Anlagendeckung zweiten Grades über 100 % liegt, desto größere Teile des Umlaufvermögens sind ebenfalls langfristig finanziert, was vor allem bei dem Mindestbestand sinnvoll ist.

→ HF 2, Kap. 5

Analyse der Liquiditätslage

Die Liquiditätskennziffern geben Auskunft darüber, ob ein Unternehmen zahlungsfähig (liquide/flüssig) ist, also seine kurzfristigen Schulden pünktlich und in voller Höhe bezahlen kann.

$$\text{Liquidität 1. Grades (in \%)} = \frac{\text{fl. Mittel} \cdot 100}{\text{kfr. Verbindlichkeiten}}$$

$$\text{Liquidität 2. Grades (in \%)} = \frac{(\text{fl. Mittel} + \text{kfr. Forderungen}) \cdot 100}{\text{kfr. Verbindlichkeiten}}$$

$$\text{Liquidität 3. Grades (in \%)} = \frac{(\text{fl. Mittel} + \text{kfr. Forderungen} + \text{Vorräte}) \cdot 100}{\text{kfr. Verbindlichkeiten}}$$

Dabei gibt die **Liquidität 1. Grades** oder Barliquidität an, wie viel Prozent der kurzfristig anfallenden Schulden zurzeit tatsächlich mit den vorhandenen flüssigen Mitteln aus Bank und Kasse bezahlt werden könnten. Der **Zielwert von etwa 20 %** erscheint zunächst sehr niedrig, bedeutet er doch gleichzeitig, dass 80 % der kurzfristigen Schulden derzeit nicht bezahlt werden könnten. Allerdings sind ja nicht alle kurzfristigen Verbindlichkeiten auch aktuell fällig. Stattdessen wird ein wesentlicher Teil erst in den nächsten Wochen ausgeglichen werden müssen, sodass dann auch auf die Zahlungsmittel zurückgegriffen werden kann, die ebenfalls in den nächsten Wochen von den Kunden eingehen werden.

Deshalb ist die **Liquidität 2. Grades** oder einzugsbedingte Liquidität von größerer Bedeutung. Sie fasst zusammen, wie viele Zahlungsmittel zurzeit zur Verfügung stehen und demnächst eingehen werden, z. B. Forderungen a. LL. in den nächsten 30 Tagen, und stellt diese den Schulden gegenüber, die demnächst fällig werden. Hier gilt nun ein **Zielwert von 100 %**. Wird er unterschritten, so besteht tatsächlich ein Liquiditätsengpass und es droht Zahlungsunfähigkeit.

Auch die zurzeit im Lager liegenden Vorräte aus Werkstoffen und Erzeugnissen werden hoffentlich irgendwann verkauft, damit zu Forderungen a. LL. und durch die Zahlung der Kunden zu flüssigen Mitteln. Somit erhöhen sie die Liquidität, was sich in der **Liquidität 3. Grades** oder absatzbedingten Liquidität niederschlägt. Hier gilt ein **Zielwert von ca. 150 %**.

Zu beachten ist, dass nicht nur eine zu niedrige Liquidität problematisch ist, sondern auch eine zu hohe Liquidität (Überliquidität) verhindert werden sollte. Ein hohes Bankguthaben bleibt nämlich weitgehend unverzinst und sollte lieber investiert werden. Eine hohe Liquidität 3. Grades wiederum deutet auf eine überhöhte Lagerhaltung hin, die zu viel Kapital bindet.

1.6.2 Analyse des GuV-Kontos

DAS IST GESCHEHEN

Im Fokus von Herrn Ehrlich und Herrn Pape, den beiden Geschäftsführern der PEPP GmbH, liegt nicht nur die Entwicklung der Bilanzkennzahlen, sondern vor allem der Gewinn als eine wesentliche Größe. Dazu erklärt Frau Walter: „Die beiden haben eine Menge Geld ins Unternehmen gesteckt. Dieses Geld soll natürlich vernünftig verzinst werden."

Deshalb soll Isabella Frau Walter auch bei der Analyse des GuV-Kontos zur Hand gehen. Dazu erhält Isabella die Vergleichszahlen der PEPP GmbH des Vorjahres.

	Durchschnitt des deutschen Mittelstandes	PEPP GmbH (Vorjahr)
Eigenkapitalrentabilität	17 %	11 %
Gesamtkapitalrentabilität	13 %	9 %
Umsatzrentabilität	4,3 %	3 %

DAS IST ZU TUN

1. Ermitteln Sie für das abgelaufene Geschäftsjahr die Kennziffern

    a) Eigenkapitalrentabilität,
    b) Fremdkapitalrentabilität,
    c) Umsatzrentabilität.

    Erklären Sie, was die Kennziffern aussagen und beurteilen Sie die **Ertragslage** der PEPP GmbH.

2. Entwickeln Sie Vorschläge, wie die Ertragslage der PEPP GmbH verbessert werden könnte.

DAS SOLLTEN SIE WISSEN ◥◣◥◣◥◣

Wie Sie bereits in Handlungsfeld 1 gelernt haben, ist die Gewinnerzielung das wichtigste ökonomische Ziel eines Unternehmens, denn der Gewinn stellt die Verzinsung des eingesetzten Kapitals dar.

→ Bd.1, HF 1

Entscheidend für die Beurteilung des Erfolgs eines Unternehmens ist jedoch weniger die Höhe des absoluten Gewinns, also des Geldbetrags. Für den Inhaber eines kleinen Kiosks wären 50.000,00 € als Jahresgewinn ein großer Erfolg, für die Gesellschafterinnen eines großen Unternehmens wie der PEPP GmbH dagegen wären die 50.000,00 € eine herbe Enttäuschung.

Deshalb wird der Gewinn zum eingesetzten Kapital ins Verhältnis gesetzt.

$$\text{Eigenkapitalrentabilität (in \%)} = \frac{\text{Gewinn} \cdot 100}{\text{Eigenkapital}}$$

Damit gibt die **Eigenkapitalrentabilität** an, wie hoch das eingesetzte Eigenkapital verzinst wird. Denn die Gesellschafterinnen und Gesellschafter als Eigenkapitalgebende erhalten für ihren Kapitaleinsatz den Gewinn als „Belohnung".

Selbstverständlich sollte die ermittelte Eigenkapitalrentabilität deutlich höher sein als eine Guthabenverzinsung auf einem Sparkonto. Während hier nämlich die Höhe des Zinssatzes garantiert ist, ist die Investition in ein Unternehmen mit einem Risiko verbunden.

$$\text{Gesamtkapitalrentabilität (in \%)} = \frac{(\text{Gewinn} + \text{Fremdkapital} - \text{Zinsen}) \cdot 100}{\text{Gesamtkapital}}$$

Die **Gesamtkapitalrentabilität** hingegen gibt die Verzinsung des gesamten eingesetzten Kapitals an. Die Kapitalgebenden werden nämlich mit dem Gewinn (Eigenkapitalgebende) und mit den Fremdkapitalzinsen (Fremdkapitalgebende) für ihren Kapitaleinsatz belohnt. Die Gesamtkapitalrentabilität sollte nicht unter dem Fremdkapitalzinssatz liegen, den das Unternehmen an den Kreditgeber zahlen muss.

$$\text{Umsatzrentabilität (in \%)} = \frac{\text{Gewinn} \cdot 100}{\text{Umsatzerlöse}}$$

Die **Umsatzrentabilität** wiederum gibt an, wie viel vom Umsatz als Gewinn verbleibt. Liegt die Umsatzrentabilität also bei 12 %, so führen 100,00 € Umsatz zu 12,00 € Gewinn.

1. Sie erhalten die aufbereitete Bilanz der Hallstein GmbH.

Aktiva	aufbereitete Bilanz der Hallstein GmbH		Passiva
I. Anlagevermögen	170.000,00	I. Eigenkapital	95.000,00
		II. Fremdkapital	
		1. langfristiges Fremdkapital	90.000,00
II. Umlaufvermögen		2. kurzfristiges Fremdkapital	56.000,00
1. Vorräte	30.000,00		
2. Forderungen a. LL.	25.000,00		
3. liquide Mittel	16.000,00		
Summe des Vermögens	241.000,00	Summe des Kapitals	241.000,00

a) Ermitteln Sie zu der aufbereiteten Bilanz der Hallstein GmbH die Bilanzkennziffern.

b) Beurteilen Sie die Vermögenslage, die Finanzlage, die Liquiditätslage und die Anlagendeckung.

2. Bereiten Sie die Bilanz der ATEC GmbH übersichtlich auf und ermitteln Sie die Bilanzkennziffern.

Aktiva	Bilanz der ATEC GmbH		Passiva
I. Anlagevermögen		I. Eigenkapital	941.000,00
1. Grundstücke	700.000,00		
2. Gebäude	600.000,00	II. Fremdkapital	850.000,00
3. Techn. Anlagen und		1. Hypotheken	400.000,00
Maschinen	350.000,00	2. Darlehen	44.000,00
4. BGA	120.000,00	3. Verbindlichkeiten a. LL.	12.000,00
5. Fuhrpark	140.000,00	4. Umsatzsteuer	
II. Umlaufvermögen			
1. Rohstoffe	110.000,00		
2. Hilfsstoffe	40.000,00		
3. Betriebsstoffe	12.000,00		
4. Unfertige Erzeugnisse	30.000,00		
5. Fertige Erzeugnisse	80.000,00		
6. Forderungen a. LL.	35.000,00		
7. Bank	22.000,00		
8. Kasse	8.000,00		
	2.247.000,00		2.247.000,00

→ AH

3. Im Arbeitsheft finden Sie eine Analyseaufgabe mit zugehörigem Lückentext für die Interpretation.

4. Ermitteln und interpretieren Sie zum GuV-Konto der Wallburg GmbH die Rentabilitätskennziffern. Das Eigenkapital liegt bei 300.000,00 €, das Fremdkapital bei 260.000,00 €.

Soll	GuV-Konto der Wallburg GmbH		Haben
Aufwendungen für Rohstoffe	55.000,00	Umsatzerlöse	160.000,00
Aufwendungen für Hilfsstoffe	26.000,00	Mieterträge	16.000,00
Aufwendungen		Provisionserträge	4.000,00
für Betriebsstoffe	12.000,00	Zinserträge	1.200,00
Verpackungsmaterial	4.500,00		
Fremdinstandsetzung	3.800,00		
Löhne	16.800,00		
Gehälter	14.000,00		
AG-Anteil			
zur Sozialversicherung	6.000,00		
Abschreibungen			
auf Sachanlagen	8.800,00		
Mietaufwendungen	12.000,00		
Büromaterial	1.200,00		
Reisekosten	1.900,00		
Werbung	4.000,00		
Zinsaufwendungen	880,00		
Eigenkapital	14.320,00		
	181.200,00		181.200,00

5. Für die Guss GmbH liegen eine Bilanz und das GuV-Konto vor. Ermitteln Sie die Bilanzkennziffern sowie die Rentabilitätskennziffern.

Aktiva	Bilanz der Guss GmbH		Passiva
I. Anlagevermögen		Eigenkapital	530.000,00
1. Grundstücke und Gebäude	410.000,00	Fremdkapital	
2. BGA	48.000,00		
3. Fuhrpark	110.000,00	1. Darlehen	160.000,00
		2. Verbindlichkeiten a. LL.	90.000,00
II. Umlaufvermögen		3. Umsatzsteuer	20.000,00
1. RHB	92.000,00		
2. Fertige Erzeugnisse	60.000,00		
3. Forderungen a. LL.	42.000,00		
4. Bank	32.000,00		
5. Kasse	6.000,00		
	800.000,00		800.000,00

Soll	GuV-Konto der Guss GmbH		Haben
Aufwendungen für Rohstoffe	55.000,00	Umsatzerlöse	160.000,00
Aufwendungen		Mieterträge	16.000,00
für Betriebsstoffe	12.000,00	Zinserträge	9.600,00
Fremdinstandsetzung	3.800,00		
Löhne	16.800,00		
Gehälter	14.000,00		
AG-Anteil			
zur Sozialversicherung	6.000,00		
Abschreibungen			
auf Sachanlagen	8.800,00		
Mietaufwendungen	12.000,00		
Büromaterial	1.200,00		
Zinsaufwendungen	880,00		
Eigenkapital	55.120,00		
	185.600,00		185.600,00

▚▚▚ Lernaktionen

1. Die Spiller GmbH ist ein mittelständisches Unternehmen, das sich auf die Herstellung und den Vertrieb von Wärmepumpen spezialisiert hat. Am Ende des Geschäftsjahres stehen nach der Inventur der Jahresabschluss und dessen Analyse an.

   Bevor Bilanz und GuV-Konto aufgestellt werden können, müssen noch einige Bilanzposten bewertet werden:

   - Ein Lkw muss abgeschrieben werden. Er wurde am 8. März dieses Jahres für 128.520,00 € brutto angeschafft.
   - Außerdem muss eine CNC-Maschine abgeschrieben werden. Sie wurde am 8. November letzten Jahres für 54.390,00 € netto angeschafft, die Nutzungsdauer liegt laut AfA-Tabelle bei sieben Jahren.
   - Das Betriebsgrundstück wurde vor 17 Jahren für 188.000,00 € angeschafft. Es wurde nun jedoch festgestellt, dass sich unter dem Grundstück eine ehemalige Müllkippe befindet. Der Wiederverkaufswert liegt deshalb dauerhaft nur noch bei 140.000,00 €.
   - Ein Posten Edelstahlblech wurde im Juli für 16.000,00 € gekauft. Wegen der hohen Nachfrage auf dem Weltmarkt liegt der Wert der Bleche mittlerweile bei 18.000,00 €.
   - Im November wurde ein Kredit in den USA über 120.000,00 US-Dollar aufgenommen, die Laufzeit beträgt sechs Jahre. Bei Kreditaufnahme lag der Wechselkurs bei 1,13 US-Dollar je Euro. Mittlerweile ist der Euro auf 1,15 USD gestiegen.

   Bewerten Sie die oben angegebenen Bilanzposten. Begründen Sie jeweils Ihren gewählten Wertansatz.

2. Nach der Berücksichtigung Ihrer Wertansätze ergeben sich für die Spiller GmbH GuV-Konto und Bilanz.

Soll		GuV-Konto der Spiller GmbH	Haben
Aufwendungen für Rohstoffe	166.500,00	Umsatzerlöse	794.500,00
Aufwendungen für Hilfsstoffe	84.500,00	Mieterträge	23.000,00
Aufwendungen für Betriebsstoffe	19.800,00	Provisionserträge	14.600,00
Fremdinstandsetzung	16.500,00	Zinserträge	9.700,00
Löhne	110.000,00		
Gehälter	87.000,00		
AG-Anteil zur Sozialversicherung	47.000,00		
Abschreibungen auf Sachanlagen	56.200,00		
Mietaufwendungen	116.000,00		
Büromaterial	7.800,00		
Reisekosten	11.200,00		
Werbung	36.000,00		
Zinsaufwendungen	25.800,00		

Aktiva	Bilanz der Spiller GmbH		Passiva
I. Anlagevermögen		**I. Eigenkapital**	
1. Grundstücke und Gebäude	356.000,00		
2. Techn. Anlagen und		**II. Fremdkapital**	
Maschinen	178.000,00	1. Hypotheken	250.000,00
3. BGA	48.000,00	2. Darlehen	266.000,00
5. Fuhrpark	122.000,00	3. Verbindlichkeiten a. LL.	79.000,00
		4. Umsatzsteuer	14.500,00
II. Umlaufvermögen			
1. RHB	116.000,00		
2. Unfertige Erzeugnisse	47.000,00		
3. Fertige Erzeugnisse	65.000,00		
4. Forderungen a. LL.	38.000,00		
5. Bank	36.500,00		
6. Kasse	4.000,00		

→ AH

a) Schließen Sie das GuV-Konto ab und vervollständigen Sie die Bilanz. Dafür können Sie das Arbeitsheft verwenden.

b) Bereiten Sie die Bilanz im Arbeitsheft auf.

c) Ermitteln Sie die Bilanz- und Rentabilitätskennziffern und ergänzen Sie die Tabelle mit den Vergleichsdaten im Arbeitsheft.

	Jahr 1	Jahr 2	Jahr 3	Jahr 4 (aktuell)
Anlagenintensität	48 %	56 %	62 %	
Eigenkapitalquote	47 %	44 %	42 %	
Deckungsgrad I	57 %	56 %	56 %	
Deckungsgrad II	125 %	127 %	126 %	
Liquidität I	27 %	34 %	30 %	
Liquidität II	108 %	116 %	102 %	
Liquidität III	173 %	178 %	166 %	
Eigenkapitalrentabilität	17 %	18 %	17 %	
Gesamtkapitalrentabilität	10 %	8 %	10 %	
Umsatzrentabilität	10 %	10 %	9 %	

3. Bewerten Sie die wirtschaftliche Lage der Stiller GmbH. Erläutern Sie dabei, welche Ursachen die Entwicklung der Kennziffern haben könnte.

Kompetenzen überprüfen

Überprüfen Sie nun, welche Kompetenzen Sie bereits in welchem Umfang erlangt haben. Nutzen Sie die Vorlage, die Ihnen unter BuchPlusWeb zur Verfügung steht. Wagen Sie eine Selbsteinschätzung und suchen Sie das Gespräch mit Ihrer Lehrkraft, wenn Sie unsicher sind, ob Sie noch Übungsbedarf haben.

Kompetenz	ja	Ich habe noch Übungsbedarf bei …	nein	Wo kann ich nachschlagen?
Ich kenne die Bestandteile des Jahresabschlusses.				S. 236
Ich kann erklären, wer warum Interesse am Jahresabschluss hat.				S. 237
Ich kann Bewertungsgrundsätze für die Bilanz und einzelne Bilanzposten beschreiben.				S. 237

2 Kosten- und Leistungsrechnung

2.1 Aufgaben und Bereiche der Kosten- und Leistungsrechnung

DAS IST GESCHEHEN

Für Isabella Rossi steht der erste Arbeitstag in der Abteilung Kosten- und Leistungsrechnung an, die kurz KLR genannt wird. Die Abteilungsleiterin Frau Grünfels umreißt in einem ersten Gespräch die wesentlichen Aufgaben.

Frau Grünfels: In der Finanzbuchhaltung haben Sie schon eine ganze Zeit gearbeitet. Dort werden ja alle Finanzströme erfasst. Am Ende des Jahres wird dann der Jahresabschluss erstellt und damit wird dann unter anderem die Steuerschuld gegenüber dem Finanzamt nachgewiesen. Die KLR dagegen machen wir nur für uns. Wir werten die in der FIBU erfassten Daten aus, um zum Beispiel unsere Verkaufspreise kalkulieren zu können.

Isabella Rossi: Das klingt gar nicht so kompliziert. Die Verkaufspreise müssen einfach so hoch sein, dass alle Aufwendungen ausgeglichen werden und wir zusätzlich einen Gewinn erzielen. Und die dafür notwendigen Informationen finden sich doch alle im GuV-Konto.

Frau Grünfels: So einfach ist das leider nicht. Die Daten des GuV-Kontos können wir nicht alle einfach so übernehmen. Und alle unsere Produkte verursachen auch Kosten in verschiedener Höhe. Schauen Sie dazu einfach einmal in unser GuV-Konto und überlegen Sie, wie hoch wohl die Kosten sind, die 1 000 Papierfahnen in der Größe 12 · 24 cm verursachen. Außerdem hat die KLR noch weitere Aufgaben. Aber keine Sorge; Sie bleiben ja für einige Wochen bei uns in der Abteilung. Am Ende wird das für Sie ein Kinderspiel sein.

DAS IST ZU TUN

1. Fertigen Sie eine Gegenüberstellung von Finanzbuchhaltung und Kosten- und Leistungsrechnung in Tabellenform an. Erfassen Sie darin alle wesentlichen Unterschiede zwischen diesen beiden Bereichen des Rechnungswesens.

2. Listen Sie die wesentlichen Teilbereiche der Kosten- und Leistungsrechnung auf und beschreiben Sie jeweils kurz mit eigenen Worten deren Aufgaben.

3. Erläutern Sie am Beispiel der Papierfahnen, warum es nicht so einfach ist, die Kosten der Papierfahnen zu ermitteln. Das GuV-Konto der PEPP GmbH finden Sie auf S. 246.

DAS SOLLTEN SIE WISSEN

→ Bd.1, S. 64

Laut § 238 HGB besteht für jedes Unternehmen Buchführungspflicht, um alle Geschäftsprozesse im Unternehmen transparent zu dokumentieren. Im GuV-Konto ergibt sich aus der Differenz zwischen Erträgen und Aufwendungen der Gewinn, der auch Unternehmensergebnis oder Gesamtergebnis genannt wird. Da dieses Unternehmensergebnis auch für außenstehende Dritte, insbesondere für die Finanzbehörden, erfasst wird, spricht man bei der **Finanzbuchhaltung** auch vom externen Rechnungswesen.

Dagegen wird die **Kosten- und Leistungsrechnung** nur für den Betrieb selbst durchgeführt. Deshalb spricht man auch vom internen Rechnungswesen. Dafür gibt es keine gesetzlichen Vorgaben, sondern sie wird freiwillig durchgeführt. Dabei werden die Ergebnisse der Finanzbuchhaltung aufbereitet und ausgewertet, um das Betriebsgeschehen zu kontrollieren, den Betrieb zu steuern und Entscheidungen zu planen.

Beispiel: In der Finanzbuchhaltung werden Aufwendungen und Erträge erfasst, sie geben aber keinen detaillierten Aufschluss, welches Produkt was kostete.

Man unterscheidet drei wesentliche Bereiche der Kosten- und Leistungsrechnung. Zunächst werden in der **Kostenartenrechnung** alle Kosten und Leistungen erfasst und gegliedert. Das beantwortet die Frage: „Welche Kosten sind in welcher Höhe angefallen?"

Die ermittelten Kosten werden danach in der **Kostenstellenrechnung** den einzelnen Kostenstellen zugeordnet, also Betriebsbereichen wie den Abteilungen. Sie liefert Antworten auf die Frage „Wo sind die Kosten angefallen?" Da jeder Betriebsbereich eine eigene Leitungskraft hat, entsteht durch die Kostenstellenrechnung Kostenverantwortung. So erhalten die Produktionsleiterinnen und -leiter eine Übersicht über die Kostenentwicklung, für die ihre Abteilungen verantwortlich sind, können aktiv werden und Kosten in ihrem Bereich reduzieren.

Zuletzt werden in der **Kostenträgerrechnung** die Kosten auf die einzelnen Kostenträger, also die Produkte, aufgeteilt und liefern die Antwort zur Frage: „Für welche Produkte sind welche Kosten angefallen?" Nachdem man nun weiß, wie hoch die Selbstkosten je Produkt sind, kann eine Preiskalkulation vorgenommen werden.

2.2 Kostenartenrechnung

2.2.1 Abgrenzungsrechnung: Erstellung einer Ergebnistabelle

DAS IST GESCHEHEN

Nachdem Isabella die grundsätzlichen Aufgaben der Kosten- und Leistungsrechnung kennengelernt hat, soll sie nun die Kosten für 1 000 Papierfahnen ermitteln.

Frau Grünfels erklärt ihr dazu: „Zunächst einmal müssen Sie feststellen, welche Kosten in unserem Betrieb überhaupt angefallen sind. Das Problem ist nämlich, dass nicht alle Aufwendungen auch Kosten und nicht alle Erträge auch Leistungen sind. Dazu schauen Sie sich doch bitte unser GuV-Konto an."

Soll		GuV-Konto	Haben
Aufwendungen für Rohstoffe	18.116.000,00	Umsatzerlöse	32.094.000,00
Aufwendungen für Hilfsstoffe	5.713.000,00	Bestandsveränderungen	
Aufwendungen		fertige Erzeugnisse	2.120.000,00
für Betriebsstoffe	2.766.000,00	Mieterträge	258.400,00
Energie	334.000,00	Provisionserträge	132.600,00
Fremdinstandsetzung	122.000,00	Zinserträge	34.700,00
Löhne	2.504.000,00		
Gehälter	1.865.000,00		
AG-Anteil			
zur Sozialversicherung	810.000,00		
Abschreibungen			
auf Sachanlagen	955.000,00		
Mietaufwendungen	24.000,00		
Büromaterial	16.800,00		
Kosten			
der Telekommunikation	17.900,00		
Versicherungen	53.400,00		
Zinsaufwendungen	423.600,00		
Eigenkapital	919.000,00		
	34.639.700,00		34.639.700,00

Weiter erklärt Frau Grünfels: „Wie Sie am Konto Mieterträge erkennen können, besitzen wir ein großes Mietshaus. Dieses wird an insgesamt 25 Parteien vermietet. Allerdings entstehen für das Mietshaus auch Aufwendungen:

- Das Mietshaus wurde mit 20.000,00 € abgeschrieben.
- Unsere Mitarbeiterinnen und Mitarbeiter führten kleinere Reparaturen am Mietshaus durch. Die Lohnkosten hierfür betrugen 16.000,00 € und der zugehörige Anteil zur Sozialversicherung 3.200,00 €.
- Das Miethaus musste von einem Dachdeckerbetrieb für 60.000,00 € neu eingedeckt werden.
- Frau Günes, Mitarbeiterin in der Buchhaltung, kümmert sich um die Verwaltung des Mietshauses. Der Gehaltsanteil hierfür betrug im letzten Jahr 3.000,00 €, der Arbeitgeberanteil zur Sozialversicherung 600,00 €.

Außerdem haben wir im letzten Jahr in der Produktion und im Lager ziemliches Pech gehabt:

- Da zu wenig Schmieröl eingesetzt wurde, musste eine CNC-Maschine für 16.180,00 € repariert werden.
- Ein Teil unserer eingelagerten Rohstoffe wurde bei einem Feuer im Lager zerstört (240.000,00 €).

Jetzt haben Sie alle Angaben, die Sie brauchen. Mithilfe einer Ergebnistabelle können Sie die Kosten und Leistungen berechnen und Sie können sogar unser Betriebsergebnis ermitteln."

DAS IST ZU TUN

1. Nennen Sie das Sachziel der PEPP GmbH.

2. Ordnen Sie in einer tabellarischen Übersicht die folgenden Begriffe der Finanzbuchhaltung oder der Kosten- und Leistungsrechnung zu: Aufwendungen und Erträge, Unternehmens- ergebnis, Betriebsergebnis, Unternehmen, Kosten und Leistungen, Betrieb, Sachziel, Gesamt- ergebnis.

3. Ermitteln Sie das Betriebsergebnis der PEPP GmbH im letzten Jahr. Nehmen Sie dazu eine Abgrenzungsrechnung vor. Eine Ergebnistabelle finden Sie im Arbeitsheft.

→ AH

DAS SOLLTEN SIE WISSEN

In der **Finanzbuchhaltung** werden alle Aufwendungen und Erträge gesammelt, die im Rahmen der **Unternehmenstätigkeit** anfallen.

In der **Kosten- und Leistungsrechnung** hingegen möchte man gerne wissen, welche dieser Aufwen- dungen und Erträge bei der Verfolgung des **Sachziels** entstanden sind. Dabei handelt es sich beim Sachziel immer um die wesentliche Leistung, also die zu produzierenden Güter oder die zu erstel- lende Dienstleistung, die der **Betrieb** erbringen soll. Bei der Deutschen Post AG zum Beispiel ist das Sachziel der Transport von Post und Paketen.

Folglich müssen von allen Aufwendungen und Erträgen diejenigen abgezogen oder abgegrenzt wer- den, die **nicht** bei der Verfolgung des Sachziels entstanden sind. Bei der PEPP GmbH sind das im Wesentlichen die Aufwendungen und Erträge durch das Mietshaus, aber auch ein paar andere.

Das Instrument zur Abgrenzung dieser betriebsfremden Aufwendungen und Erträge ist die **Ergeb- nistabelle**.

1. Zunächst werden alle Erträge und Aufwendungen aus dem GuV-Konto in den weißen Bereich der Ergebnistabelle übertragen. Der Saldo, der sich aus der Differenz zwischen Erträgen und Aufwendungen ergibt, ist das Unternehmensergebnis oder auch Gesamtergebnis und damit der Gewinn aus dem GuV-Konto.

2. In den violetten Bereich werden danach alle Erträge und Aufwendungen eingetragen, die nichts mit dem Sachziel zu tun haben, die also **betriebsfremd** sind. Stellen Sie sich also bei jedem Ertrag und jedem Aufwand die Frage: „Ist dieser Ertrag, diese Aufwendung notwendig gewesen, um das Sachziel erreichen zu können?" Bei der Antwort „nein" ist es ein betriebsfremder Aufwand oder Ertrag. Der Saldo, der sich aus dieser unternehmensbezogenen Abgrenzung ergibt, ist das **betriebsfremde** Ergebnis.

Die Erträge und Aufwendungen, die dann übrigbleiben, sind also bei der Verfolgung des Sachziels entstanden.

Weiterhin möchte man gerne wissen, wie erfolgreich der Betrieb bei der Verfolgung des Sachziels gewesen wäre, **wenn nichts Unvorhergesehenes passiert wäre**. Deshalb müssen die Aufwendun- gen und Erträge, die außerordentlich sind, also vereinfacht „Glück oder Pech" sind, von den restli- chen Aufwendungen und Erträgen abgegrenzt, also abgezogen werden.

3. In den grünen Bereich werden deshalb nun alle betrieblichen Aufwendungen und Erträge eingetragen, die **außerordentlich** sind. Stellen Sie sich also bei jedem betrieblichen Aufwand

Callout boxes (instructions):

1. In der Spalte Konto werden alle Posten des GuV-Kontos aufgelistet. Zuerst alle Erträge, dann alle Aufwendungen.

2. Anschließend werden im Bereich I die Beträge aus dem GuV-Konto eingetragen.

3. In II werden die Erträge und Aufwendungen eingetragen, die nicht bei der **Verfolgung des Betriebszweckes** entstanden sind.

4. In Teil III werden alle außerordentlichen Aufwendungen und Erträge eingetragen.

5. Leistung = Ertrag I – Ertrag II – Ertrag III.
   Kosten = Aufwand I – Aufwand II – Aufwand III

6. Der Gewinn laut GuV-Konto heißt **Unternehmensergebnis** oder **Gesamtergebnis**.

7. Das Ergebnis ist das **betriebsfremde Ergebnis**.

8. Das Ergebnis ist das **außerordentliche Ergebnis**.

9. Das **Betriebsergebnis** ist das Ergebnis der gewöhnlichen **betrieblichen Tätigkeit**.

Die Summe aus betriebsfremdem und außerordentlichem Ergebnis nennt sich neutrales Ergebnis.

Ergebnistabelle:

Konto	I Finanzbuchhaltung		II unternehmensbezogene Abgrenzung		III betriebsbezogene Abgrenzung		IV Kosten- und Leistungsarten	
	Aufwendungen	Erträge	Aufwendungen	Erträge	Aufwendungen	Erträge	Kosten	Leistungen
	Summe der Aufwendungen	Summe der Erträge	Summe der betriebsfremden Aufwendungen	Summe der betriebsfremden Erträge	Summe der außerordentlichen Aufwendungen	Summe der außerordentlichen Erträge	Summe der Kosten	Summe der Leistungen
	Saldo		Saldo		Saldo		Saldo	
	Summe = Summe		Summe = Summe		Summe = Summe		Summe = Summe	

und Ertrag die Frage: „Wird dieser Ertrag, diese Aufwendung in der nächsten Periode vermutlich wieder anfallen?" Ist die Antwort „nein", handelt es sich um einen außerordentlichen Ertrag oder Aufwand. Der Saldo, der sich aus dieser betriebsbezogenen Abgrenzung ergibt, ist das **außerordentliche** Ergebnis.

Übrig bleiben danach nur noch die Aufwendungen und Erträge, die **betrieblich verursacht** wurden, also der Verfolgung des Sachziels dienen und **gewöhnlich** sind, also regelmäßig anfallen. Diese Erträge nennt man Leistungen, diese Aufwendungen Kosten.

4. Im blauen Bereich werden zuletzt also die Leistungen und Kosten berechnet. Dazu zieht man von den Erträgen und Aufwendungen aus dem GuV-Konto die **betriebsfremden** und **außerordentlichen** Erträge und Aufwendungen ab. Der Saldo, der sich aus der Differenz zwischen Leistungen und Kosten ergibt, ist das Betriebsergebnis, also das Ergebnis der gewöhnlichen betrieblichen Tätigkeit.

Beispiel:

Konto	I Finanzbuchhaltung		II unternehmensbezogene Abgrenzung		III betriebsbezogene Abgrenzung		IV Kosten- und Leistungsarten	
	Aufwen-dungen	Erträge	Aufwen-dungen	Erträge	Aufwen-dungen	Erträge	Kosten	Leis-tungen
Umsatzerlöse		70.000						70.000
Mieterträge		8.000		8.000				0
Fremdin-standhaltung	5.000		1.500		500		3.000	
	5.000	78.000	1.500	8.000	500	0	3.000	70.000
	73.000		6.500			500	67.000	
	78.000	78.000	8.000	8.000	500	500	70.000	70.000

- Die **Umsatzerlöse** sind bei der Verfolgung des Sachziels entstanden und fallen regelmäßig an. Damit sind sie in **voller Höhe Leistungen**.
- **Mieterträge** sind **betriebsfremd**, da sie nicht bei der Verfolgung des Sachziels eines Industriebetriebs entstehen. Deshalb sind es keine Leistungen.
- Insgesamt wurden für **Fremdinstandsetzungen** 5.000,00 € bezahlt. Davon entfielen auf Reparaturen am vermieteten Gebäude 1.500,00 € (**betriebsfremd**). Außerdem musste eine Maschine in der Fertigung wegen eines Bedienfehlers repariert werden. Der Aufwand in Höhe von 500,00 € ist **außerordentlich**, da er nur ausnahmsweise anfällt. Von den Aufwendungen über 5.000,00 € bleiben nur 3.000,00 € als **Kosten** übrig.
- Das Gesamtergebnis als Differenz zwischen Erträgen und Aufwendungen beträgt 73.000,00 €. Es setzt sich zusammen aus dem neutralen Ergebnis in Höhe von 6.000,00 € (**betriebsfremdes** Ergebnis 6.500,00 € + **außerordentliches** Ergebnis −500,00 €) und dem **Betriebsergebnis** in Höhe von 67.000,00 €.

2.2.2 Abgrenzungsrechnung: Auslegung der Ergebnistabelle

DAS IST GESCHEHEN

Die Ergebnistabelle der PEPP GmbH wurde mittlerweile erstellt.

Nun erklärt Frau Grünfels Isabella: „In der Ergebnistabelle stecken viele Informationen, die für unser Unternehmen sehr wichtig sind. Insbesondere möchten Herr Pape und Herr Ehrlich gerne wissen, was dringend geändert werden muss und ob sich die Herstellung von Fest- und Werbeartikeln überhaupt lohnt. Immerhin haben die beiden viel Eigenkapital in das Unternehmen gesteckt, das ja auch vernünftig verzinst werden soll. Wenn sich kein vernünftiger Erfolg einstellt, könnte es für die Gesellschafter vielleicht sinnvoller sein, die PEPP GmbH zu schließen und das Geld besser anderweitig zu investieren. Die durchschnittliche Verzinsung von Aktiendepots zum Beispiel liegt bei 10 %. Insofern: Schauen Sie sich die Ergebnistabelle doch vor diesem Hintergrund noch einmal an!“

Konto	I Leistungen		II unternehmensbezogene Abgrenzung		III betriebsbezogene Abgrenzung		IV Kosten- und Leistungsarten	
	Aufwendungen	Erträge	Aufwendungen	Erträge	Aufwendungen	Erträge	Kosten	Leistungen
Umsatzerlöse		32.094.000						32.094.000
Bestandsveränderungen an fertigen Erzeugnissen		2.120.000						2.120.000
Mieterträge		258.400		258.400				0
Provisionserträge		132.600						132.600
Zinserträge		34.700		34.700				0
Aufwendungen für Rohstoffe	18.116.000				240.000		17.876.000	
Aufwendungen für Hilfsstoffe	5.713.000						5.713.000	
Aufwendungen für Betriebsstoffe	2.766.000						2.766.000	
Energie	334.000						334.000	
Fremdinstandhaltung	122.000		60.000		16.180		45.820	
Löhne	2.504.000		16.000				2.488.000	
Gehälter	1.865.000		3.000				1.862.000	
AG-Anteil zur Sozialversicherung	810.000		3.800				806.200	
Abschreibungen	955.000		20.000				935.000	
Mietaufwendungen	24.000						24.000	
Büromaterial	16.800						16.800	
Kosten der Telekommunikation	17.900						17.900	
Versicherungen	53.400						53.400	
Zinsaufwendungen	423.600						423.600	
	33.720.700	34.639.700	102.800	293.100	256.180	0	33.361.720	34.346.600
	919.000		190.300			256.180	984.880	
	34.639.700	34.639.700	293.100	293.100	256.180	256.180	34.346.600	34.346.600

DAS IST ZU TUN

Interpretieren Sie die Ergebnistabelle der PEPP GmbH. Einen Lückentext dazu finden Sie im Arbeitsheft.

→ AH

DAS SOLLTEN SIE WISSEN

Zur Interpretation einer Ergebnistabelle ist ein schrittweises Vorgehen hilfreich.

1. Schritt: Einzelergebnisse beschreiben

Die Einzelergebnisse (Unternehmensergebnis, betriebsfremdes Ergebnis, außerordentliches Ergebnis, neutrales Ergebnis, Betriebsergebnis) sowie deren Zusammensetzung sollen kurz erläutert und gegebenenfalls Auffälligkeiten genannt werden.

2. Schritt: Betriebsergebnis analysieren

Abweichungen des Betriebsergebnisses vom Unternehmensergebnis sollen analysiert und erklärt werden.

3. Schritt: Kennzahlen berechnen und bewerten

Die **Wirtschaftlichkeit** ist eine Kennzahl, die aussagt, wie „sparsam" ein Unternehmen mit den eingesetzten Mitteln umgegangen ist. Damit gibt sie eine Kosten-Nutzen-Relation an:

$$\text{Wirtschaftlichkeit} = \frac{\text{Leistungen}}{\text{Kosten}}$$

Das Ergebnis sagt aus, wie viel Leistungen mit einem Euro Kosten erwirtschaftet wurden. Der **Betrieb** arbeitet wirtschaftlich, wenn diese Kennzahl größer als 1 ist. Ist diese Kennzahl gleich 1, sind gerade alle Kosten gedeckt, bei einer Kennzahl unter 1 arbeitet der Betrieb unwirtschaftlich.

Eine weitere wichtige Kennzahl ist die Eigenkapitalrentabilität:

$$\text{Eigenkapitalrentabilität (in \%)} = \frac{\text{Gewinn} \cdot 100}{\text{Eigenkapital}} = \frac{\text{Betriebsergebnis} \cdot 100}{\text{Eigenkapital}}$$

Diese Kennzahl gibt die Verzinsung des im **Betrieb** eingesetzten Eigenkapitals an. Hier ist ein Vergleich mit dem landesüblichen Zinssatz für langfristige Geldanlagen aufschlussreich, denn wenn die Eigenkapitalrentabilität niedriger ausfallen sollte, hätte der Unternehmer sein Geld besser auf dem Kapitalmarkt angelegt, statt es in seinen Betrieb zu investieren.

Ein Vergleich der aktuellen Kennzahlen mit denen von Vorperioden oder anderen Unternehmen der Branche ist wünschenswert.

4. Schritt: Fazit ziehen und Handlungsmöglichkeiten aufzeigen

Unter Berücksichtigung der aktuellen Lage des Unternehmens, Entwicklung von Umsatzzahlen, möglichen Zukunftserwartungen usw. sollte man jetzt festhalten, ob sich ein positives oder negatives Bild für das Unternehmen ergibt.

Um Handlungsmöglichkeiten aufzuzeigen, bieten sich drei Fragestellungen an:

- Welche der betriebsfremden Aufwendungen und Erträge sollten zukünftig wegfallen?

  Beispiel: Aufgabe der Vermietungstätigkeit und Konzentration auf das Kerngeschäft

- Wie können mögliche außerordentliche Aufwendungen in Zukunft verhindert werden?

- Bei welchen Kostenpositionen sind Einsparungen möglich?

  Beispiel: Angebotsvergleiche beim Rohstoffeinkauf, bei zu beziehenden Dienstleistungen, Senken der Personalkosten durch Zeitarbeitskräfte

Aufgaben

1. Nennen Sie jeweils das Sachziel der Unternehmen:

   a) Volkswagen AG

   b) Commerzbank AG

   c) dm-drogerie markt GmbH

   d) Friseur salon

   e) Airbus SE

   f) Inter IKEA Systems B.V.

   g) Apple Inc.

   h) Deutsche Bahn AG

2. Erstellen Sie eine Tabelle nach dem Muster unten und ordnen Sie zu:

   - Verluste aus Schadensfällen
   - Spenden
   - Zinserträge durch Kunden- und Mitarbeiterdarlehen
   - Werkstoffverderb
   - Steuererstattung aus dem Vorjahr
   - Zinserträge durch Verzugszinsen von Kunden
   - Verluste aus Beteiligungen
   - Erträge aus Beteiligungen (Spekulationen)
   - Zinserträge aus Finanzanlagen
   - Verluste aus Wertpapieren
   - Abschreibungen auf Forderungen
   - Reparaturen an vermieteten Gebäuden
   - Verluste aus dem Abgang von Vermögensgegenständen durch Verkauf unter Buchwert
   - Zinsaufwendungen durch Verzugszinsen an Lieferer
   - Unfallschäden
   - Mieterträge
   - Erträge aus dem Abgang von Vermögensgegenständen durch Verkauf über Buchwert

betriebsfremde		außerordentliche	
Aufwendungen	Erträge	Aufwendungen	Erträge

3. Geben Sie je zwei Beispiele an.

   a) Erträge, die auch Leistungen sind
   b) Erträge, die keine Leistungen sind
   c) Aufwendungen, die auch Kosten sind
   d) Aufwendungen, die keine Kosten sind

4. Die Tecno AG aus Düsseldorf stellt Unterhaltungselektronik her. Im Rahmen des Jahresabschlusses wurde das GuV-Konto erstellt.

Soll		GuV-Konto der Tecno AG	Haben
Aufwendungen für Rohstoffe	360.000,00	Umsatzerlöse	1.051.000,00
Aufwendungen für Hilfsstoffe	70.000,00	Mieterträge	40.000,00
Energieaufwendungen	20.000,00		
Instandhaltung	15.000,00		
Löhne	186.000,00		
Gehälter	120.000,00		
AG-Anteil Sozialversicherung	90.000,00		
Abschreibungen	60.000,00		
Steuern u. Gebühren	60.000,00		
versch. Aufwendungen	50.000,00		
Eigenkapital	60.000,00		
	1.091.000,00		1.091.000,00

Weitere Informationen:

- Die Reparatur einer Maschine kostete 3.000,00 €.
- Das Mietshaus wurde mit 20.000,00 € abgeschrieben.
- Die Abwasserrohre des vermieteten Hauses wurden für 5.000,00 € durch ein Fremdunternehmen erneuert.
- Mitarbeiter der Tecno AG führten Reparaturen am Mietshaus durch. Die Lohnkosten betrugen 6.000,00 €.
- Hilfsstoffe im Wert von 40.000,00 € wurden durch einen Wasserschaden im Lager zerstört.
- Das Eigenkapital der Tecno AG beträgt 300.000,00 €.

Nehmen Sie eine Abgrenzungsrechnung vor.

→ AH

   a) Ermitteln Sie mithilfe der Ergebnistabelle das Unternehmensergebnis, das neutrale Ergebnis und das Betriebsergebnis.
   b) Berechnen Sie die Wirtschaftlichkeit und die Eigenkapitalrentabilität.
   c) Werten Sie die Ergebnistabelle aus.

5. Erstellen und interpretieren Sie für die FGA AG, Hersteller von Aluminium-Profilen, eine Ergebnistabelle.

→ AH

Soll	GuV-Konto der FGA AG		Haben
Aufwendungen für Rohstoffe	280.000,00	Umsatzerlöse	950.000,00
Aufwendungen für Hilfsstoffe	45.000,00	Mieterträge	55.000,00
Aufwendungen		Zinserträge	12.000,00
für Betriebsstoffe	18.000,00		
Fremdinstandhaltung	83.000,00		
Löhne	104.000,00		
Gehälter	80.000,00		
Abschreibungen	45.000,00		
Büromaterial	6.000,00		
Spenden	5.000,00		
Zinsaufwendungen	16.000,00		
Eigenkapital	335.000,00		
	1.017.000,00		1.017.000,00

Weitere Informationen:

- Das Eigenkapital der FGA AG beträgt 1.420.000,00 €.
- Zinserträge in Höhe von 4.000,00 € stammen aus Darlehen an Mitarbeiter/-innen, 8.000,00 € wurden Kunden als Verzugszinsen in Rechnung gestellt.
- Bei einem Brand wurden Rohstoffe im Wert von 14.000,00 € und Hilfsstoffe im Wert von 8.000,00 € zerstört.
- Wegen des Brandes musste das Lager für 62.000,00 € saniert werden.
- 14.000,00 € der Zinsaufwendungen entfallen auf Darlehenszinsen, der Rest sind Verzugszinsen unserer Lieferanten.
- Für die Renovierung des vermieteten Gebäudes wurden dem Rohstofflager 11.000,00 € entnommen. Außerdem wurden Mitarbeiter/-innen für die Arbeiten eingesetzt; die Lohnkosten hierfür belaufen sich auf 4.000,00 €. Das Gebäude wird mit 10.000,00 € abgeschrieben.

6. Die Gerwig GmbH aus Köln stellt hochwertige Füllfederhalter her. Im Rahmen des Jahresabschlusses wurde das GuV-Konto erstellt.

Soll	GuV-Konto der Gerwig GmbH		Haben
Aufwendungen für Rohstoffe	14.000,00	Umsatzerlöse	75.000,00
Aufwendungen für Hilfsstoffe	7.000,00	Mieterträge	67.000,00
Energieaufwendungen	1.500,00	Ertrag aus dem Abgang	
Instandhaltung	15.000,00	von Vermögens-	
Löhne	26.000,00	gegenständen	40.000,00
Gehälter	22.000,00	Zinserträge	4.000,00
AG-Anteil Sozialversicherung	12.000,00		
Abschreibungen			
auf Sachanlagen	28.000,00		
Werbung	14.000,00		
Verluste aus dem Abgang			
von Vermögens-			
gegenständen	26.000,00		
Eigenkapital	20.500,00		
	186.000,00		186.000,00

Weitere Informationen:

- Es wurden mehreren Kunden insgesamt 4.000,00 € Verzugszinsen in Rechnung gestellt.
- Die Reparatur einer Maschine verursachte Kosten in Höhe von 6.500,00 €.
- Durch die Vermietung entstanden Aufwendungen:
  - Das Mietshaus wurde mit 15.000,00 € abgeschrieben.
  - Für eine nicht vermietete Wohnung wurde Werbung für 1.000,00 € geschaltet.
  - Die Elektrik musste von einem Fremdunternehmen für 6.000,00 € instandgesetzt werden.
- Das Eigenkapital der Gerwig GmbH beträgt 640.000,00 €.

Nehmen Sie eine Abgrenzungsrechnung vor.

→ AH

a) Ermitteln Sie mithilfe der Ergebnistabelle das Unternehmensergebnis, das neutrale Ergebnis und das Betriebsergebnis.
b) Berechnen Sie die Wirtschaftlichkeit und die Eigenkapitalrentabilität.
c) Interpretieren Sie die Ergebnistabelle.

2.2.3 Kostenrechnerische Korrekturen bei Abschreibungen

DAS IST GESCHEHEN

Zu Beginn des Jahres hat die PEPP GmbH eine mobile Fräsmaschine für 42.000,00 € netto gekauft. Die Nutzungsdauer beträgt laut AfA-Tabelle acht Jahre.

Isabella Rossi: Was passiert denn eigentlich, wenn die Maschine irgendwann nicht mehr zu gebrauchen ist?

Frau Grünfels: Dann müssen wir die Maschine natürlich ersetzen und eine neue kaufen. Und dafür haben wir bis dahin hoffentlich ausreichend gespart.

DAS IST ZU TUN

1. Ermitteln Sie die Höhe der jährlichen bilanziellen Abschreibung.

2. Begründen Sie, warum Abschreibungen in der Preiskalkulation und damit in der Kosten- und Leistungsrechnung eine wichtige Rolle spielen.

3. Erläutern Sie die wesentlichen Unterschiede zwischen der bilanziellen und der kalkulatorischen Abschreibung.

4. Berechnen Sie die Höhe der kalkulatorischen Abschreibung.

5. Tragen Sie die bilanzielle und die kalkulatorische Abschreibung in eine Ergebnistabelle ein.

→ AH

DAS SOLLTEN SIE WISSEN

Nach der Anschaffung sollte das Unternehmen einem wichtigen Umstand Rechnung tragen. Die Fräsmaschine verschleißt und veraltet und wird deshalb irgendwann ersetzt werden müssen. Also sollte die PEPP GmbH rechtzeitig genug Geld sparen, um die Maschine nach ihrem Ausscheiden ersetzen zu können.

Das führt unmittelbar zu **drei Fragen**:

1. **Wie viel** Geld muss gespart werden?

2. **Wann** muss das Geld zur Verfügung stehen?

3. **Woher** kommt das Geld?

Wie viel Geld muss gespart werden?

Es wird vermutlich nicht reichen, nur die aktuellen Anschaffungskosten von 42.000,00 € zu sparen, da Inflation und technischer Fortschritt regelmäßig für steigende Preise sorgen. Insofern muss die PEPP GmbH abschätzen, wie hoch die **Wiederbeschaffungskosten** einer Maschine sein werden. In unserem Beispiel sollen sie bei 45.000,00 € liegen.

Wann muss das Geld zur Verfügung stehen?

Das Unternehmen sollte sich nicht nach der Nutzungsdauer laut AfA-Tabelle richten, da die **tatsächliche Nutzungsdauer** von vielen Faktoren abhängt, die vom Bundesfinanzministerium nicht abgeschätzt werden können. So könnte es sein, dass die PEPP GmbH ihre Fräsmaschinen sorgsam behandelt, sodass sie in der Regel zehn Jahre halten. Es wäre dann unnötig, wenn das gesparte Geld bereits nach acht Jahren entsprechend der AfA-Tabelle zur Verfügung steht, da es erst nach zehn Jahren benötigt wird. Hier sollte also möglichst realistisch geschätzt werden, wie lange die Maschine voraussichtlich nutzbar sein wird. Dabei helfen eigene Erfahrungen oder auch der Hersteller.

Daraus ergibt sich die Formel zur Berechnung der kalkulatorischen Abschreibungen:

$$\text{kalkulatorischer AfA-Betrag} = \frac{\text{Wiederbeschaffungskosten}}{\text{tatsächliche Nutzungsdauer}}$$

Damit wird der Betrag berechnet, den die PEPP GmbH pro Jahr ansparen muss, damit die Fräsmaschine nach zehn Jahren durch eine neue Maschine ersetzt werden kann.

Woher kommt das Geld?

Alle Kosten, die der PEPP GmbH entstehen, müssen letztlich von den Kunden bezahlt werden, sie müssen also bei der Verkaufspreiskalkulation berücksichtigt werden. Zu diesen Kosten gehören neben jenen für Werkstoffe oder Löhne auch die Abschreibungen. Die Kunden sollen also letztlich die neue Fräsmaschine bezahlen.

Statt der bilanziellen Abschreibungen aus der Finanzbuchhaltung sollte die PEPP GmbH für die kalkulatorische Abschreibung also einen anderen Betrag wählen, der in die Verkaufspreise eingeht. Diese kalkulatorischen Abschreibungen nennt man **Anderskosten**, weil die kalkulatorischen Abschreibungen in **anderer** Höhe als die bilanziellen Abschreibungen anfallen.

Da die Kosten in der Ergebnistabelle Grundlage der Verkaufspreiskalkulation sind, müssen in der Kostenspalte die kalkulatorischen Abschreibungen statt der bilanziellen Abschreibungen auftauchen.

2. Die **bilanzielle Abschreibung** muss allerdings korrigiert werden. Deshalb wird sie bei den kostenrechnerischen Korrekturen noch einmal eingetragen.

4. Damit am Ende der Abgleich der Ergebnisse passt, muss die **kalkulatorische Abschreibung** hier noch einmal eingetragen werden.

Konto	I Finanzbuchhaltung		II unternehmensbezogene Abgrenzung		III betriebsbezogene Abgrenzung		IV Kosten- und Leistungsarten	
	Aufwendungen	Erträge	Aufwendungen	Erträge	Aufwendungen	Erträge	Aufwendungen	Erträge

1. Die **bilanzielle Abschreibung** wird wie gehabt aus dem GuV-Konto übertragen.

3. In die Kostenrechnung soll die **kalkulatorische Abschreibung** eingehen. Deshalb ist sie hier einzutragen.

2.2.4 Kostenrechnerische Korrekturen bei Zinsen

DAS IST GESCHEHEN

Herr Pape ist unzufrieden. „Die Banken kassieren jede Menge Zinsen von uns. Das ist ja in Ordnung, immerhin haben wir über fünf Millionen Euro Schulden bei ihnen. Aber ich habe auch mehrere Millionen Euro ins Unternehmen gesteckt und dafür hätte ich gerne Zinsen."

DAS IST ZU TUN

1. Ermitteln Sie mithilfe des GuV-Kontos von S. 247, wie hoch die an die Banken gezahlten Zinsen sind.

2. Ermitteln Sie die Höhe der kalkulatorischen Zinsen. Weitere notwendige Daten finden Sie in der Bilanz auf S. 246.

3. Übertragen Sie die bilanziellen und die kalkulatorischen Zinsen in eine Ergebnistabelle. Orientieren Sie sich an der Vorgehensweise bei den kalkulatorischen Abschreibungen.

→ AH

4. Erläutern Sie, warum die kalkulatorischen Zinsen fast immer höher sind als die bilanziellen Zinsaufwendungen.

DAS SOLLTEN SIE WISSEN

Die Zinsaufwendungen sollten unbedingt in die Kosten- und Leistungsrechnung aufgenommen werden, damit sie in die Verkaufspreiskalkulation eingehen und letztlich die Kunden die Darlehenszinsen bezahlen. Wie schon bei den kalkulatorischen Abschreibungen sollten jedoch kalkulatorische

Zinsen in anderer Höhe in die Kosten- und Leistungsrechnung aufgenommen werden. Dafür gibt es vier wesentliche Gründe:

- Auch die Eigenkapitalgeber Herr Pape und Herr Ehrlich sind an einer Verzinsung ihres Kapitals interessiert. Sie hätten nämlich ihr Geld auch auf dem Kapitalmarkt anlegen können und hätten Zinsen erhalten.
  Damit die Kunden über die Verkaufspreise diese Verzinsung des Eigenkapitals bezahlen, müssen auch die Eigenkapitalzinsen in die Kosten- und Leistungsrechnung aufgenommen werden. Die PEPP GmbH sollte also statt der Zinsaufwendungen für das Fremdkapital aus dem GuV-Konto **Zinsen für das gesamte Kapital** in die Kostenrechnung aufnehmen.

- Die PEPP GmbH besitzt ein Haus im Wert von 1 Mio. €, das vermietet ist. Ziel ist es jedoch, dass durch den Verkauf der Produkte alle Kosten des **Betriebes** ausgeglichen werden. Also sollen unsere Kunden nicht die Zinsen für ein nicht betriebsnotwendiges Haus bezahlen, denn dafür sind unsere Mieter zuständig.
  Deshalb muss zur Ermittlung der kalkulatorischen Zinsen das nicht betriebsnotwendige Vermögen abgezogen werden. Es wird nur das **betriebsnotwendige Kapital** verzinst.

- Werkstoffe wurden auf Ziel gekauft. Der Lieferant stellt allerdings im Gegensatz zur Bank keine Zinsen für den Kredit in Rechnung. Die Verbindlichkeiten a. LL. stehen also zinsfrei zur Verfügung. Deshalb müssen auch unsere Kunden durch die Verkaufspreise keine kalkulatorischen Zinsen für die **Verbindlichkeiten a. LL.** bezahlen.

- Die Gesellschafter geben sich nicht mit einer geringen Verzinsung zufrieden, die sie zum Beispiel auf einem Tagesgeldkonto erwarten könnten. Stattdessen wünschen sie sich eine Verzinsung von 5 %, weil die Anlage im Unternehmen mit einem erheblichen Risiko verbunden und ein Risikoaufschlag deshalb notwendig ist. Der **kalkulatorische Zinssatz** ist deshalb in der Regel höher als der Kapitalmarkt-Zinssatz.

Daraus ergibt sich für die Berechnung der kalkulatorischen Zinsen ein Schema.

Vom **Gesamtvermögen**

− wird das **nicht betriebsnotwendige Vermögen** abgezogen

= und ergibt das **betriebsnotwendige Vermögen**.

− Davon wird das zinsfrei zur Verfügung stehende **Abzugskapital**[1] abgezogen

= und ergibt das **betriebsnotwendige Kapital**.

× Dies wird mit dem **kalkulatorischen Zinssatz** multipliziert

= und ergibt die **kalkulatorischen Zinsen** für die Kosten- und Leistungsrechnung.

---

1 Neben den Verbindlichkeiten a. LL. gehören zum Abzugskapital z.B. noch Kundenanzahlungen und langfristige Rückstellungen.

Aufgaben

1. Die Gerwig GmbH hat einen Pkw für 48.000,00 € gekauft. Laut AfA-Tabelle liegt die Nutzungsdauer bei sechs Jahren. Allerdings werden Dienstwagen bei der Gerwig GmbH regelmäßig sieben Jahre gefahren, bevor sie verschrottet werden müssen. Für eine Ersatzbeschaffung rechnet das Unternehmen mit Kosten in Höhe von 57.750,00 €.

    Ermitteln Sie unter Angabe nachvollziehbarer Rechenwege die bilanziellen und kalkulatorischen Abschreibungen.

2. Die Tecno AG hat für 100.000,00 € einen Lkw gekauft. Jährlich wird mit einem Preisanstieg von 3 % gerechnet. Die Nutzungsdauer laut AfA-Tabelle liegt bei neun Jahren, betriebsintern wird mit einer Nutzung von elf Jahren gerechnet.

    a) Berechnen Sie nachvollziehbar die bilanzielle und die kalkulatorische Abschreibung. Runden Sie dabei die Wiederbeschaffungskosten auf volle 1.000,00 € auf.
    b) Erläutern Sie, warum bei den Wiederbeschaffungskosten eher auf- als abgerundet werden sollte.

3. Ihnen liegt die vereinfachte Bilanz der FGA AG vor.

Aktiva		Bilanz der FGA AG	Passiva
A. Anlagevermögen	697.000,00	A. Eigenkapital	750.000,00
B. Umlaufvermögen	677.000,00	B. Fremdkapital	
		Hypotheken	300.000,00
		Darlehen	240.000,00
		Verbindlichkeiten a. LL.	84.000,00
	1.374.000,00		**1.374.000,00**

Das zugehörige GuV-Konto finden Sie auf S. 270.
Im Anlagevermögen ist eine vermietete Lagerhalle im Wert von 320.000,00 € enthalten. Ermitteln Sie die kalkulatorischen Zinsen bei einem kalkulatorischen Zinssatz von 7 %.

4. Sie kennen von der Großmann GmbH die Bilanz.

Aktiva		Bilanz der Großmann GmbH	Passiva
A. Anlagevermögen		A. Eigenkapital	969.000,00
Grundst. und Gebäude	530.000,00		
Techn. Anlagen und		B. Fremdkapital	
Maschinen	312.000,00	Hypotheken	240.000,00
BGA	114.000,00	Darlehen	138.000,00
		Verbindlichkeiten a. LL.	66.000,00
B. Umlaufvermögen		Kundenanzahlungen	32.000,00
Werkstoffe	214.000,00		
Fertige Erzeugnisse	188.000,00		
Forderungen a. LL.	42.000,00		
Liquide Mittel	45.000,00		
	1.445.000,00		**1.445.000,00**

Die Zinsaufwendungen betragen 21.600,00 €, der kalkulatorische Zinssatz liegt bei 10 %. Insgesamt ist im Anlagevermögen nicht betriebsnotwendiges Vermögen im Wert von 310.000,00 € enthalten.

→ AH

a) Erläutern sie, warum die Kundenanzahlungen auf der Passivseite der Bilanz stehen.

b) Ermitteln Sie die kalkulatorischen Zinsen.

c) Tragen Sie die Zinsaufwendungen und die kalkulatorischen Zinsen in eine Ergebnistabelle ein.

d) Erläutern Sie, warum man bei kalkulatorischen Zinsen von Anderskosten spricht.

5. Ihnen liegt der Jahresabschluss der Felfrie GmbH vor.

Aktiva	Bilanz der Felfrie GmbH		Passiva
A. Anlagevermögen		**A. Eigenkapital**	1.838.000,00
Grundst. und Gebäude	1.110.000,00		
Techn. Anlagen und		**B. Fremdkapital**	
Maschinen	432.000,00	Hypotheken	640.000,00
Fuhrpark	174.000,00	Darlehen	353.000,00
		Verbindlichkeiten a. LL.	147.000,00
B. Umlaufvermögen			
Werkstoffe	478.000,00		
Fertige Erzeugnisse	645.000,00		
Forderungen a. LL.	72.000,00		
Liquide Mittel	67.000,00		
	2.978.000,00		2.978.000,00

Soll	GuV-Konto der Felfrie GmbH		Haben
Aufwendungen für Rohstoffe	214.000,00	Umsatzerlöse	866.000,00
Aufwendungen für Hilfsstoffe	101.000,00	Mieterträge	32.000,00
Energieaufwendungen	37.500,00	Erträge aus dem Abgang	
Instandhaltung	45.000,00	von Vermögens-	
Löhne	62.500,00	gegenständen	60.000,00
Gehälter	44.000,00	Zinserträge	9.000,00
AG-Anteil Sozialversicherung	21.500,00		
Abschreibungen			
auf Sachanlagen	214.000,00		
Spenden	10.000,00		
Verluste aus dem Abgang			
von Vermögens-			
gegenständen	33.000,00		
Zinsaufwendungen	46.500,00		
Eigenkapital	138.000,00		
	967.000,00		967.000,00

Weitere Informationen:

- Ein vermietetes Haus hat einen Wert von 240.000,00 €, dafür fielen an Aufwendungen an:
  - Fremdreparaturen   31.000,00
  - Löhne für Reparaturen durch eigene Mitarbeiter/-innen   4.000,00
  - dafür AG-Anteil Sozialversicherung   800,00

- Die Zinserträge bestehen aus
  - Verzugszinsen   6.000,00 €
  - Guthabenzinsen (Tagesgeldkonto)   3.000,00 €
- Der kalkulatorische Zinssatz beträgt 6 %.
- Die kalkulatorischen Abschreibungen betragen 198.500,00 €.
- Es sind Hilfsstoffe im Wert von 12.500,00 € verdorben.

a) Ermitteln Sie die Höhe der kalkulatorischen Zinsen.
b) Stellen Sie eine Ergebnistabelle auf.
c) Berechnen Sie die Wirtschaftlichkeit und die Eigenkapitalrentabilität.
d) Stellen Sie eine Vermutung an, warum die kalkulatorischen Abschreibungen niedriger sind als die bilanziellen Abschreibungen.

→ AH

2.2.5 Einzel- und Gemeinkosten

DAS IST GESCHEHEN

Isabella Rossi und Frau Grünfels unterhalten sich.

Isabella Rossi: Nachdem wir nun alle Kosten kennen, können wir doch jetzt auch berechnen, wie hoch die Kosten für unsere Papierfahnen in 12 · 24 cm sind.

Frau Grünfels: Wir hatten schon einmal darüber gesprochen. Einige der Kosten können den Papierfahnen ohne Weiteres zugeordnet werden. Aber der Großteil der Kosten fällt ja für alle unsere Produkte an und es ist nahezu unmöglich, sie verursachungsgerecht aufzuteilen. Denken Sie nur einmal an die Farbe, mit der wir das Papier bedrucken.

DAS IST ZU TUN

1. Listen Sie auf, welche Werkstoffe benötigt werden, um die Papierfahnen zu fertigen. Ordnen Sie die Werkstoffe den Roh-, Hilfs- oder Betriebsstoffen zu.

2. Beschreiben Sie anhand der Papierfahnen den Unterschied zwischen Einzel- und Gemeinkosten.

DAS SOLLTEN SIE WISSEN

Nachdem alle Kosten in der Ergebnistabelle ermittelt wurden, können sie den einzelnen Kostenträgern, also den verschiedenen Produkten, zugeordnet werden. Wie Sie bereits in Kapitel 2.1 Aufgaben und Bereiche der Kosten- und Leistungsrechnung erarbeitet haben, ist das für die meisten Kosten nicht so einfach.

Möglich ist dies ohne Weiteres nur bei den Rohstoffen und den Löhnen. Zum einen können wir nämlich genau berechnen, wie groß die Menge der Hauptbestandteile eines Produktes ist. Zum anderen können wir recht genau messen, wie lange eine Arbeitskraft braucht, um eine bestimmte Menge an Produkten herzustellen.

Aber unklar ist, welcher Anteil der Gehälter in der Verwaltung durch ein bestimmtes Produkt verursacht wurde oder wie hoch der Anteil eines Produktes an den Heizkosten in der Produktionshalle ist. Eine Ermittlung ist entweder unmöglich oder wäre mit einem unangemessen hohen Aufwand verbunden.

Insofern unterscheidet man in der Kosten- und Leistungsrechnung zwischen Einzelkosten und Gemeinkosten.

> **Einzelkosten** können den Kostenträgern direkt zugerechnet werden.

Damit zählen Aufwendungen für Rohstoffe und Löhne zu den Einzelkosten.

Einzelkosten sind immer **variable Kosten**, sind also abhängig von der hergestellten Menge. Wird mehr produziert, steigen auch die Kosten für Rohstoffe und Löhne.

> **Gemeinkosten** können den Kostenträgern nicht direkt zugerechnet werden.
> Sie müssen umgelegt werden.

Alle anderen Kosten zählen deshalb zu den Gemeinkosten.

Ein Teil der Gemeinkosten ist **variabel,** also abhängig von der produzierten Menge, wie die Energiekosten für die produzierenden Maschinen. Ein anderer Teil der Gemeinkosten ist **fix**, also unabhängig von der produzierten Menge. So sind beispielsweise die Energiekosten für die Beleuchtung abhängig vom Wetter und der Jahreszeit, nicht jedoch von der hergestellten Menge.

Die Umlage der Gemeinkosten auf die Kostenträger erfolgt über den Umweg der Kostenstellenrechnung, wie in der Übersicht deutlich wird.

Kostenartenrechnung

In der **Ergebnistabelle** werden die Kosten ermittelt.

Die **Einzelkosten** werden direkt in das Kostenträgerblatt übernommen.

Kostenstellenrechnung

Die **Gemeinkosten** werden mit einem **Betriebsabrechnungsbogen (BAB)** auf die Kostenstellen verteilt. Außerdem werden Zuschlagsätze ermittelt.

Kostenträgerrechnung

Im **Kostenträgerblatt** werden alle Kosten, die ein Produkt verursacht, aufgelistet, um die Selbstkosten des Produktes ermitteln zu können.

Durch **Zuschlagsätze** können die Gemeinkosten nun auf die Kostenträger verteilt werden.

2.2.6 Einzelkosten: Rohstoffe und Löhne

DAS IST GESCHEHEN

Isabella möchte nun schon einmal die Einzelkosten für 1 000 Papierfahnen berechnen. Dazu sucht sie die Eingangsrechnung über das Papier und einen Zeitaufnahmebogen heraus. Außerdem bringt sie in Erfahrung, dass die Kosten für eine Mitarbeiterstunde in der Fertigung bei 40,00 € liegen.

Eingangsrechnung

Niederrheinische Papierfabrik OHG

Niederrheinische Papierfabrik OHG,
Grünweg 17–20, 47608 Geldern

Ihr Zeichen: PP
Unser Zeichen: NP
Ihre Nachricht vom: 30.04.20..

PEPP GmbH
Heesstr. 95
41751 Viersen

Rechnung

Bezeichnung	Menge	Stückpreis	Gesamtpreis
Recyclingpapier 100 g/m²	5 000 m²	1,30 €/m²	6.500,00 €
		zzgl. 19 % USt	1.235,00 €
		Endsumme	**7.735,00 €**

Eingangsrechnung

Import-Export Schneider e. K.

PEPP GmbH
z. Hd. Herrn Hufschmied
Heesstr. 95
41751 Viersen

Hafenstraße 98
47226 Duisburg
Tel.: 0203 203009
Fax: 0203 203001
E-Mail:
info@import-export-schneider.de

Ihr Zeichen	Unser Zeichen	Ihre Nachricht vom
PE	NP	30.04.20..

Rechnung

20 000 m Plastikstab aus		
recyceltem Granulat, Ø 5 mm, weiß	0,07 €/m	1.400,00 €
	zzgl. USt	266,00 €
	Endsumme	**1.666,00 €**

Zeitaufnahmebogen

Zeitaufnahme: 10 000 Stk. Papierfahnen 12 · 24, Mittelwerte

Nr.	Ablaufabschnitt	Arbeits-kräfte	Arbeitsmittel	Zeitbedarf
1	benötigten Bogen von Rolle schneiden	1	Laserschneide-maschine L554	10 Min.
2	Bogen bedrucken	1	Druckmaschine A71/2	180 Min.
3	10 000 Einzelstücke schneiden	1	Laserschneide-maschine L554	200 Min.
4	Plastikstäbe schneiden	1	Schneidepult 7	20 Min.
5	doppelt gegeneinander um Plastikstab kleben	1	Klebepresse MT-12	45 Min.
6	bündeln	1	Arbeitstisch AT	25 Min.

Ermittelt in 20 Messvorgängen am 05.02.xx   *M. Özcan*

DAS IST ZU TUN

1. Ermitteln Sie, wie hoch die Kosten der Rohstoffe für 1 000 Papierfahnen sind.

2. Berechnen Sie, wie hoch die Lohnkosten für die Herstellung von 1 000 Papierfahnen sind.

DAS SOLLTEN SIE WISSEN

Kosten für Rohstoffe können mithilfe der Eingangsrechnungen ermittelt werden. Etwas aufwendiger ist die Ermittlung der Lohnkosten je Kostenträger in der Fertigung. Dafür müssen Zeitstudien durchgeführt werden, in denen Arbeitsabläufe systematisch beobachtet und gemessen werden. Aus diesen Zeitstudien resultieren Zeitvorgaben, die wiederum als Grundlage der Kostenkalkulation dienen.

Aufgaben

→ AH

1. Ordnen Sie durch Ankreuzen in einer Tabelle zu, ob die Kosten zu den

- Einzelkosten oder Gemeinkosten,
- fixen oder variablen Kosten

gehören.

Abschreibungen, Aufwendungen für Rohstoffe, Aufwendungen für Betriebsstoffe, Gehälter, Mietaufwendungen, Löhne, Spenden, Energiekosten für das Verwaltungsgebäude, Heizkosten für die Lagerhalle, Kosten der Telekommunikation, Werbekosten, Versicherungen, Aufwendungen für Hilfsstoffe, Zinserträge.

	Einzelkosten	Gemeinkosten	Fixe Kosten	Variable Kosten
Abschreibungen		x	x	

2. Aus den Kalkulationsunterlagen der Tecno AG sind Stückkosten des Blu-ray-Players „Blustar" bekannt

Fertigungsmaterial (Rohstoffe)	23,00 €
Fertigungslöhne	11,00 €
Selbstkosten (Gesamtkosten)	67,50 €

Aus Kostenanalysen geht hervor, dass 40 % der Gemeinkosten und 100 % der Einzelkosten variabel sind.

Ermitteln Sie die Höhe der

a) Einzelkosten,

b) Gemeinkosten,

c) variablen Kosten,

d) fixen Kosten.

3. Ermitteln Sie mit den von Ihnen erstellten Ergebnistabellen die Höhe der Einzelkosten und der Gemeinkosten für die

a) Tecno AG (siehe Aufgabe 4 auf S. 269),

b) FGA AG (siehe Aufgabe 5 auf S. 270),

c) Gerwig GmbH (siehe Aufgabe 6 auf S. 270).

4. Entscheiden Sie für jede der Aussagen, ob sie richtig oder falsch ist. Korrigieren Sie falsche Aussagen.

a) Fixe Kosten fallen unverändert in immer der gleichen Höhe an.

b) Rohstoffe sind der Hauptbestandteil eines Produktes.

c) Gehälter gehören zu den Einzelkosten, da man genau berechnen kann, wie viel Zeit ein Mitarbeiter oder eine Mitarbeiterin für die Produktion eines einzelnen Werkstückes benötigt.

d) Einzelkosten lassen sich unterteilen in fixe und in variable Kosten.

e) Gemeinkosten sind solche Kosten, die einzelnen Kostenstellen nicht direkt zuzurechnen sind.

f) Einzelkosten sind Kosten, die einzelnen Kostenträgern direkt zugeordnet werden können.

g) Abschreibungen gehören zu den variablen Gemeinkosten.

h) Die Summe aus fixen und variablen Kosten ergibt die Gemeinkosten.

i) Variable Kosten sind Kosten, die abhängig von der Produktionsmenge sind.

5. Gegeben ist die Ergebnistabelle der L&R GmbH.

Konto	I Finanzbuchhaltung		II unternehmensbezogene Abgrenzung		III betriebsbezogene Abgrenzung und kostenrechnerische Korrekturen		IV Kosten- und Leistungsarten	
	Aufwendungen	Erträge	Aufwendungen	Erträge	Aufwendungen	Erträge	Kosten	Leistungen
Umsatzerlöse		430.000						430.000
Mieterträge		32.000		32.000				0
Erträge aus Vermögensabgängen		47.000				47.000		0
Zinserträge		12.000		4.000		8.000		0
Aufwendungen für Rohstoffe	102.000				8.900		93.100	
Aufwendungen für Betriebsstoffe	66.000						66.000	
Verpackungsmaterial	2.600						2.600	
Fremdinstandhaltung	44.000				21.700		22.300	
Löhne	48.000		2.600				45.400	
Gehälter	22.000		1.600				20.400	
AG-Anteil Sozialversicherung	14.000		800				13.200	
Abschreibungen	94.000				94.000	111.000	111.000	
Werbung	12.000						12.000	
Verluste aus Vermögensabgängen	14.600				14.600		0	
Zinsaufwendungen	13.200				13.200	16.000	16.000	
	432.400	521.000	5.000	36.000	152.400	182.000	402.000	430.000
	88.600		31.000		29.600		28.000	
	521.000	521.000	36.000	36.000	182.000	182.000	430.000	430.000

Das Controlling hat ermittelt, dass 32 % der Gemeinkosten variabel sind.

Berechnen Sie die Höhe der

a) Einzelkosten,

b) Gemeinkosten,

c) variablen Kosten und

d) fixen Kosten.

2.3 Kostenstellenrechnung

2.3.1 Kostenstellen

Nachdem noch kostenrechnerische Korrekturen vorgenommen wurden, ergibt sich für die PEPP GmbH die Ergebnistabelle.

Konto	I Finanzbuchhaltung		II unternehmensbezogene Abgrenzung		III betriebsbezogene Abgrenzung und kostenrechnerische Korrekturen		IV Kosten- und Leistungs-arten	
	Aufwen-dungen	Erträge	Aufwen-dungen	Erträge	Aufwen-dungen	Erträge	Kosten	Leistungen
Umsatzerlöse		32.094.000						32.094.000
Bestands-veränderungen an fertigen Erzeugnissen		2.120.000						2.120.000
Mieterträge		258.400		258.400				0
Provisionserträge		132.600						132.600
Zinserträge		34.700		34.700				0
Aufwendungen für Rohstoffe	18.116.000				240.000		17.876.000	
Aufwendungen für Hilfsstoffe	5.713.000						5.713.000	
Aufwendungen für Betriebsstoffe	2.766.000						2.766.000	
Energie	334.000						334.000	
Fremdinstand-haltung	122.000		60.000		16.180		45.820	
Löhne	2.504.000		16.000				2.488.000	
Gehälter	1.865.000		3.000				1.862.000	
AG-Anteil zur Sozial-versicherung	810.000		3.800				806.200	
Abschreibungen	955.000		20.000		935.000	870.000	870.000	
Mietaufwen-dungen	24.000						24.000	
Büromaterial	16.800						16.800	
Kosten der Telekommunika-tion	17.900						17.900	
Versicherungen	53.400						53.400	
Zinsaufwen-dungen	423.600				423.600	569.970	569.970	
	33.720.700	34.639.700	102.800	293.100	1.614.780	1.439.970	33.443.090	34.346.600
	919.000		190.300			174.810	903.510	
	34.639.700	34.639.700	293.100	293.100	1.614.780	1.614.780	34.346.600	34.346.600

Die Rohstoffkosten und die Löhne, weiß Isabella, können den Kostenträgern und damit auch den Papierfahnen direkt zugeordnet werden. Problematisch sind die **Gemeinkosten**, denn die müssen zunächst den Kostenstellen des Betriebs zugeordnet werden.

Isabella Rossi: Frau Grünfels, was sind überhaupt Kostenstellen?

Frau Grünfels: Schauen Sie sich einfach mal unseren Gebäudeplan an. Auf dem erkennen Sie unsere wesentlichen Abteilungen – und das sind unsere vier Hauptkostenstellen.

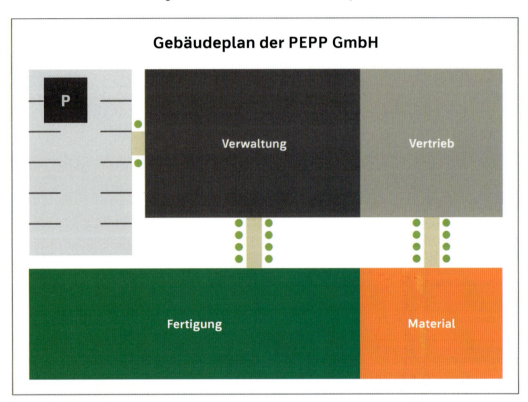

Gebäudeplan der PEPP GmbH

Frau Grünfels: Jetzt müssen die Gemeinkosten auf diese vier Kostenstellen verteilt werden. Bei den Stromkosten ist das noch relativ einfach, aber beispielsweise bei den Versicherungen wird das ganz schön kompliziert.

DAS IST ZU TUN

1. Erläutern Sie, wie man die Strom- oder Gaskosten auf die vier Kostenstellen verteilen könnte.

→ AH

2. Übertragen Sie die Gemeinkosten aus der Ergebnistabelle der PEPP GmbH in den weißen, linken Teil des Betriebsabrechnungsbogens (BAB).

DAS SOLLTEN SIE WISSEN

Kostenstellen sind Unternehmensbereiche, in denen Kosten verursacht werden. Sie können beliebig eingerichtet werden, wenngleich es üblich ist, sie nach Verantwortungsbereichen, räumlichen oder funktionalen Kriterien zu bilden.

Beispiel: Jede Filiale, jede Abteilung oder auch jede Produktgruppe hat eine eigene Kostenstelle.

Durch die Bildung von Kostenstellen schafft man einen guten Überblick, wo und in welcher Höhe im Unternehmen Kosten entstanden sind. Dadurch wird zum einen gut ersichtlich, welcher Unternehmensbereich gut oder schlecht gewirtschaftet hat. Zum anderen können Verantwortliche direkt angesprochen und zum Sparen motiviert werden.

Beispiel: Herr Porstmann ist als Leiter der Fertigung der PEPP GmbH für die Kosten in seiner Abteilung und damit der Kostenstelle Fertigung verantwortlich.

In der PEPP GmbH gibt es **vier Hauptkostenstellen**.

- **Material:** In der Materialkostenstelle findet der Einkauf statt, gehen die Werkstoffe ein, werden geprüft, eingelagert und verwaltet.

   Beispiel: Personalkosten, Abschreibungen, Miete für die Lagerhalle

- **Fertigung:** Hier werden die Erzeugnisse produziert. Aber auch Forschung und Entwicklung sowie die Qualitätskontrolle finden hier statt.

   Beispiel: Personalkosten (Gehälter der technischen Leitung, Hilfslöhne), Betriebskosten der Maschinen, Abschreibungen auf die technischen Anlagen und Maschinen, Abschreibungen oder Miete für die Produktionshalle

- **Verwaltung:** Zur Verwaltung gehören vor allem die kaufmännische Leitung, das Finanzwesen, die Personalabteilung und die Buchhaltung.

   Beispiel: Raumkosten (Miete oder Abschreibungen), Personalkosten, Büromaterial, Abschreibungen auf die Geschäftsausstattung

- **Vertrieb:** In der Vertriebskostenstelle finden vor allem das Marketing, der Verkauf, der Versand und die Lagerung der fertigen Erzeugnisse statt.

   Beispiel: Personalkosten für die Mitarbeiterinnen und Mitarbeiter im Verkauf, Werbung, Lagerung der fertigen Erzeugnisse

Neben diesen Hauptkostenstellen können auch noch weitere „kleinere" Kostenstellen, die **Hilfskostenstellen,** gebildet werden. In der Fertigung könnte für jede Maschine eine eigene Kostenstelle gebildet werden, in der Verwaltung für jeden Mitarbeiter und jede Mitarbeiterin. Es könnte aber auch eine Kostenstelle für den Werkschutz oder für die Betriebskantine eingerichtet werden.

Auf die Hauptkostenstellen werden nun die Gemeinkosten aufgeteilt. Dies geschieht über den **Verteilungsschlüssel.** Die Abschreibungen auf Sachanlagen, das sind bei der PEPP GmbH 870.000,00 €, können nach Anlagewerten verteilt werden. Dagegen werden die Personalkosten immer der Kostenstelle zugeordnet, für die jeweiligen Mitarbeiterinnen und Mitarbeiter tätig sind. Während ein Sachbearbeiter im Einkauf der Kostenstelle Material oder eine Außendienstlerin der Kostenstelle Vertrieb eindeutig zuzuordnen ist, wird es beim Reinigungspersonal komplizierter, weil dort alle für mehrere Kostenstellen tätig sind. Hier muss eine Tätigkeitsgewichtung vorgenommen werden.

Beispiel: Eine Reinigungskraft war zu 40 % in der Verwaltung und zu 60 % im Vertrieb beschäftigt.

Die Gemeinkosten werden durch den **Betriebsabrechnungsbogen,** kurz **BAB,** verteilt.

2.3.2 Betriebsabrechnungsbogen

2. Hier werden alle **Gemein-kostenarten** eingetragen, **nicht** die Einzelkosten.

4. Nach diesen **Schlüsseln** werden die Gemeinkosten auf die vier Kostenstellen verteilt.

1. Hier finden Sie die vier **Haupt-kostenstellen.**

Gemeinkosten	Summe	Verteilungs-schlüssel	Material	Fertigung	Verwaltung	Vertrieb
Summe						

3. Danach werden die **Kostenbeträge** aus der Ergebnistabelle übertragen, **nicht** die Aufwendungen.

5. Für jede Kostenstelle wird die **Summe der Gemeinkosten** gebildet.

8. Die **Herstellkosten des Umsatzes** müssen berechnet werden.

Fertigungs-material | Fertigungs-löhne | Herstellkosten des Umsatzes

Zuschlagsgrundlagen						
Zuschlagsätze						

6. **Rohstoffkosten** aus der Ergebnistabelle

7. **Löhne** aus der Ergebnistabelle

9. Wie viel **Prozent** der Zuschlagsgrundlage beträgt die Summe der Gemeinkosten?

DAS IST GESCHEHEN

Isabella erhält von Frau Grünfels den Betriebsabrechnungsbogen der PEPP GmbH. Einige der Gemeinkosten wurden schon auf die Hauptkostenstellen verteilt.

Betriebsabrechnungsbogen (BAB) der PEPP GmbH						
Gemeinkosten	Summe	Verteilungs-schlüssel	Material	Fertigung	Verwaltung	Vertrieb
Aufwendungen für Hilfsstoffe	5.713.000	Rechnungen		–	5.713.000	–	–
Aufwendungen für Betriebs-stoffe	2.766.000	1:9:1:1				
Energie	334.000	2:4:1:1				
Fremdinstand-haltung	45.820	Rechnungen	13.000	25.000	7.000	820
Gehälter	1.862.000	Gehaltslisten	230.000	270.000	783.730	578.270
AG-Anteil Sozial-versicherung	806.200	Lohn- und Gehaltslisten	28.410	39.190	401.000	337.600
Abschreibungen	870.000	Anlage-vermögen	160.000	410.000	120.000	180.000
Mietauf-wendungen	24.000	Mietverträge	–	–	24.000	–
Büromaterial	16.800	Rechnungen	1.400	1.600	10.000	3.800

Betriebsabrechnungsbogen (BAB) der PEPP GmbH						
Gemeinkosten	Summe	Verteilungs-schlüssel	Material	Fertigung	Verwaltung	Vertrieb
Kosten der Telekommuni-kation	17.900	1:2:4:3				
Versicherungen	53.400	Versiche-rungspolicen	14.200	30.030	8.000	1.170
Zinsauf-wendungen	569.970	betriebs-notwendiges Kapital	131.000	347.300	60.000	31.670
Summe	13.079.090					
			Fertigungs-material	Fertigungs-löhne	Herstellkosten des Umsatzes	
Zuschlags-grundlagen						
Zuschlagsätze						

→ AH

DAS IST ZU TUN

1. Übertragen Sie die bereits den Kostenstellen zugeteilten Gemeinkosten in den von Ihnen erstellten Betriebsabrechnungsbogen der PEPP GmbH.

2. Verteilen Sie nach den angegebenen Schlüsseln die Kosten für Betriebsstoffe, Energie und Telekommunikation auf die vier Hauptkostenstellen.

3. Bilden Sie die Summen der Gemeinkosten je Kostenstelle.

DAS SOLLTEN SIE WISSEN

Die meisten Gemeinkosten können anhand von Belegen auf die Kostenstellen verteilt werden. Für einige der Gemeinkosten ist das nicht ohne Weiteres möglich. Für sie werden stattdessen **Verteilungsschlüssel** gebildet, durch die solche Gemeinkosten möglichst verursachungsgerecht aufgeteilt werden können. Für die Energiekosten der PEPP GmbH funktioniert das mit einem Verteilungsschlüssel 2:4:1:1.

1. Die Energiekosten von 334.000,00 € werden durch die Summe der Anteile geteilt: 2 + 4 + 1 + 1 = 8. Daraus ergeben sich Energiekosten von 334.000,00 € : 8 = 41.750,00 € pro Anteil.

2. Nun können die Energiekosten jeder Kostenstelle aus einem Energiekostenanteil von 41.750,00 € und den zugeordneten Anteilen errechnet werden.

Kostenstelle	Anteile	Gemeinkosten Energie
Material	2	2 · 41.750,00 € = 83.500,00 €
Fertigung	4	4 · 41.750,00 € = 167.000,00 €
Verwaltung	1	1 · 41.750,00 € = 41.750,00 €
Vertrieb	1	1 · 41.750,00 € = 41.750,00 €
Summe	8	8 · 41.750,00 € = 334.000,00 €

2.3.3 Zuschlagsätze im Betriebsabrechnungsbogen

DAS IST GESCHEHEN

Nun stehen zwar die Gemeinkosten je Kostenstelle fest. Für Isabella ist jedoch noch immer nicht klar, wie ihr das bei der Ermittlung der Selbstkosten der Papierfahnen helfen kann. Deshalb erklärt ihr Frau Grünfels: „Im Betriebsabrechnungsbogen können wir jetzt Zuschlagsätze ermitteln, durch die dann die Gemeinkosten den einzelnen Kostenträgern zugeschlagen werden."

DAS IST ZU TUN

→ AH

1. Übertragen Sie die Einzelkosten aus der Ergebnistabelle in den Betriebsabrechnungsbogen.

2. Ermitteln Sie die Herstellkosten des Umsatzes und tragen Sie diese in den Betriebsabrechnungsbogen ein.

3. Erläutern Sie, woran man eine Bestandsminderung an fertigen Erzeugnissen erkennt und welche Rolle diese im Betriebsabrechnungsbogen spielt.

4. Berechnen Sie die Zuschlagsätze je Kostenstelle und übertragen Sie diese in den Betriebsabrechnungsbogen.

DAS SOLLTEN SIE WISSEN

Um die Zuschlagsätze berechnen zu können, müssen zunächst die **Zuschlagsgrundlagen** in den Betriebsabrechnungsbogen übertragen werden. Für die ersten beiden Kostenstellen sind das die Einzelkosten aus der Ergebnistabelle:

- das **Fertigungsmaterial** für die Materialkostenstelle, also die Rohstoffkosten,
- die **Fertigungslöhne** für die Fertigungskostenstelle.

Zuschlagsgrundlage für Verwaltung und Vertrieb sind die **Herstellkosten des Umsatzes**, die tabellarisch berechnet werden.

Ermittlung der Herstellkosten des Umsatzes			
1.	Fertigungsmaterial		
2.	+ Materialgemeinkosten		Werte aus dem BAB
3.	= Materialkosten		
4.	Fertigungslöhne		
5.	+ Fertigungsgemeinkosten		Werte aus dem BAB
6.	= Fertigungskosten		
7.	= Herstellkosten der Erzeugung (3. + 6. Zeile)		
8.	+ Bestandminderungen		Werte aus der Ergebnistabelle, Konto Bestandsveränderungen
9.	– Bestandsmehrungen		
10.	= Herstellkosten des Umsatzes		

Die **Herstellkosten der Erzeugung** geben an, wie teuer die Produkte waren, die in der letzten Periode **hergestellt** (erzeugt) wurden. Dabei ist es unerheblich, ob die hergestellten Erzeugnisse verkauft wurden oder auf Lager gelegt wurden.

Die **Herstellkosten des Umsatzes** hingegen geben an, wie teuer die Produkte waren, die in der letzten Periode **verkauft** wurden.

Bei der PEPP GmbH hat es eine Lagerbestandsmehrung gegeben. Das erkennt man am Ertrag des Kontos Bestandveränderungen in der Ergebnistabelle. Es wurden also weniger Produkte verkauft als hergestellt und deshalb muss die Bestandmehrung abgezogen werden.

Nun können die **Zuschlagsätze** ermittelt werden, die den prozentualen Anteil der Kostenstellengemeinkosten an den jeweiligen Zuschlagsgrundlagen zeigen. Für die Materialkostenstelle der PEPP GmbH bedeutet das:

Zuschlagsgrundlage Fertigungsmaterial   17.876.000 € ≙ 100 % (vgl. Ergebnistabelle S. 283)

Materialgemeinkosten   893.800,00 € ≙ x

$$\Rightarrow x = \frac{893.800,00 \cdot 100\,\%}{17.876.000} = 5\,\%$$

Mithilfe der Zuschlagsätze können nun die Gemeinkosten auf die einzelnen Kostenträger oder auch Produktgruppen verteilt werden. Das passiert in der **Kostenträgerrechnung**.

⟋⟋⟋ Aufgaben

1. Erläutern Sie, welchen beiden wesentlichen Aufgaben der Betriebsabrechnungsbogen dient.

2. Beschreiben und begründen Sie, welche Kosten im Betriebsabrechnungsbogen auf die Kostenstellen verteilt werden und welche Kosten direkt in die Kostenträgerrechnung übernommen werden können.

3. Für die Düsseldorfer Tecno AG, Hersteller von Unterhaltungselektronik, ergeben sich die Kostenstellengemeinkosten:

Gemeinkosten	Summe	Verteilungs-schlüssel	Material	Fertigung	Verwaltung	Vertrieb
Summe	72.000	Diverse		20.000	18.700	25.950
			Fertigungs-material	Fertigungs-löhne	Herstellkosten des Umsatzes	
Zuschlagsgrundlagen						
Zuschlagsätze						

Die Kosten für Rohstoffe belaufen sich auf 14.000,00 €, die der Löhne auf 26.000,00 €. Außerdem hat es eine Bestandsminderung von fertigen Erzeugnissen in Höhe 21.000,00 € gegeben.

Ermitteln Sie die Herstellkosten des Umsatzes und danach die Zuschlagsätze für die vier Hauptkostenstellen.

→ AH

4. Die Computerfriend GmbH konfiguriert Computersysteme und vertreibt sie an gewerbliche Kunden. Ein Teil des Betriebsabrechnungsbogens wurde bereits erstellt.

Betriebsabrechnungsbogen (BAB) der Computerfriend GmbH						
Gemeinkosten	Summe	Verteilungs-schlüssel	Material	Fertigung	Verwaltung	Vertrieb
Aufwendungen für Hilfsstoffe	2.116.000	Rechnungen	–	2.116.000	–	–
Aufwendungen für Betriebs-stoffe	897.000	2:8:3:3				
Energie	263.000	3:5:2:1				
Fremdinstand-haltung	24.000	Rechnungen	3.000	18.000	2.000	1.000
Gehälter	1.030.000	Gehaltslisten	75.000	95.000	624.000	236.000
AG-Anteil Sozial-versicherung	452.000	Lohn- und Gehaltslisten	67.500	215.000	124.800	44.700
Abschreibungen	380.000	Anlage-vermögen 230:520 :260:250				
Rechts- und Beratungs-kosten	8.000	Rechnungen	–	–	8.000	–
Büromaterial	3.000	Rechnungen	300	400	1.300	1.000
Kosten der Telekommuni-kation	2.800	2:1:5:3				
Werbung	53.400	Rechnungen	–	–	–	53.400
Zinsauf-wendungen	126.000	betriebs-notwendiges Kapital	23.000	52.000	26.000	25.000
Summe	5.355.200		168.800	2.496.400	786.100	361.100
			Fertigungs-material	Fertigungs-löhne	Herstellkosten des Umsatzes	
Zuschlags-grundlagen						
Zuschlagsätze						

→ AH

Vervollständigen Sie den Betriebsabrechnungsbogen der Computerfriend GmbH. Beachten Sie das Fertigungsmaterial im Wert von 5.200.000,00 € und die Fertigungslöhne von 1.230.000,00 €. Die Bestandsmehrungen an fertigen Erzeugnissen betragen 2.120.000 €. Runden Sie immer auf ganze Euro.

5. Gegeben ist die Ergebnistabelle der L&R GmbH, Hersteller hochwertiger Beleuchtungssysteme.

Konto	I Finanzbuchhaltung		II unternehmens-bezogene Abgrenzung		III betriebsbezogene Abgrenzung und kostenrechnerische Korrekturen		IV Kosten- und Leistungsarten	
	Aufwen-dungen	Erträge	Aufwen-dungen	Erträge	Aufwen-dungen	Erträge	Kosten	Leis-tungen
Umsatzerlöse		430.000						430.000
Mieterträge		32.000		32.000				0
Erträge aus Vermögens-abgängen		47.000				47.000		0
Zinserträge		12.000		4.000		8.000		0
Aufwendungen für Rohstoffe	102.000				8.900		93.100	
Aufwendungen für Betriebsstoffe	66.000						66.000	
Verpackungs-material	2.600						2.600	
Fremd-instandhaltung	44.000				21.700		22.300	
Löhne	48.000		2.600				45.400	
Gehälter	22.000		1.600				20.400	
AG-Anteil Sozial-versicherung	14.000		800				13.200	
Abschreibungen	94.000				94.000	111.000	111.000	
Werbung	12.000						12.000	
Verluste aus Vermögens-abgängen	14.600				14.600		0	
Zinsauf-wendungen	13.200				13.200	16.000	16.000	
	432.400	521.000	5.000	36.000	152.400	182.000	402.000	430.000
	88.600		31.000		29.600		28.000	
	521.000	521.000	36.000	36.000	182.000	182.000	430.000	430.000

Für die Verteilung der Gemeinkosten auf die Kostenstellen gilt:

→ AH

	Verteilungs-schlüssel	Material	Fertigung	Verwaltung	Vertrieb
Aufwendungen für Betriebsstoffe	2:5:2:1				
Verpackungsmaterial	0:0:0:1				
Fremdinstandhaltung	1:6:2:1				
Gehälter	Gehaltslisten	2.400,00 €	2.400,00 €	8.000,00 €	7.600,00 €
AG-Anteil Sozial-versicherung	Lohn- und Gehaltslisten	480,00 €	9.600,00 €	1.600,00 €	1.520,00 €
Abschreibungen	Anlagenwerte	22.200,00 €	5.500,00 €	19.425,00 €	13.875,00 €

	Verteilungs-schlüssel	Material	Fertigung	Verwaltung	Vertrieb
Werbung	Rechnungen	–	–	–	12.000,00 €
Zinsaufwendungen	Betriebs-notwendiges Kapital	3.310,00 €	7.724,00 €	2.943,00 €	2.023,00 €

Stellen Sie für die L&R GmbH den Betriebsabrechnungsbogen auf. Runden Sie auf ganze Euro.

2.4 Kostenträgerrechnung

2.4.1 Ermittlung der Selbstkosten (Kostenträgerstückrechnung)

DAS IST GESCHEHEN

Der Betriebsabrechnungsbogen der PEPP GmbH wurde mittlerweile vervollständigt und die Zuschlagsätze wurden ermittelt.

Betriebsabrechnungsbogen (BAB) der PEPP GmbH						
Gemeinkosten	Summe	Verteilungs-schlüssel	Material	Fertigung	Verwaltung	Vertrieb
Aufwendungen für Hilfsstoffe	5.713.000	Rechnungen	–	5.713.000	–	–
Aufwendungen für Betriebs-stoffe	2.766.000	1:9:1:1	230.500	2.074.500	230.500	230.500
Energie	334.000	2:4:1:1	83.500	167.000	41.750	41.750
Fremdinstand-haltung	45.820	Rechnungen	13.000	25.000	7.000	820
Gehälter	1.862.000	Gehaltslisten	230.000	270.000	783.730	578.270
AG-Anteil Sozial-versicherung	806.200	Lohn- und Gehaltslisten	28.410	39.190	401.000	337.600
Abschreibungen	870.000	Anlage-vermögen	160.000	410.000	120.000	180.000
Mietauf-wendungen	24.000	Mietverträge	–	–	24.000	–
Büromaterial	16.800	Rechnungen	1.400	1.600	10.000	3.800
Kosten der Telekommuni-kation	17.900	1:2:4:3	1.790	3.580	7.160	5.370
Versicherungen	53.400	Versiche-rungs-Policen	14.200	30.030	8.000	1.170
Zinsauf-wendungen	569.970	betriebs-notwendiges Kapital	131.000	347.300	60.000	31.670
Summe	13.079.090		893.800	9.081.200	1.693.140	1.410.950
			Fertigungs-material	Fertigungs-löhne	Herstellkosten des Umsatzes	
Zuschlags-grundlagen			17.876.000	2.488.000	28.219.000	28.219.000
Zuschlagsätze			5	365	6	5

Frau Grünfels erklärt Isabella: „Für jeden einzelnen Kostenträger wollen wir wissen, wie hoch die Kosten sind, die er verursacht hat, damit wir seinen Verkaufspreis kalkulieren können. Die Einzelkosten der Papierfahnen sind ja bereits bekannt, aber die Fahnen verursachen auch Gemeinkosten. Und die Zuschlagsätze helfen nun, die Gemeinkosten je Kostenträger zu berechnen. Dazu muss nur noch ein Kostenträgerblatt ausgefüllt werden."

DAS IST ZU TUN

1. Stellen Sie für 1 000 Stück Papierfahnen in 12 · 24 cm ein Kostenträgerblatt auf. Übertragen Sie die Einzelkosten, die Sie in Kapitel 2.2.6 ermittelt haben, in das Kostenträgerblatt.

2. Tragen Sie die im Betriebsabrechnungsbogen ermittelten Zuschlagsätze in das Kostenträgerblatt ein.

3. Berechnen Sie die Gemeinkosten der Papierfahnen sowie die Selbstkosten.

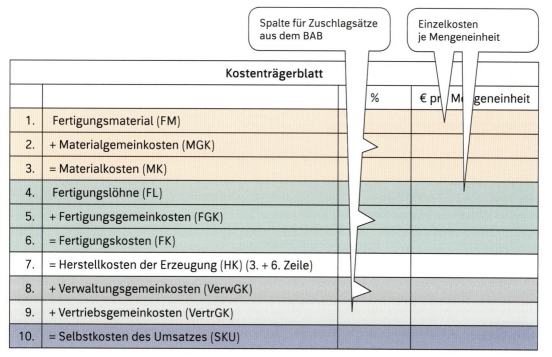

→ AH

DAS SOLLTEN SIE WISSEN

Für jeden Kostenträger im Unternehmen wird ein Kostenträgerblatt aufgestellt. Darin werden alle Kosten dieses Kostenträgers gesammelt. Die Summe der Einzel- und Gemeinkosten ergibt dann die **Selbstkosten**.

Spalte für Zuschlagsätze aus dem BAB

Einzelkosten je Mengeneinheit

Kostenträgerblatt		%	€ pro Mengeneinheit
1.	Fertigungsmaterial (FM)		
2.	+ Materialgemeinkosten (MGK)		
3.	= Materialkosten (MK)		
4.	Fertigungslöhne (FL)		
5.	+ Fertigungsgemeinkosten (FGK)		
6.	= Fertigungskosten (FK)		
7.	= Herstellkosten der Erzeugung (HK) (3. + 6. Zeile)		
8.	+ Verwaltungsgemeinkosten (VerwGK)		
9.	+ Vertriebsgemeinkosten (VertrGK)		
10.	= Selbstkosten des Umsatzes (SKU)		

Zunächst werden die Einzelkosten, die anhand von Belegen ermittelt werden können (siehe S. 279), in das Kostenträgerblatt übertragen. Anschließend werden durch die im Betriebsabrechnungsbogen gebildeten Zuschlagsätze die Gemeinkosten je Kostenträger berechnet. Das Verhältnis zwischen Einzel- und Gemeinkosten gilt nicht nur für jede Kostenstelle, sondern auch für jeden Kostenträger.

Beispiel: Die Materialgemeinkosten der PEPP GmbH betragen 5 % der Materialeinzelkosten.

Auch für die Papierfahnen gilt, dass die Materialgemeinkosten 5 % des Fertigungsmaterials betragen.

Für 1 000 Papierfahnen bedeutet das:

Fertigungsmaterial   109,88 € ≙ 100 %

Materialgemeinkosten x ≙   5 % $\Rightarrow x = \dfrac{109,88 \cdot 5}{100} = 5,49$

1 000 Stück der Papierfahnen haben also 5,49 € an Materialgemeinkosten verursacht.

Die Selbstkosten sind dann die im gesamten betrieblichen Leistungsprozess entstandenen Kosten.

2.4.2 Ermittlung des Listenverkaufspreises (Zuschlagskalkulation)

DAS IST GESCHEHEN

Nachdem Isabella die Selbstkosten der 1 000 Papierfahnen mit 293,23 € berechnet hat, soll sie den Listenverkaufspreis der Papierfahnen ermitteln. Aus der Artikeldatei entnimmt Isabella, dass mit einem Gewinnzuschlag von 9 % kalkuliert wird und üblicherweise 6 % Rabatt und 3 % Skonto gewährt werden.

DAS IST ZU TUN

1. Erklären Sie, welche Faktoren Einfluss auf die Höhe des Gewinnzuschlags haben können.

2. Erläutern Sie, wovon die Höhen von Rabatt und Skonto abhängen können.

→ AH

3. Ermitteln Sie den Listenverkaufspreis für 1 000 Stück Papierfahnen 12 · 24 cm.

DAS SOLLTEN SIE WISSEN

Es würde wenig Sinn ergeben, die Produkte zu ihren Selbstkosten zu verkaufen. Also muss auf die Selbstkosten ein Gewinn aufgeschlagen werden. Der sich daraus ergebende **Barverkaufspreis** ist der Preis, den die PEPP GmbH vom Kunden letztendlich erhalten muss, um den angestrebten Gewinn auch tatsächlich zu realisieren.

Die Kunden der PEPP GmbH erhalten eine Preisliste mit den Listenverkaufspreisen aller Produkte. Jedem Kunden wird ein individueller Rabatt und ein individueller Skontosatz gewährt. Der **Listenverkaufspreis** muss also so kalkuliert werden, dass der Kunde nach Abzug von Rabatt und Skonto den Barverkaufspreis an die PEPP GmbH überweist.

Beispiel: Die Selbstkosten eines Produktes liegen bei 50,00 €. Es soll ein Gewinn von 20 % erzielt werden, die Kunden erhalten 15 % Rabatt und 3 % Skonto.

1. Schritt: Zuerst wird der Gewinn auf die Selbstkosten (100 %) geschlagen:

$$G = \frac{SK \cdot GZ}{100\,\%} = \frac{50,00 \cdot 20\,\%}{100\,\%} = 10,00 \text{ und } BVP = SK + G = 50 + 10 = 60,00$$

2. Schritt: Da der Kunde vom Zielverkaufspreis (100 %) 3 % Skonto abzieht, bleiben als Barverkaufspreis nur 97 %:

$$KS = BVP \cdot \frac{KS\,\%}{(100\,\% - KS\,\%)} = 60,00 \cdot \frac{3\,\%}{97\,\%} = 1,86 \text{ und } ZVP = BVP + KS = 60,00 + 1,86 = 61,86$$

3. Schritt: Vom Listenverkaufspreis (100 %) zieht der Kunde 15 % Rabatt ab, deshalb bleiben als Zielverkaufspreis nur 85 %:

$$KR = ZVP \cdot \frac{KR\,\%}{(100\,\% - KR\,\%)} = 61,86 \cdot \frac{15\,\%}{85\,\%} = 10,92 \text{ und } LVP = ZVP + KR = 61,86 + 10,92 = 72,78$$

Zuschlagkalkulation		%	€
10.	= Selbstkosten des Umsatzes (SKU)		50,00
11.	+ Gewinn (GZ)	20	10,00
12.	= Barverkaufspreis (BVP)		60,00
13.	+ Kundenskonto (KS)	3	1,86
14.	= Zielverkaufspreis (ZVP)		61,86
15.	+ Kundenrabatt (KR)	15	10,92
16.	= Listenverkaufspreis (LVP)		72,78

1. Schritt: 100 % / 20 % / 120 %
2. Schritt: 97 % / 3 % / 100 %
3. Schritt: 85 % / 15 % / 100 %

Wird also korrekt kalkuliert, erhält der Hersteller 60,00 €, nachdem der Kunde vom Netto-Listenverkaufspreis Rabatt und Skonto abgezogen hat, und erzielt damit die geplanten 10,00 € Gewinn.

Aufgaben

→ AH

1. Berechnen Sie den Listenverkaufspreis für einen Blu-ray-Player „TecStar" der Tecno AG.

Fertigungsmaterial pro Stück	27,00 €
Fertigungslöhne pro Stück	13,00 €
Gewinnzuschlag	12 %
Kundenrabatt	14 %
Kundenskonto	3 %

Gemeinkosten	Summe	Verteilungs-schlüssel	Material	Fertigung	Verwaltung	Vertrieb
Summe	72.000		7.350	20.000	18.700	25.950
			Fertigungs-material	Fertigungs-löhne	Herstellkosten des Umsatzes	
Zuschlagsgrundlagen			14.000	26.000	88.350	88.350
Zuschlagsätze			53	77	21	29

2. Ermitteln Sie mithilfe eines Tabellenkalkulationsprogramms die Listenverkaufspreise für die Computersysteme X-Tower, Midi-Office und Desk-Top der Computerfriend GmbH.

Betriebsabrechnungsbogen (BAB) der Computerfriend GmbH						
Gemeinkosten	Summe	Verteilungs-schlüssel	Material	Fertigung	Verwaltung	Vertrieb
Aufwendungen für Hilfsstoffe	2.116.000	Rechnungen	–	2.116.000	–	–
Aufwendungen für Betriebs-stoffe	897.000	2:8:3:3	112.125	448.500	168.188	168.188
Energie	263.000	3:5:2:1	71.727	119.545	47.818	23.909
Fremdinstand-haltung	24.000	Rechnungen	3.000	18.000	2.000	1.000
Gehälter	1.030.000	Gehaltslisten	75.000	95.000	624.000	236.000
AG-Anteil Sozial-versicherung	452.000	Lohn- und Gehaltslisten	67.500	215.000	124.800	44.700
Abschreibungen	380.000	Anlage-vermögen 230:520 :260:250	69.365	156.825	78.413	75.397
Rechts- und Beratungs-kosten	8.000	Rechnungen	–	–	8.000	–
Büromaterial	3.000	Rechnungen	300	400	1.300	1.000
Kosten der Telekommuni-kation	2.800	2:1:5:3	509	255	1.273	764
Werbung	53.400	Rechnungen	–	–	–	53.400
Zinsauf-wendungen	126.000	betriebs-notwendiges Kapital	23.000	52.000	26.000	25.000
Summe	5.355.200		422.526	3.221.525	1.081.792	629.358
			Fertigungs-material	Fertigungs-löhne	Herstellkosten des Umsatzes	
Zuschlags-grundlagen			5.200.000	1.230.000	7.954.051	7.954.051
Zuschlagsätze			8	262	14	8

Einzelkosten	X-Tower	Office-Midi	Desk-Top
Fertigungsmaterial	485,00 €	316,00	186,00
Fertigungslöhne	62,00 €	51,00	49,00

Es wird mit einem Gewinnzuschlag von 8 %, einem Kundenrabatt von 10 % und einem Kundenskonto von 2 % kalkuliert.

3. In der L&R GmbH, Hersteller hochwertiger Leuchtensysteme, wird unter anderem die Halogenleuchte Cubelight produziert. Für die Herstellung einer Leuchte fallen Fertigungs-materialien im Wert von 55,00 € und Fertigungslöhne in Höhe von 34,00 € an. Außerdem erhalten die Kunden 20 % Rabatt und 2,5 % Skonto. Die Geschäftsführung fordert einen Gewinnzuschlag von 25 %.

→ AH

Ermitteln Sie den Listenverkaufspreis aus den Zuschlagsätzen eines Betriebsabrechnungsbogens:

Materialkostenstelle	47 %
Fertigungskostenstelle	268 %
Verwaltungskostenstelle	16 %
Vertriebskostenstelle	16 %

4. Die PEPP GmbH fertigt Laternen aus Zellulosepapier. Der Listenverkaufspreis beträgt 2,50 € pro Stück, es fallen 0,29 € Fertigungslöhne an und Fertigungsmaterialien im Wert von 0,46 € werden benötigt. Berechnen Sie die Selbstkosten in Euro und den Gewinnzuschlag in Prozent für eine Laterne, wenn 8 % Kundenrabatt und 3 % Kundenskonto gewährt werden.

→ AH

5. Für das Kölner Unternehmen Bike+Maniac GmbH, Hersteller von Liegefahrrädern, wurde ein Betriebsabrechnungsbogen erstellt.

Betriebsabrechnungsbogen (BAB) der Bike+Maniac GmbH						
Gemeinkosten	Summe	Verteilungs-schlüssel	Material	Fertigung	Verwaltung	Vertrieb
Aufwendungen für Hilfsstoffe	6.000	1:5:1:1				
Aufwendungen für Betriebs-stoffe	2.000	2:6:1:1				
Energie	4.000	2:11:2:1				
Gehälter	28.000	Gehaltslisten	4.000	6.000	12.000	6.000
AG-Anteil Sozial-versicherung	13.880	Lohn- und Gehaltslisten	800	8.800	3.015	1.265
Abschreibungen	44.000	Rechnungen	8.000	24.000	10.000	2.000
Werbung	16.000	Rechnungen	–	–	–	16.000
Summe	113.000	Diverses				
			Fertigungs-material	Fertigungs-löhne	Herstellkosten des Umsatzes	
Zuschlags-grundlagen			60.208	38.115		
Zuschlagsätze						

Für das Modell Racer fallen je Stück 1.400,00 € Fertigungsmaterial an, die Fertigungslöhne betragen 510,00 €. Die Bike+Maniac GmbH kalkuliert mit einem Gewinnzuschlag von 13 % und einem Kundenrabatt von 5 %. Skonto wird nicht gewährt.

a) Vervollständigen Sie den Betriebsabrechnungsbogen. Berücksichtigen Sie dabei eine Bestandsmehrung an Fertigen Erzeugnissen in Höhe von 19.985,00 €.

→ AH

b) Berechnen Sie mithilfe des vollständigen Kalkulationsschemas den Listenverkaufspreis für das Modell Racer.

→ AH

2.4.3 Kostenträgerzeitrechnung

DAS IST GESCHEHEN

Herr Pape ist besorgt. Im vorletzten Jahr war die Produktgruppe Sonderartikel defizitär; sie erwirtschaftete ein negatives Ergebnis von fast 160.000,00 €. Nun soll das Controlling für das abgelaufene Jahr überprüfen, ob die daraufhin beschlossenen Kosteneinsparungen wirksam waren und das Ergebnis besser ausfiel. Isabella geht dabei Frau Grünfels zur Hand.

DAS IST ZU TUN

→ AH

1. Berechnen Sie die Ergebnisse der drei Produktgruppen. Nehmen Sie dazu eine Kostenträgerzeitrechnung vor.

   a) Übertragen Sie zunächst die Einzelkosten für Rohstoffe und Löhne aus dem BAB sowie die Bestandsmehrungen aus der Ergebnistabelle in die Gesamtspalte.
   b) Übernehmen Sie die Zuschlagssätze aus dem BAB.
   c) Berechnen Sie die gesamten Gemeinkosten und die Gemeinkosten je Produktgruppe.
   d) Ermitteln Sie die Selbstkosten sowie die Betriebsergebnisse insgesamt und je Produktgruppe.

2. Beurteilen Sie, ob die Kosteneinsparungen wirksam waren.

3. Erläutern Sie, welche Maßnahmen Sie der PEPP GmbH empfehlen würden.

4. Erläutern Sie, warum das Betriebsergebnis der Kostenträgerzeitrechnung von dem der Ergebnistabelle abweicht.

DAS SOLLTEN SIE WISSEN

In der **Kostenträgerzeitrechnung** werden die Betriebsergebnisse von Kostenträgern oder Produktgruppen in einer Abrechnungsperiode, z. B. ein Jahr oder ein Monat, ermittelt. Dabei werden den Periodenkosten die Periodenleistungen gegenübergestellt. So kann man

- die Selbstkosten einer Abrechnungsperiode ermitteln,
- die Anteile der Erzeugnisgruppen an den Gesamtkosten und dem Gesamtergebnis berechnen,
- die Wirtschaftlichkeit der Erzeugnisgruppen kontrollieren,
- kostensenkende und Marketing-Maßnahmen einleiten.

Der Aufbau der Kostenträgerzeitrechnung gleicht weitgehend dem Kostenträgerblatt.

Kostenträgerzeitrechnung der PEPP GmbH

		Gesamt		Produktgruppe 1: Fest- und Dekoartikel		Produktgruppe 2: Geschirr und Zubehör		Produktgruppe 3: Sonderartikel	
		%	€	%	€	%	€	%	€
1.	Fertigungsmaterial (FM)				7.650.000		8.440.000		1.786.000
2.	+ Materialgemeinkosten (MGK)								
3.	= Materialkosten (MK)								
4.	Fertigungslöhne (FL)				1.160.000		1.230.000		98.000
5.	+ Fertigungsgemeinkosten (FGK)								
6.	= Fertigungskosten (FK)								
7.	= Herstellkosten der Erzeugung (HKdE) (3. + 6. Zeile)								
8.	+ Bestandsminderungen								
9.	− Bestandsmehrungen				1.140.000		980.000		–
10.	= Herstellkosten des Umsatzes (HKdU)								
11.	+ Verwaltungsgemeinkosten (VerwGK)								
12.	+ Vertriebsgemeinkosten (VertrGK)								
13.	= Selbstkosten des Umsatzes (SKU)								
14.	Umsatzerlöse (UE)				14.100.000		15.550.000		2.444.000,00
15.	− Selbstkosten des Umsatzes (SKU)								
16.	= Betriebsergebnis (BE)								

1. Die Gesamtkosten und Zuschlagssätze werden dem BAB entnommen.

2. Die Umsatzerlöse kommen aus der Ergebnistabelle.

3. Die Einzelkosten, Bestandsveränderungen und Umsatzerlöse müssen anhand von Belegen auf die Kostenträger aufgeteilt werden.

4. Alle anderen Beträge können mithilfe der Zuschlagsätze berechnet werden.

Aufgaben

1. Die Cityscooter GmbH aus Köln stellt Elektroroller her. Zurzeit besteht ihr Produktionsprogramm aus drei Modellen.

	Furious	Touring	Comfort
Umsatzerlöse	45.000,00	110.000,00	90.000,00
Fertigungsmaterial	14.000,00	26.000,00	20.000,00
Fertigungslöhne	5.100,00	14.000,00	18.900,00
Bestandsmehrungen	0,00	11.000,00	9.000,00

Erstellen Sie eine Kostenträgerzeitrechnung für die Cityscooter GmbH. Berücksichtigen Sie dabei die Zuschlagsätze.

Materialzuschlagsatz	23 %
Fertigungszuschlagsatz	120 %
Verwaltungszuschlagsatz	14 %
Vertriebszuschlagsatz	17 %

2. Das Düsseldorfer Unternehmen Falkmann AG stellt drei Modelle von Konferenzstühlen her.

Kostenträgerzeitrechnung der Falkmann AG								
		gesamt		XT300		A430		F600
	%	€	%	€	%	€	%	€
1.		450.000,00		200.000,00				130.000,00
2.		54.000,00						
3.						134.400,00		
4.				140.000,00		80.000,00		136.000,00
5.	80	284.800,00						
6.								
7.								-
8.				10.000,00		60.000,00		8.000,00
9.								
10.								
11.	8							
12.	11							
13.								
14.		1.800.000,00		500.000,00		780.000,00		
15.								
16.								

→ AH

a) Vervollständigen Sie die Kostenträgerzeitrechnung.

b) Analysieren Sie die Situation der Falkmann AG.

3. Die Peter & Peter GmbH stellt drei verschiedene Produkte her.

Betriebsabrechnungsbogen (BAB) der Peter & Peter GmbH						
Gemeinkosten	Summe	Verteilungs-schlüssel	Material	Fertigung	Verwaltung	Vertrieb
Aufwendungen für Betriebs-stoffe	80.000	2:4:2:1	20.000	40.000	10.000	10.000
Verpackungs-material	25.000	0:0:0:1	–	–	–	25.000
Fremdinstand-haltung	60.000	1:6:2:1	6.000	36.000	12.000	6.000
Gehälter	80.000	Gehaltslisten	6.000	12.000	34.000	28.000
Abschreibungen	120.000	Anlage-vermögen	30.000	60.000	18.900	11.100
Werbung	28.750	Rechnungen	–	–	–	28.750
Zinsauf-wendungen	15.000	betriebs-notwendiges Kapital	1.000	8.000	1.000	5.000
Summe	408.750		63.000	156.000	75.900	113.850
			Fertigungs-material	Fertigungs-löhne	Herstellkosten des Umsatzes	
Zuschlags-grundlagen			210.000	300.000	759.000	759.000
Zuschlagsätze						

a) Ermitteln Sie die Zuschlagsätze.

b) Stellen Sie eine Kostenträgerzeitrechnung mit den Daten der Tabelle auf.

→ AH

Produkt	Verkaufspreis pro Stück	Absatzmenge	Umsatz-erlöse	Fertigungs-material	Fertigungs-löhne	Bestands-minderungen
P01	60,00 €	9 500 Stück	?	85.500,00 €	130.000,00 €	5.000,00 €
P02	80,00 €	12 400 Stück	?	49.600,00 €	110.000,00 €	8.000,00 €
P03	40,00 €	10 000 Stück	?	74.900,00 €	60.000,00 €	17.000,00 €

2.4.4 Vor- und Nachkalkulation

DAS IST GESCHEHEN

Die PEPP GmbH erhält eine Anfrage des Discoun-ters Igel AG über 60 000 Papierfahnen, die Liefe-rung soll in drei Monaten pünktlich zur Fußball-Europameisterschaft erfolgen. Die Igel AG ist bereit, pro 1 000 Fahnen einen Barverkaufspreis von 305,00 € zu bezahlen.

Nach der **Vorkalkulation** mit den bekannten Zuschlagsätzen wird der Auftrag angenommen, obwohl die Gewinnmarge kleiner als üblich ist, denn die PEPP GmbH geht von stabilen Kosten aus (siehe S. 292).

Nach Abwicklung des Auftrags bittet Frau Grünfels Isabella darum, mit einer **Nachkalkulation** zu ermitteln, ob der angestrebte Gewinn tatsächlich erreicht werden konnte. In der Zeit zwischen Vorkalkulation und Verkauf der Fahnen haben sich nämlich einige **Gemeinkosten** geändert, die neue Ist-Zuschlagsätze ergaben:

MGK 7 %   FGK 364 %   VerwGK 8 %   VertrGK 4 %

DAS IST ZU TUN

→ AH

1. Welche Gründe können die PEPP GmbH bewogen haben, den Zusatzauftrag trotz der geringen Gewinnspanne anzunehmen?

2. Ermitteln Sie durch eine Vorkalkulation den erwarteten Gewinn (Umsatzergebnis) in Prozent und in Euro.

3. Ermitteln Sie in der Nachkalkulation den tatsächlichen Gewinn (Betriebsergebnis) in Prozent und in Euro.

4. Ermitteln Sie die Kostenüber- oder Kostenunterdeckung.

5. Erläutern Sie, warum die tatsächlich entstandenen Gemeinkosten von den ursprünglich kalkulierten Gemeinkosten abgewichen sein können.

6. Interpretieren Sie das Ergebnis.

DAS SOLLTEN SIE WISSEN

Die PEPP GmbH muss vor Produktionsaufnahme anhand bekannter Annahmen und Zahlen abschätzen (kalkulieren), ob sie zu den vom Markt vorgegebenen Preisen überhaupt anbieten kann. Die voraussichtlichen Kosten werden zur Angebotsabgabe **vorkalkuliert**. Diese Kalkulation ist aber nicht lange gültig, weil sich die Annahmen und Zahlen ändern können.

Die **Einzelkosten** ändern sich in der Regel nicht, denn für Rohstoffe werden im Voraus verbindliche Angebote der Zulieferer eingeholt und Löhne werden langfristig vereinbart. Aber die **Gemeinkosten** verändern sich oft schnell. Hilfs- und Betriebsstoffe sind in ihren Preisen oft schwankend, Energiekosten steigen tendenziell. Deshalb kalkuliert man im Voraus mit den vermuteten **Normalkosten** oder **Sollkosten**. Den aus der Vorkalkulation berechneten Gewinn nennt man auch **Umsatzergebnis**.

Daher ist erst nach Abwicklung des Auftrags wirklich klar, welche Kosten die Herstellung eines Produktes verursacht hat. Also wird nach Ausführung des Auftrags zur Kostenkontrolle **nachkalkuliert**. Die tatsächlich angefallenen Kosten werden **Istkosten** genannt, der Gewinn einer Nachkalkulation nennt sich **Betriebsergebnis**.

Sind die tatsächlichen Kosten größer als die geplanten Kosten, sind also Istkosten größer als Normalkosten, so liegt eine **Kostenunterdeckung** vor. In diesem Fall fällt der erzielte Gewinn kleiner als geplant aus.

Liegen dagegen die Istkosten unter den Normalkosten, so spricht man von einer **Kostenüberdeckung**. Der Gewinn ist dann höher als ursprünglich geplant.

Beispiel: Die Kalkulation von 100 Stück des In-Ear-Kopfhörers EH430 ergibt mit den Normalzuschlagsätzen von MGK 4 %, FGK 28 %, VerwGK 5 %, VertrGK 7 % einen Barverkaufspreis von 5.100,00 €. Dabei wird mit Rohstoffkosten von 10,00 € je Stück und Löhnen von 19,20 € je Stück kalkuliert. In der Nachkalkulation nach Abwicklung des Auftrags ergeben sich allerdings Zuschlagsätze von MGK 8 %, FGK 26 %, VerwGK 6 %, VertrGK 5 %.

2. Übertragen Sie die Einzelkosten und die Zuschlagsätze.

1. Tipp: Markieren Sie mit verschiedenen Textmarkern in der Aufgabe und in der Lösungstabelle die Daten der Vorkalkulation und der Nachkalkulation.

4. Berechnen Sie die einzelnen Kostenüber- oder -unterdeckungen.

	Produkt: In-Ear-Kopfhörer EH430	Normalkostenrechnung Vorkalkulation		Istkostenrechnung Nachkalkulation		Kostenüberdeckung	Kostenunterdeckung
	Menge: 100 Stück	%	€	%	€	€	€
1.	Fertigungsmaterial (FM)		1.000,00		1.000,00		
2.	+ Materialgemeinkosten (MGK)	4	40,00	8	80,00		40,00
3.	= Materialkosten (MK)		1.040,00		1.080,00		
4.	Fertigungslöhne (FL)		1.920,00		1.920,00		
5.	+ Fertigungsgemeinkosten (FGK)	28	537,60	26	499,20	38,40	
6.	= Fertigungskosten (FK)		2.457,60		2.419,20		
7.	= Herstellkosten der Erzeugung (HKF) (3. + 6. Zeile)		3.497,60		3.499,20		
8.	+ Verwaltungsgemeinkosten (VerwGK)	5	174,88	6	209,95		35,07
9.	+ Vertriebsgemeinkosten (VertrGK)	7	244,83	5	174,96	69,87	
10.	= Selbstkosten des Umsatzes (SKU)		3.917, 31		3.884,11	33,20	
11.	Betriebsergebnis (Istkostenrechnung)			31,3	1.215,89		
12.	+ Umsatzergebnis (Sollkostenrechnung)	30,2	1.182,69				
13.	= Barverkaufspreis (BVP)		5.100,00		5.100,00		

3. Ermitteln Sie Betriebsergebnis und Umsatzergebnis.

5. Berechnen Sie die gesamte Kostenüber- oder -unterdeckung.

Insgesamt liegt eine Kostenüberdeckung von 33,20 € vor, um den das tatsächlich erzielte Betriebsergebnis höher als das geplante Umsatzergebnis ist. Dadurch steigt der Gewinnzuschlag von 30,2 % auf 31,3 %.

Aufgaben

1. Ordnen Sie in die Begriffe tabellarisch der Vorkalkulation oder der Nachkalkulation zu:

geplantes Ergebnis, Betriebsergebnis, Istzuschlagsätze, Sollkosten, Istkosten, Normalzuschlagsätze, tatsächliches Ergebnis, Normalkosten, Umsatzergebnis

→ AH

2. Die PEPP GmbH erhält einen Auftrag über 2 500 Stück Papierlaternen (siehe S. 297) zu einem Barverkaufspreis von 5.580,00 €. Bei der Nachkalkulation ergeben sich abweichende Zuschlagsätze:

Materialgemeinkosten	8 %
Fertigungsgemeinkosten	365 %
Verwaltungsgemeinkosten	7 %
Vertriebsgemeinkosten	4 %

Ermitteln Sie die Kostenüber- oder -unterdeckung, das Umsatz- und das Betriebsergebnis sowie den Ist-Gewinnzuschlagsatz und interpretieren Sie das Ergebnis.

3. Die Betten Müller GmbH, Herstellerin von Bettgestellen, hat für den abgelaufenen Monat Juli die Kosten ermittelt und einen Betriebsabrechnungsbogen aufgestellt.

Gemeinkosten	Summe	Verteilungsschlüssel	Material	Fertigung	Verwaltung	Vertrieb
Summe	145.370		30.000	45.500	28.770	41.100
			Fertigungsmaterial	Fertigungslöhne	Herstellkosten des Umsatzes	
Zuschlagsgrundlagen			60.000	70.000	205.500	205.500
Zuschlagsätze						

Kalkuliert worden war für den Juli mit den folgenden Normalzuschlagssätzen:

Materialgemeinkosten	48 %
Fertigungsgemeinkosten	68 %
Verwaltungsgemeinkosten	13 %
Vertriebsgemeinkosten	22 %

→ AH

Ermitteln Sie die Kostenüber- oder Kostenunterdeckung für den Monat Juli mithilfe des Schemas.

BAB der Betten Müller GmbH					
	Summe	Material	Fertigung	Verwaltung	Vertrieb
Ist-Gemeinkosten					
Ist-Zuschlaggrundlagen		Fertigungsmaterial	Fertigungslöhne	Herstellkosten des Umsatzes	
Ist-Zuschlagsätze					
Normal-Gemeinkosten					
Normal-Zuschlaggrundlagen		Fertigungsmaterial	Fertigungslöhne	Herstellkosten des Umsatzes	
Normal-Zuschlagsätze					
Kostenüberdeckung					
Kostenunterdeckung					

a) Markieren Sie im Schema mit zwei verschiedenen Textmarkern die Zellen der Vorkalkulation und der Nachkalkulation.

b) Übertragen Sie die gegebenen Werte in das Schema.

c) Ermitteln Sie die Ist-Zuschlagsätze.

d) Ermitteln Sie die Herstellkosten des Umsatzes auf Normalkostenbasis (ohne Bestandsveränderungen).

e) Berechnen Sie die Normal-Gemeinkosten.

f) Ermitteln Sie die Kostenüber- oder Kostenunterdeckung.

4. Die Ewasto GmbH stellt Zubehörteile für die Automobilindustrie her. Sie hat für das letzte Quartal den Betriebsabrechnungsbogen erstellt.

Gemeinkosten	Summe	Verteilungs-schlüssel	Material	Fertigung	Verwaltung	Vertrieb
Summe	633.496		475.800	47.800	36.632	73.264
			Fertigungs-material	Fertigungs-löhne	Herstellkosten des Umsatzes	
Zuschlagsgrundlagen			780.000	478.000	1.831.600	1.831.600
Zuschlagsätze			61	10	2	4

Die Normalzuschlagsätze der Ewasto GmbH waren 56 % MGK, 12 % FGK, 3 % VerwGK und 3 % VertrGK.

a) Ermitteln Sie die Bestandsveränderung. Diese gilt auch für die Berechnung der Herstellkosten des Umsatzes auf Normalkostenbasis.

→ AH

b) Berechnen Sie die Kostenüber- oder Kostenunterdeckung.

◥◥◥ Lernaktionen

Die mittelständische Velbeo GmbH aus Grevenbroich stellt zwei Modelle digitaler Bilderrahmen her; das große Modell heißt Landscape und das kleinere Smallpic. Im letzten Jahr wurden insgesamt 1 400 Stück Landscape und 1 000 Stück Smallpic hergestellt. Für das kommende Jahr sollen die Verkaufspreise der beiden Produkte kalkuliert werden.

Die Geschäftsführung hat als Gewinnzuschlagsatz 13 % vorgegeben. Üblicherweise werden für Landscape 12 % Rabatt kalkuliert, für Smallpic 8 %. Der Skontosatz liegt bei 2,5 %.

Aktiva	Bilanz Velbeo GmbH 20..		Passiva
I. Anlagevermögen		**I. Eigenkapital**	725.000,00
1. Grundst. und Gebäude	600.000,00		
2. Techn. Anlagen und Masch.	460.000,00	**II. Fremdkapital**	
3. Büro- und Geschäfts-		1. Hypotheken	400.000,00
ausstattung	130.000,00	2. Darlehen	350.000,00
		3. Verbindlichkeiten a. LL.	60.000,00
II. Umlaufvermögen		4. Pensionsrückstellungen	40.000,00
1. Roh-, Hilfs- und			
Betriebsstoffe	100.000,00		
2. Fertige Erzeugnisse	160.000,00		
3. Forderungen a. LL.	70.000,00		
4. Bank	55.000,00		
	1.575.000,00		**1.575.000,00**

Grevenbroich, 31.12.20.., *Müller*

Soll	GuV		Haben
Aufwendungen für Rohstoffe	60.800,00	Umsatzerlöse	380.000,00
Aufwendungen für Hilfsstoffe	30.000,00	Bestandsveränderungen	38.648,72
Aufwendungen für Betriebsstoffe	25.000,00	Mieterträge	35.000,00
Löhne	86.600,00	Erträge aus dem Abgang	
Abschreibungen		von Vermögensgegenständen	32.000,00
auf Sachanlagen	75.000,00	Zinserträge	21.000,00
Verluste aus dem Abgang			
von Vermögensgegenständen	22.000,00		
Gewerbesteuer	35.000,00		
Zinsaufwendungen	34.000,00		
Eigenkapital	138.248,72		
	506.648,72		**506.648,72**

1. Erstellen Sie zunächst die Ergebnistabelle.

2. Stellen Sie danach den Betriebsabrechnungsbogen (BAB) auf. Runden Sie die Zuschlagsätze auf 2 Stellen nach dem Komma.

3. Danach führen Sie eine Kostenträgerzeitrechnung durch.

4. Zuletzt stellen Sie die Kostenträgerblätter für die beiden Kostenträger je Stück auf und kalkulieren die Listenverkaufspreise.

Im Arbeitsheft finden Sie die notwendigen Materialien.

→ AH

Tipp: Markieren Sie zunächst in den Sprechblasen, für welchen Schritt der Kosten- und Leistungsrechnung Sie die jeweilige Information benötigen. Beispielhaft wurde dies für die Zinserträge und die Betriebsstoffe bereits getan.

Wichtige Informationen für Ergebnistabelle, Betriebsabrechnungsbogen und Kostenträgerblatt

Bestands-veränderungen	Der Bestand des Modells Landscape wurde um 350 Stück gemehrt, der Bestand des Modells Smallpic um 80 Stück gemindert. Die Bestandsveränderungen werden mit ihren Herstellkosten der Produktion bewertet.	
Zinserträge	11.000,00 € Verzugszinsen, die wir säumigen Kunden in Rechnung gestellt haben. Der Rest sind Zinsen aus Kundendarlehen.	21.000,00
Aufwendungen für Rohstoffe	Rohstoffverderb Den Eingangsrechnungen ist zu entnehmen, dass bei der Herstellung der Bilderrahmen für Landscape 22,00 € pro Rahmen an Rohstoffen anfallen, für Smallpic 20,00 € je Stück.	10.000,00
Aufwendungen für Hilfsstoffe	Verteilung auf die Hauptkostenstellen: 5.000,00 €, 22.000,00 €, 1.000,00 €, 2.000,00 €	
Aufwendungen für Betriebsstoffe	Verteilung auf die Hauptkostenstellen: 2 : 6 : 1 : 1	
Löhne	Mitarbeiter/-innen wurden zu Instandhaltungsarbeiten im vermieteten Gebäude abgestellt.	7.000,00
	Die Fertigungslöhne betragen für Landscape 34,00 € je Stück, bei Smallpic sind es 32,00 € je Stück.	
Abschreibungen auf Sachanlagen	Es werden kalkulatorische Abschreibungen angesetzt. Sie betragen 10 % mehr als die bilanziellen Abschreibungen. Verteilung auf die Hauptkostenstellen nach den Anlagewerten: Materialkostenstelle: 400.000,00 € Fertigungskostenstelle: 800.000,00 € Verwaltungskostenstelle: 200.000,00 € Vertriebskostenstelle: 45.000,00 €	
Gewerbesteuer	Verteilung auf die Hauptkostenstellen: 10.000,00 €, 15.000,00 €, 7.000,00 €, 3.000,00 €	
Zinsaufwendungen	Es werden kalkulatorische Zinsen angesetzt. Der Wert des vermieteten Gebäudes liegt bei 130.000,00 €, der kalkulatorische Zinssatz bei 5 %. Verteilung auf die Hauptkostenstellen nach den Anlagewerten: Materialkostenstelle: 400.000,00 € Fertigungskostenstelle: 800.000,00 € Verwaltungskostenstelle: 200.000,00 € Vertriebskostenstelle: 45.000,00 €	

Ergebnistabelle

BAB

2.5 Teilkostenrechnung

2.5.1 Der absolute Deckungsbeitrag – Deckungsbeitrag je Stück

DAS IST GESCHEHEN

Die PEPP GmbH erhält von einem neuen Kunden, der Trinkfit GmbH, einem Getränkeeinzelhändler mit mehr als 300 Filialen deutschlandweit, eine Anfrage über insgesamt 100 000 Papierfahnen mit verschiedenem Druck. Allerdings ist die Trinkfit GmbH nicht bereit, mehr als 280,00 € pro 1 000 Fahnen zu bezahlen.

Zuschlagskalkulation 1 000 Stück Papierfahnen 12 · 24 cm			
		%	€
1.	Fertigungsmaterial (FM)		109,88 €
2.	+ Materialgemeinkosten (MGK)	5	5,49 €
3.	= Materialkosten (MK)		115,37 €
4.	Fertigungslöhne (FL)		32,00 €
5.	+ Fertigungsgemeinkosten (FGK)	365	116,80 €
6.	= Fertigungskosten (FK)		148,80 €
7.	= Herstellkosten der Fertigung (HKF) (3. + 6. Zeile)		264,17 €
8.	+ Verwaltungsgemeinkosten (VerwGK)	6	15,85 €
9.	+ Vertriebsgemeinkosten (VertrGK)	5	13,21 €
10.	= Selbstkosten des Umsatzes (SKU)		293,23 €

11.	+ Gewinn (GZ)	9	26,39 €
12.	= Barverkaufspreis (BVP)		319,62 €

Nach einem Blick auf das Kostenträgerblatt meint der Auszubildende Theo Kurz, der zurzeit im Verkauf eingesetzt ist: „Bei einem solchen Preis würden wir doch Verlust machen. Er liegt sogar unter unseren Selbstkosten."

Frau Ersöz, eine der Mitarbeiterinnen im Verkauf, entgegnet ihm: „Es wäre schon wichtig, die Trinkfit GmbH als Kunden zu gewinnen. Außerdem haben wir zurzeit genug freie Kapazitäten. Und auf den Preis sollten wir noch einmal genauer schauen. Vermutlich wäre der Deckungsbeitrag sogar positiv."

1. Ermitteln Sie, wie hoch der durch den Auftrag verursachte Verlust nach der gezeigten Zuschlagkalkulation wäre.

2. Berechnen Sie den Deckungsbeitrag von je 1 000 Fahnen und den Deckungsbeitrag des gesamten Auftrags.

→ AH

3. Erläutern Sie, warum mit dem Auftrag der Gewinn der PEPP GmbH sogar steigen würde.

4. Ermitteln Sie den zusätzlichen Gewinn durch den Auftrag.

5. Erläutern Sie, welche Gründe dagegen sprechen, die Papierfahnen unter dem Barverkaufspreis anzubieten.

DAS SOLLTEN SIE WISSEN

Die Selbstkosten der Fahnen in Höhe von 293,23 € sind auf **Vollkostenbasis** ermittelt worden (siehe Kapitel 2.4.1, S. 293), also wurden **alle Kosten** berücksichtigt, sowohl die fixen als auch die variablen.

Insbesondere eine Entscheidung über Zusatzaufträge kann jedoch stattdessen auf die **Teilkostenrechnung** gestützt werden. Dabei wird nur ein Teil der Kosten – nämlich die **variablen Kosten** – für die Preiskalkulation herangezogen. Grundlegende Überlegung ist, dass die Fixkosten durch einen zusätzlichen Auftrag nicht steigen würden, da diese ja unabhängig von der produzierten Menge anfallen. Liegt also bei einem Zusatzauftrag der Verkaufspreis über seinen variablen Kosten, die er direkt verursacht, so führt dieser Zusatzauftrag zu einem zusätzlichen Gewinn. Die Erlöse des Zusatzauftrags, die seine variablen Kosten übersteigen, **decken zusätzlich die fixen Kosten**.

Beispiel: Die PEPP GmbH kauft Luftballons in Herzform für 2,10 € pro 5 Stück ein (variable Kosten) und verkauft sie für 2,50 € weiter. Durch diesen Verkauf steigen die fixen Kosten wie die Miete der Geschäftsräume oder die Gehälter in der Verwaltung nicht.

Von den Verkaufserlösen kann zunächst die Eingangsrechnung über 2,10 € beglichen werden. Der Rest in Höhe von 0,40 € steht zur Verfügung, um bei der Deckung der fixen Kosten des Unternehmens zu helfen. Damit erwirtschaften je fünf Luftballons einen **Deckungsbeitrag** in Höhe von 0,40 €.

Der **Deckungsbeitrag** ist die Differenz zwischen den erzielten Erlösen und den variablen Kosten. Er steht zur Deckung der fixen Kosten zur Verfügung.

> **Deckungsbeitrag = Umsatzerlöse – variable Kosten**

Was für Handelswaren wie die Luftballons gilt, gilt ebenso für die eigenen Erzeugnisse wie die Papierfahnen. Wie Sie bereits in Kapitel 2.2.5 auf S. 278 gelernt haben, sind die Einzelkosten immer variabel, während sich die Gemeinkosten aus fixen und variablen Kosten zusammensetzen. Bei der PEPP GmbH ist durch Kostenanalysen bekannt, dass 40 % der Gemeinkosten fixe Kosten sind.

Mit dieser Angabe kann man die variablen Kosten der Papierfahnen und damit auch den Deckungsbeitrag je 1 000 Fahnen und für den gesamten Auftrag berechnen.

→ AH

Zuschlagskalkulation 1 000 Stück Papierfahnen 12 · 24 cm				
		%	€	variable Kosten
1.	Fertigungsmaterial (FM)		109,88 €	
2.	+ Materialgemeinkosten (MGK)	5	5,49 €	
3.	= Materialkosten (MK)		115,37 €	
4.	Fertigungslöhne (FL)		32,00 €	
5.	+ Fertigungsgemeinkosten (FGK)	365	116,80 €	
6.	= Fertigungskosten (FK)		148,80 €	
7.	= Herstellkosten der Fertigung (HKF) (3. + 6. Zeile)		264,17 €	
8.	+ Verwaltungsgemeinkosten (VerwGK)	6	15,85 €	
9.	+ Vertriebsgemeinkosten (VertrGK)	5	13,21 €	
10.	= Selbstkosten des Umsatzes (SKU)		293,23 €	
11.	Summe der variablen Kosten			
12.	Barverkaufspreis (BVP) für 1 000 Stück			
13.	Stückdeckungsbeitrag db (12–11) für 1 ME à 1 000 Stück			
14.	Deckungsbeitrag (DB) für 100 000 Stück (100 ME à 1 000 Stück)			

Denken Sie daran: Die Einzelkosten sind immer variable Kosten, die Gemeinkosten bestehen bei der PEPP GmbH zu 60 % aus variablen Kosten.

2.5.2 Deckungsbeitrag je Produktgruppe und Gesamtdeckungsbeitrag

DAS IST GESCHEHEN

Nach dieser Erkenntnis setzt sich Theo Kurz mit seiner Mitauszubildenden Isabella Rossi zusammen, die zurzeit im Controlling eingesetzt ist. Theo meint: „Du hattest mir doch erzählt, dass die Produktgruppe Sonderartikel einen Verlust verursacht (siehe Kap. 2.4.3., S. 299). Sollte man sich nicht mal den Deckungsbeitrag der Produktgruppe anschauen? Vielleicht ist der ja positiv."

Kostenträgerzeitrechnung der PEPP GmbH								
		gesamt		Produktgruppe 1: Fest- und Dekoartikel		Produktgruppe 2: Geschirr und Zubehör		Produktgruppe 3: Sonderartikel	
		%	€	%	€	%	€	%	€
1.	Fertigungsmaterial (FM)		17.876.000,00		7.650.000,00		8.440.000,00		1.786.000,00
2.	+ Materialgemeinkosten (MGK)	5	893.800,00	5	382.500,00	5	422.000,00	5	89.300,00
3.	= Materialkosten (MK)		18.769.800,00		8.032.500,00		8.862.000,00		1.875.300,00
4.	Fertigungslöhne (FL)		2.488.000,00		1.160.000,00		1.230.000,00		98.000,00
5.	+ Fertigungsgemeinkosten (FGK)	365	9.081.200,00	365	4.234.000,00	365	4.489.500,00	365	357.700,00
6.	= Fertigungskosten (FK)		11.569.200,00		5.394.000,00		5.719.500,00		455.700,00
7.	= Herstellkosten der Erzeugung (HKF) (3. + 6. Zeile)		30.339.000,00		13.426.500,00		14.581.500,00		2.331.000,00
8.	+ Bestandsminderungen								–
9.	– Bestandsmehrungen		2.120.000,00		1.140.000,00		980.000,00		–
10.	= Herstellkosten des Umsatzes (HKU)		28.219.000,00		12.286.500,00		13.601.500,00		2.331.000,00

Kostenträgerzeitrechnung der PEPP GmbH									
		gesamt		Produktgruppe 1 Fest- und Dekoartikel		Produktgruppe 2: Geschirr und Zubehör		Produktgruppe 3: Sonderartikel	
		%	€	%	€	%	€	%	€
11.	+ Verwaltungsgemein- kosten (VerwGK)	6	1.693.140,00	6	737.190,00	6	816.090,00	6	139.860,00
12.	+ Vertriebsgemeinkosten (VertrGK)	5	1.410.950,00	5	614.325,00	5	680.075,00	5	116.550,00
13.	= Selbstkosten des Umsatzes (SKU)		31.323.090,00		13.638.015,00		15.097.665,00		2.587.410,00
14.	Umsatzerlöse (UE)		32.094.000,00		14.100.000,00		15.550.000,00		2.444.000,00
15.	− Selbstkosten des Umsatzes (SKU)		31.323.090,00		13.638.015,00		15.097.665,00		2.587.410,00
16.	= Betriebsergebnis (BE)		770.910,00		461.985,00		452.335,00		− 143.410,00

DAS IST ZU TUN

1. Berechnen Sie den Deckungsbeitrag, den die Produktgruppe Sonderartikel erwirtschaftet.

2. Ermitteln Sie, wie sich das gesamte Betriebsergebnis verändern würde, wenn die dritte Produktgruppe aufgegeben würde.

3. Geben Sie eine begründete Empfehlung für das weitere Vorgehen der PEPP GmbH ab.

DAS SOLLTEN SIE WISSEN

Den Deckungsbeitrag kann man nicht nur für einzelne Kostenträger, sondern auch für Produktgruppen oder sogar für das ganze Unternehmen ermitteln. Durch den Gesamtdeckungsbeitrag kann auch das Betriebsergebnis berechnet werden. Ist der Gesamtdeckungsbeitrag höher als die Fixkosten, so ist das Betriebsergebnis positiv.

Umsätze	Umsatz
− gesamte variable Kosten	
= Gesamtdeckungsbeitrag	− Kosten
− fixe Kosten	
= Betriebsergebnis	= Gewinn

In der Berechnung steckt die altbekannte Formel!

In Ausnahmefällen ist es sogar sinnvoll, Produkte anzubieten, deren **Deckungsbeiträge negativ** sind:

- Produkte mit negativem Deckungsbeitrag verursachen Folgekäufe von Komplementärgütern

  Beispiel: Drucker und Druckerpatronen, Rasierapparate und Scherblätter

- Produkte mit negativem Deckungsbeitrag sind Imageträger des Unternehmens.
- Produkte mit negativem Deckungsbeitrag dienen der Sortimentsabrundung.

  Beispiel: Ein Hersteller von Gabelstaplern bietet auch Regale an.

2.5.3 Preisuntergrenzen

DAS IST GESCHEHEN

Nachdem Theo mit Isabellas Hilfe festgestellt hat, dass der Deckungsbeitrag der Produktgruppe Sonderartikel positiv ist, spricht er noch einmal mit Frau Ersöz.

Theo Kurz: Die Produktgruppe Sonderartikel verursacht laut Vollkostenrechnung einen Verlust, während sie laut Teilkostenrechnung sogar positiv zum Gewinn beiträgt. Das verstehe ich nicht. Was ist denn nun richtig?

Frau Ersöz: Je nach Situation ist beides richtig. Auf Dauer ist es nicht so günstig, wenn die beiden ersten Produktgruppen den wesentlichen Teil der Fixkosten tragen müssen und die Sonderartikel nur einen geringen Teil. Aber manchmal kann es sinnvoll sein und manchmal geht es auch gar nicht anders, als dass Verkaufspreise gesenkt werden müssen.

DAS IST ZU TUN

1. Begründen Sie, warum es nicht sinnvoll wäre, sich bei der Verkaufspreiskalkulation nur am Deckungsbeitrag zu orientieren.

2. Erläutern Sie, in welchen Situationen die PEPP GmbH dennoch die langfristige Preisuntergrenze unterschreiten darf oder sollte.

→ AH

3. Geben Sie für alle Fixkosten der PEPP GmbH aus der Ergebnistabelle auf S. 283 an, ob sie

   a) kurzfristig ausgabenwirksam,
   b) langfristig ausgabenwirksam,
   c) gar nicht ausgabenwirksam sind.

DAS SOLLTEN SIE WISSEN

Langfristig sollten alle Kostenträger nicht nur einen positiven Deckungsbeitrag erzielen, sondern ihre vollen Kosten erwirtschaften. Denn würde man für alle Produkte einen Verkaufspreis festlegen, der nur knapp über den variablen Kosten liegt, so könnten schon bald einige eingehende Rechnungen nicht mehr bezahlt werden.

Dennoch gibt es Situationen, in denen Preise unterhalb der Vollkosten gerechtfertigt sein können. Etwa bei Preissenkungen der Konkurrenzunternehmen, gesamtwirtschaftlichen Einbrüchen, Werbemaßnahmen oder Produkteinführungen können niedrigere Preise sinnvoll sein. Dann muss allerdings bekannt sein, in welcher Höhe und Dauer Preissenkungen vorgenommen werden dürfen, ohne Verlust zu erzielen.

Man unterscheidet deshalb drei Preisuntergrenzen, also Verkaufspreise, die man mindestens erzielen muss.

Langfristige Preisuntergrenze

Die langfristige Preisuntergrenze berücksichtigt alle Kosten, also sowohl die fixen als auch die variablen. Die Produktion kann in dieser Situation über längere Zeit fortgesetzt werden. Diese langfristige Preisuntergrenze entspricht den Selbstkosten und wird in der Vollkostenrechnung ermittelt (siehe Kapitel 2.4.1, S. 293).

> **langfr. Preisuntergrenze = variable Kosten + fixe Kosten**
>
> $$lfr.\ PU = k_v \cdot x + K_f$$

Kurzfristige Preisuntergrenze

Die kurzfristige Preisuntergrenze berücksichtigt nur die variablen Kosten, auf die Deckung der ohnehin anfallenden Fixkosten wird vorübergehend verzichtet. Ausnahmsweise kann auf sie zurückgegriffen werden, zum Beispiel bei einem Zusatzauftrag oder für eine Werbeaktion.

Werden allerdings alle oder zu viele Produkte zu ihrer kurzfristigen Preisuntergrenze verkauft, so reicht der Deckungsbeitrag nicht aus und die fixen Kosten können nicht gedeckt werden. Es ergibt sich ein Verlust.

> **kurzfr. Preisuntergrenze = variable Kosten**
>
> $$kfr.\ PU = k_v$$

Liquiditätsorientierte Preisuntergrenze

Werden für zu viele Produkte die kurzfristigen Preisuntergrenzen gewählt, so wird das Unternehmen schnell in Liquiditätsschwierigkeiten geraten. Weil nur die variablen Kosten gedeckt werden, können die fixen Kosten, die kurzfristig zu Ausgaben führen, nicht ausgeglichen werden. Dies betrifft beispielsweise Mietaufwendungen oder Gehälter, die jeden Monat überwiesen werden müssen.

Deshalb werden bei der liquiditätsorientierten Preisuntergrenze neben den variablen Kosten alle fixen Kosten berücksichtigt, die kurzfristig zu Ausgaben führen. Da die nur langfristig anfallenden Fixkosten nicht gedeckt werden, kann die liquiditätsorientierte Preisuntergrenze auch nur recht kurzfristig eingesetzt werden.

> **liquiditätsorientierte Preisuntergrenze =**
> **variable Kosten + kurzfr. ausgabenwirksame fixe Kosten**
>
> $$liq.\ PU = k_v \cdot x + kfr.\ K_f$$

Damit wird deutlich, dass die Teilkostenrechnung die Vollkostenrechnung ergänzt. Während die Teilkostenrechnung Entscheidungshilfen bei kurzfristigen Entscheidungen liefert, dient die Vollkostenrechnung der langfristigen Kosten- und Preiskalkulation.

1. Für einen Industriebetrieb, der drei Produkte fertigt, liegen Daten vor. Berechnen Sie die Stückdeckungsbeiträge, Gesamtdeckungsbeiträge und das Betriebsergebnis.

	Produkt A	Produkt B	Produkt C
Preis p	43,00 €	28,00 €	31,00 €
verkaufte Menge x	1 200 Stück	3 200 Stück	900 Stück
variable Stückkosten k_v	28,00 €	19,50 €	26,00 €
Fixkosten K_f	37.800,00 €		

2. Erläutern Sie, ob das Betriebsergebnis positiv oder negativ ist, wenn

   a) der Deckungsbeitrag so hoch ist wie die Fixkosten,
   b) die Fixkosten größer sind als der Deckungsbeitrag,
   c) die Fixkosten kleiner als der Deckungsbeitrag sind.

3. Entscheiden Sie, ob die Aussagen richtig oder falsch sind. Korrigieren Sie die falschen Aussagen.

   a) Wird ein Produkt zu seiner kurzfristigen Preisuntergrenze verkauft, so ist der Deckungsbeitrag gleich null.
   b) Der Deckungsbeitrag dient der Deckung der variablen Kosten.
   c) Verkauft ein Betrieb zur langfristigen Preisuntergrenze, so befindet er sich in einer Null-Gewinn-Situation.
   d) Den Deckungsbeitrag kann man ermitteln, indem man von dem Verkaufspreis die Gemeinkosten abzieht.
   e) Wenn der Deckungsbeitrag größer als die fixen Kosten ist, erzielt man einen Gewinn.
   f) Die Vollkostenrechnung und Teilkostenrechnung ergänzen sich, weil die Teilkostenrechnung vor allem in besonderen Situationen nützlich ist.
   g) Liegt der Verkaufspreis unterhalb der kurzfristigen Preisuntergrenze, so ist der Deckungsbeitrag positiv.
   h) Die liquiditätsorientierte Preisuntergrenze kann etwas länger als die kurzfristige Preisuntergrenze angewendet werden.
   i) Zieht man vom Deckungsbeitrag die variablen Kosten ab, erhält man das Betriebsergebnis.
   j) Verkauft ein Betrieb zur kurzfristigen Preisuntergrenze, macht er einen Verlust in Höhe der fixen Kosten.
   k) Liegt der Verkaufspreis eines Zusatzauftrags oberhalb seiner variablen Kosten, so steigt der Gewinn und der Deckungsbeitrag ist gleich null.
   l) Sollte ein Betrieb zu einem geringeren Preis als zur kurzfristigen Preisuntergrenze verkaufen, so wird ein negativer Deckungsbeitrag erzielt.
   m) Die langfristige Preisuntergrenze setzt sich aus den variablen und fixen Kosten zusammen.
   n) Die langfristige Preisuntergrenze liegt auf Höhe der Selbstkosten.

4. Ermitteln Sie für die Papierlaternen der PEPP GmbH den Stückdeckungsbeitrag. Beachten Sie, dass 40 % der Gemeinkosten fixe Kosten sind.

	Zuschlagskalkulation Laternen		
		%	€
1.	Fertigungsmaterial (FM)		0,46 €
2.	+ Materialgemeinkosten (MGK)	5	0,02 €
3.	= Materialkosten (MK)		0,48 €
4.	Fertigungslöhne (FL)		0,29 €
5.	+ Fertigungsgemeinkosten (FGK)	365	1,06 €
6.	= Fertigungskosten (FK)		1,35 €
7.	= Herstellkosten der Fertigung (HKF) (3. + 6.)		1,83 €
8.	+ Verwaltungsgemeinkosten (VerwGK)	6	0,11 €
9.	+ Vertriebsgemeinkosten (VertrGK)	5	0,09 €
10.	= Selbstkosten des Umsatzes (SKU)		2,03 €

11.	+ Gewinn (GZ)	9,8	0,20 €
12.	= Barverkaufspreis (BVP)		2,23 €
13.	+ Kundenskonto (KS)	3	0,07 €
14.	= Zielverkaufspreis (ZVP)		2,30 €
15.	+ Kundenrabatt (KR)	8	0,20 €
16.	= Listenverkaufspreis (LVP)		2,50 €

5. Für einen Industriebetrieb, der nur ein Produkt fertigt, liegt ein Datenblatt vor.

Kostenarten	variable Kosten	fixe Kosten		Gesamt-kosten
		kurzfristig ausgaben-wirksam	nicht kurzfristig ausgaben-wirksam	
Fertigungsmaterial Materialgemeinkosten	70.000,00 € 20.000,00 €	10.000,00 €	3.000,00 €	
Materialkosten Fertigungslohn Fertigungsgemeinkosten	80.000,00 € 110.000,00 €	40.000,00 €	15.000,00 €	
Fertigungskosten				
Herstellkosten Verwaltungsgemeinkosten Vertriebsgemeinkosten	30.000,00 € 45.000,00 €	10.000,00 € 30.000,00 €	4.000,00 € 6.000,00 €	
Selbstkosten Verkaufserlös				900.000,00 €
Betriebsergebnis				

→ AH

Ergänzen Sie die noch fehlenden Größen in der Tabelle und ermitteln Sie das Betriebsergebnis, den Deckungsbeitrag je Stück, die langfristige, die kurzfristige und die liquiditätsorientierte Preisuntergrenze bei einer Absatzmenge von 2 000 Stück!

6. Die Daten eines Industriebetriebes liegen aus der Kostenrechnung vor:

variable Gesamtkosten:	700.000,00 €
fixe Kosten:	250.000,00 €
davon Gehälter und Miete:	120.000,00 €
monatliche Produktionsmenge:	10 000 Stück

Berechnen Sie unter Angabe der Rechenwege die kurzfristige, liquiditätsorientierte und langfristige Preisuntergrenze.

7. Die Bike+Maniac GmbH hat im April 100 Liegeräder des Modells ElectricTour verkauft. Die Gesamtkosten betrugen dabei 380.000,00 €. Im März lag die Verkaufszahl noch bei 120 Rädern, dafür lagen die Kosten bei 420.000,00 €.

Ermitteln Sie unter Angabe der Rechenwege die Höhe der variablen Stückkosten, der Fixkosten sowie die kurzfristige Preisuntergrenze.

8. Das Düsseldorfer Unternehmen Kim Herzog GmbH stellt drei verschiedene Wärmepumpen her. Aus der Kostenrechnung liegt ein Blatt vor.

			Kostenträgerzeitrechnung der Kim Herzog GmbH						
			gesamt		P1		G3		E7
		%	€	%	€	%	€	%	€
1.	Fertigungsmaterial (FM)		300.000,00		120.000,00		130.000,00		50.000,00
2.	+ Materialgemeinkosten (MGK)	15	45.000,00	15	18.000,00	15	19.500,00	15	7.500,00
3.	= Materialkosten (MK)		345.000,00		138.000,00		149.500,00		57.500,00
4.	Fertigungslöhne (FL)		400.000,00		160.000,00		110.000,00		130.000,00
5.	+ Fertigungsgemein- kosten (FGK)	80	320.000,00	80	128.000,00	80	88.000,00	80	104.000,00
6.	= Fertigungskosten (FK)		720.000,00		288.000,00		198.000,00		234.000,00
7.	= Herstellkosten der Fertigung (HKF) (3. + 6.)		1.065.000,00		426.000,00		347.500,00		291.500,00
8.	+ Bestandminderungen								
9.	– Bestandsmehrungen								
10.	= Herstellkosten des Umsatzes (HKdU)		1.065.000,00		426.000,00		347.500,00		291.500,00
11.	+ Verwaltungsgemein- kosten (VerwGK)	9	95.850,00	9	38.340,00	9	31.275,00	9	26.235,00
12.	+ Vertriebsgemeinkosten (VertrGK)	7	74.550,00	7	29.820,00	7	24.325,00	7	20.405,00
13.	= Selbstkosten des Umsatzes (SKdU)		1.235.400,00		494.160,00		403.100,00		338.140,00
14.	Umsatzerlöse (UE)		1.800.000,00		450.000,00		780.000,00		570.000,00
15.	– Selbstkosten des Umsatzes (SKdU)		1.235.400,00		494.160,00		403.100,00		338.140,00
16.	= Betriebsergebnis (BE)		564.600,00		–44.160,00		376.900,00		231.860,00

Außerdem ist bekannt, dass 25 % der Gemeinkosten variable Kosten sind.

Ermitteln Sie die Gesamtdeckungsbeiträge der drei Wärmepumpen und geben Sie eine begründete Empfehlung zur Wärmepumpe P1 ab.

9. Ein Industriebetrieb fertigt drei Produkte. Berechnen Sie die Stückdeckungsbeiträge, Gesamtdeckungsbeiträge und die fixen Kosten anhand der Daten aus der Kostenrechnung.

	Produkt I	Produkt II	Produkt III
Umsatzerlöse	20.000,00 €	30.000,00 €	70.000,00 €
verkaufte Menge x	2000 Stück	2500 Stück	4000 Stück
variable Gesamtkosten K_v	12.000,00 €	18.000,00 €	48.000,00 €
Betriebsergebnis	16.000,00 €		

2.5.4 Der relative Deckungsbeitrag – Deckungsbeitrag je Zeiteinheit

DAS IST GESCHEHEN

Für die Bedruckung der Papierfahnen, Wimpelketten sowie der Luftschlangen stehen zwei Druckmaschinen zur Verfügung. Als eine der beiden Maschinen wegen eines mechanischen Defektes für einen Monat ausfällt, reduziert sich die zur Verfügung stehende Kapazität erheblich.

Nun ist es fraglich, ob noch alle Produkte in der geplanten Menge bedruckt werden können.

	Papierfahnen Verpackungs-einheit 100 Stück	Wimpelketten Verpackungs-einheit 100 Stück	Luftschlangen Verpackungs-einheit 100 Stück
Verkaufspreis je Verpackungs-einheit	28,00 €	43,77 €	22,80 €
variable Kosten je Verpackungs-einheit	23,27 €	37,44 €	16,80 €
zu bedruckende Verpackungs-einheiten pro Monat	720	840	600
Zeitbedarf je Verpackungseinheit in Minuten	5	8	7
monatliche Druckkapazität in Stunden	200		

DAS IST ZU TUN

1. Begründen Sie mittels der absoluten Deckungsbeiträge, ob alle Produkte im kommenden Monat gefertigt werden sollen.

2. Ermitteln Sie, ob die zur Verfügung stehende Kapazität auf der Druckmaschine ausreicht, um die Produkte in der geplanten Menge zu bedrucken.

3. Berechnen Sie mittels der relativen Deckungsbeiträge, in welcher Reihenfolge die Produkte bedruckt werden sollten.

4. Ermitteln Sie das optimale Produktionsprogramm.

DAS SOLLTEN SIE WISSEN

Wenn nicht genügend freie Produktionskapazitäten zur Verfügung stehen, können nicht alle Produkte in der gewünschten Menge hergestellt werden. Ein solcher **Produktionsengpass** kann entstehen, wenn

- Maschinen wegen Schäden ausfallen,
- Personal kurzfristig urlaubs- oder krankheitsbedingt nicht zur Verfügung steht,
- die Nachfrage stark steigt.

In solch einem Fall muss versucht werden, in der zur Verfügung stehenden Zeit möglichst hohe Deckungsbeiträge zu erzielen. Dabei helfen die absoluten Deckungsbeiträge, also die Deckungsbeiträge je Stück, allerdings nur noch bedingt weiter. Es kann nämlich sein, dass ein Produkt einen sehr hohen Stückdeckungsbeitrag erzielt, die Fertigung jedoch äußerst lange dauert. Damit kann ein anderes Produkt, das zwar einen geringeren Stückdeckungsbeitrag erzielt, die Produktionskapazität aber deutlich geringer belastet, rentabler werden.

Beispiel: Die Produkte **A** und **B** sollen gefertigt werden. A erzielt einen Deckungsbeitrag von **5,00 €** je Stück, der **absolute Deckungsbeitrag** von B beträgt nur **4,00 € je Stück**. Damit scheint Produkt A attraktiver zu sein.

Für die Fertigung eines Stücks A benötigt man allerdings **10 Minuten**, für ein Stück B nur **6 Minuten**. Steht nur eine Stunde Produktionszeit zur Verfügung, wird Produkt B attraktiver. Das liegt an den **relativen Deckungsbeiträgen**, also den Deckungsbeiträgen pro Stunde.

Dazu muss zunächst ermittelt werden, wie viele Produkte man je Stunde herstellen kann. Für Produkt A benötigt man 10 Minuten je Stück, in 60 Minuten kann man also 6 Stück fertigen, sodass man mit Produkt A einen Deckungsbeitrag von **30,00 € pro Stunde** (6 Stück pro Stunde à 5,00 € je Stück) erzielen kann.

Von Produkt B kann man dagegen **10 Stück pro Stunde** herstellen, sodass der relative Deckungsbeitrag von Produkt B bei **40,00 € pro Stunde** liegt (10 Stück pro Stunde à 4,00 € je Stück).

Das Beispiel zeigt, wie die Anzahl der herstellbaren Produkte je Zeiteinheit (hier je Stunde) und der absolute Deckungsbeitrag den relativen Deckungsbeitrag ergeben:

> **relativer Deckungsbeitrag = absoluter Deckungsbeitrag · Stück je Zeiteinheit**
>
> **rel. db = abs. db · Stück je Zeiteinheit**

In fünf Schritten gelangt man über ein optimales Produktionsprogramm zum maximal erreichbaren Betriebsergebnis im Engpass. Es beginnt mit vier Schritten zur **Ermittlung des optimalen Produktionsprogramms**:

1. Sind alle Produkte rentabel?
   Produkte mit einem positiven absoluten Deckungsbeitrag müssen hergestellt werden, die anderen können zurückgestellt werden.

2. **Stehen genügend Produktionskapazitäten zur Verfügung?**

Es wird ermittelt, wie viel Produktionszeit für die Herstellung aller Produkte mit positivem Deckungsbeitrag benötigt wird. Diese wird der zur Verfügung stehenden Kapazität gegenübergestellt.

3. **In welcher Reihenfolge sollen die Produkte bei einem vorliegenden Engpass produziert werden?**

Die Höhe der relativen Deckungsbeiträge, also der Deckungsbeiträge je Zeiteinheit, gibt die absteigende Reihenfolge der relativen Deckungsbeiträge vor.

4. **Wie setzt sich das optimale Produktionsprogramm zusammen?**

Produkte werden in absteigender Reihenfolge ihrer relativen Deckungsbeiträge gefertigt, bis die zur Verfügung stehende Kapazität erschöpft ist.

Beispiel: In 6 Stunden Produktionskapazität für die Produkte A und B sollen von benötigten **60 Stück** A und **40 Stück** B so viele gefertigt werden, dass es den höchstmöglichen Deckungsbeitrag ergibt.

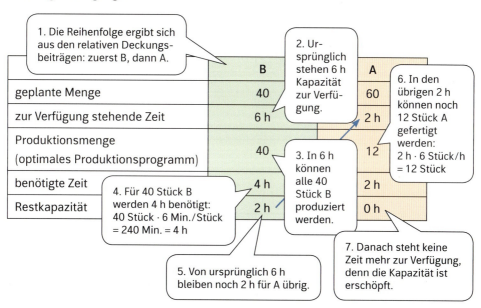

Das optimale Produktionsprogramm setzt sich also aus **40 Stück** B und **12 Stück** A zusammen.

Im fünften und letzten Schritt kann das **maximal zu erzielende Betriebsergebnis** berechnet werden.

5. **Wie hoch ist das Betriebsergebnis?**

Die durch das optimale Produktionsprogramm erzielten Deckungsbeiträge werden den Fixkosten gegenübergestellt.

Beispiel: Falls die Fixkosten bei 180,00 € liegen, so ergibt sich als Betriebsergebnis:

	B	A	gesamt
Stückdeckungsbeitrag (db)	4,00 €/Stk	5,00 €/Stk	
· produzierte Menge (x)	40 Stück	12 Stück	
= Gesamtdeckungsbeitrag ($DB = db \cdot x$)	160,00 €	60,00 €	220,00 €
– Fixkosten (K_f)			180,00 €
= Betriebsergebnis ($DB - K_f$)			40,00 €

1. Ermitteln Sie für die drei Computersysteme X-Tower, Midi-Office und Desk-Top der Computerfriend GmbH die relativen Deckungsbeiträge je Stunde und je Minute.

	X-Tower	Midi-Office	Desk-Top
Barverkaufspreis je Stück	985,88 €	692,93 €	498,40 €
variable Stückkosten	788,23 €	573,16 €	40,32 €
absetzbare Menge	800	1 800	1 500
Zeitbedarf (min.)	80	68	61

→ AH

2. Ergänzen Sie die Übersicht um die Begriffe:

db negativ, in maximaler Menge produzieren, in maximaler Menge produzieren bis Kapazität erschöpft ist, kein Engpass, db positiv, Eliminierung (Ausnahmen: Imageträger, Komplementärgut, Sortimentsabrundung), $rel.\ db = abs.\ db \cdot Stk.$ je Zeiteinheit, Engpass, $db = p - k_v$, Reihenfolge ermitteln

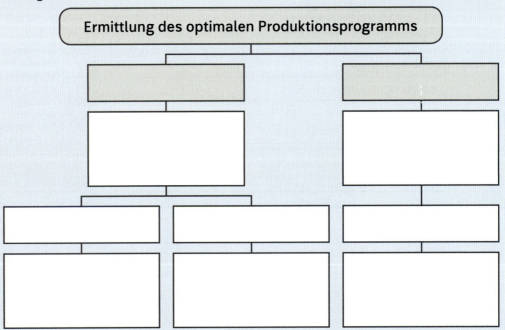

Ermittlung des optimalen Produktionsprogramms

3. Es stehen Daten eines Industriebetriebes zur Verfügung.

	A	B	C	D
Verkaufspreis je Stück	80,00 €	50,00 €	100,00 €	120,00 €
variable Stückkosten	20,00 €	15,00 €	30,00 €	70,00 €
absetzbare Menge	5 000	6 000	4 000	2 000
Zeitbedarf (min.)	15	12	18	9
Fixkosten	240.000,00 €			

Insgesamt stehen 2 000 Stunden als Produktionskapazität zur Verfügung.

→ AH

Ermitteln Sie das optimale Produktionsprogramm sowie das Betriebsergebnis.

4. Ein Industriebetrieb fertigt die Produkte P I bis P V.

	P I	P II	P III	P IV	P V
Barverkaufspreis je Stück	120,00 €	160,00 €	200,00 €	175,00 €	190,00 €
variable Stückkosten	80,00 €	130,00 €	175,00 €	130,00 €	135,00 €
absetzbare Menge	300	500	450	600	200
Zeitbedarf (min.)	5	6	4	10	12
Fixkosten	50.000,00 €				

a) Ermitteln Sie das Betriebsergebnis für eine Produktionskapazität von 250 Stunden.

b) Durch eine Grippewelle fallen mehrere Mitarbeiterinnen und Mitarbeiter aus. Dadurch reduziert sich die Kapazität auf 200 Stunden. Berechnen Sie das neue Betriebsergebnis.

5. In der Lackiererei der Bike+Maniac GmbH werden zurzeit die drei Modelle Racer, Country und City lackiert, es wird an der Kapazitätsgrenze gearbeitet.

	Racer	Country	City
Stückdeckungsbeitrag in €	160,00	320,00	180,00
Fertigungszeit in Min./Stk.	16	20	12

Nun soll auch das neueste Modell Challenger in das Produktionsprogramm aufgenommen und lackiert werden. Es soll für 4.000,00 € verkauft werden und verursacht variable Kosten in Höhe von 3.800,00 €. Außerdem dauert das Lackieren eines Rahmens 15 Minuten.

Entscheiden Sie, ob es sich lohnt, bis zur Fertigstellung einer neuen Lackieranlage auf eines der etablierten Modelle zu verzichten und stattdessen das neue Modell Challenger zu lackieren. Welches Modell sollte gegebenenfalls in geringeren Stückzahlen lackiert werden?

6. Der Deckungsbeitrag liegt bei 16,00 €/Stück. Berechnen Sie die Höhe der variablen Kosten, wenn die Verkaufserlöse bei einem Beschäftigungsgrad von 75 % und einer Kapazität von 40 000 Stück 840.000,00 € betragen.

7. Ermitteln Sie den Verkaufspreis, wenn der Gewinn 22.000,00 €, der Umsatz 50.000,00 €, die Fixkosten 14.000,00 € und der Deckungsbeitrag 12,00 € pro Stück betragen.

8. Ermitteln Sie die kurzfristige und langfristige Preisuntergrenze zu den Werten.

- $K = 5.000$
- Kapazität: 4 000 Stück
- $K_f = 2.000$
- Beschäftigungsgrad: 88 %

9. Ermitteln Sie den relativen Deckungsbeitrag je Stunde.

- $x = 800$ Stück
- Stückfertigungsdauer: 3 Minuten
- Umsatz: 70.000,00 €
- Stückkosten: 60,00 €
- Fixkosten: 25.000,00 €

10. Berechnen Sie den Gesamtdeckungsbeitrag, den Stückdeckungsbeitrag und den relativen Deckungsbeitrag je Stunde eines Produktes A.

- Betriebsergebnis: 200.000,00 €
- fixe Kosten: 160.000,00 €
- produzierte Menge: 6 000 Stück
- Produktionszeit je Stück: 5 Minuten

11. Es werden die drei Produkte C101, F73 und GN45 gefertigt. Ermitteln Sie das optimale Produktionsprogramm und das Betriebsergebnis, wenn als Produktionskapazität 150 Stunden zur Verfügung stehen und die Fixkosten bei 122.000,00 € liegen.

	C101	F73	GN45
Barverkaufspreis je Stück	600,00 €	780,00 €	550,00 €
variable Stückkosten	480,00 €	620,00 €	430,00 €
absetzbare Menge	300	550	400
Zeitbedarf (min.)	12	10	5

▚▚ Lernaktionen

Die Sportperfect GmbH mit Sitz im westfälischen Warendorf produziert Sportgeräte für den Garten. Zum letzten Monatsende wurde ein Betriebsabrechnungsbogen erstellt.

Betriebsabrechnungsbogen (BAB) der Sportperfect GmbH						
Gemeinkosten	Summe	Verteilungs-schlüssel	Material	Fertigung	Verwaltung	Vertrieb
Aufwendungen für Betriebsstoffe	100.000,00	3:4:2:1				
Verpackungs-material	3.000,00	0:0:0:1				
Fremdinstand-haltung	30.000,00	3:7:3:2				
Gehälter	53.000,00	Gehaltslisten	5.000,00	6.000,00	26.000,00	16.000,00
AG-Anteil Sozial-versicherung	28.000,00	Lohn- und Gehaltslisten	1.000,00	20.000,00	5.000,00	2.000,00
Abschreibungen	80.000,00	Anlage-vermögen	20.000,00	50.000,00	8.000,00	2.000,00
Werbung	1.620,00	Rechnungen	–	–	–	1.620,00
Zinsaufwen-dungen	12.000,00	betriebs-notwendiges Kapital	1.000,00	5.000,00	3.040,00	2.960,00
Summe	307.620,00					
			Fertigungs-material	Fertigungs-löhne	Herstellkosten des Umsatzes	
Zuschlags-grundlagen			90.000,00	90.000,00		
Zuschlagssätze						

Die Tabelle zeigt Daten der einzelnen Produkte.

	Menge	Fertigungsmaterial je Stück	Fertigungslöhne je Stück	Montagedauer in Minuten
Trampolin	400	100,00	82,50	75
Turnstange	2000	15,00	9,50	15
Basketballkorb	2000	5,00	8,00	30
Minipool	400	25,00	55,00	120

1. Vervollständigen Sie den Betriebsabrechnungsbogen und ermitteln Sie die Zuschlagsätze.

→ AH

2. Führen Sie eine Zuschlagskalkulation für die vier Produkte durch. Beachten Sie den Gewinn-zuschlag von 15 % der Sportperfect GmbH. Die Kunden erhalten 10 % Rabatt und 2 % Skonto.

3. Ermitteln Sie die Deckungsbeiträge je Stück. Dabei ist zu berücksichtigen, dass die Gemein-kosten zu 40 % aus variablen Kosten bestehen.

4. In der Endmontage steht insgesamt eine Kapazität von 2000 Stunden zur Verfügung. Ermitteln Sie das optimale Produktionsprogramm für die gegebenen Montagedauern.

5. Berechnen Sie das Betriebsergebnis, das mit diesem Produktionsprogramm erzielt werden kann. Die Fixkosten betragen 184.572,00 €.

3 Die Ökobilanz

→ Bd.1, S. 119

DAS IST GESCHEHEN

Bei der PEPP GmbH steht der Kauf von zwei neuen Dienstwagen an. Die alten Fahrzeuge sind mittlerweile abgeschrieben und laufen wegen ihrer hohen Fahrleistung nicht mehr zuverlässig genug. Die Geschäftsführer Herr Ehrlich und Herr Pape sowie der Verkaufsleiter Herr Vollkorn sitzen deshalb zusammen und diskutieren über die möglichen Antriebsarten.

Herr Pape: Wenn ich allein an die letzten heißen und extrem trockenen Sommer denke ... Den Klimawandel können wir nicht leugnen und deshalb müssen wir unseren CO_2-Ausstoß dringend reduzieren. Wir haben in unserem Unternehmensleitbild ja schon formuliert, dass wir im Einklang mit der Natur wirtschaften wollen. Das sollten wir jetzt auch umsetzen und auf Nachhaltigkeit setzen. Und dann führt kein Weg an Elektrofahrzeugen vorbei.

Herr Ehrlich: Ich gebe dir recht, dass wir an die CO_2-Emissionen denken müssen. Aber ich bin mir gar nicht so sicher, dass die Ökobilanz von Elektroautos tatsächlich besser ist als die von Verbrennern.

Herr Vollkorn: Der eine Wagen ist doch für unsere Außendienstlerin Frau Kostić. Die fährt bis zu 300 km am Tag. Die braucht also schon einen großen komfortablen Wagen mit hoher Reichweite.

Herr Pape: Zumindest bei dem zweiten Wagen sollte das aber kein Problem sein. Den brauchen wir doch nur im Stadtverkehr.

Herr Ehrlich: Unser Azubi Herr Junker kennt sich doch mit Autos ganz gut aus. Er kann ja mal die wesentlichen Infos zusammentragen, damit wir eine vernünftige Entscheidung treffen können.

DAS IST ZU TUN

Unterstützen Sie den Auszubildenden Max Junker. Arbeiten Sie dazu die Informationen durch und beantworten Sie die Aufgaben.

1. Herr Pape spricht davon, auf **Nachhaltigkeit** zu setzen. Beschreiben Sie, was mit dem Begriff in der Fortwirtschaft gemeint ist, entwickeln Sie eine allgemeine Definition und erläutern Sie, was der Begriff im Zusammenhang mit Antriebsarten von Fahrzeugen bedeuten könnte.

2. Ein wesentliches Instrument zur ökologischen Beurteilung von Fahrzeugen ist die Ökobilanz, die Herr Ehrlich anspricht. Erläutern Sie das Prinzip und das Ziel von Ökobilanzen zunächst allgemein und dann anhand des CO_2-Ausstoßes von Fahrzeugen.

3. Geben Sie eine begründete Empfehlung für die Anschaffung der beiden Fahrzeuge ab. Stützen Sie sich dabei auf die vorgegebenen Informationen sowie auf mögliche eigene Rechercheergebnisse.

DAS SOLLTEN SIE WISSEN

M1

Viersener Nachrichten
Von der Wiege bis zur Bahre

VN/ML – Ob Kaffeekapseln, Wasserflaschen, Babywindeln oder Druckerpatronen – mithilfe von Ökobilanzen
kann man Einblicke in Auswirkungen
eines Produktes auf die Umwelt
während seines gesamten Lebens-
weges gewinnen. Denn jedes Produkt
entnimmt der Umwelt Ressourcen,
gibt Emissionen an Luft und Wasser
ab und erzeugt Abfall. Erfasst man
alle diese Auswirkungen, werden
Produkte ökologisch bewertbar und vergleichbar.

Wichtig ist, dass alle Prozesse im Lebenszyklus eines Produktes betrachtet werden, von der
Rohstoffgewinnung über die Produktion der Materialien, die Fertigung des Produktes, die
Nutzungsphase bis hin zu allen Prozessen am Ende des Produktlebensweges. So werden
Ökobilanzen für Verbraucherinnen und Verbraucher wertvolle Hilfen bei der Nachhaltigkeits-
bewertung und der Kaufentscheidung.
Für Wasserflaschen wurde in verschiedenen Studien festgestellt, dass die PET-Einwegflasche
mit immerhin über 80 % Marktanteil in der Ökobilanz erheblich schlechter abschneidet als
ihre Mehrwegkonkurrenten.

„Das Recycling der Einwegflaschen benötigt sehr viel Energie. Die Flaschen müssen gesam-
melt, gewaschen, geschreddert und eingeschmolzen werden. Außerdem müssen die Fla-
schen im Schnitt etwa 260 km transportiert werden; auch das belastet die Umwelt", erläutert
Franziska Waldmann vom Umweltinstitut Earth-Future. „Und das daraus entstandene
Kunststoffgranulat taugt vielfach allenfalls noch für Textilfasern."
Wesentlich umweltfreundlicher seien daher Mehrwegflaschen, sowohl die Kunststoff- als
auch die Glasflaschen. „Glasflaschen kann man zwar doppelt so häufig wiederbefüllen wie
Kunststoffflaschen, aber dafür belastet der Transport die Ökobilanz der schweren Glas-
flaschen", so Waldmann. Ob die Glas- oder die Kunststoffmehrwegflasche letztlich umwelt-
freundlicher sei, hänge deshalb stark vom Transportweg ab. „Je näher die Quelle und der
Abfüller sind, desto besser schneidet die Glasflasche ab."

M2

Hans Carl von Carlowitz – Der Begründer der Nachhaltigkeit

Schon im Mittelalter gerieten die mitteleuropäischen Wälder unter großen Druck. Durch den starken Holzeinschlag betrug die Waldfläche im Deutschen Reich beispielsweise im 14. Jahrhundert schon nur noch ein Viertel ihrer ursprünglichen Größe zur Antike. Als ab Ende des 17. Jahrhunderts die Bevölkerungszahl in Europa deutlich anstieg und die einsetzende Industrialisierung zunehmend Holzkohle für die Verhüttung von Erzen sowie Holz zum Ausbau der Stollen benötigte, erhöhte dies den Druck auf den Wald weiter.

Daher forderte 1713 der sächsische Oberberghauptmann Hans Carl von Carlowitz, als Leiter des Oberbergamtes Freiberg für die Holzversorgung des kursächsischen Berg- und Hüttenwesens zuständig, eine nachhaltige Bewirtschaftung der deutschen Wälder: „Die Ökonomie hat der Wohlfahrt des Gemeinwesens zu dienen. Sie ist zu einem schonenden Umgang mit der gütigen Natur verpflichtet und an die Verantwortung für künftige Generationen gebunden."

Er forderte also, dem Wald nur so viel Holz zu entnehmen wie nachwachsen kann.

Auch heute folgt die Bewirtschaftung der europäischen Wälder diesem Prinzip, wenngleich unter Nachhaltigkeit in der Forstwirtschaft mittlerweile mehr als die reine Sicherung der Holzmengen verstanden wird. So definiert die Helsinki-Deklaration nachhaltige Forstbewirtschaftung als „die Betreuung und Nutzung von Wäldern und Waldflächen auf eine Weise und in einem Ausmaß, welche deren biologische Vielfalt, Produktivität, Regenerationsfähigkeit und Vitalität erhält und ihre Fähigkeit, gegenwärtig und in Zukunft wichtige ökologische, wirtschaftliche und soziale Funktionen auf lokaler, nationaler und globaler Ebene zu erfüllen, gewährleistet, ohne dass dies zu Schäden an anderen Ökosystemen führt".

M3 Ab welcher Kilometerleistung fährt das E-Auto klimafreundlicher als vergleichbare Fahrzeuge mit anderen Antriebskonzepten

Kraftstoff	Strommix (D 2022)	Strom 100 % regenerativ
Benzin (mit 5 % Bioethanol)	ab 45.000 km	ab 25.000 km
Diesel (mit 7 % Biodiesel)	ab 60.000 km	ab 30.000 km
Erdgas CNG (mit 15 % Biomethan)	ab 75.000 km	ab ca. 40.000 km
Plug-in-Hybrid (Benzin/Strommix D)	ab 75.000 km	ab ca. 35.000 km
Plug-in-Hybrid (Benzin/100 % regenerativ)	ab 165.000 km	ab ca. 50.000 km
Brennstoffzelle (H_2 aus Erdgas)	ab 30.000 km	ab ca. 10.000 km
Brennstoffzelle (H_2 100 % regenerativ)	nie	ab ca. 160.000 km

vgl. Holdenried, Elias: Ökobilanz von Elektroautos: Wie gut ist sie wirklich?, 31.03.2023; online unter: https://www.mobile.de/magazin/artikel/elektroauto-oekobilanz-35586 [17.01.2023].

M4 Ökobilanz in Abhängigkeit von der Kilometerleistung

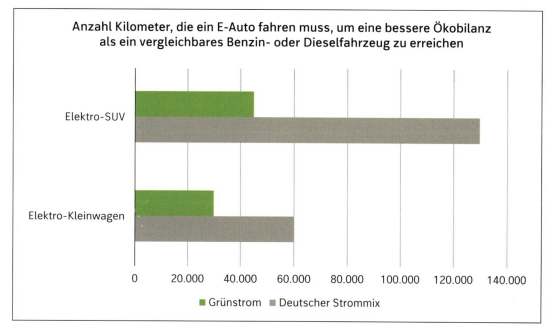

vgl. Bernhardt, J.: Die Umweltfreundlichkeit von E-Autos, 04.05.2022, online unter: https://meenergy.earth/magazin/umwelt-freundlichkeit_eautos [17.10.2023]; Datenquelle: Fraunhofer Institut.

M5 Strommix in Deutschland 2023

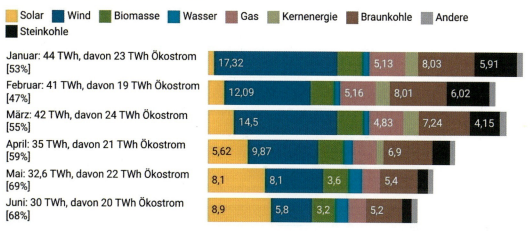

Nettoerzeugung von Kraftwerken zur öffentlichen Stromversorgung. Datenquelle: Energy-Charts.info aus den Quellen [50 Hertz, Amprion, Tennet, TransnetBW, Destatis, EEX]

Grafik: [CC] [BY] [ND] · Quelle: Strom-Report.com · Erstellt mit Datawrapper

M6 Globale Stromproduktion nach Erzeugungsart

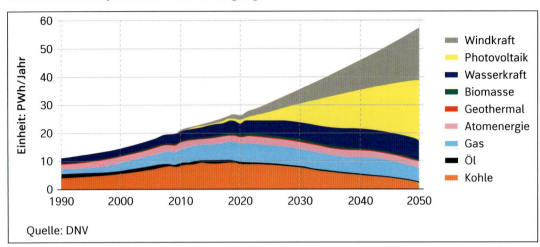

Quelle: DNV

vgl. EWS Gmbh (Hrsg.): Energiewirtschaft; online unter: https://www.pv.de/photovoltaik/marktentwicklung/energiewirtschaft/ [01.12.2023].

M7

E-Autos haben in Sachen Nachhaltigkeit noch Entwicklungsbedarf

amz/ML – Das Image von E-Autos ist grün. Kein Auspuff – keine Umweltbelastung, so die landläufige Meinung. Zwar kommt hinten tatsächlich nichts heraus, doch belastet die Produktion die Ökobilanz der E-Autos erheblich. Hier fließen neben dem Strommix auch die Rohstoffe ein, die für die Produktion benötigt werden. Und da schneiden die Stromer nicht allzu gut ab.

Denn für den Elektromotor sowie den Akku eines E-Autos sind viele spezielle Rohstoffe nötig, zum Beispiel Seltene Erden, die sich nur schwer gewinnen und verarbeiten lassen und die Umwelt durch giftige und radioaktive Rückstände massiv schädigen.

Die Batterien machen etwa ein Drittel der Ökobilanz von E-Autos aus, weil die Herstellung der Akkus so energieintensiv ist. Zudem nimmt die Akkukapazität im Laufe der Nutzung ab, sodass die Batterien normalerweise irgendwann ausgetauscht werden müssen. Auch dies belastet die Ökobilanz.

Deshalb schneiden vor allem große Elektroautos wegen der großen Batterie und dem hohen Stromverbrauch nicht deutlich besser als Fahrzeuge mit anderen Antriebsarten ab.

Außerdem ist die Ökobilanz von der Laufleistung abhängig. So müssen bei geringer Kilometer-Nutzung die fixen CO_2-Belastungen durch die Produktion auf eine geringe Kilometeranzahl verteilt werden.

Allerdings wird ein heute gekauftes Elektroauto nicht über seine gesamte Nutzungsdauer mit dem aktuellen Strommix unterwegs sein. Stattdessen ist in den kommenden Jahren mit einem steigenden Anteil regenerativer Quellen im Strombereich zu rechnen, wovon die Ökobilanz der E-Autos profitieren wird.

Kompetenzen überprüfen

Überprüfen Sie nun, welche Kompetenzen Sie bereits in welchem Umfang erlangt haben. Nutzen Sie dafür die Vorlage, die Ihnen unter BuchPlusWeb zur Verfügung steht. Wagen Sie die Selbsteinschätzung und suchen Sie das Gespräch mit Ihrer Lehrkraft, wenn Sie unsicher sind, ob Sie noch Übungsbedarf haben.

Kompetenz	ja	Ich habe noch Übungsbedarf bei …	nein	Wo kann ich nachschlagen?
Ich kann Ziele und Aufgaben der Kosten- und Leistungsrechnung (KLR) von denen der Finanzbuchhaltung (FiBu) unterscheiden.				S. 262
Ich kann die Begriffe „Kostenarten", „Kostenstellen" und „Kostenträger" erläutern.				S. 260, 282, 291
Ich kann erläutern, was ein Sachziel ist.				S. 262

Methodenseiten

ABC-Methode

Die ABC-Methode ist eine Unterrichtsmethode zur Sammlung von inhaltlich miteinander verbundenen Begriffen.

Zu einem festgelegten Thema werden zu jedem Buchstaben des Alphabets passende Begriffe gesammelt und notiert. Nach einer vorgegebenen Zeit werden Zweier-Teams gebildet, um die Listen zu ergänzen. Danach kann es in einer dritten Phase noch zur Gruppenbildung kommen, um die Listen zu komplettieren.

Die Methode lohnt sich in der Vertiefungs- bzw. Wiederholungsphase einer Unterrichtsreihe. Sie kann allerdings auch an den Anfang einer Reihe gestellt werden; in diesem Fall werden Vorkenntnisse der Schülerinnen und Schüler eingeholt und können für die weitere Entwicklung des Themas genutzt werden.

Arbeitsplatzgestaltung

Lernen ist Arbeit und für diese Arbeit benötigt man einen entsprechenden Platz, gerade auch zu Hause. Wie dieser Arbeitsplatz gestaltet ist, damit man sich dort wohlfühlt, ist individuell und bleibt natürlich jedem selbst überlassen. Dennoch gibt es ein paar einfache Regeln, diesen Arbeitsplatz zu optimieren. Hier die wichtigsten:

- An den Arbeitsplatz gehören nur die Dinge, die man tatsächlich dort benötigt.
  Das sind neben den entsprechenden Möbeln und Geräten (Schreibtisch, Unterschrank, Bürostuhl, Regal, Computer, Drucker usw.) auch die Dinge, die helfen, Ordnung zu halten (Ablagekästen, Schachteln, Stifteköcher usw.) und entsprechende Bürohilfen (Locher, Hefter, Klarsichthüllen usw.). Dinge, die ablenken, sollten nicht am Arbeitsplatz sein.
- Raumklima, Beleuchtung, Lärm spielen eine wichtige Rolle.
  Zu kalt, zu warm – das sollten keine Gedanken sein, die einen vom eigentlichen Arbeiten abhalten. Deshalb ist der Standort des Arbeitsplatzes wichtig. Auch für die Beleuchtung spielt der Standort eine Rolle: Natürliches Licht ist besser als künstliches Licht, deshalb stehen viele Schreibtische in der Nähe des Fensters. Da auch Computerbildschirme zu einem Arbeitsplatz gehören, sollte auf Spiegelung und unerwünschtes Blenden geachtet werden. Meistens bietet es sich an, den Schreibtisch seitlich zum Fenster zu stellen. Und dass der Arbeitsplatz ein eher ruhiger Ort ist, ist sicherlich selbstverständlich.
- Ablenkung minimieren
  Der Arbeitsplatz sollte für sich genommen ein Ort des Lernens und Arbeitens sein. Deshalb muss er räumlich und optisch von anderen Wohnbereichen abgeschirmt werden. Es sollte weder das laufende Fernsehgerät stören noch der Blick auf andere Ablenkungen. Pflanzen oder Regale helfen, den Arbeitsplatz von anderen Bereichen abzugrenzen.
- Arbeitsfläche regelmäßig aufräumen
  An den Arbeitsplatz gehören nur die Dinge, die tatsächlich in Bearbeitung sind und die für das Arbeiten gebraucht werden. Dies bedeutet, dass der Schreibtisch täglich, vielleicht sogar mehrmals täglich, aufgeräumt wird. Nicht mehr benutzte Bücher gehören in das Regal, Arbeitsblätter müssen abgeheftet und andere Materialien vielleicht in Schubladen verstaut werden. So schafft man Struktur und Übersichtlichkeit.

Befragung

Ein Interview per Fragebogen muss Folgendes berücksichtigen:

(1) Einleitungstext

Zu Beginn des Fragebogens stellt sich der Interviewer oder die Interviewerin vor und erklärt das Ziel der Befragung.

Beispiel: „Hallo, wir sind die Firma XY. Wir führen eine Befragung über das Einkaufverhalten in Duisburg durch und möchten Ihnen ein paar Fragen stellen."

(2) Filterfrage und/oder Eisbrecherfrage

Um Kosten bei der Befragung zu sparen, muss zu Beginn der Befragung geklärt werden, ob die befragte Person überhaupt Kenntnisse zu dem Befragungsthema hat. Falls dies nicht der Fall ist, muss die Befragung an dieser Stelle abgebrochen werden.

Beispiel: „Haben Sie schon einmal diesen Joghurt gegessen?" (Filterfrage bei einer Fragebogenaktion über den Geschmack eines bestimmten Joghurts)

Die Eisbrecherfrage soll den Befragten die ersten Hemmungen nehmen und die Gesprächssituation auflockern.

Beispiel: „Wie gefällt Ihnen unser Geschmacksangebot bei Joghurt im Allgemeinen?" (Eisbrecherfrage bei der Befragung über den Geschmack von Joghurt)

(3) Kernfragen

Hierbei handelt es sich um die eigentlichen Fragen zum Thema. Man unterscheidet dabei Fragen nach Fakten, Meinungen, Verhalten und Motiven.

Beispiel: „Kennen Sie die Marke XYZ?", „Wie empfinden Sie die Beratung unseres Verkaufspersonals?", „Halten Sie die Parkmöglichkeiten an unserem Geschäft für ausreichend oder für nicht ausreichend?"

(4) Statistikfragen

Dies sind vorrangig Fragen zur Person der Befragten. Sie werden am Schluss des Fragebogens gestellt, da die Befragten dann in der Regel auskunftsfreudiger sind.

Beispiel: „Welchen Beruf üben Sie aus?", „Wie viel Geld steht Ihnen im Monat zur Verfügung?"

(5) Dank für das Gespräch

Am Ende des Fragebogens erfolgt eine Danksagung, um sich bei dem Befragten in guter Erinnerung zu halten.

Frageformen bei offenen Fragen:

offene Frage	Frageform
Welcher Artikel fehlt in unserem Sortiment?	unstrukturierte Frage
Bei der Auswahl eines neuen Rucksacks ist mir wichtig, dass ...	Ergänzungssatz
Welches Wort fällt Ihnen bei den folgenden Begriffen und Beispielen zuerst ein? Fußballweltmeisterschaft: .... Bus fahren: .... PEPP GmbH:	Wortassoziation

Frageformen bei geschlossenen Fragen:

geschlossene Frage	Antwortmöglichkeit	Frageform
Essen Sie gerne Pizza?	Ja ☐ Nein ☐	Ja-Nein-Frage
Welche Art von Musik hören Sie gerne? Vergeben Sie Noten von 1 bis 5.	Klassik ☐ Jazz ☐ Popmusik ☐ Rockmusik ☐ Schlager ☐	Zuordnungsfrage
Wie finden Sie das Preis-Leistungs-Verhältnis?	angemessen ☐☐☐☐☐ unangemessen	Skalierungsfrage
Ich fahre gerne mit der Bahn, weil …	☐ ich mich dabei entspannen kann. ☐ ich damit am schnellsten zu meinem Ziel gelange. ☐ man hier immer neue Menschen kennenlernt. ☐ ich die Zeit zum Lesen oder Arbeiten nutzen kann.	Alternativfrage

Blitzlicht

Dies ist eine Methode des Feedbacks, die schnell die Stimmung, Meinung, den Stand bezüglich der Inhalte und Beziehungen in einer Gruppe ermitteln kann. Die Teilnehmer und Teilnehmerinnen äußern sich kurz – in einem Satz oder wenigen Sätzen – zu einem klar eingegrenzten Thema. Das sich aus einer Blitzlichtrunde ergebende Bild kann helfen, die Arbeitssituation positiv zu gestalten und lösungsorientiert zu verändern.

Brainstorming

Brainstorming (deutsch ungefähr: Gedankensturm) ist eine klassische Methode der Ideenfindung.

Vorbereitung

Der Initiator/Protokollant bzw. die Initiatorin/Protokollantin des Brainstormings muss darauf achten, dass alle Materialien, die benötigt werden, vorhanden sind (Papier, Stifte, Flipchart o. Ä.). Die Frage oder das Thema, wozu Ideen gesammelt werden, sollte vorher klar formuliert werden und möglichst für alle visualisiert werden.

Kreative Phase: Ideen sammeln

In dieser Phase sollen alle Teilnehmenden (in der Regel außer der Lehrkraft) ihre Ideen frei äußern. Die Lehrkraft sorgt dafür, dass die Regeln eingehalten werden und möglichst alle Schülerinnen und Schüler sich einbringen. Besonders ist darauf zu verweisen, dass Kritik in dieser Phase nicht erwünscht ist, auch keine nonverbale Kritik, wie Nase rümpfen usw.

Der Protokollant/Die Protokollantin schreibt alle Äußerungen auf. Wichtig ist, dass die Äußerungen neutral festgehalten werden und keine vergessen wird. Zeitraubende Rückfragen, die zu sehr ins Detail gehen, sollte es möglichst nicht geben.

Die Dauer dieser Phase ist nicht genau festzulegen. Häufig ist es so, dass die Teilnehmenden zu Beginn sehr viele Ideen äußern und ihre Assoziationen erst einmal „loswerden" wollen (Abladephase). Nach etwa zehn Minuten sollte diese Phase beendet werden.

Auswertung: Ideen ordnen, werten

In der anschließenden Phase werden die Ideen ausgewertet. Sie können nach Gemeinsamkeiten sortiert und so in eine bestimmte Ordnung gebracht werden. Außerdem darf nun Kritik geäußert werden und nicht brauchbare Ideen können verworfen werden. Den Abschluss dieser Phase stellt eine Liste mit den für gut erachteten Vorschlägen dar. Ein Brainstorming kann nur Rohmaterial liefern. Fertige Lösungen müssen danach erarbeitet werden.

Brainwriting

Beim Brainwriting werden im Gegensatz zum Brainstorming die Ideen nicht laut ausgesprochen, sondern von allen Teilnehmenden auf ein Stück Papier oder Karten geschrieben und anschließend zusammengeführt. Diese Methode hat den Vorteil, dass es schüchterne oder ruhige Gruppenmitglieder leichter haben, ihre Ideen einzubringen.

Der Ablauf entspricht dem des Brainstormings. Wenn Karten genutzt werden, können im Anschluss Cluster (Haufen) von Karten mit ähnlichen Ideen gebildet werden, was den Anfang der Auswertung der gemeinsamen Ergebnisse darstellt. Diese erfolgt wie beim Brainstorming.

6-3-5-Methode

Bei dieser Methode zur Ideenfindung gibt es striktere Regeln als beim Brainstorming/Brainwriting: Sechs Teilnehmerinnen und Teilnehmer erarbeiten in fünf Minuten drei Lösungsvorschläge.

Dazu wird allen sechs Teilnehmenden je ein Blatt mit einer Tabelle ausgeteilt. Die Tabelle besteht aus drei Spalten und sechs Zeilen. Jeder füllt nun die erste Zeile pro Spalte mit einer unterschiedlichen Idee aus. Die Blätter werden dann in einer Richtung weitergegeben und die nächste Person kann die Ideen jeweils eine Zeile tiefer in der entsprechenden Spalte erweitern. Wenn ihr nichts zu der vorherigen Idee einfällt, lässt sie die Zeile frei. Die nachfolgende Person füllt immer „ihre" Zeile aus.

Thema/Fragestellung		
1. Idee von Person x	2. Idee von Person x	3. Idee von Person x
Erweiterung durch y	Erweiterung durch y	Erweiterung durch y
Erweiterung durch z	...	

Im Unterschied zum klassischen Brainstorming/Brainwriting ergeben sich bei dieser Methode folgende Vorteile:

- Es werden lange Wartezeiten vermieden. Alle Teilnehmenden können ihre Assoziationen direkt aufschreiben.
- Alle Teilnehmenden, auch die zurückhaltenden, haben die Möglichkeit, ihre Gedanken aufzuschreiben.
- Ein schnelles Einschießen auf einen Lösungsweg ist ausgeschlossen, da alle Teilnehmenden erst ihre eigenen Gedanken aufschreiben, bevor sie die der anderen Teilnehmenden sehen.
- So wird auch die Kreativität aller Teilnehmenden angesprochen und trainiert.

Ein Nachteil ist, dass die Teilnehmenden an sehr starre Regeln gebunden sind, die Kreativität in manchen Fällen verhindern können.

Expertenbefragung

Jemanden fragen, der sich auskennt – das ist die Grundidee der Expertenbefragung. Hierzu werden Fachleute in den Unterricht eingeladen und zu festgelegten Inhalten oder Problemen befragt. Als Expertinnen und Experten können Studierte, Betroffene, Berufserfahrene oder anders qualifizierte Personen herangezogen werden.

Damit die Expertenbefragung möglichst erfolgreich durchgeführt werden kann, sind einige Vorbereitungen notwendig:

- Thema der Expertenbefragung festlegen
- vorhandene Kenntnisse sammeln
- weitere notwendige Vorkenntnisse aneignen
- Auswahl der Expertin oder des Experten
- Terminfestlegung und Einladung
- Ablauf festlegen (welche Fragen sollen gestellt werden, wer stellt die Fragen ...)
- Räumlichkeiten festlegen
- benötigte Medien auswählen und zur Verfügung stellen
- Probelauf durchführen

Die Vorteile der Befragung von Expertinnen und Experten erkennt man, wenn man diese einer einfachen Recherche im Internet gegenüberstellt. Bei einer Expertenbefragung kann man direkt Rückfragen stellen und in einen Dialog mit den Befragten treten. Außerdem ist eine Diskussion möglich, die sich aus den angesprochenen Problembereichen ergeben kann. Zudem bekommt man eine kritische Beurteilung aus erster Hand.

Diese Beurteilung kann ein Teil der Auswertung sein. Letztendlich ist die Methode noch nicht beendet, wenn die Befragung vorbei ist. Zur Auswertung können die neu gewonnenen Erkenntnisse herangezogen werden. Die persönlichen Erfahrungen und Einschätzungen der Expertinnen und Experten helfen, ein umfassendes Bild des Sachverhalts zu bekommen. Am Ende muss man sich die Frage stellen, ob nun das Thema oder der Problembereich abgeschlossen ist oder welche Fragen noch offen sind und weiter bearbeitet werden sollen.

Weitere praktische Hinweise:

- Da jemand „Fremdes" in die Schule kommt, ist natürlich die Schulleitung zu informieren.
- Man kann darüber nachdenken, ob man weitere Schülergruppen hinzuzieht (für die Befragung, eine anschließende Diskussion oder einfach nur als Publikum).
- Manchmal bietet es sich an, zwei Fachleute einzuladen, die unterschiedlicher Meinung sind. In Abgrenzung zur Podiumsdiskussion sollte der Rahmen aber eher klein gehalten werden.

Feedback

Feedback ist eine Rückmeldung an eine Person über ihr Verhalten. Hieraus ergibt sich für diejenigen, die Feedback erhalten, die Möglichkeit, ihr Verhalten zu überprüfen und bei Bedarf zu ändern. Wenn man einige Regeln beim Feedbackgeben einhält, erkennt man sehr deutlich, dass es nicht darum geht, einfach nur Kritik zu üben.

- Die Rückmeldung wird in der Ich-Form formuliert. Dies macht deutlich, dass es sich um die persönliche (Einzel-)Meinung der Person handelt, die das Feedback gibt.
- Das Feedback wird konkret und klar formuliert. die feedbackgebende Person muss auf den Punkt kommen.

- Das Feedback ist ehrlich und wird höflich formuliert.
- Feedback beinhaltet sicherlich negative Aspekte, aber immer auch positive Seiten.
- Es werden nur die Dinge angesprochen, die die angesprochene Person auch ändern kann. Pauschale Abwertungen bringen nichts, konkrete Rückmeldungen allerdings schon.
- Konstruktive Kritik beinhaltet immer auch Verbesserungsvorschläge. So hilft man, Veränderungen tatsächlich auch zu bewirken.

Fishbowl

Die Fishbowl-Methode ist eine andere Art der Präsentation von Gruppenergebnissen. Hierzu werden nach Beendigung der Gruppenarbeit die Gruppensprecherinnen und -sprecher, ein Moderator oder eine Moderatorin und ein freier Platz in der Mitte des Raumes versammelt. Außen herum stehen die übrigen Lerngruppenmitglieder.

Im Innenkreis präsentieren die Gruppensprecherinnen und -sprecher untereinander nun ihre Ergebnisse. Die übrigen Schülerinnen und Schüler sind nur als Beobachtende an der Diskussion beteiligt. Durch Einnahme des freien Platzes in der Mitte kann aber auch eine beobachtende Person aktiv werden und an der Diskussion im Innenkreis teilnehmen.

Gruppenarbeit

Die Gruppenarbeit ist eine Lernmethode (besser: Sozialform), bei der Aufgabenstellungen in Kleingruppen bearbeitet werden. Sie ist nicht nur eine meist willkommene Abwechslung zur Plenums- oder Einzelarbeit, sie bietet auch viele verschiedene Vorteile:

- Die Lernenden haben die Möglichkeit, sich Rückmeldung in der Gruppe zu holen, bevor sie Ergebnisse vor der ganzen Klasse präsentieren. Dies führt zu mehr Sicherheit der Lernenden.
- Die Kommunikation der Lernenden und damit die Aktivierung jeder einzelnen Person werden gefördert.
- Das kooperative Miteinander unter den Lernenden fördert soziale Fähigkeiten wie Teamgeist, Rücksichtnahme, gegenseitige Unterstützung und Toleranz.
- Komplexe Themen oder Texte können mit mehreren Personen sicherer und schneller erarbeitet werden.
- Für die Lehrperson ist die Vorbereitung gering.

Gruppenarbeit kann in allen Unterrichtssituationen angewendet werden: zur Vorbereitung, zur Erarbeitung, zur Vertiefung eines Themas, aber auch zur Wiederholung oder zum Abschluss eines Themas. Zudem können die einzelnen Gruppen unterschiedliche Themen oder auch gleiche Themen behandeln.

Die Einteilung der Gruppen ist von der Lerngruppe und vom Thema abhängig. Zudem sollte sichergestellt werden, dass alle Gruppenmitglieder sich aktiv beteiligen. Dies kann durch die Zuteilung von Rollen oder Aufgaben geschehen.

Die Sicherung der Ergebnisse kann im Plenum erfolgen. Ob alle Gruppen ihre Ergebnisse präsentieren, ist davon abhängig, ob arbeitsteilig oder themengleich gearbeitet wurde.

Gruppenpuzzle

Das Gruppenpuzzle ist eine Form der Gruppenarbeit und bietet sich für eine arbeitsteilige Erarbeitung eines Themas an. Insgesamt findet das Gruppenpuzzle in drei Phasen statt.

Phase 1

Es werden Stammgruppen gebildet, in denen Schülerinnen und Schüler ohne Kenntnisse zusammentreffen. Jeder Stammgruppe wird daraufhin ein Thema zugeteilt, auf das sie sich in der ersten Phase spezialisiert.

Phase 2

In dieser Phase werden Expertengruppen gebildet, in denen sich aus jeder Stammgruppe je ein Spezialist oder eine Spezialistin befindet. Alle Gruppenmitglieder werden über die erarbeiteten Ergebnisse aus Phase 1 informiert und werden somit zu Fachleuten auf allen Themengebieten.

Phase 3

Diese Phase dient zur Sicherung. Alle Lernenden finden sich wieder in ihren Stammgruppen ein und tauschen sich über die Ergebnisse aus den Expertengruppen aus.

Durch den hohen Sprechanteil eines jeden Schülers und jeder Schülerin führt das Gruppenpuzzle zu einer sehr hohen Aktivierung, da sich alle Lernenden aktiv in den Gruppen beteiligen müssen. Gefahren lauern hier in der Sicherungsphase, da nur schwer gewährleistet werden kann, dass alle Lernenden die Ergebnisse korrekt weitergeben. Um Fehler zu vermeiden, kann im Anschluss an das Gruppenpuzzle noch eine weitere, von der Lehrkraft gelenkte Sicherungsphase stattfinden.

Internetrecherche

Im Internet zu recherchieren ist zunächst so einfach, wie es klingt. In der Regel wird eine der gängigen Suchmaschinen aufgerufen, der gesuchte Begriff eingegeben und es erscheint eine Vielzahl von Treffern – also von Links, die zu Seiten führen, die etwas mit dem Begriff zu tun haben.

Geht es nur um die Begriffserklärung, wird auch schon auf der Seite der Suchmaschine eine Erläuterung angeboten. Ist dies nicht ausreichend, sollte man über Onlinelexika gehen und dort nach Begriffserläuterungen suchen (Beispiele: https://wirtschaftslexikon.gabler.de, www.wikipedia.org, www.duden.de).

Noch einmal zu anderen Ergebnissen führt die Suche über Informationsseiten von Zeitungen, Zeitschriften oder TV-Sendern (www.tagesschau.de, www.rp-online.de, www.spiegel.de ...). Gibt man hier einen gesuchten Begriff ein, wird man zu Zeitungsartikeln oder Fernsehbeiträgen weitergeleitet, die inhaltlich mit dem Thema zu tun haben. Diese Suche lohnt also nicht unbedingt, wenn man Begriffserläuterungen benötigt, sondern eher, wenn man sich etwas tiefer oder auch aktueller mit der Thematik befasst.

Egal, über welche Hilfsmittel man im Internet recherchiert – die angebotenen Suchergebnisse müssen bewertet werden:

- Sind die Ergebnisse richtig? (weitere Seiten im Internet gegenlesen und die Ergebnisse vergleichen)
- Sind die Ergebnisse relevant? (Die Besuchshäufigkeit der Seiten hängt vom Ranking bei der entsprechenden Suchmaschine ab. Auch hier mehrere Varianten vergleichen!)
- Sind die Ergebnisse aktuell? (überprüfen, wann die gefundenen Inhalte ins Netz gestellt wurden)
- Sind die Ergebnisse objektiv? (Oder bin ich auf Werbung im Internet gestoßen, die möglicherweise einseitig und nicht realistisch ist?)

- Bestehen insgesamt Zweifel an der Seriosität der angebotenen Internetseite? (Im Impressum erfährt man Hintergründe über den Herausgeber der Seite.)

Kartenabfrage

Bei einer Kartenabfrage werden zu einem bestimmten Thema oder einer vorgegebenen Fragestellung die Ideen, Meinungen und Vorschläge der gesamten Gruppe gesammelt. Da alle Schülerinnen und Schüler beteiligt sind, ergeben sich sehr viele Anregungen, die geordnet und strukturiert werden müssen.

Am Anfang der Kartenabfrage steht die Fragestellung oder das Thema. Aufgrund dieses Impulses schreiben alle Schüler und Schülerinnen ihre Aussagen oder Begriffe auf einzelne Karteikarten. Die Anzahl der Karteikarten kann vorgegeben werden. Beim Schreiben muss auf eine gut lesbare Schriftgröße geachtet werden.

Im nächsten Schritt werden die Karten an der Tafel oder auf Pinnwänden gesammelt. Hier können schon Dopplungen herausgenommen werden.

Die gesammelten Karteikarten müssen nun geclustert werden. Gleichartige Begriffe oder Ideen werden zu Oberthemen zusammengeführt und entsprechend benannt.

Das Ergebnis der Kartenabfrage kann für die folgenden Unterrichtsstunden gesichert und weiterverwendet werden.

Kopfstandmethode

Bei der Kopfstandmethode geht es darum, sich einer Fragestellung oder der Lösung eines Problems durch einen Perspektivwechsel anzunähern.

Beispiel: „Wohin soll die Urlaubsreise im nächsten Sommer gehen?" Nutzt man zur Beantwortung die Kopfstandmethode, dreht man die Frage wie folgt um: „Wohin soll die Urlaubsreise im nächsten Sommer garantiert nicht gehen?" Durch den Ausschluss von Urlaubszielen kommt man seinen Vorlieben näher und kann das gewünschte Ziel deutlich eingrenzen.

Beispiel: Die Fragestellung könnte sein, welche Voraussetzungen jemand mitbringen sollte, der ein Unternehmen gründet. Die Kopfstandmethode dreht die Fragestellung um, sodass sie lautet: „Welche Eigenschaften sollte man nicht haben, wenn man sich selbstständig machen will?" Die Negativ-Liste, die beim Beantworten entsteht, führt durch Umkehrung wieder zu einer Positiv-Liste der Eigenschaften und Voraussetzungen, die Unternehmendegründende haben sollten.

Die Ablaufschritte bei der Kopfstandmethode sind:

1. Fragestellung/Problem formulieren
2. Verkehrung ins Gegenteil durch „Auf den Kopf stellen"
3. Beantwortung der umformulierten Fragestellung
4. Anhand der Ergebnisse von Schritt 3 Lösungen für die Ausgangsfrage finden

Kugellager

Im Innenkreis steht oder sitzt ein Teil der Lerngruppe, im Außenkreis befinden sich die übrigen Schülerinnen und Schüler. Man steht sich paarweise gegenüber und tauscht sich zu einem bestimmten Thema aus, bis eine vorgegebene Zeit vorüber ist. Dann wechseln die Paare, indem beispielsweise der Außenkreis sich rechtsherum dreht oder der Innenkreis linksherum oder beides.

Je genauer der Arbeitsauftrag oder die Thematik festgelegt ist, desto besser sind die Ergebnisse der Methode. Häufig ist eine Checkliste hilfreich, die abgearbeitet wird. Dies verhindert, dass etwas vergessen wird oder man zu weit vom Thema abschweift.

Leittextmethode

Die Teilnehmerinnen und Teilnehmer erhalten die wichtigsten Informationen zu einem Thema in einem knappen, klar strukturierten Text. Sie arbeiten den Text für sich durch, indem sie die wichtigsten Begriffe markieren. Das Textverständnis kann überprüft werden, indem Fragen vorgegeben werden, die in Einzel-, Partner- oder Gruppenarbeit schriftlich zu beantworten sind. Geschickter erscheint es, wenn sich an das Textstudium eine umfangreichere Aufgabe (für Gruppenarbeit) anschließt, die nur dann bewältigt werden kann, wenn der Text verstanden wurde.

Lernkartei

Die Lernkartei hilft, strukturiert und systematisch zu lernen. Sie besteht aus Lernkarteikarten und einem Karteikasten.

Die Karteikarten werden auf der Vorderseite mit dem zu Lernenden versehen, dies kann ein (Fach-)Begriff oder eine Vokabel sein, eine Fragestellung oder auch eine Skizze bzw. Zeichnung. Auf der Rückseite steht die Lösung, entsprechend in Form einer Erläuterung zum Begriff, der Übersetzung der Vokabel, der Antwort auf die Frage usw.

Der Karteikasten hat fünf Fächer (siehe Abbildung), diese werden von vorne nach hinten größer.

Sowohl Karteikarten als auch -kasten kann man fertig kaufen; sie selber zu basteln ist ebenfalls mit einfachen Mitteln möglich.

Ein erster Lerneffekt tritt ein, wenn man beim Anlegen der Lernkartei die Karteikarten beschriftet. Das eigentliche Lernen setzt durch das regelmäßige Nutzen der Lernkartei und die damit verbundene Wiederholung des Lernstoffes ein. Dies läuft wie folgt ab:

- Man sucht sich die Themen, Begriffe, Formeln usw. aus einem Themengebiet heraus, die schwer zu lernen sind. Nur hierzu werden Karteikarten angelegt, weil sonst der Kasten (bzw. Fach 1) schnell zu voll ist.
- Alle neu beschriebenen Karteikarten kommen ins erste Fach, das nicht zu groß bzw. voll sein sollte, und werden gelernt. Was bei der Wiederholung der Karten aus dem ersten Fach gekonnt wird, muss in das zweite Fach gesteckt werden, Unbekanntes verbleibt in Fach 1.
- Ist Fach 2 nahezu voll, überprüft man sein Wissen bezüglich dieses Faches. Was gekonnt wird, geht über in Fach 3, was man noch nicht gelernt hat, geht zurück in Fach 1(!).
- Ist Fach 3 fast voll, geht es genauso weiter: Gewusstes kommt in Fach 4, Unbekanntes zurück in Fach 1.
- Zu beachten ist, dass Fach 1 jeden Tag (!) gelernt werden sollte, die übrigen Fächer je nach Grad der Befüllung.

Das Wissen, das mit jeder einzelnen Karte verbunden ist, wird somit mindestens viermal wiederholt und geprüft, bevor die Karte in Fach 5 gelangt. Dieses Fach sollte in langen Abschnitten überprüft werden. Was gekonnt wird, kann ganz aus der Lernkartei herausgenommen werden, da das Gelernte nach dieser (mindestens) fünften Wiederholung langfristig im Gedächtnis gespeichert ist.

Mindmapping

Mindmapping ist eine Arbeitsmethode, die ein flexibles, kreatives und (so wird behauptet) gehirngerechtes Arbeiten ermöglicht. Sie wurde von Tony Buzan in den 1970er-Jahren auf der Grundlage von gehirnphysiologischen Hypothesen entwickelt.

Mindmapping ist eine spezielle Art, sich übersichtliche Notizen zu machen. Im Gegensatz zur klassischen linearen Struktur der Aufzeichnungen ist die Mindmap eine auf den ersten Blick übersichtliche „Karte", die das zentrale Thema sofort erkennbar machen soll. Im Zentrum eines großen Blattes Papier (etwa auf einem Flipchart) steht das Thema und von da aus verzweigen sich alle Gedanken mithilfe von Linien. In dieser Darstellung kann man übersichtlich lernen, planen und organisieren, auch Referate und Präsentationen strukturieren.

Präsentation

Präsentationen werden in der Regel eingesetzt, um Hausaufgaben oder Arbeitsergebnisse aus Einzel-, Partner- oder Gruppenarbeit der Klasse vorzustellen. Es handelt sich dabei um einen mündlichen Vortrag, bei dem dem Publikum bestimmte Inhalte mithilfe visueller Mittel (Powerpoint, Plakate, Folien usw.) geboten werden. Diese Vorträge können von einzelnen Schülerinnen und Schülern, im Team oder aber auch von Gruppen gehalten werden. Im Anschluss an eine Präsentation findet eine kurze Feedbackrunde mit Fragen oder sogar eine kleine Diskussion statt.

Eine Präsentation hat das Ziel, dem Publikum ausgewählte Inhalte zu einem Thema weiterzugeben. Dabei lernen die Präsentierenden nicht nur das Sprechen vor Gruppen, sondern auch das Strukturieren und Zusammenfassen von Arbeitsergebnissen sowie die nachvollziehbare Darstellung.

Eine Präsentation sollte je nach Thema bis zu 15 Minuten andauern und beinhaltet drei Phasen:

Einleitung

Das Thema wird vorgestellt und begründet. Zudem wird eine kurze Gliederung aufgezeigt, die den Vortrag strukturiert.

Hauptteil

Die wesentlichen Fakten werden dem Publikum strukturiert dargestellt.

Schlussteil

Die Kernaussagen der Präsentation werden kurz zusammengefasst. Gegebenenfalls wird zu einer Diskussion oder zu Fragestellungen angeregt.

Wichtige Aspekte

Folgende Aspekte sollten beachtet werden:

- Die Präsentationen sollten zeitlich begrenzt werden, um die Informationsweitergabe einzugrenzen.

- Um die Lernenden davon abzuhalten, während des Vortrags abzuschalten, dürfen nicht zu viele Präsentationen nacheinander stattfinden. Gleichzeitig dürfen die Präsentationen nicht zu viel Inhalt haben und müssen inhaltlich sinnvoll strukturiert sein.
- Sie sollten zudem dialogisch ausgerichtet sein, um eine möglichst hohe Schüleraktivierung zu erreichen. Das heißt, sie sollten Fragen ans Publikum beinhalten und auch Fragen der Klasse anregen.
- Präsentationen sollten mediengestützt sein. Hier müssen sinnvolle Medien zur Visualisierung ausgewählt werden.
- Die Präsentierende können Merkhilfen wie z. B. Karteikarten nutzen.
- Bevor in der Lerngruppe präsentiert wird, sollten Regeln (Blickkontakt, Gestik, Mimik usw.) aufgestellt und besprochen werden, die die Schülerinnen und Schüler beachten müssen.

Partnerarbeit

Die Partnerarbeit ist eine Lernmethode (besser: Sozialform), bei der zu zweit gemeinsam an einer Aufgabe gearbeitet wird. Sie ist nicht nur eine meist willkommene Abwechslung zur Gruppen- oder auch Einzelarbeit, sie bietet auch viele verschiedene Vorteile:

- Die Eigenleistung ist in der Regel hoch, da man sich nicht in der Gruppe verstecken kann.
- Die Konzentration für das Thema ist besser, da weniger Ablenkungspotenzial vorhanden ist.
- Komplexe Themen oder Texte können zu zweit sicherer und schneller erarbeitet werden.
- Das gemeinschaftliche Arbeiten fördert die Sozialkompetenz und macht mehr Spaß.
- Partnerarbeit bereitet keine aufwendige organisatorische Vorbereitung.

Es sollte sichergestellt sein, dass die Zweier-Teams zielgerichtet an den Aufgaben arbeiten und dass die Arbeit gleichmäßig verteilt ist. Manchmal bietet es sich an, homogene Teams zu bilden, um ein einheitliches Ergebnis bei beiden Teammitgliedern zu erreichen. Je nach Thema kann es auch sinnvoll sein, die Teams heterogen zusammenzusetzen, um Spannung und eine gute Diskussionsgrundlage zu erzeugen.

Die Sicherung der Ergebnisse kann im Plenum erfolgen. Da sich in der Regel viele Teams ergeben und die Zeit häufig knapp ist, bieten sich andere Möglichkeiten an, beispielsweise die Verschriftlichung des Ergebnisses zur späteren Auswertung.

Pro-Kontra-Debatte (Streitgespräch)

Ein für den Arbeitszusammenhang wichtiges Thema wird antithetisch diskutiert, wobei die gegenteiligen Positionen fest umrissen, klar formuliert und durch ein Argumentationsbeispiel verdeutlicht werden.

Die Teilnehmerinnen und Teilnehmer sammeln in zwei Gruppen (Pro-Gruppe und Kontra-Gruppe) Argumente zur Begründung ihres Standpunktes und überlegen sich eine Diskussionsstrategie. Die Gruppenbildung kann per Zufall oder auch nach individuellen Wünschen erfolgen.

In der Debatte selbst tragen die Protagonist(inn)en der beiden Positionen abwechselnd ihre Argumentation vor. Die beiden Gruppen sitzen sich gegenüber und sind durch Schilder als Pro- und Kontra-Gruppe gekennzeichnet. Abschließend findet ein Gespräch auf der Metaebene statt.

Projekt

Ein Projekt zeichnet sich dadurch aus, dass man einmalig mit fest vorgegebenem Ziel ein komplexes Thema mit entsprechendem Schwierigkeitsgrad im Team unter zeitlicher Begrenzung bearbeiten muss. Die Projektmethode ist zu umfangreich, um in dieser kleinen Methodensammlung ausführlich dargestellt werden zu können. Daher werden nur einige wesentliche Bestandteile aufgelistet.

Ein Projekt besteht in der Regel aus den folgenden Phasen:

1. Projektthema und -ziele festlegen
2. Projekt planen
3. Projekt durchführen
4. Projekt abschließen und bewerten

Steht das Thema fest, kann man sich über eine Projektskizze der Planung annähern. In einer Projektskizze werden Grundzüge der Planung, Zielfestlegung und Durchführung festgehalten. Mithilfe von Kreativitätstechniken wie Brainstorming oder der Methode 6-3-5 (siehe weiter vorne in dieser Methodensammlung) können dabei möglichst viele Ideen gesammelt und geclustert werden. Aus der Projektskizze ergeben sich dann die konkrete Zielfestlegung und die genauere Planung.

Projektziele sollten **smart** formuliert sein. Dies bedeutet, sie sollten **s**pezifisch (genau), **m**essbar, **a**llgemein akzeptiert und **r**ealisierbar (machbar) sein und genau **t**erminiert werden.

Für die weitere Planung müssen auf Basis der Ziele genaue Projektaufträge formuliert werden. Diese werden Personen zugeteilt, die sich um die Erledigung kümmern. Je genauer die Arbeitsaufträge sind, desto einfacher wird die Arbeit für die einzelnen Gruppen. Der zeitliche Aufwand, den die einzelnen Arbeitsgruppen benötigen, wird erfasst und hieraus eine zeitliche Abfolge des Projekts erstellt. Ein Hilfsmittel hierfür ist das Balkendiagramm.

Während der Projektdurchführung kommt es immer wieder zu Rückkopplungen zu den festgelegten Zielen und zwischen den einzelnen Arbeitsgruppen. Dies hilft, das Projekt zeitlich und inhaltlich im Plan zu halten.

Zum Abschluss werden die Projektziele daraufhin überprüft, ob sie eingehalten bzw. erreicht wurden. Auch der eigentliche Ablauf und die Planungsphase können Inhalt der Evaluation am Ende des Projekts sein. Ein Soll-Ist-Vergleich ist eine Methode, um die Projektkontrolle zu vereinfachen.

Referat

Ein Referat ist ein Vortrag zu einem bestimmten Thema. Dieses wird von einem Schüler oder einer Schülerin oder in einer Gruppe recherchiert und zu einer Präsentation zusammengefasst, die dann vorgetragen wird.

Häufig wird die Präsentation von einer schriftlichen Ausarbeitung begleitet. Diese kann auch Grundlage des Vortrags sein oder sogar den kompletten Vortrag beinhalten.

Das zugrunde liegende Thema ist in der Regel komplex. Daher ist der erste Schritt für ein erfolgreiches Referat, das Thema in Teilbereiche zu strukturieren. Diese Bereiche oder Unterthemen werden beispielsweise auf jeweils ein oder zwei Folien zusammengefasst, somit ergibt sich schon eine Grundstruktur, die hilft, das Thema zu bearbeiten.

In der Regel sind Referate in drei Teile gegliedert: In der Einleitung fängt man die Aufmerksamkeit des Publikums ein und bereitet sie auf das Thema vor. Der Hauptteil sollte, wie oben beschrieben, in mehrere Bereiche untergliedert werden. Der Schluss kann eine Zusammenfassung sein oder eine Bewertung enthalten. Es kann auch ein Schluss gewählt werden, der das Publikum einbindet und in eine Diskussion führt.

Referate werden heutzutage mithilfe von verschiedenen Medien gehalten. Neben einer Präsentationssoftware können auch Overhead-Folien zum Einsatz kommen oder auch Karten und Plakate. Ein Handout rundet das Referat medial ab und sichert gleichzeitig die Ergebnisse.

Der eigentliche Vortrag sollte eingeübt werden. Dabei sind das Sprechen vor einer Gruppe, das Timing und das Handling mit den Medien die Dinge, die Schwierigkeiten bereiten können und deshalb trainiert werden müssen.

Rollenspiel

Das Rollenspiel ist eine Methode, die zum Training sozialer Verhaltensweisen dient. Dabei nehmen die Lernenden verschiedene Rollen ein, versetzen sich in eine bestimmte Situation und lernen in dieser sinnvoll zu handeln. So soll sowohl das eigene als auch das Rollenverhalten anderer erforscht werden.

Die Methode wird häufig für das Üben im Umgang mit Konflikt- oder Entscheidungssituationen eingesetzt. Sie bietet sich aber auch für das Trainieren von Kommunikation wie beispielsweise Verkaufsgesprächen oder für die Wiederholung von Inhalten in Form von Beratungsgesprächen an.

Durch das Einnehmen verschiedener Perspektiven zielt die Methode darauf ab, Empathie, Kommunikationsfähigkeit, Problemlösefähigkeit, Flexibilität, Reflexionsfähigkeit und Kooperationsbereitschaft zu fördern.

In der Regel wird das Rollenspiel angeleitet und beinhaltet drei Phasen:

Vorbereitungsphase

Die Teilnehmenden erhalten ihre Rollenkarten und das Thema des Rollenspiels. Sie haben Zeit, sich mit ihrer Rolle vertraut zu machen und Argumente zu sammeln.

Spielphase

Das Rollenspiel wird durchgeführt. Die nicht am Rollenspiel beteiligten Schülerinnen und Schüler beobachten das Rollenspiel, häufig mithilfe eines Beobachtungsbogens, den sie ausfüllen.

Reflexionsphase

Sowohl die Spielenden selbst als auch die Beobachtenden geben mithilfe des Beobachtungsbogens ein Feedback. Sie leiten Handlungsempfehlungen für gewisse Situationen ab.

Stationenlernen

Das Stationenlernen ist eine Methode, bei der an verschiedenen Punkten im Klassenraum Lernecken aufgebaut sind, an denen Inhalte erarbeitet werden. Die Lernenden gehen von Station zu Station und bauen durch die verschiedenen Aspekte Kenntnisse zu einem Gesamtthema auf.

Nachdem das Gesamtthema festgelegt ist, werden Arbeitsgruppen gebildet, die für das Erstellen der Lernstationen verantwortlich sind. Jede Gruppe hat die Verantwortung für einen Teilbereich des Gesamtthemas, sammelt die notwendigen Materialien und Inhalte und erarbeitet dazugehörige Aufträge. Sind alle Lernstationen erstellt, gehen die einzelnen Lerngruppen diese ab. Dabei kann eine bestimmte Reihenfolge sinnvoll sein, manchmal stehen die einzelnen Themen aber auch eher nebeneinander und bauen nicht aufeinander auf. Jede Lernstation muss während der Durchführung von einem Gruppenmitglied, das die Station erstellt hat, betreut werden. Die umherziehenden Lerngruppen müssen die Station wieder ordentlich und aufgeräumt verlassen.

Das Stationenlernen eignet sich besonders zur Binnendifferenzierung. In der Erarbeitung kann schon darauf geachtet werden, dass man die Themen nach Schwierigkeitsgrad auf die Arbeitsgruppen verteilt. Bei der Durchführung kann man Binnendifferenzierung einfach umsetzen, indem man jeder Gruppe die eigene Lerngeschwindigkeit lässt und/oder indem man unterschiedliche Hilfsmittel bei den einzelnen Lernstationen ergänzt.

Ein Laufzettel hilft, den Überblick zu behalten und Notizen zu machen. Er kann auch Bestandteil der Ergebniskontrolle sein. Die wichtigsten Inhalte und Materialien der einzelnen Lernstationen können für die weitere Unterrichtsreihe gesammelt werden, sodass man hierauf zurückgreifen kann.

Tabu

Das Gesellschaftsspiel Tabu kann als Grundlage für eine spielerische Wiederholung und Vertiefung von Unterrichtsinhalten dienen. Dazu benötigt man lediglich selbst erstellte Tabu-Karten, die zum jeweiligen Fach bzw. Handlungsfeld/Thema passen, und eine Stoppuhr.

Im Spiel werden (Fach-)Begriffe von einem Schüler oder Schülerin erläutert. Bei der Erläuterung dürfen bestimmte, vorgegebene Wörter nicht benutzt werden.

Die Tabu-Karten werden mit dem gesuchten Begriff versehen (z. B. „GmbH"). Darunter werden fünf Wörter geschrieben, die eng mit dem gesuchten Begriff verknüpft sind (z. B. „Rechtsform, Gesellschaft, Haftung, Unternehmen, beschränkt").

Für die Erklärung und das Erraten des gesuchten Begriffs steht nur eine vorgegebene Zeit zur Verfügung. Ist diese überschritten, gilt der Begriff als nicht erraten. Wie bei jedem Tabu-Spiel bildet man zwei Gruppen. Je ein Mitglied erklärt der eigenen Gruppe den Begriff und die Gegengruppe achtet darauf, dass die Tabu-Wörter nicht verwendet werden.

Wandzeitung/Lernplakat

Wandzeitungen oder Lernplakate werden erstellt, um Lernergebnisse oder Arbeitsergebnisse von Gruppen festzuhalten. Das große Format ist nützlich, um diese Ergebnisse von jedem Platz des Klassenraums sehen zu können.

Werden Arbeitsergebnisse auf einem Plakat notiert, um sie dann später zu präsentieren, sollte man folgende Regeln beachten:

- Es lohnt sich, die Ergebnisse vorher ins Unreine aufzuschreiben.
- Es lohnt sich außerdem, die geplante Darstellung vorher ins Unreine zu strukturieren.
- Überschrift und Unterschrift (wer sind die Gruppenmitglieder?) nicht vergessen!
- Es sollte eine Struktur erkennbar sein, die Zusammenhänge klarmacht.
- Auf das Plakat gehört nur das Wichtigste; dies wird in Stichworten notiert.
- Man sollte groß und lesbar schreiben sowie am Ende jemanden Korrektur lesen lassen.
- Statt zu viele Inhalte auf das Plakat zu packen, sollte man lieber ein zweites Plakat anfangen.
- Ein Bild sagt mehr als tausend Worte.

Bildquellenverzeichnis

Sachwortverzeichnis